职业教育新形态立体化教材

区块链技术应用专业系列教材

高职高专校企"双元"合作教材

区块链技术原理与应用

主　编　李建辉　易朝刚　刘满兰

副主编　徐晓斐　彭建喜　汤岱宇

参　编　伍天宇　刘立惠　彭志勇

　　　　陈汉亮　黄仕泉　冯欣悦

　　　　于功山　何健俊

西安电子科技大学出版社

内 容 简 介

本书介绍了开源区块链与新一代国产区块链的建链、管链、用链的方法及过程，较为全面、系统地阐述了区块链的相关知识。全书共分为上、中、下三篇，分别介绍区块链技术原理、区块链技术应用和区块链场景应用。其中，上篇包括初识区块链 1.0、认识区块链 2.0、认识区块链 3.0、新一代区块链系统概述；中篇包括中文智能合约编程语言基础、新一代区块链的安全技术、共识机制、构建联盟链、智能合约与 DAPP 开发、通信与人工智能技术、国产加密链式数据库；下篇包括新一代区块链技术助力光伏新能源行业发展、新一代区块链技术在政务上的应用。

本书是校企"双元"合作教材，也是职业教育新形态创新性示范教材，可以作为高职院校、职业本科院校、应用型本科院校区块链技术应用专业的教材，也可以作为区块链技术爱好者的自学用书。

图书在版编目(CIP)数据

区块链技术原理与应用 / 李建辉，易朝刚，刘满兰主编. —西安：西安电子科技大学出版社，2023.7

ISBN 978–7–5606–6924–3

Ⅰ.①区… Ⅱ.①李… ②易… ③刘… Ⅲ.①区块链技术 Ⅳ.①TP311.135.9

中国国家版本馆 CIP 数据核字(2023)第 103199 号

策　　划　明政珠
责任编辑　孟秋黎
出版发行　西安电子科技大学出版社(西安市太白南路 2 号)
电　　话　(029) 88202421　88201467　　　　邮　编　710071
网　　址　www.xduph.com　　　　　　　电子邮箱　xdupfxb001@163.com
经　　销　新华书店
印刷单位　咸阳华盛印务有限责任公司
版　　次　2023 年 7 月第 1 版　　2023 年 7 月第 1 次印刷
开　　本　787 毫米×1092 毫米　1/16　印张 22.5
字　　数　534 千字
印　　数　1～2000 册
定　　价　62.00 元
ISBN　　978–7–5606–6924–3 / TP

XDUP 7226001–1
如有印装问题可调换

前　言

　　信息化、数字化的飞速发展为人类发展和机器智慧的产生、融合与提升提供了源源不断的动力，同时也产生了众多的谣言、欺骗、误导与误解等问题，导致数据的不可信任。可以这么说，"该信"还是"不该信"的问题始终伴随着信息化与数字化发展的全过程，这种安全隐患成为推动人类社会信息化、数字化发展的最大的绊脚石之一。

　　以区块链为代表的去中心化、可信任技术的出现，彻底改变了这种状态。区块链本质上是一种去中心化的分布式数据库，是分布式数据存储、多中心的点对点传输、共识机制和加密算法等多种技术在互联网时代的创新应用模式和"零基础"的信任技术，能够解决信息、数据的可信与身份验证问题。它的出现，必将极大地促进信息化、数字化的发展，极大地促进人类发展与机器智慧的共同进步。

　　本书以国家发布的"加快推动区块链技术应用和产业发展"重大战略为方向指引，以市场先进的国产区块链操作系统为技术基础，融入了编者多年的教学探索和实践经验，深入剖析了技术发展与教学内容的关系，并结合实训平台，将先进的高新技术转化为适用于课堂教学的鲜活案例。本书由区块链技术原理、区块链技术应用和区块链场景应用三部分组成，从建链、管链、用链的角度全方位阐述了区块链的技术原理与应用。其中，区块链技术原理部分包括区块链 1.0 比特币、区块链 2.0 以太坊、区块链 3.0 超级账本 Fabric 和新一代区块链系统的原理介绍和系统部署方法；区块链技术应用部分介绍了新一代区块链系统的账户管理、共识机制、智能合约、中文编程语言及博流数据库技术，详细阐述了智能合约和 DAPP 的编写规则和执行方法；区块链场景应用部分针对目前热门行业发展中存在的痛点、难点，结合新一代区块链技术提出行业解决方案，使得区块链与行业业务形成有机结合。通过对本书的阅读、学习，希望读者可以实实在在地提升自身区块链理论与技术水平，并使其在实际生产中发挥指引作用。

　　本书结构清晰、内容完整、操作直观、通俗易懂，是集"理、实、视、练"于一体的新形态立体化教材。本书具有如下特色：

　　(1) 采用项目任务驱动方式编写。所有知识点的学习都是围绕任务而展开的，任务之后都给出了相应的任务实施，既突出了本任务的重点内容，又强调了对重点技术的实践训练。

(2) 提供了真实的行业应用案例。本书场景应用部分的案例深度还原了新一代区块链技术在行业中的具体应用过程。

(3) 提供了微课。项目任务配有大量微课，读者扫描书中的二维码即可进行在线学习。

(4) 配套有实训平台。所有任务都可以在平台上完成实训，平台提供了包括任务完成进度、习题库、作业布置、考试安排、成绩分析、岗位推荐等在内的教学管理功能，可智能辅助学生学习和老师教学。

本书由佛山职业技术学院一线教师团队联合广东辰宜信息科技有限公司教育产品研发团队共同编写完成。由李建辉、易朝刚、刘满兰担任主编，徐晓斐、彭建喜、汤岱宇担任副主编，伍天宇、刘立惠、彭志勇、陈汉亮、黄仕泉、冯欣悦、于功山、何健俊参编。编写人员的分工如下：项目1由彭建喜、刘立惠编写，项目2由汤岱宇、于功山编写，项目3由徐晓斐、黄仕泉、冯欣悦编写，项目4、项目5和项目6由刘满兰、彭志勇编写，项目7和项目8由易朝刚、伍天宇编写，项目9和项目10由李建辉、何健俊编写，项目11由易朝刚、陈汉亮编写，项目12和项目13由李建辉、徐晓斐、刘满兰编写。全书由佛山职业技术学院区块链技术应用专业带头人李建辉教授统稿。

本书配套有大量线上课程相关文档、课件、视频演示或讲解、案例等立体化资源，读者可以登录西安电子科技大学出版社官网(www.xduph.com)进入本书详情进行下载。书中涉及的个人信息等敏感数据都经过脱敏处理。另外，本书还配套有课程思政内容，并融入了二十大精神，详情请扫描下面的二维码。

由于编者水平有限，书中不足之处在所难免，欢迎广大同行和读者批评指正。预祝读者能够从此书中获得更多的裨益与收获！

易朝刚

辰宜数字产业研究院　院长

2023 年 1 月

目　录

上篇　区块链技术原理

中篇　区块链技术应用

下篇 区块链场景应用

上篇　区块链技术原理

项目 1　初识区块链 1.0

学习目标

区块链起源于比特币开源项目。2008 年，中本聪发表了《比特币：一种点对点的电子现金系统》一文，首次提出了基于密码学原理的电子支付方式的比特币概念，从此开启了区块链技术的新天地。本项目的学习目标有以下几点：

(1) 了解区块链的起源；
(2) 掌握第一代区块链的特征；
(3) 熟悉比特币测试链的搭建和部署；
(4) 熟悉比特币测试链的常用命令。

知识导图

任务 1　体验比特币测试链

知识、技能和素质目标

- 了解区块链的起源和分类
- 熟悉区块链的特性和优势
- 掌握比特币测试网络搭建方法
- 熟悉比特币客户端常用命令

任务描述

本任务基于 Ubuntu 16.4 操作系统(读者应自行在本地电脑中安装好 Ubuntu 系统)，通过搭建比特币测试网络、安装比特币客户端并完成测试币在线交易，了解第一代区块链系统的起源、部署及交易方法。

体验比特币测试链

知识准备

一、区块链的起源

1. 比特币

比特币(Bitcoin，BTC)的概念最初由中本聪在 2008 年 11 月提出，并于 2009 年 1 月 3 日正式诞生。比特币是一种点对点(Peer-to-Peer，P2P)形式的数字货币。与大多数货币不同，比特币不依靠特定货币机构发行，而采用特定算法通过大量的计算产生。在区块链中，为了激励各节点共同参与记账和维护账本，每生成一个区块，都会产生一定数量的比特币奖励，获得记账权的节点就可以得到该区块的出块奖励和交易手续费。目前每 10 分钟能够产生一个区块，区块中记录了多笔交易信息。比特币是通过整个 P2P 网络中众多节点构成的分布式数据库来确认并记录所有的交易行为，并使用密码学的设计来确保货币流通中各个环节的安全性的。

P2P 的去中心化特性与算法本身可以确保无法通过大量制造比特币来人为操控币值。基于密码学的设计可以使比特币只能被实际拥有者转移或支付，这同样确保了货币所有权与流通交易的匿名性。比特币的总数量非常有限,具有稀缺性。该货币系统的货币数量曾在 4 年内不超过 1050 万个,之后的总数量将被永久限制在 2100 万个。比特币的交易无需第三方机构参与,而是通过一个去中心化的支付系统进行支付和转移,然后通过全网节点对区块中的交易信息进行比对,对正确的交易进行确认,对错误的交易进行拒绝,如果一笔交易被超过 51% 的节点确认,就认为该笔交易合法。这种无需中心权威机构参与的支付方式,降低了支付成本,对传统的金融市场造成了强烈冲击。

2013 年,我国出现了众多 ASIC(专用集成电路)矿机,标志着比特币正式进入中国。需要注意的是,比特币作为一种虚拟货币,存在不可预测的炒作风险,因此国家及时出台政策,中国人民银行等五部委发布《关于防范比特币风险的通知》,明令禁止比特币交易。尽管比特币在不同国家的待遇不同,但支撑比特币交易的最核心的区块链技术却脱颖而出,超越了比特币的范畴,逐步应用于其他各种领域,受到了全世界的广泛关注。2016 年年末,央行将区块链加入"十三五"规划,我国将区块链(Blockchain)上升为国家战略,至此,区块链技术重新出现在公众视野中,各大企业纷纷加入区块链的发展中。

2. 区块链

第一代区块链技术源于比特币开源项目。在比特币发展过程中,为了实现交易可信、透明,比特币项目创始团队结合数学、密码学、互联网和计算机编程等多种学科技术,建立了一个去中心化、去第三方的"信任机器",而区块链技术就是这个"信任机器"的核心。从某种意义上来说,比特币是区块链技术的第一个成熟的应用。

区块链本质上是一个去中心化的分布式数据库,包括数据生成机制、数据传输机制和数据存储结构。区块链通过分布式、区块化的存储,记录全部账户的余额与交易流水,从而使得每个节点都有记录了全部交易数据的完整的账本数据库,并且每个节点都有唯一的一对公、私钥,可确保数据的完整性、安全性以及准确性。每一笔交易数据都存储在某一个区块上,每个区块都有唯一的 ID 和 Hash 值,区块之间彼此连接形成链条,产生了区块链。

区块链作为一种集分布式数据存储、点对点传输、共识机制和加密算法等计算机技术于一身的新型应用模式,在全球得到广泛的关注。我国于 2015 年由华为开始了区块链的探索,启动了对区块链的研究,阿里、腾讯、百度等大公司纷纷加入,广东辰宜信息科技有限公司也开始了国产区块链操作系统的研发之路。2018 年各大公司先后推出了华为链、蚂蚁链和超级链等,辰宜也推出了第一代自主知识产权的纯国产区块链操作系统。中国信息通信研究院发布了区块链白皮书,主要论述了区块链的概念和特征、区块链关键技术架构和发展趋势、区块链发展现状及区块链面临的挑战、发展措施和建议。

我国在 2019 年提出将区块链作为核心技术自主创新的重要突破口,大力推动区块链技术和产业创新发展。当前区块链技术在各行业的应用正全面场景化,对实体经济的赋能作用不断凸显。

3. 区块链的分类

根据信任构建方式,区块链分为非许可链和许可链。

非许可链也称为公链,是一种完全开放的链,任何人都可以加入网络并参与完整的共识记账过程,彼此之间不需要信任,以消耗算力等方式建立全网节点的信任关系。非许可链在具备完全去中心化特点的同时也带来了巨大的资源浪费、效率低下等问题，多应用于比特币的去监管、匿名化及自由的加密货币场景。

许可链是一种半开放式的区块链，只有指定的成员可以加入网络，且每个成员的参与权各不相同。许可链通过颁发身份证书的方式建立各成员之间的信任关系，具有部分去中心化特点，但是有更高的效率。许可链又分为联盟链和私有链。联盟链是由多个机构组成的联盟构建的区块链，多个机构的用户节点共同参与区块的生成、交易的共识和账本的记账过程。私有链则是由单个机构构建的区块链，由该机构的用户节点参与区块的生成、交易的共识和账本的记账过程，被该机构指定的外部成员仅具有账本的读取权限。

二、区块链的工作原理

1. 区块结构

区块是一种聚合了交易信息的容器数据结构，由区块大小、区块头、交易计数器和交易信息四个字段组成。其中区块大小占 4 个字节，其值表示区块的大小；区块头由三组区块元数据组成，第一组数据用于记录上一区块的哈希值，第二组数据用于记录与挖矿竞争相关的难度、时间戳和用于工作量证明算法的计数器 Nonce，第三组数据是 Merkle 树根的哈希值，这是一个由当前区块中包含的全部数据(如交易记录、时间戳、上一个区块哈希值等)生成的 SHA-256 哈希值，用于检验区块的完整性；交易计数器表示当前区块中包含的交易的数量；交易信息表示记录在该区块中的所有交易信息。一个区块的区块头占用 80 个字节，平均每个交易至少占用 250 个字节，平均每个区块至少包含 500 个交易。

2. 创世区块

中本聪于 2009 年创造第一个区块，被称为创世区块。创世区块包括区块的基本信息和一个具体的交易详情，是区块链中所有区块的共同祖先。这意味着无论从哪一区块循链向后回溯，最终都将到达创世区块。创世区块的哈希值为 "000000000019d6689c085ae165831e934ff763ae46a2a6c172b3f1b60a8ce26f"。创世区块被编入比特币客户端软件里，每一个节点都记录了至少包含创世区块的区块链，从而确保创世区块不会被改变。每一个节点都 "知道" 创世区块的哈希值、结构、被创建的时间和里面的一个交易。因此，每个节点都把该区块作为区块链的首区块，从而构建了一个安全的、可信的区块链的根。

3. 区块链的工作流程

区块链的工作流程主要包括生成区块、共识验证和账本维护三个步骤。首先区块链节点收集广播在网络中的交易，并将这些交易打包生成区块；其次通过节点将区块广播至网络中，全网节点接收到区块后，按接收的时间顺序进行共识和内容的验证，区块链 1.0 中的共识机制采用工作量证明算法(Proof of Work，PoW)，通过共识和内容验证的区块形成具有特定结构的区块集，这个区块集就叫作账本；最后，节点长期存储验证通过的账本数据并提供回溯检验等功能，同时为上层应用提供访问接口。区块链的工作流程如图 1-1 所示。

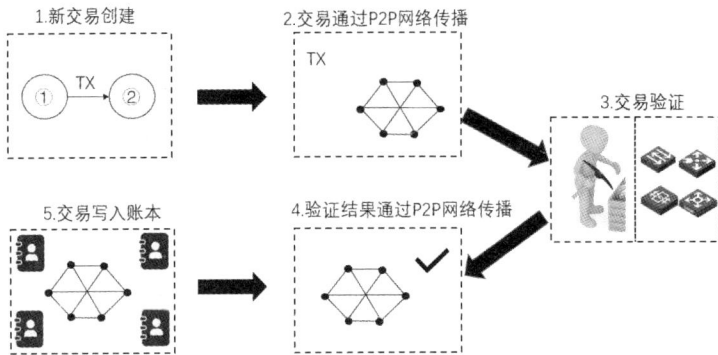

图 1-1　区块链的工作流程

三、区块链技术的特征

虽然不同报告中对区块链介绍的措辞不尽相同，但是业界一致认为，区块链技术具有去中心化、自治性、开放性、信息不可篡改和匿名性等 5 个基本特征。

1. 去中心化

去中心化是指不存在中心化的硬件或管理机构，系统中的数据由所有具有维护功能的节点共同管理，任意节点的权利和义务都是均等的。在区块链中使用分布式核算和存储，没有管理员或者相当于管理员的角色，节点之间没有明显的隶属关系，它们通过网络化的形式进行影响，能够自由连接，且任何一个节点都不具有强制性的中心控制功能。

2. 自治性

自治性是指区块链基于协商一致的规范和协议(如公开的算法)，使系统中的所有节点都能在去信任的环境中自由安全地交换数据，让对"人"的信任改成对机器的信任，任何人为的干预都无法发挥作用，节点具有高度自治性。

3. 开放性

开放性是指区块链系统是开放的，主要体现在对交易各方的私有数据进行加密保护，同时公开所有历史数据。任何人都能够通过公开的接口，对区块数据进行查询和开发相关应用，整个系统信息高度透明。

4. 信息不可篡改

信息不可篡改是指一旦信息经过验证并添加到区块链中，就会被永久地存储起来，只有同时控制系统中超过 51%的节点进行的修改才能生效，在单个节点上对数据库的修改是无效的，因为篡改信息代价极高，从而达到不可篡改的目的。因此，区块链数据的稳定性和可靠性都非常高，区块链技术从根本上改变了中心化的信用创建方式，通过数学原理而非中心化信用机构来低成本地建立信用，出生证、房产证、结婚证等都可以在区块链上进行公证，并得到全球各地的信任。

5. 匿名性

匿名性是指节点之间的交换遵循固定算法，其数据交互是无须信任的，交易对手不用通过公开身份的方式让对方对自己产生信任，有利于信用的累计。

四、比特币客户端常用命令

在使用区块链网络时，需要对账户进行查看钱包、Hash 地址、私钥等操作，常用的钱包命令如表 1-1 所示，交易命令如表 1-2 所示。

表 1-1 钱包常用命令

命　　令	功　　能
bitcoin-cli getwalletinfo	查看钱包信息
bitcoin-cli listreceivedbyaddress 1 true	获取所有钱包地址及其账号名
bitcoin-cli getbalance	查看钱包余额
bitcoin-cli getnewaddress 账号名	生成钱包账号的地址
bitcoin-cli getreceivedbyaddress　钱包地址	查询指定地址钱包收到币的数量
bitcoin-cli getaccountaddress ""	查看默认钱包地址
bitcoin-cli encryptwallet 密码	加密钱包
bitcoin-cli walletpassphrasechange 原密码 新密码	修改钱包密码
bitcoin-cli walletlock	锁定钱包
bitcoin-cli walletpassphrase 密码 解锁时间	解锁钱包，其中解锁时间的单位是秒
bitcoin-cli backupwallet 备份文件名	备份钱包文件
bitcoin-cli importwallet 备份文件名	导入备份文件，需要先解锁钱包
bitcoin-cli dumpwallet 文件名	导出所有钱包地址和私钥到指定文件，需要先解锁钱包
bitcoin-cli importwallet 文件名	导入钱包和私钥，需要先解锁钱包
bitcoin-cli dumpprivkey 钱包地址	导出指定钱包地址的私钥，需要先解锁钱包
bitcoin-cli importprivkey 钱包私钥 账号名 true	导入指定钱包私钥
bitcoin-cli getaccount 钱包地址	获取指定钱包地址的账号名
bitcoin-cli listaddressgroupings	获取本节点所有钱包的账号名及余额

表 1-2 交易常用命令

命　　令	功　　能
bitcoin-cli sendtoaddress 目标地址 转账金额	从默认账户给目标地址转账
bitcoin-cli sendfrom 账户名 目标地址 转账金额	从指定账户给目标地址转账，需要生成区块才能确认交易并到账
bitcoin-cli generate 区块数量	生成区块，使得交易得到确认
bitcoin-cli listtransactions 钱包账户名 企图的交易数量 跳过的交易数量 是否包含 watch-only 地址	获取交易列表，例如命令 bitcoin-cli listtransactions "*" 5 0 true，表示获取所有账户的 5 笔交易，不跳过任何交易，包含 watch-only 地址
bitcoin-cli gettransaction 交易 ID	根据交易 ID 查询交易详情
bitcoin-cli listunspent	查询未花费的交易
bitcoin-cli help	查询所有命令
bitcoin-cli help 命令名称	查询某个命令的详细帮助信息

▶▶▶ **任务实施**

本任务进行比特币本地测试网络的搭建和简易部署，实施过程如下：

(1) 在 Ubuntu 16.4 操作系统中，下载并安装比特币客户端。具体步骤包括：

① 登录到 root 用户，命令如下：

```
sudo  -i
```

在系统提示下输入当前账户密码，登录 root 用户，结果如图 1-2 所示。

图 1-2　登录 root 用户

② 切换到 opt 目录，下载比特币客户端安装包，命令如下：

```
cd   /opt/
wget https://bitcoin.org/bin/bitcoin-core-0.17.0.1/bitcoin-0.17.0.1-x86_64-linux-gnu.tar.gz   --no-
check-certificate
```

结果如图 1-3 所示。

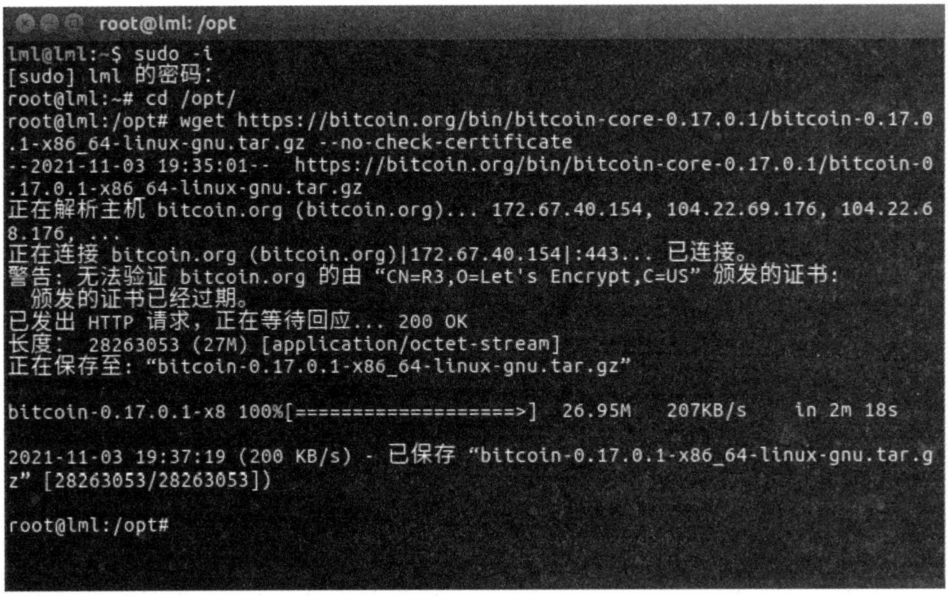

图 1-3　下载比特币安装包

③ 解压安装包，命令如下：

```
tar zxf bitcoin-0.17.0.1-x86_64-linux-gnu.tar.gz
```

解压成功之后，用"ll"命令查看 opt 目录，会有一个 bitcoin-0.17.0 的文件夹，这就是比特币的安装目录，如图 1-4 所示。

图 1-4　比特币安装目录

④ 创建 bitcoin、bitcoind 和 bitcoind-cli 的软链接，三条命令分别如下：

```
ln   -fs   /opt/bitcoin-0.17.0   /opt/bitcoin

ln   -fs   /opt/bitcoin-0.17.0/bin/bitcoind   /usr/local/bin/bitcoind

ln   -fs   /opt/bitcoin-0.17.0/bin/bitcoin-cli   /usr/local/bin/bitcoin-cli
```

(2) 创建并编写比特币配置文件。具体步骤包括：

① 使用 mkdir 命令创建配置文件夹，然后通过 vim 命令创建并编辑配置文件 bitcoin.conf。需要注意的是，若系统没有安装 vim 编辑器，使用 vim 命令会报错，可以通过 apt install vim 命令安装 vim 编辑器之后再执行以下命令：

```
mkdir   ~/.bitcoin
vim   ~/.bitcoin/bitcoin.conf
```

② 在打开的配置文件 bitcoin.conf 中插入以下代码：

```
dbcache=10240

txindex=1

rpcuser=btc

rpcpassword=btc2018

daemon=1

server=1

rest=1

rpcallowip=0.0.0.0/0

deprecatedrpc=accounts

#local testnet

regtest=1
```

插入完毕后，按下"Esc"键，输入":wq"后保存并退出。

(3) 后台启动比特币客户端。

进入/opt/bitcoin/bin 目录，启动比特币客户端，后台启动命令如下：

```
./bitcoind -daemon
```

成功启动结果如图 1-5 所示。

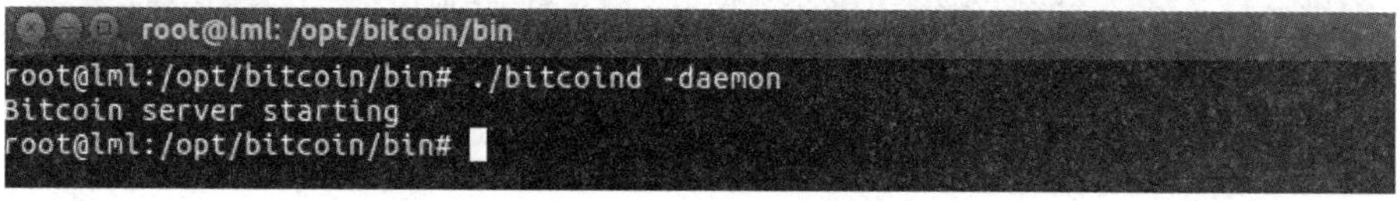

图 1-5　成功启动图

(4) 测试币体验并查看相关信息。

① 查看钱包信息，命令如下：

```
./bitcoin-cli -regtest getwalletinfo
```

结果如图 1-6 所示，其中 walletname 是钱包名字；walletversion 是钱包版本，这里的版本是 169900；balance 表示钱包余额，钱包初始余额为 0；txcount 表示钱包交易数量，因为还没有任何交易，交易数为 0；keypooloddest 是密钥池内最早密钥创建时间，是一个时间戳。

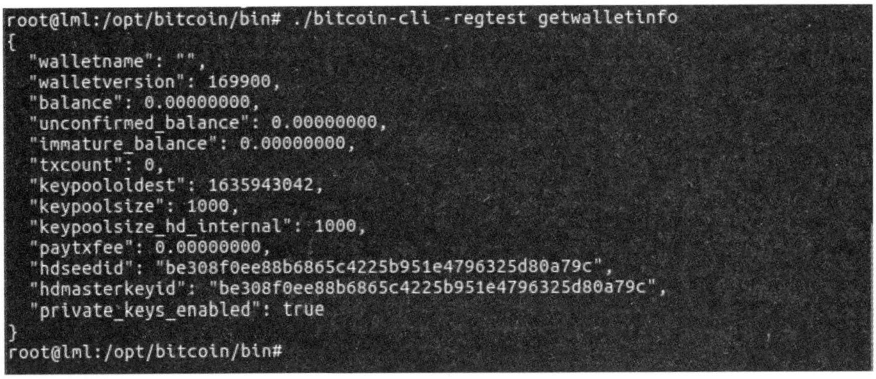

图 1-6　查询钱包结果

② 在私链上必须由自己挖矿，否则交易没有办法确认。使用 generate 命令来执行挖矿操作，由于必须要先挖出 100 个区块，从挖出的第 101 个区块才开始产生区块奖励，因此此步骤尝试挖 101 个区块，命令如下：

```
./bitcoin-cli -regtest generate 101
```

结果如图 1-7 所示。

图 1-7　生成区块结果

③ 查看奖励，命令如下：

```
./bitcoin-cli -regtest getbalance
```

结果如图 1-8 所示，得到了 50 个测试币的挖矿奖励。

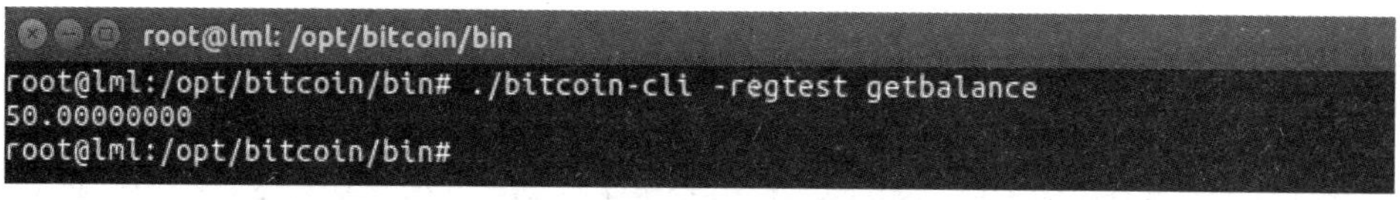

图 1-8　查看挖矿奖励结果

④ 查看默认 Hash 地址，命令如下：

./bitcoin-cli -regtest getaccountaddress ""

结果如图 1-9 所示，编者查出的哈希地址为 "2NGGDkVDjMBAyLkqJFJAP4TDb46kWS 4nxwE"。

图 1-9　查看默认 hash 地址结果

⑤ 在 test 账户生成新的地址，命令如下：

./bitcoin-cli -regtest getnewaddress "test"

结果如图 1-10 所示，生成了新地址 "2Mv3TKtAMNZNDBi7PDxdyYyR8upjJpPM46K"。

图 1-10　生成新地址

⑥ 查看新地址的私钥，命令如下：

./bitcoin-cli dumpprivkey 2Mv3TKtAMNZNDBi7PDxdyYyR8up jJpPM46K

结果如图 1-11 所示，私钥为 "cMwKoM9e4umeARXNurGjLVryZLduWNZRFqGVSkhH vbj6Fc4zfu7N"。

图 1-11　查看私钥结果

⑦ 再次在 test 账户新建地址，命令如下：

./bitcoin-cli -regtest getnewaddress "test"

结果如图 1-12 所示，新建地址为 "2N2bxBE87UmxMFR6QL54ZSvtnzpyMp4zaMo"。

图 1-12　新建地址结果

⑧ 查看账户 test 下的地址，命令如下：

./bitcoin-cli getaddressesbyaccount "test"

结果如图 1-13 所示，因为刚刚在 test 账户新建了地址，所以会看到有 2 个地址。读者可试着多次新建地址，再验证。

```
root@lml:/opt/bitcoin/bin# ./bitcoin-cli getaddressesbyaccount "test"
[
  "2Mv3TKtAMNZNDBi7PDxdyYyR8upjJpPM46K",
  "2N2bxBE87UmxMFR6QL54ZSvtnzpyMp4zaMo"
]
root@lml:/opt/bitcoin/bin#
```

图 1-13 查看 test 账户下的地址

⑨ 查询地址所属账户，命令如下：

```
./bitcoin-cli getaccount 2N2bxBE87UmxMFR6QL54ZSvtnzpyMp4zaMo
```

查询结果显示该地址所属账户是 test，如图 1-14 所示。请读者们试着查询另一个地址“2Mv3TKtAMNZNDBi7PDxdyYyR8upjJpPM46K”所属的账户。

```
root@lml:/opt/bitcoin/bin# ./bitcoin-cli getaccount 2N2bxBE87UmxMFR6QL54ZSvtnzpy
Mp4zaMo
test
```

图 1-14 查地址所属账户

⑩ 从默认账户转账 1 个测试币到目标账户，命令如下：

```
./bitcoin-cli sendtoaddress "2N2bxBE87UmxMFR6QL54ZsvtnzpyM p4zaMo" 1
```

结果如图 1-15 所示。请读者试着转账多个测试币到另一个地址“2Mv3TKtAMNZNDBi7PDxdyYyR8upjJpPM46K”中，并查看结果。

```
root@lml: /opt/bitcoin/bin
root@lml:/opt/bitcoin/bin# ./bitcoin-cli sendtoaddress "2N2bxBE87UmxMFR6QL54ZSvt
nzpyMp4zaMo" 1
9ba3ca39475f94ce1c80e13b8d083b602fb7fd0b07405b30b684b017a166952c
root@lml:/opt/bitcoin/bin#
```

图 1-15 转账结果

⑪ 生成一个区块，使得交易得到确认(测试网络使用)，命令如下：

```
./bitcoin-cli -regtest generate 1
```

结果如图 1-16 所示。

```
root@lml:/opt/bitcoin/bin# ./bitcoin-cli -regtest generate 1
[
  "471c35e3a3da2cd2e5cc23af9aa2b5068bb5aa3d187bd5622801b84c1a2196bb"
]
root@lml:/opt/bitcoin/bin#
```

图 1-16 生成一个区块

⑫ 查看账户余额，命令如下：

```
./bitcoin-cli getbalance "test"
```

账户余额为 1.1，因为笔者的钱包在转账前已经有 0.1 测试币，转账成功之后变成 1.1，结果如图 1-17 所示。

```
root@lml:/opt/bitcoin/bin# ./bitcoin-cli getbalance "test"
1.10000000
root@lml:/opt/bitcoin/bin#
```

图 1-17 余额查询结果

▶ 实践训练

1. 实训目的

熟悉使用比特币客户端的常用命令。

2. 实训内容

(1) 查看收到的测试币;

(2) 完成一次转账,并再次查询余额。

小　　结

本项目介绍了第一代区块链技术的起源和特点、区块链的工作原理、特征以及比特币客户端的常用命令,通过部署本地比特币测试链,使读者对第一代区块链系统有了初步的了解,为后续第二代、第三代及新一代区块链系统的学习打下坚实基础。

课 后 习 题

一、单选题

1. 比特币的最小单位是(　　)。

A. 比特分　　　　　B. 毫比特　　　　　C. 微比特　　　　　D. 聪

2. 中国发展区块链三部曲包括简易模型、(　　)和转型模型。

A. 复合模型　　　　　　　　　　　B. 数据库模型

C. 深度融合模型　　　　　　　　　D. 发展模型

3. 区块链的安全性主要是通过(　　)来实现。

A. 签名算法　　　　　　　　　　　B. 密码学算法

C. 哈希算法　　　　　　　　　　　D. 共识算法

4. 有序的区块链产业包括产业发展、标准以及(　　)。

A. 产业规划　　　　B. 产业模式　　　　C. 产业沙盒　　　　D. 产业投资

5. P2P 网络节点的同步传输单元指的是(　　)。

A. 区块链　　　　　B. 区块头　　　　　C. 区块体　　　　　D. 区块

6. 最早、最成功的区块链大规模应用是(　　)。

A. 比特币　　　　　B. 联盟链　　　　　C. 以太坊　　　　　D. Rscoin

7. 比特币的发行(　　)依赖金融机构的监管。

A. 需要　　　　　　　　　　　　　B. 不需要

C. 需要不需要都可以　　　　　　　D. 需要多机构联合监管

二、多选题

1. 区块链技术带来的价值包括(　　)。

A. 提高业务效率　　　　　　　　　B. 降低拓展成本

C. 增强监管能力　　　　　　　　　D. 创造合作机制

2. 区块链技术分类包括(　　)。

A. 公有链　　　　B. 联盟链　　　　C. 私有链　　　　D. 社会链

3. 区块链的密码技术主要有(　　)。

A. 数字签名算法　　　　　　　　　B. 哈希算法

C. 签名算法　　　　　　　　　　　D. 验证算法

4. 作为比特币重要基础之一的区块链,主要运用的技术包括(　　)。

A. 哈希运算　　　　　　　　　　　B. 数字签名

C. P2P 网络　　　　　　　　　　　D. 工作量证明

5. 去中心化的优点是(　　)。

A. 防篡改性　　　B. 容错性　　　　C. 抗攻击性　　　D. 抗勾结性

6. 下列不属于区块链 1.0 的标志是(　　)。

A. 以太坊　　　　B. 联盟链　　　　C. 比特币　　　　D. Rscoin

7. 区块链具有的特征包括(　　)。

A. 高度自治性　　　　　　　　　　B. 信息透明性

C. 分布式数据存储　　　　　　　　D. 数据不可被篡改

8. 区块链按照信任构建方式,可以分为(　　)。

A. 非许可链　　　B. 许可链　　　　C. 替代链　　　　D. 节点链

三、判断题

1. 比特币是一种虚拟货币,本质上是一堆复杂算法所生成的特解。　　　　(　　)

2. 由于发行量有限,比特币具有长期通缩的压力。　　　　　　　　　　(　　)

3. 比特币是一种点对点的电子金融系统,在特定发行机构发行。　　　　(　　)

4. 目前,比特币在我国具有合法的地位。　　　　　　　　　　　　　　(　　)

5. 比特币在交易过程中采用中本聪所指定的第三方机构来进行记账。　　(　　)

6. 比特币的发行与使用无法解决匿名的问题。　　　　　　　　　　　　(　　)

7. 区块链技术的应用不利于监管机构开展监督。　　　　　　　　　　　(　　)

8. 篡改区块链中的数据很容易。　　　　　　　　　　　　　　　　　　(　　)

9. 密码学是区块链构成要素之一。　　　　　　　　　　　　　　　　　(　　)

10. 区块链在 2020 年被纳入"新基建"。　　　　　　　　　　　　　　(　　)

四、填空题

1. 在区块链中,假定发生了 51% 的攻击,攻击者能做的是_____。

2. 区块链的网络是_____的,其特点是尽量地传播信息。

3. 比特币于_____年被首次提出。

4. 区块链的本质是_____。

项目 2　认识区块链 2.0

学习目标

　　以太坊是在第一代区块链的基础上，为了方便开发者使用区块链进行应用开发而诞生的。以太坊被公认为第二代区块链，核心要点就是提出了一套智能合约理论和开发环境，让开发者只需专注智能合约的业务逻辑开发，从而打破了区块链在其他领域的应用开发壁垒。本项目的学习目标有以下几点：

(1) 了解以太坊的发展历程；

(2) 掌握以太坊的相关概念；

(3) 熟悉以太坊的开发工具；

(4) 了解智能合约编写规则；

(5) 熟悉智能合约的编译、部署及执行方法。

知识导图

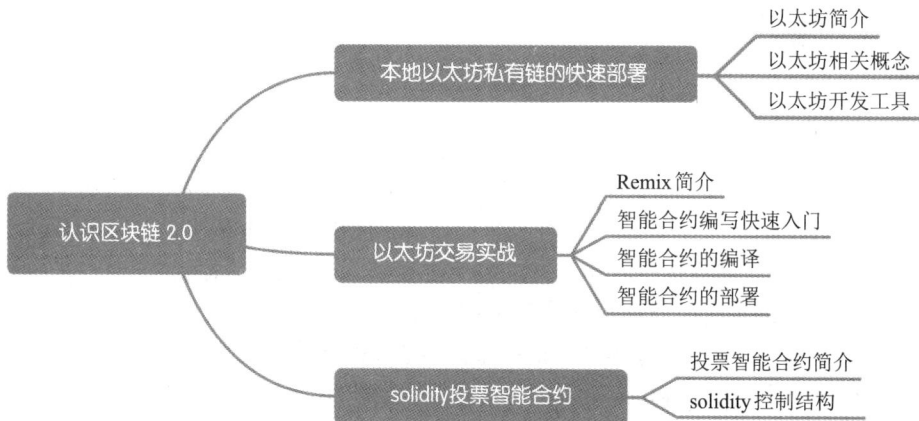

任务 2　本地以太坊私有链的快速部署

知识、技能和素质目标

- 了解以太坊的发展历程
- 熟悉以太坊的相关概念
- 了解以太坊的开发工具
- 熟悉以太坊网络搭建和部署

任务描述

本任务在 Windows 系统环境中完成。首先需下载 Windows 版本的以太坊 Geth 和 Go 语言安装包并安装 Geth 和 Go 语言；其次修改配置文件完成本地以太坊私有链简易部署；最后启动区块链节点并使用命令查看账户等信息。

本地以太坊私有链的快速部署

知识准备

一、以太坊简介

以太坊(Ethereum)是一个建立在区块链技术之上的去中心化应用平台，它是一个开源的公共区块链平台，其共识机制采用权益证明(Proof of Stake，PoS)算法，被业界认为是区块链 2.0。以太坊不仅具备像比特币那样的具有加密货币属性的以太币，同时也是一个智能合约(Smart Contract)系统，能够用来构建应用程序。

以太坊平台如同一个分布于全世界的完全去中心化的计算机，对底层区块链技术进行了封装，让区块链应用开发者只专注于开发应用本身逻辑的智能合约，从而进行业务应用，大大降低了开发难度。任何人都能够在平台中建立和使用通过区块链技术运行的去中心化应用。

二、以太坊相关概念

1. 智能合约

在以太坊网络上运行的程序称为智能合约。智能合约由尼克萨博在 1995 年提出，旨在将法律条文写成可执行的代码,让法律条文的执行中立化。以太坊智能合约大多采用 Solidity 高级编程语言编写,可通过在线开发环境 Remix 和本地开发工具开发,由以太坊虚拟机(Ethereum Virtual Machine,EVM)编译执行。以太坊网络中的每个节点(计算机)都有一个 EVM,只需要把合约部署到以太坊网络便可以运行。

2. 账户

以太坊使用账户记录系统状态,每个用户都可以在以太坊网络上开设账户用于交易。账户分为外部账户和合约账户,它们共用同一个地址空间,由一对公钥-私钥对组成。

外部账户可以触发交易,地址由公钥决定,账户交易由私钥控制。合约账户的地址在创建合约时确定,由存储的代码控制,并且每个账户都有一个以太币(Ether)。以太币作为以太坊的通证,是一种类似于比特币的电子货币。以太坊区块链系统上的所有操作都需要消耗以太币。以太币的最小单位是“Wei”,1 Ether = 10^{18} Wei,账户余额会因为发送交易而改变。

3. 交易

交易是指在以太坊中从一个账户到另一个账户的消息数据,可以是以太币或者合约执行参数,是以太坊执行操作的最小单位。每个交易包括以下字段:

- to:目标账户地址;
- value:转移的以太币数量,单位是 Wei;
- nonce:交易顺序值,是一个连续的整数,每完成一笔交易,nonce 的值就会加 1,主要目的是防止双花问题;
- gasPrice:执行交易需要消耗的 Gas 价格,一个单位的 Gas 表示执行一个基本指令的费用;
- startgas:交易消耗的最大 Gas 值,表示这个交易的执行最多被允许使用的计算步骤;
- signature:签名信息。

其中,Gas 是以太坊协议规定交易或合约调用的每个步骤的费用计数单位,它通过 Ether 币在交易时自动换算,价格由当前的以太坊网络底层决定。

4. 以太坊网络

以太坊网络分为以太坊主网、以太坊测试网和以太坊私有网。

以太坊主网也称为以太坊生产网络,是以太坊官方提供的全球化的部署在 Internet 环境上能够产生真正有价值的以太币的网络,全世界任何应用都可以调用。但是交易及合约的部署执行会消耗真实的以太币,且所有节点是全球化的,速度较慢,不适合开发、调试和测试。

以太坊测试网络也是官方提供的全球化的部署在 Internet 环境上专供用户开发、调试和测试的以太坊网络,可用来进行简单的智能合约开发,合约执行不消耗真实的以太币,但因为所有节点是全球化的,速度较慢,不可作为商业应用实际落地环境。

以太坊私有网络称为以太坊私链,是由用户自己通过 Geth 创建的以太坊网络,可以只有一个节点,是一个非常适合开发、调试和测试的网络,因节点较少,所以速度较快。用户还可以随时创建、销毁和重建一个私有的以太坊网络,甚至随意地增加或删除节点。只有在私有网络内的节点才能访问网络和执行合约。

三、以太坊开发工具

工欲善其事，必先利其器。为了方便、高效地进行以太坊应用开发，官方和众多开发者们提供了适用于各种应用的开发工具，本节主要介绍常用的几种以太坊开发工具。

1. Geth

Geth 是由 Go 语言开发的开源项目，是实现以太坊协议的三种方式之一，是 Go Ethereum 的简称。Geth 通常被作为以太坊的客户端来使用，用于以太坊中账户的新建、编辑、删除、开户探矿、以太币转移以及智能合约的部署和执行。

2. Mist

Mist 是以太坊官方提供的浏览器，可以连接到以太坊主网和以太坊测试网络，以观察网络当前算力、区块数等情况；同时 Mist 也可以连接到私有网络上，方便开发、调试和测试智能合约；另外它还集成了以太坊的钱包(Ethereum Wallet)功能。

3. Ethereum-Wallet

Ethereum-Wallet 是以太坊钱包，可以新建账户、转移以太币、部署和执行智能合约等。

4. Ganache-cli

Ganache-cli 是以太坊节点的仿真器软件，使用该软件，开发者不必进行较长时间的挖矿等待，便可以快速地进行以太坊应用的开发与测试。

5. Truffle

Truffle 是基于 JavaScript 开发的针对 Solidity 语言的开发框架，使用 Truffle 可以方便地构建、开发、测试和部署智能合约项目，并且可以配置变化时智能合约的自动发布和部署，还可以使用 web3.js 直接在代码中操作对应的合约函数等。

6. Remix-ide

Remix-ide 是以太坊官方提供的一个基于浏览器的合约编译器，是最简单方便的智能合约开发环境，用户可直接在浏览器里编写、调试智能合约。Remix-ide 的网址是：https://remix.ethereum.org/，在后续小节中会有详细介绍。

7. Remix-app

这是 Remix-ide 的一个本地 app 版本，是用 electron 构建的，官方的预编译版本目前只提供了 Linux 和 OSX 平台的支持。

8. MetaMask

MetaMask 是一款浏览器插件，是开源的以太坊钱包，可以在谷歌浏览器的扩展应用中心里找到。用户能够在浏览器中通过该插件连接到以太坊网络中，控制账户进行交易。

9. Web3.js

Web3.js 是一个 javascript 库，可使用 http 或 ipc 连接本地或远程以太坊节点进行交互。用户通过 Web3.js 与以太坊节点建立连接后，可实现检索用户账户、发送交易、与智能合约交互等功能。

任务实施

搭建本地以太坊私有链，实施过程如下。

(1) 下载并安装 Geth。从官网 https://geth.ethereum.org/downloads/下载 Windows 版本的 Geth，下载后双击运行即可安装，安装路径设置为 D:\work。

(2) 下载并安装 Go 语言环境。从官网 https://golang.google.cn/dl/下载 Go 语言安装包，并双击运行安装即可。

(3) 创建创世区块。具体步骤包括：

① 在 Geth 安装目录下创建一个文件夹，将创世区块文件 sspgenesis.json 添加到该文件夹，笔者创建了"cychain"文件夹，读者可自行定义。

② 将以下代码添加到文件中：

```
{
    "nonce":"0x0000000000000042",
    "mixhash":"0x0000000000000000000000000000000000000000000000000000000000000000",
    "difficulty": "0x4000",
    "alloc": {},
    "coinbase":"0x0000000000000000000000000000000000000000",
    "timestamp": "0x00",
    parentHash":"0x0000000000000000000000000000000000000000000000000000000000000000",
    "extraData": "0x00000000",
    "gasLimit":"0xffffffff",
    "config": {
        "chainId": 666,
        "homesteadBlock": 0,
        "eip155Block": 0,
        "eip158Block": 0
    }
}
```

其中，alloc 代表初始资产配置，在该区块链产生时，可以预先赋予这些账户一定数额的 Wei；nonce 和 mixhash 都是与 PoW 机制有关的值，nonce 预定为一个随机数；difficulty 定义了每次挖矿时的难度；coinbase 指定默认情况下把挖出一个区块的奖励给到哪个账户，实际上，我们每次挖矿开始之前，都会自己指定 miner.setEtherbase(UserAddress)，把奖励给自己；timestamp 是一个时间戳，规定创世区块开始的时间；parentHash 指定了本区块的上一个区块 Hash，用来连接区块，对于创世区块来说，parentHash 为 0；extraData 表示在 Clique 机制下，新区块只能被签名人(singers)挖掘，在区块链形成过程中，可以通过投票来选举或者免除签名人，在区块链开始运行时，需要定义一个初始 singer；gasLimit 规定该区块链中 gas 的上限；chainId 是该链的 ID，在用 geth 启动区块链时，还需要指定一个 network

参数，只有当 network、chainId、创世区块配置都相同时，才是同一条链；homesteadBlock 是相关协议机制的升级区块所在的高度，签名算法是 homestead ->eip155 -> eip158，所以 homesteadBlock 之前的区块都通过 homestead 相关算法机制来验证，从 homesteadBlock 到 eip155Block 之间的区块用 eip155 算法来验证，依此类推。有关这些 Block 的内容，读者可以参阅 go-ethereum 源码中的 config.go。

③ 通过命令提示符进入 Geth 安装路径下，如图 2-1 所示。

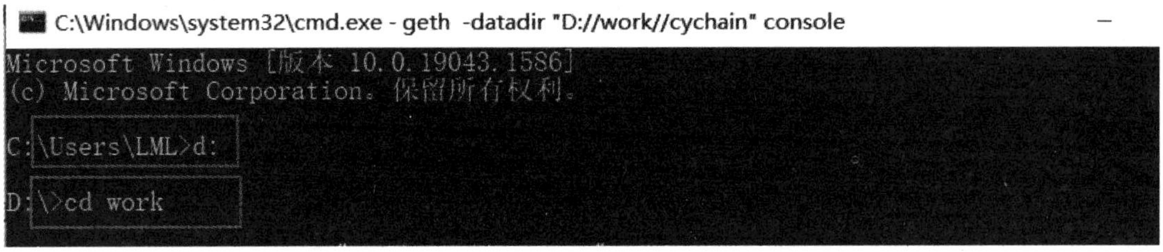

图 2-1　进入 Geth 安装目录

④ 使用以下命令进行区块链初始化。读者请根据自己创建的文件夹名字对命令做适当修改。

```
geth --datadir "D://work//cychain" init sspgenesis.json
```

结果如图 2-2 所示。

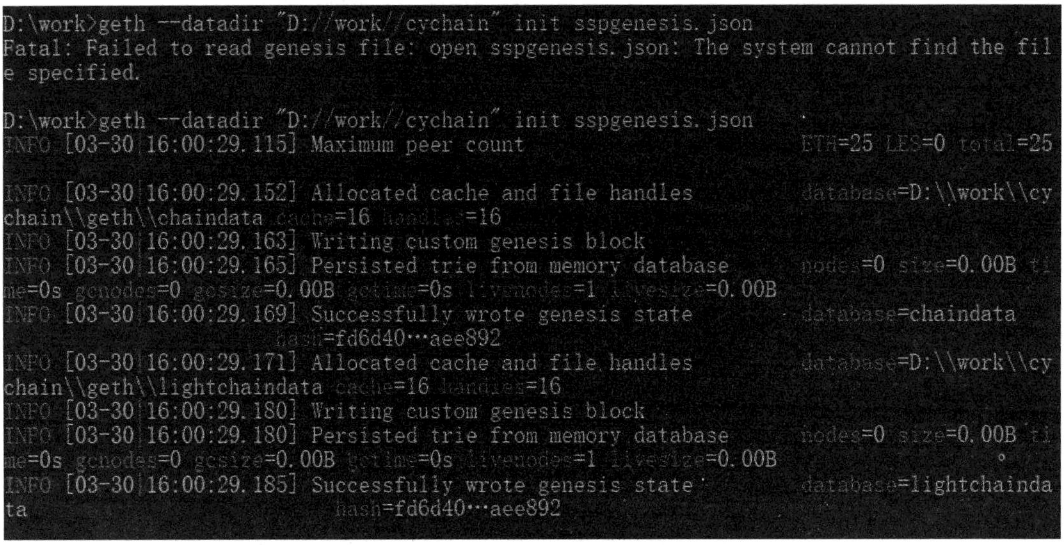

图 2-2　区块链初始化结果

(4) 启动区块链节点。使用以下命令启动区块链节点，其中 identity 参数是区块链的标识，可自定义填写，用于标示目前网络的名字。笔者将当前网络名字设置为 "cy"，执行结果如图 2-3 所示。

```
geth --identity "cy" -datadir "D://work//cychain" console
```

图 2-3　启动区块链节点结果

(5) 查询账户信息。节点启动成功后，会进入 Geth 的命令行模式，在该模式下输入查询账户信息命令查询当前的账户信息，命令如下。

```
eth.accounts
```

因为目前并没有创建任何账户，所以会返回一个空列表"[]"。

(6) 创建账号。输入如下命令创建账户，其中括号中的"654321"是账户密码。

```
personal.newAccount("654321")
```

创建成功，返回账户信息，结果如图 2-4 所示。

图 2-4　创建账号

输出的十六进制字符串是账户 ID，再次输入 eth.accounts 命令就可以查看到已经成功创建的账户的信息了。请读者试着自己创建账户，并查看是否创建成功。

(7) 退出区块链节点。命令如下，执行结果如图 2-5 所示。

```
Exit
```

```
> exit
INFO [03-30|16:34:50.760] IPC endpoint closed                    url=\\\\.\\pipe\\geth
.ipc
INFO [03-30|16:34:50.763] Blockchain manager stopped
INFO [03-30|16:34:50.764] Stopping Ethereum protocol
INFO [03-30|16:34:50.765] Ethereum protocol stopped
INFO [03-30|16:34:50.766] Transaction pool stopped
INFO [03-30|16:34:50.767] Database closed                        database=D:\\work\\cy
chain\\geth\\chaindata

D:\work>_
```

图 2-5　退出区块链节点

▶ 实践训练

1. 实训目的

熟悉以太坊私有链的部署步骤和常用命令。

2. 实训内容

(1) 搭建一个 "mychain" 的私有链;

(2) 创建一个账户;

(3) 查询账户信息。

任务 3 以太坊交易实战

▶ 知识、技能和素质目标

- 熟悉在线 IDE 工具 Remix 的使用方法
- 掌握基于 Solidity 语言的智能合约编写规则
- 掌握以太坊智能合约的编译及部署方法

▶ 任务描述

本任务通过使用在线 IDE 工具 Remix 编写、部署和执行智能合约,体验代币发行与交易的过程。

以太坊交易实战

▶ 知识准备

一、Remix 简介

Remix 是一个智能合约开发环境，可通过网址 https://remix.ethereum.org/访问。它提供了 Solidity 语言编辑器，可编写、调试和编译智能合约，可以访问已部署的智能合约的状态和属性，具有代码分析和错误提示功能，可以调试和测试 DAPP(Decentralization Application)，操作界面如图 2-6 所示。

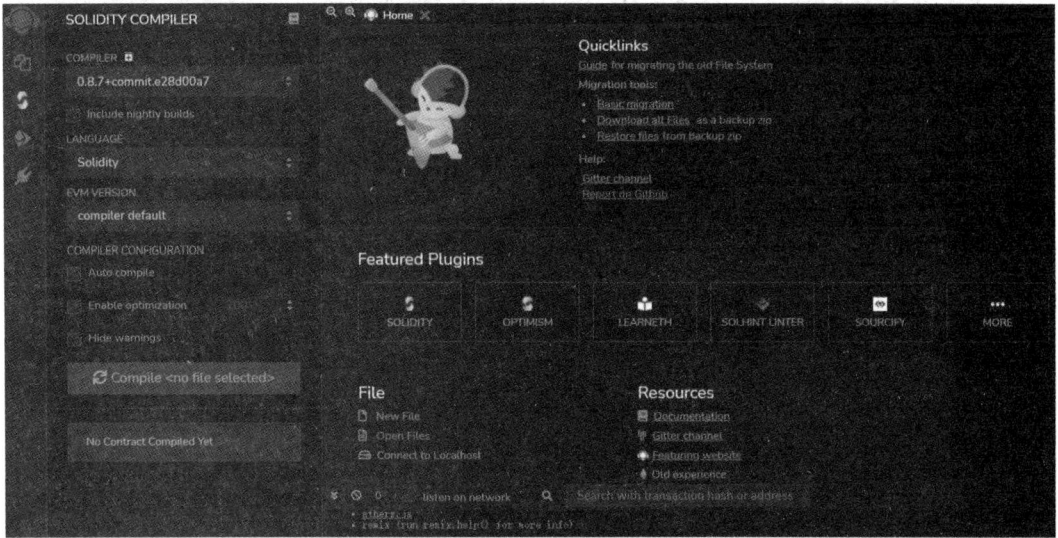

图 2-6　Remix 首页

图 2-6 中，最左边菜单栏从上到下依次是文件资源管理器、合约编译、合约部署和合约数据分析。新建一个项目的过程如下：

① 创建工作区。在文件资源管理器界面点击"+"即可完成，如图 2-7 所示。

② 创建合约。如图 2-8 所示，选中【contracts】(图中 1)文件夹，点击"新建"图标(图中 2)可以创建新合约，输入新合约名称"test"(图中 3)。

图 2-7　创建工作区

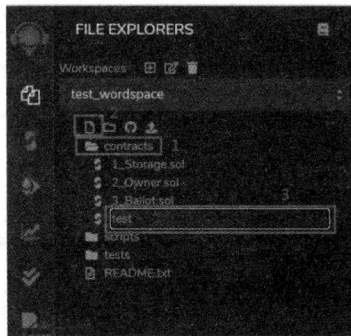

图 2-8　创建合约

③ 编辑合约内容。界面的右边是工作区，如图 2-9 所示。工作区上半部分是代码编辑区，在这里可以编写 Solidity 合约，代码每 5 秒自动保存一次。

图 2-9　Remix 的右边部分

工作区的下半部分是一个交互式的命令行终端，集成了 javascript 解释器，可以使用 js 脚本与系统交互。在合约执行的过程中，该终端会显示操作记录 log，通过 log 能够看到该笔交易的详细数据。

二、智能合约编写快速入门

一个智能合约由一组代码(合约的函数)和数据(合约的状态)组成，是一套以数字形式定义的承诺，以及合约参与方可以在上面执行这些承诺的协议。智能合约运行在以太坊虚拟机上。本节介绍使用 Solidity 语言编写智能合约的方法。一个最简单的智能合约结构如下：

```
pragma solidity    ^0.4.18;
contract HelloWorld{


}
```

其中，pragma 指令用来告诉编译器程序使用的 Solidity 版本，并进行一个合约的创建；"Hello World"是合约的名称，可以自定义。除了这些，在编写时还需要用到状态变量、字符串变量、结构体、数组、函数和事件等要素。

1. 状态变量

状态变量表示永久地写入以太坊的链上，供后续使用者进行访问和调用的变量。下面的语句定义了一个 storedData 变量，并赋值 100，其中 uint 类型表示无符号数据类型，其值为非负数，有符号的整数用 int 表示。

```
uint storedData=100
```

2. 字符串变量

字符串变量用 string 表示，可以保存任意长度的 UTF-8 数据，例如：

```
string name="Hello"
```

3. 结构体

Solidity 支持定义结构体，这是一个更为复杂的数据类型，用 struct 表示，可以包含多个属性。例如，定义一个名为 Student 的结构体，该结构体中包含了 age、name 和 class 字段，代码如下：

```
struct Student{
    unit age;
    string name;
    string class;
}
```

4. 数组和公共数组

Solidity 支持静态数组和动态数组，数组定义方式如下：

```
uint[5] array;            //固定长度为 5 的静态数组
string[3] stringArray;    //固定长度为 3 的 string 类型的静态数组
uint[] array2;            //动态数据，可动态添加元素
```

公共数组用 public 定义，其他合约可以从这个数组中读取数据，通常用它来保存公共数据。定义方式如下：

```
Student[] public people
```

5. 函数

函数通过关键字"function"定义，分为公开函数和私有函数。Solidity 中函数默认为 public 属性(公开函数)，任何外部账户都可以进行访问。一些不需要对外部开放调用的函数可以设置为 private 属性(私有函数)。函数中的变量(参数)一般以"_"开头，便于与全局变量区分开。私有函数命名也习惯以"_"开头。下面第一段代码定义了一个名为"drink"的函数，该函数包括一个 string 类型和一个 unit 类型的参数，返回值类型为 string 类型；第二段代码定义了一个私有函数"_waterToDrink"，该函数包含一个 uint 类型的参数，无返回值。

```
//定义公开函数"drink"，返回 string 类型的返回值。
function drink(string _name,uint _amount) public returns(string){
};
//定义一个私有函数
function _waterToDrink( unit _amount) private{
};
```

6. 事件

事件是合约和区块链通信的一种机制，可以对合约内容发生的状态变化进行记录。

三、智能合约的编译

合约编写完之后需要编译为以太坊虚拟机能够识别的字节码，编译通过之后才能执行合约。

Remix 提供了智能合约编译工具。在 Remix 首页上点击左边的编译按钮进入编译环境，如图 2-10 所示。在这里可以对编译器、智能合约语言等进行配置。选中需要编译的合约，

点击【Compile】进行编译即可。

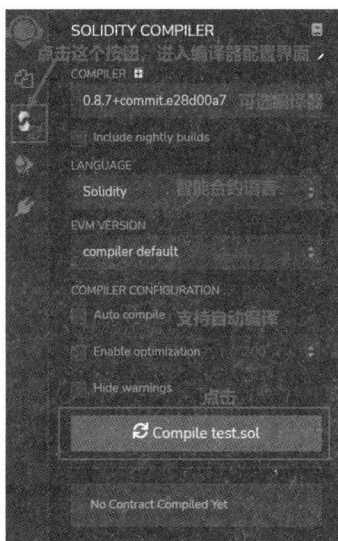

图 2-10　Remix 编译步骤

如图 2-11 所示，编译自动进行语法检查，黄色是警告和建议，不影响合约的编译和执行，红色是语法错误，需要修改后重新编译。如果没有错误提示，则代表编译成功。如果合约有很多依赖，建议关闭自动编译。

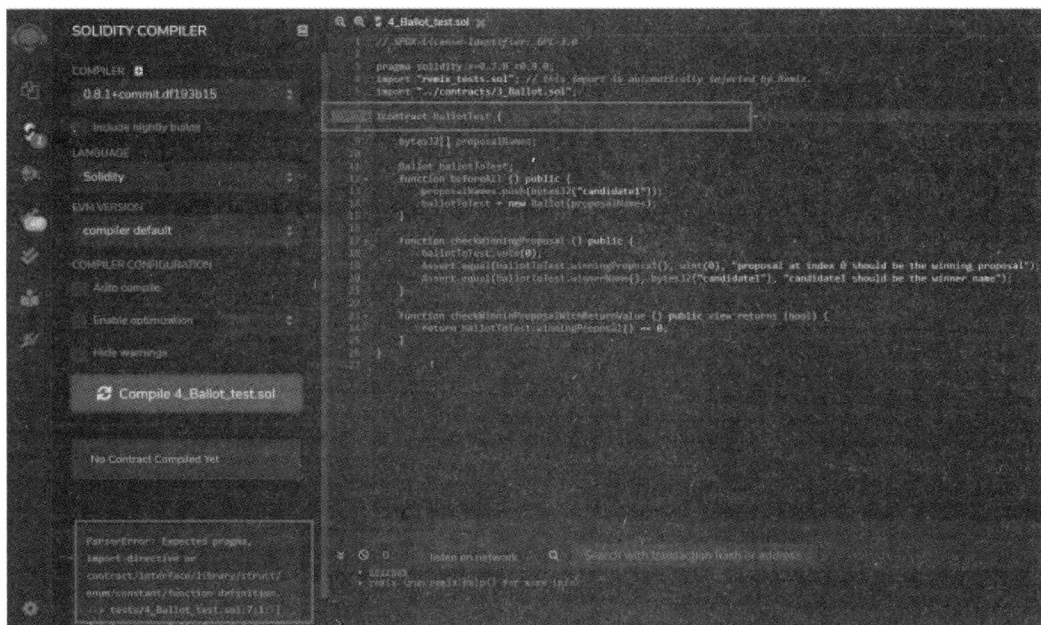

图 2-11　合约编译

四、智能合约的部署

编译好的智能合约要进行部署，部署需要对运行环境、账户、合约交易消耗最大值和发送以太币的数量等参数进行设置，合约部署界面如图 2-12 所示。

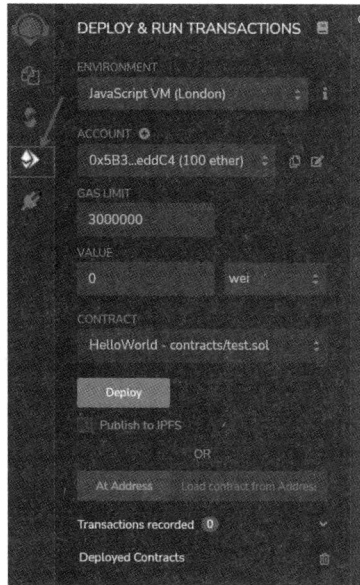

图 2-12 合约部署界面

其中运行环境(ENVIRONMENT)有三种模式可选：JavaScript VM、Injected Provider 和 Web3 Provider。JavaScript VM 这种模式是在浏览器中模拟一个区块链，合约在这个模拟的沙盒中执行，刷新页面就会使所有数据清空，没有注入 Web3 对象，不做任何持久化。Injected Provider 连接到包含注入 Web3 对象的源上，例如 Mist 和 Metamask。Web3 Provider 连接到远程节点，需要填写源的 url 地址和端口，例如 geth、ganache 等客户端，包含 Web3 对象。ACCOUNT 代表当前操作的账户，用于发布合约、调用合约方法。GAS LIMIT 表示合约交易消耗 gas 的最大限量。VALUE 表示向合约发送以太币的值。Deploy 按钮用来部署合约，相当于新建一个合约实例。At Address 表示地址，假定此地址是所选合约的一个已部署的实例，相当于将地址强制转换为一个合约实例。

▶ 任务实施

(1) 编写代币合约。

新建一份合约，命名为 token.sol，这里用以太坊官网提供的最小可行的代币合约为例，创建合约代码如下：

```
pragma solidity ^0.4.0;
contract MyToken {
/*创建一个包含所有余额的数组*/
    mapping (address => uint256) public balanceOf;
/*使用初始提供的代币向合约创建者初始化合约*/
    function MyToken(uint256 initialSupply) public {
        balanceOf[msg.sender] = initialSupply;
        // Give the creator all initial tokens
    }
```

```
/*发送代币*/
function transfer(address _to, uint256 _value) public {
    require(balanceOf[msg.sender] >= _value);
    require(balanceOf[_to] + _value >= balanceOf[_to]);
    balanceOf[msg.sender] -= _value;
    // Subtract from the sender
    balanceOf[_to] += _value;
    // Add the same to the recipient
    }
}
```

这个 MyToken 合约实现了创造代币和转移代币的功能，即发起合约时创造指定数量的代币，代币拥有者是发起合约的 Ethereum 账户，使用 transfer 函数转移指定数量的代币到指定的 Ethereum 账户。

(2) 编译代币合约。

在编译菜单中的"LANGUAGE"下拉列表中选择"Solidity"，选中需要编译的 token.sol 文件，然后点击【Compile token.sol】按钮进行编译，如图 2-13 所示。

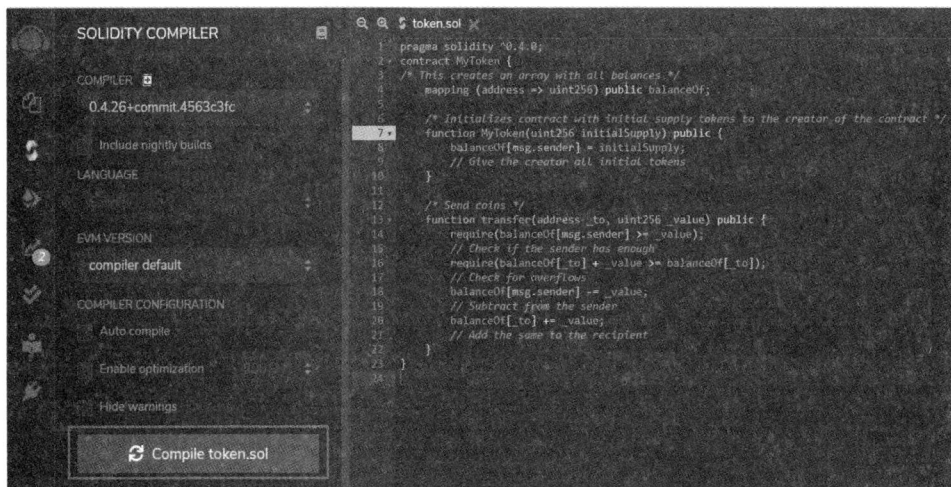

图 2-13　智能合约编译

(3) 部署及执行合约。具体步骤包括：

① 设定环境及账户。在部署页面中，在"ENVIRONMENT"下拉列表中选择"JavaScript VM"，它会提供若干个虚拟账户，每个账户有 100 个以太币，随便选择其中一个账户并记住当前选择，如图 2-14 所示。

图 2-14　设定网络

② 部署合约。如图 2-15 所示，选中 token.sol 合约文件，根据合约内容，MyToken 函数需要传递 uint256 类型的参数 initialSupply 的值，因此，在界面的"Deploy"按钮右边的"unit256 initialSupply"处需要输入要发行的代币数量，例如输入"1000"并点击"Deploy"按钮，就会部署合约。

合约部署成功后，Remix 会根据合约的内容自动产生对应的合约使用接口。此时，可以看到合约有两个功能：balanceOf(查询余额)和 transfer(转移代币)，如图 2-16 所示。

图 2-15　发行的代币数量设置

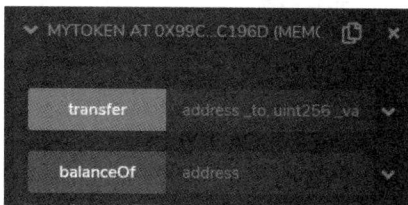

图 2-16　合约部署成功

③ 查询账户余额。选择刚刚发起合约的账户，可点选账户右边的图标复制账户地址，如图 2-17 所示，然后在"balanceOf"右边的编辑栏处粘贴刚刚复制的账户地址，点击"balanceOf"按钮，查看当前账户的余额。因为在合约执行时给该账户发了 1000 个代币，因此查到的余额是 1000，如图 2-18 所示。

图 2-17　复制账户地址

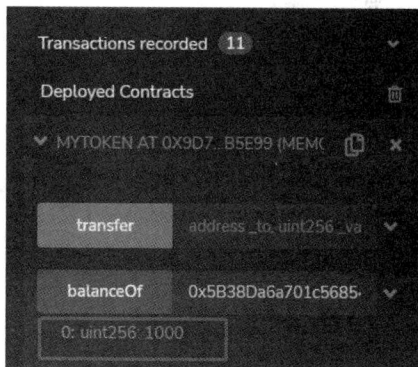

图 2-18　查询余额结果

④ 转移代币。在"ACCOUNT"位置选择任意一个其他的账户地址并复制下来，作为转入账户，粘贴到"transfer"中"_to"的位置，在"transfer"中"_value"处填写转账数值，如图 2-19 所示，然后在"ACCOUNT"位置选择步骤③中执行合约的账户作为转出账户，点击"transact"完成代币转账，成功后会看到 log 更新。

成功转移一笔代币之后，可以通过"balanceOf"查询账户的余额来验证一下，输入对应的账户地址就可以看到刚刚被转入的账户代币余额变成了 99，如图 2-20(a)所示；转出账户余额减少了 99，变成了 901，如图 2-20(b)所示。

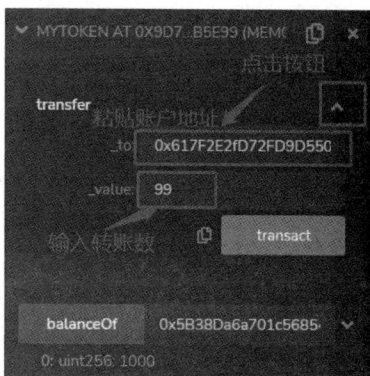

图 2-19　转移代币设置

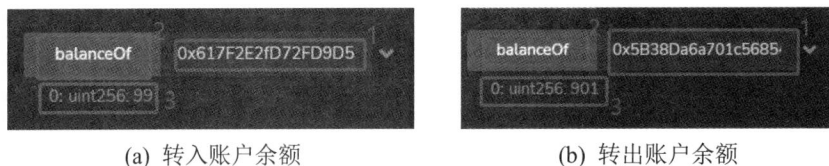

(a) 转入账户余额　　　　　　　　　　　(b) 转出账户余额

图 2-20　余额查询

▶ **实践训练**

1. 实训目的
(1) 熟悉 Remix 工具的使用；
(2) 掌握智能合约的编写、执行和部署方法。
2. 实训内容
(1) 给某一个虚拟账户创造 2022 个代币；
(2) 转 520 个代币给另一个虚拟账户；
(3) 查看两个账户的账户余额。

任务 4　Solidity 投票智能合约

▶ **知识、技能和素质目标**

- 了解投票智能合约的结构和原理
- 掌握 Solidity 语言的控制结构

▶ **任务描述**

本任务通过编写投票智能合约，使读者掌握 Solidity 语言控制结构的应用。

以太坊-Solidity 投票智能合约

▶ **知识准备**

一、投票智能合约简介

基于以太坊的去中心化应用可以将以太坊应用于很多需要信任机制的场景，其中最经典的场景就是匿名投票。对于一个电子投票系统，最主要的问题是如何将投票权分配给正确的人员，以及如何防止被操纵和篡改，做到投票过程更加透明、公开和令人信任。显然，可以利用区块链技术的特性和优势来解决这一问题，而以太坊的智能合约就是一种很好的实现途径。另外，实际的投票场景中往往不是一人一票这么简单，可能需要给每个不同的投票人赋予不同的投票权重，这就是"加权投票"，而这个权重，可以用自定义的 token 来实现。电子投票系统的实现过程是：首先要为投票创建一个合约，发起者作为主席来给每一个独立的地址分配权限，每一个参与者可以自己投票或者委托给信任的人投票，程序最后会返回得票数最多的那个提议。

二、Solidity 控制结构

实现投票智能合约需要用到控制结构。Solidity 控制结构包括选择结构和循环结构，分别由条件语句和循环语句实现。

1. 条件语句

Solidity 语言中条件语句与 C 语言中的条件语句语法结构一样，包括单分支、二分支和多分支条件语句。其中单分支语句，用 if 语句实现，当满足条件时执行；二分支语句，用 if...else 语句实现，当满足条件时执行某段代码，不满足条件时执行另一段代码；多分支语句用 if..else if...语句实现，根据条件的判断结果选择满足条件的分支执行。

2. 循环语句

Solidity 提供 while、do...while 和 for 循环语句，语法结构与 C 语言一致，此处不再详述。

3. require 函数

require 函数用于确认条件有效性(例如输入变量或合约状态变量是否满足条件)或验证外部合约调用返回的值。该函数有两个参数，第一个参数为条件判断表达式，是必选参数，第二个参数为要返回的异常消息提醒，是可选参数。其语法格式如下：

```
require(条件表达式，提醒消息)
//例子 1
require(msg.value % 3 == 0, "Even value required.");
//例子 2
require(msg.value % 3 == 0);
```

例子 1 中，程序将会判断"msg.value%3==0"是否为真，如果为真，继续执行 require 下面的语句，如果为假，则打印输出"Even value required."，后面所有的代码将不会执行。

▶ 任务实施

使用 Solidity 语言实现投票智能合约的编写，代码如下。

```
pragma solidity ^0.7.0 ;
contract Ballot {
```

```
struct Voter {
        uint weight;
        bool voted;
        address delegate;
        uint vote;
    }
    struct Proposal {
        bytes32 name;
        uint voteCount;
    }
    address public chairperson;
    mapping(address => Voter) public voters;
    Proposal[] public proposals;
    constructor(bytes32[] memory proposalNames) {
        chairperson = msg.sender;
        voters[chairperson].weight = 1;
        for (uint i = 0; i < proposalNames.length; i++) {
            proposals.push(Proposal({
                name: proposalNames[i],
                voteCount: 0
            }));
        }
    }
    function giveRightToVote(address voter) public {
        require(msg.sender == chairperson,
            "Only chairperson can give right to vote.");
        require(!voters[voter].voted,"The voter already voted.");
        require(voters[voter].weight == 0);
        voters[voter].weight = 1;
    }
    function delegate(address to) public {
        Voter storage sender = voters[msg.sender];
        require(!sender.voted, "You already voted.");
        require(to != msg.sender, "Self-delegation is disallowed.");
        while (voters[to].delegate != address(0)) {
            to = voters[to].delegate;
            require(to != msg.sender, "Found loop in delegation.");
        }
```

```
            sender.voted = true;
                sender.delegate = to;
                Voter storage delegate_ = voters[to];
                if (delegate_.voted) {
                    proposals[delegate_.vote].voteCount += sender.weight;
                } else {
                    delegate_.weight += sender.weight;
                }
        }
        function vote(uint proposal) public {
                Voter storage sender = voters[msg.sender];
                require(!sender.voted, "Already voted.");
                sender.voted = true;
                sender.vote = proposal;
                proposals[proposal].voteCount += sender.weight;
        }
        function winningProposal() public view returns (uint winningProposal_){
                uint winningVoteCount = 0;
                for (uint p = 0; p < proposals.length; p++) {
                    if (proposals[p].voteCount > winningVoteCount) {
                        winningVoteCount = proposals[p].voteCount;
                        winningProposal_ = p;
                    }
                }
        }
        function winnerName() public view returns (bytes32 winnerName_){
                winnerName_ = proposals[winningProposal()].name;
        }
    }
```

智能合约通过编译之后，选取地址"0x5B38Da6a701c568545dCfcB03Fc B875f56beddC4"部署合约，将其转化为 byte32 类型的数组形式：

["0xd4967590eb024589dfb6b9e48a576eb49ebc19d764b0d1d67dc21975e7258e97",
"0x0000000000000000000000000000000000000000000000000000000000000001",
"0x0000000000000000000000000000000000000000000000000000000000000002",
"0x0000000000000000000000000000000000000000000000000000000000000003",
"0x065e0be95fb43db528a20ba65c0e575e33cd4a9e1ca089dba4efff24596e8553"]

将该值作为部署合约的主席账户(chairperson)进行部署，运行结果如图 2-21 所示。

点开下方的"Deployed Contracts"按钮，显示如图 2-22 所示的页面。

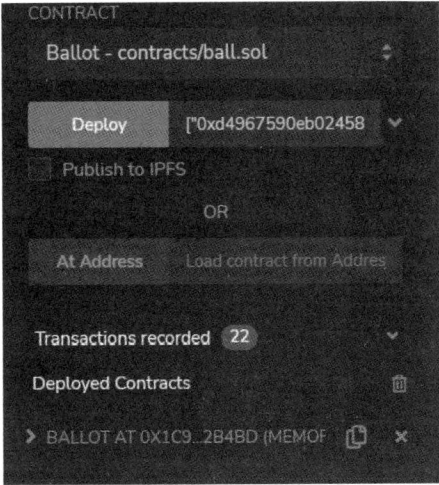

图 2-21　合约部署

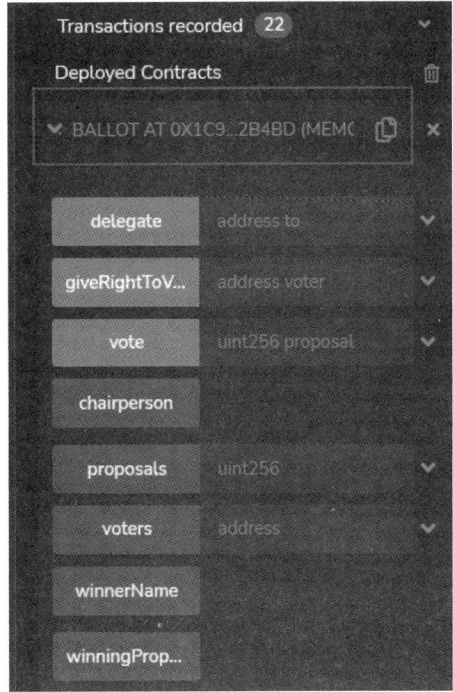

图 2-22　Deploy Contracts

部署成功之后，可以调用合约中的函数查看一下 chairperson 的地址和方案(proposals)1 的选票数，结果如图 2-23 所示，账户地址与部署合约的账户地址一致，方案 1 的选票数为 0。

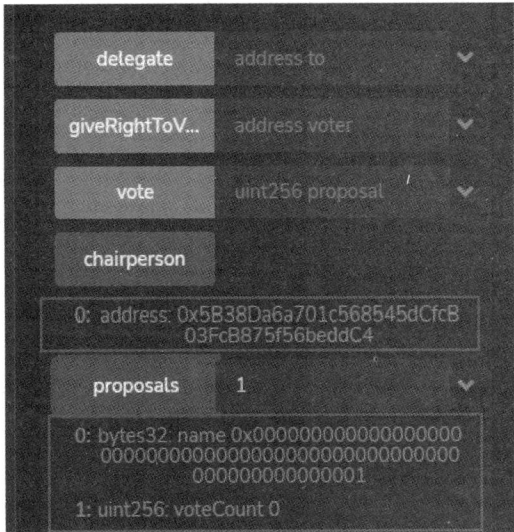

图 2-23　查看 chairperson 和方案 1 的选票数

通过"giveRightToVeto"函数给另一个账户"0xAb8483F64d9C6d1EcF9b849Ae 677dD33 15835cb2"授予投票权，然后用"vetors"查看是否成功，结果如图 2-24 所示，该账户拥有 1 个权重的投票权，表示授权成功。

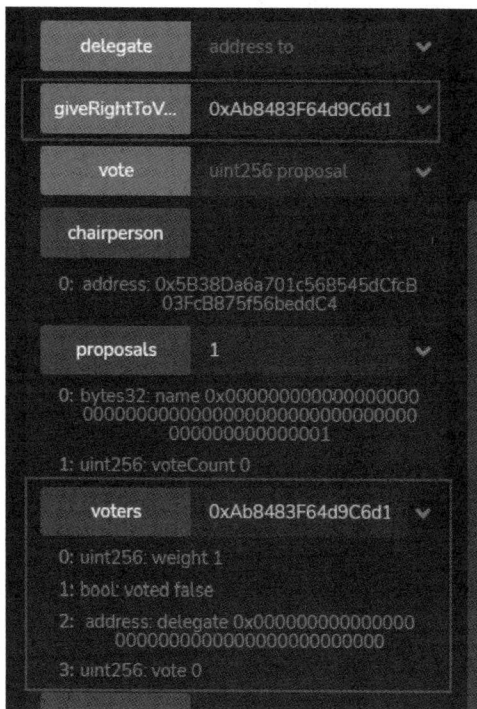

图 2-24　授予投票权

接下来给 0 号方案投一票，然后查看一下 0 号方案的得票数，如图 2-25 所示，此时票数为 1。

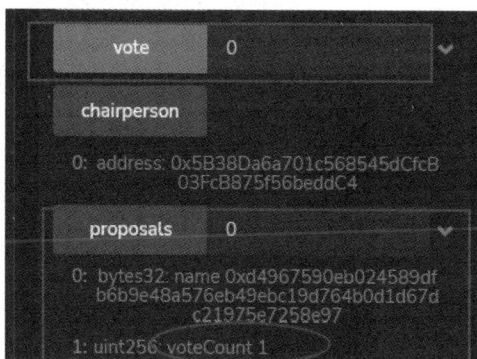

图 2-25　投票

思考：请读者尝试把第 2 位玩家的投票权委托给第 3 位玩家，将第 3 位玩家的投票权委托给第 4 位玩家，委托之后可以分别查看这 3 位玩家的状态，并让第 4 位玩家为方案 0 投票，再查看投票结果。

实践训练

1. 实训目的

(1) 熟悉 Remix 工具的使用；

(2) 掌握智能合约的部署方法。

2. 实训内容

尝试为方案 2 投票。

小　结

本项目介绍了以太坊的相关概念，以及智能合约的编写规则和执行方法；通过搭建本地以太坊私有链，介绍了第二代区块链的简易部署；通过采用代币合约给虚拟账户转账，介绍了智能合约的执行方法，完成了生成代币、转移代币、查询余额等功能；通过投票智能合约的编写、部署及执行过程，介绍了 Solidity 中控制结构的使用方法。这些内容为后续读者学习第三代及新一代区块链系统的学习夯实基础。

课 后 习 题

一、单选题

1. Solidity 中与 Java 中的"类"类似的是(　　)。

A. 合约　　　　　　B. 构造　　　　　　C. 状态变量　　　　D. 数组

2. 你必须在 Solidity 文件中指定的第一件事是(　　)。

A. 定义一个合约　　　　　　　　　B. 定义一个函数

C. 定义一个变量　　　　　　　　　D. 定义 Solidity 编译器的版本

3. Remix 中，在 Solidity 编辑器区域，代码每隔(　　)自动保存一次。

A. 3 秒　　　　　　B. 4 秒　　　　　　C. 5 秒　　　　　　D. 6 秒

4. 以下关于 Remix 代码检查，说法错误的是(　　)。

A. 提供自动语法检查　　　　　　　B. 黄色是警告和建议

C. 红色是语法错误　　　　　　　　D. 不提供代码自动检查

5. 以下说法错误的是(　　)。

A. Account 是指交易转入账户

B. Gas Limit 是指合约交易的 gas 最大限量

C. Value 是指向合约发送以太币的数量

D. 部署合约相当于新建一个合约实例

6. 以下关于 Remix，说法错误的是(　　)。

A. 是一个 IDE(集成开发环境)　　　B. 用于智能合约开发

C. 使用的开发语言是 JavaScript　　　D. 是以太坊官方的开发环境

7. 关于指定合约版本，显示正确的是(　　)。

A. pragma solidity 0.4.0　　　　　　B. pragma solidity ^0.4.0

C. solidity ^0.4.0　　　　　　　　　D. pragma ^0.4.0

8. 以下说法错误的是(　　)。

A. 函数有公开和私有之分

B. 函数的变量都是以"_"开头

C. 函数的变量都是以小写字母开头

D. 私有函数的命名习惯以"_"开头

9. a = 10，b = 4，下面代码返回的结果是(　　)。

```
function _multiply(unit a,unit b) private pure returns(unit){
    return a*b;
}
```

A. 6　　　　　　　　B. 14　　　　　　　　C. 40　　　　　　　　D. 2.5

10. 下面不属于以太坊网络链路的是(　　)。

A. 以太坊主网　　　　　　　　　　B. 以太坊测试网

C. 以太坊私有网络　　　　　　　　D. 以太坊局域网络

二、多选题

1. Solidity 中包含(　　)。

A. 合约　　　　　B. 函数　　　　　C. 变量　　　　　D. 事件

2. Remix 提供的部署环境包括(　　)。

A. JavaScript VM　　　　　　　　B. Injected Web3

C. Python VM　　　　　　　　　　D. Web3 Provider

3. 关于以下代码，说法正确的是(　　)。

```
pragma solidity^0.4.20;
contract Message{
    string msg;
    function setMsg(string _msg) public {
        msg=_msg;
    }
    function getMsg() public view returns(string){
        return msg;
    }
}
```

A. 指定 0.4.20 的 Solidity 版本

B. 创建一个叫"Message"的合约

C. 定义了一个"msg"字符串变量

D. 合约中定义了一个叫"setMsg"的私有函数

4. 关于以下代码，说法正确的是(　　)。

```
geth --datadir "D://work//geth//ichain" init genesis.json
```

A. 这是初始化区块链的命令

B. 代码的主体是 geth init

C. 区块链数据存储到 D://work//geth//ichain genesis.json 文件里

D. 初始化执行 genesis.json 文件

5. 关于 Geth 的功能用途，正确的是(　　　)。

A. 账户管理　　　　　　　　　B. 开户挖矿

C. 以太币转移　　　　　　　　D. 智能合约部署和执行

三、判断题

1. Remix 进行编译时，遇到黄色提醒，必须修复代码后才能进行执行。　　　(　　)

2. Solidity 公共数组是常见的保存公共数据的地方。　　　(　　)

3. Solidity 中函数默认定义为 private 属性。　　　(　　)

4. 以太坊是一个非开源的区块链平台。　　　(　　)

5. 以太坊测试网的节点是全球化的，速度比较慢。　　　(　　)

四、填空题

1. 1 Ether = _____Wei。

2. Solidity 中，有符号的整数类型用_____表示。

3. 合约交易需要消耗_____。

4. 以太坊官网提供的一个最小可行的代币合约 Mytoken.sol，实现了_____和_____功能。

项目 3　认识区块链 3.0

学习目标

区块链 3.0 是以 Hyperledger Fabric 为代表的联盟链,Hyperledger Fabric 是由 IBM 等主导开发的一个超级账本,运行在 Fabric 网络节点中的智能合约是链码。本项目从 Fabric 的发展历程及核心优势、链码的运行方式和生命周期等方面,简要介绍 Fabric 网络部署和链码编写及运行方法。本项目的学习目标有以下几点:

(1) 了解区块链 3.0 的发展历程;

(2) 熟悉 Fabric 的体系架构;

(3) 熟悉 Fabric 的核心优势;

(4) 了解链码的概念和分类;

(5) 掌握链码的运行方式;

(6) 熟悉链码的生命周期。

知识导图

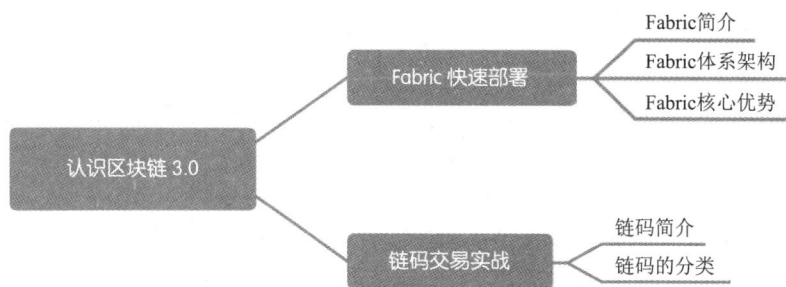

任务 5　Fabric 快速部署

知识、技能和素质目标

- 了解 Fabric 的发展历程
- 熟悉 Fabric 的体系架构和核心优势
- 熟悉 Fabric 部署方法

任务描述

本任务在 Ubuntu 16.4 操作系统环境下进行，首先安装 Python3、Docker、Docker-Compose、Go 和 Fabric，然后配置并完成 Fabric 测试网络的简易部署。

Fabric 快速部署

知识准备

一、Fabric 简介

1. Fabric 起源

区块链 1.0 是以比特币为代表的公链，主要实现了数字货币的功能。比特币系统在世界范围内的安全、平稳运行使得区块链技术越来越被认可，从而有了以太坊的问世，区块链 2.0 是以以太坊为代表的公链，主要实现了智能合约。

为了进一步推动区块链的跨行业应用发展，Linux 基金组织开展了以改善区块链底层技术的超级账本(Hyperledger)项目。随着 IBM、Intel、Cisco 等国际大公司的陆续加入，超级账本被一个由各行各业组成的技术指导委员会管理，这大大促进了超级账本的快速发展。到目前为止，超级账本有 Fabric、Iroha、BlockChain Explorer 和 Cello 等十个顶级项目，其中 Fabric 是最活跃的，因此提到超级账本默认指 Fabric，区块链 3.0 则是以 Fabric 为代表的联盟链。相比于公有链，联盟链加入了准入机制，节点需要通过身份认证才可以加入网络，但其规模又比私有链大得多，具有弱中心化、较强可控性和数据默认不公开等特性。

2. Fabric 概述

Fabric 是一个开源的企业级许可分布式账本技术平台，节点在加入 Fabric 网络之前需要进行身份验证，得到许可后方可加入，因此参与者彼此都是已知的、具有一定的信任基础，而不是匿名的、彼此完全不信任的。Fabric 具有高度模块化和可配置的架构，支持可插拔的共识协议，这使得平台能够更有效地定制以适应特定的用例和信任模型，可以使用不需要代币的共识协议来产生区块或推动智能合约的执行。Fabric 使用 Docker 机制实现智能合约，支持 Go、Java 等各种主流语言来编写智能合约，每个智能合约都能够创建新的链，也可以和其他智能合约共用一个链。

　　Fabric 区块链在一组已知的或者已识别的并经常审查的参与者之间运行，通过通道隔绝技术保证链上数据的安全性。提供建立通道(Channel)功能，允许一组参与者创建各自的交易账本，只有在同一通道中的参与者才能够参与共识验证和记账，不在同一通道的参与者则无法看到彼此的账本。基于参与者的身份，许可的区块链可以使用更传统的崩溃容错(Crash Fault Tolerance，CFT)或拜占庭容错(Byzantine Fault Tolerance，BFT)共识协议进行共识验证，这些协议不需要通过挖掘消耗资源。

3. Fabric 节点

　　Fabric 区块链网络由节点(Peer)构成，通过节点进行交易处理和账本维护。每个节点都拥有一份或多份账本和智能合约的实例，节点可以被创建、启动、停止、重新配置及删除。管理员及应用程序可以通过一组公开的 API 访问节点的服务。

　　根据功能不同，节点可以分为背书节点(Endorser Peer)和提交节点(Committer Peer)。背书节点负责对发起的交易进行签名背书，背书节点不是固定的，而是由链码在实例化的时候指定的。提交节点负责维护状态数据和账本副本，根据通信范围分为锚节点(Anchor Peer)和主节点(Leading Peer)。锚节点随通道而存在，每个通道上有一个或多个锚节点，而且它能够被其他通道发现；主节点负责与通道内的 Orderer 通信，并将共识后的区块传输到其他节点。

二、Fabric 的体系架构

　　从面向服务编程的角度分析，超级账本 Fabric 的架构如图 3-1 所示，其核心包括成员管理、区块服务和链码服务。

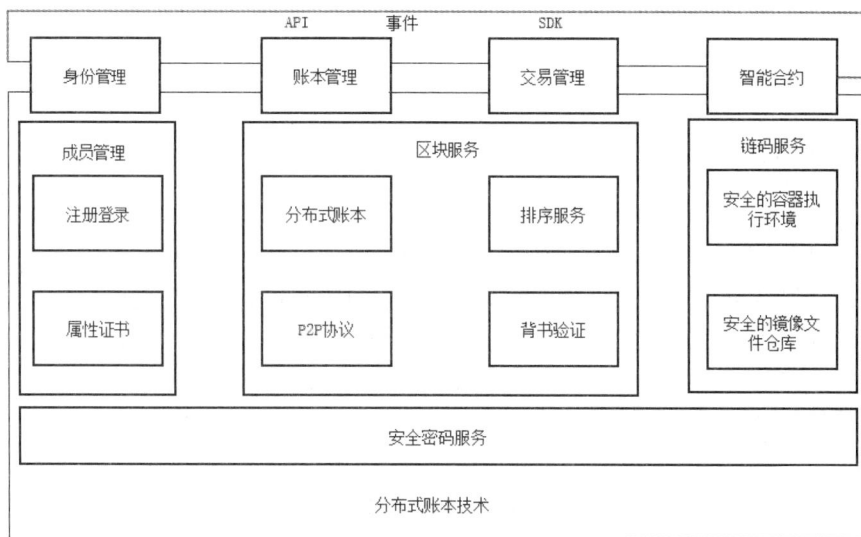

图 3-1　Fabric 逻辑架构图

1. 成员管理

成员管理负责管理用户标识、隐私、以及网络的保密性和可审计性。在公链中，参与者不需要授权，所有节点可以平等地提交交易或者将交易累积成区块，即不区分角色。而在联盟链中，参与方需要通过注册获得长期身份凭证，用户身份可以被区分。

2. 区块服务

区块服务提供了最基础的构建分布式账本的服务，能实现数据传输、共识达成等底层功能，并且提供了发布、订阅的事件管理框架以及将分布式账本内部的各种事件通知到外部监听的应用。

3. 链码服务

Fabric 中的智能合约又称为链上代码(ChainCode，简称链码)，一般是开发人员使用 Go 语言编写的应用程序代码，用于提供分布式账本的业务处理逻辑。链码被部署在 Fabric 的网络节点中，能够独立运行在具有安全的、受保护的 Docker 容器中，通过 gRPC 协议与相应的 peer 节点进行交互通信，以操作(初始化或管理)分布式账本中的数据，链码一旦部署便无法修改。

启动 Fabric 网络后，可以验证网络是否正常运行，通过命令完成链码操作。应用程序通过向区块链网络发送交易来调用链码，从而操作账本中的内容。如图 3-2 所示。

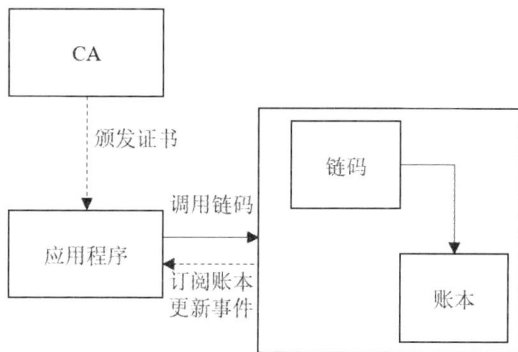

图 3-2 链码在区块链应用中的作用

三、Fabric 的核心优势

区块链 1.0 中比特币有无需中介即可完成支付、无需中央机构发行货币、交易无法撤销和使用者匿名等特点，但其依然存在区块容量受限、区块分叉、延展性攻击和扩展性差等技术问题。区块链 2.0 以太坊的目标是提供一个内置成熟的图灵完备语言的区块链，用户可以通过合约创建应用程序。

区块链 3.0Fabric 的功能与以太坊类似，都具有一个分布式的智能合约平台。但 Fabric 是一个区块链框架，并不只是一条公链，也没有内置代币。它采用了松耦合设计，将身份验证、共识机制等组件模块化，使之在应用过程中可以方便地根据应用场景来选择相应的模块。另外，Fabric 采用了容器技术，将链码放在 Docker 中运行，使得智能合约可以用任意高级语言编写。

任务实施

在 Ubuntu 16.4 操作系统中，Fabric 测试网络的简易部署实施过程如下。

(1) 更新 Python 默认指向 Python3。

① 登录到 root 用户，命令如下：

```
sudo  -i
```

在系统提示下输入当前账户密码，登录 root 用户，结果如图 3-3 所示。

图 3-3　登录 root 用户

② 因为需要 Python3 的支持，因此需要将系统的 Python 默认版本设置为 Python3，若系统已经指向 Python3，可直接跳过该步骤。首先查看 Python 指向，命令如下：

```
ls -l /usr/bin | grep python
```

结果如图 3-4 所示，系统中的 Python 默认指向 2.7，Python3 应该指向 python3.5。

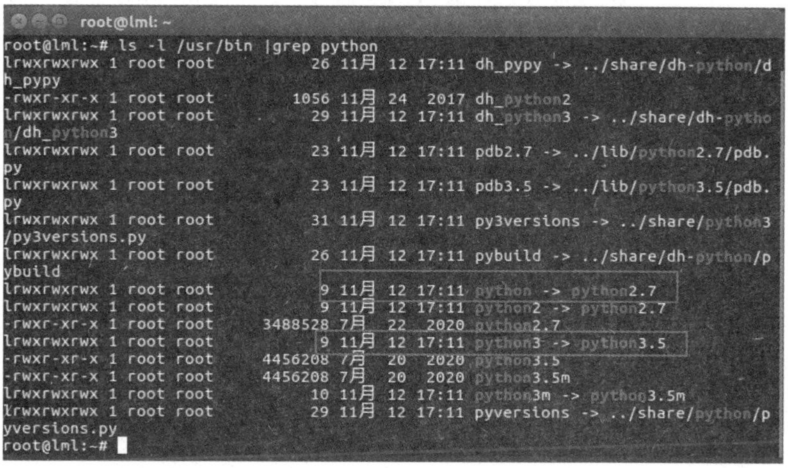

图 3-4　Python 指向

③ 删除 Python 原有指向链接，命令如下：

```
rm /usr/bin/python
```

④ 建立新链接，使得 Python 指向 Python3.5，命令如下：

```
ln -s /usr/bin/python3.5 /usr/bin/python
```

然后在命令行输入"Python"，验证 Python 默认版本是否为 Python3.5，如果成功，则结果如图 3-5 所示。读者可根据实际情况自行选择 Python3 的其他版本。

图 3-5　验证 Python 版本

验证成功之后，输入 exit() 退出 Python 环境，继续进行下一步。

(2) 安装 Docker。

① 由于系统 apt 官方库里的 Docker 版本可能比较旧，所以先移除可能存在的旧版本，命令如下：

```
apt-get remove docker docker-engine docker-ce docker.io
```

结果如图 3-6 所示，因为笔者的 Ubuntu 系统中并未安装过任何版本的 Docker，所以提示没有需要卸载的 Docker。

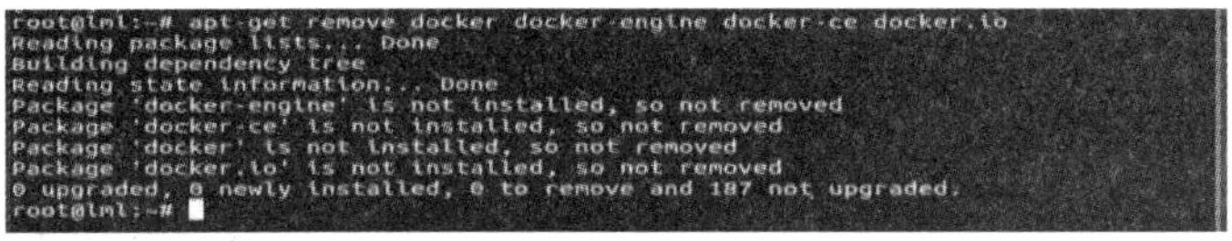

图 3-6　卸载旧版本 docker

② 更新 apt 包索引，命令如下：

```
apt-get update
```

结果如图 3-7 所示。

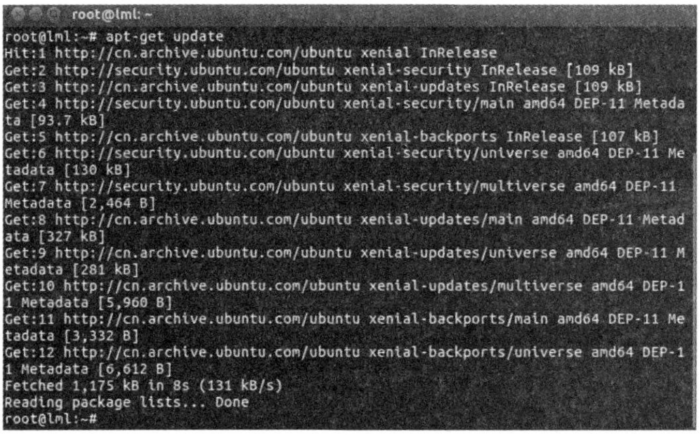

图 3-7　更新 apt 索引

③ 由于 apt 源使用 HTTPS 以确保软件下载过程中不被篡改，因此，首先需要添加使用 HTTPS 传输的软件包以及 CA 证书，命令如下：

```
apt-get install -y apt-transport-https ca-certificates curl software-properties-common
```

结果如图 3-8 所示。

图 3-8　添加软件包以及 CA 证书

④ 添加 Docker 官方的 GPG 密钥，命令如下：

curl -fsSL https://download.docker.com/linux/ubuntu/gpg | sudo apt-key add –

结果如图 3-9 所示，出现 ok，表示添加成功。

图 3-9　添加 Docker 官方 GPG 密钥

⑤ 设置 stable 存储库，命令如下：

add-apt-repository "deb [arch=amd64]　https://download.docker.com /linux/ubuntu $(lsb_release -cs) stable"

结果如图 3-10 所示，注意：命令中的引号为英文半角引号。

图 3-10　设置 stable 存储库

⑥ 用步骤②的命令再次更新 apt 索引，结果如图 3-11 所示。

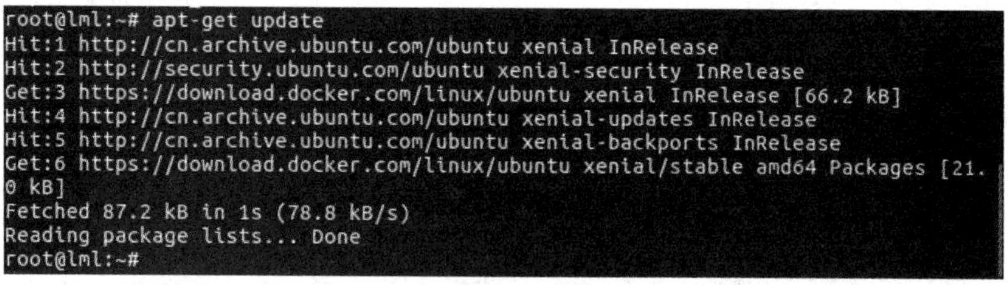

图 3-11　再次更新 apt 索引

⑦ 安装最新版本的 Docker CE，命令如下：

apt-get install -y docker-ce

或者

apt install docker.io

结果如图 3-12 所示。

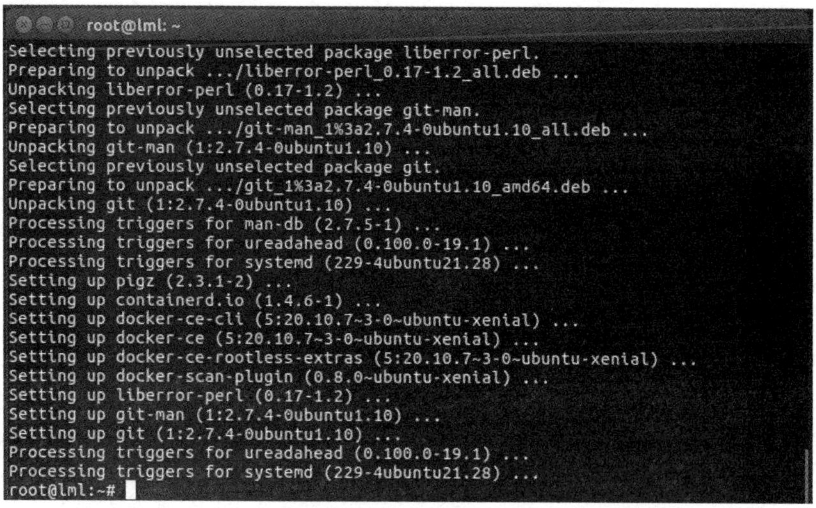

图 3-12　安装 Docker CE

⑧ 查看 Docker 版本，命令如下：

```
docker   --version
```

结果如图 3-13 所示，成功安装了 20.10.7 版本的 Docker，这是目前最新版本的 Docker。

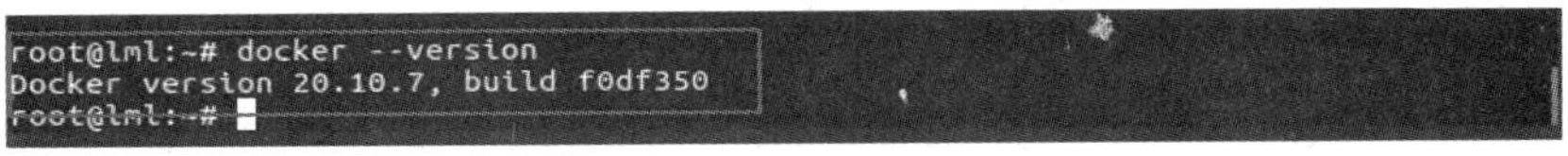

图 3-13　查看 Docker 版本

⑨ 查看服务是否启动，命令如下：

```
systemctl status docker
```

结果如图 3-14 所示，显示"active(running)"，表示已经启动，服务正在运行。

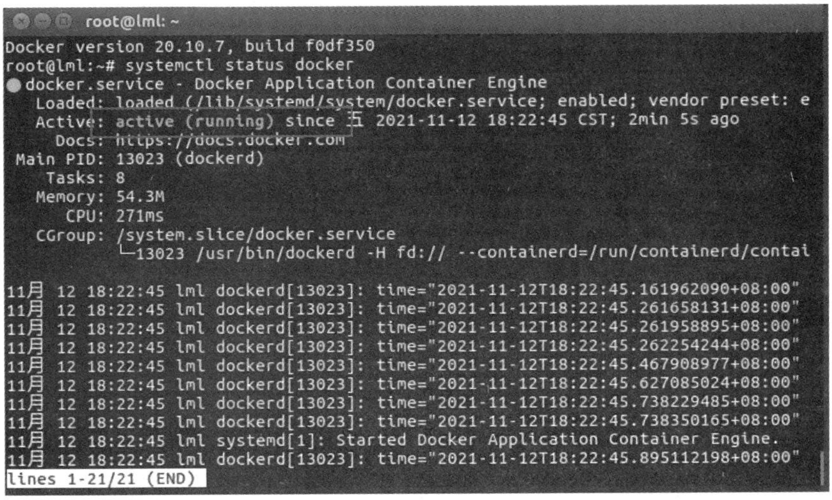

图 3-14　查看 Docker 服务

然后键入 Ctrl + C 退出，继续进行下一步。

(3) 安装 Docker-Compose。

① 下载最新版本的 Docker-Compose，命令如下：

```
curl -L https://github.com/docker/compose/releases/download/1.18.0/docker-compose-`uname -s`-`uname -m` -o /usr/local/bin/docker-compose
```

将 Docker-Compose 保存到/usr/local/bin/docker-compose 目录，结果如图 3-15 所示。

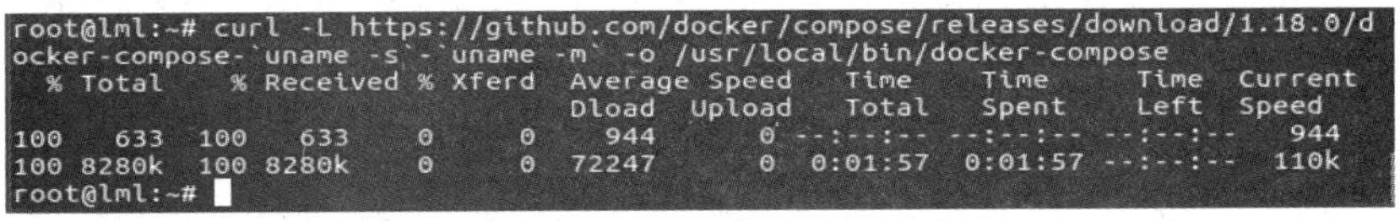

图 3-15　下载 Docker-Compose

② 更改 Docker-Compose 中的文件权限，使其能够运行，命令如下：

```
chmod +x /usr/local/bin/docker-compose
```

结果如图 3-16 所示。

图 3-16　修改 Docker-Compose 权限

③ 测试 Docker-Compose 安装是否成功，命令如下：

```
docker-compose --version
```

结果如图 3-17 所示，已成功安装 1.18.0 版本的 Docker-Compose。

图 3-17　查询 Docker-Compose 版本

(4) 安装 Go 语言环境。

① 首先使用 wget go 的 url 地址命令下载 Go 压缩包，命令如下：

```
wget https://dl.google.com/go/go1.13.4.linux-amd64.tar.gz
```

结果如图 3-18 所示。

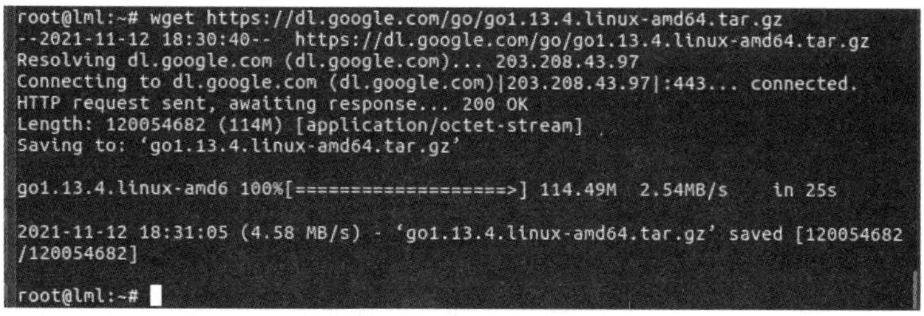

图 3-18　下载 Go 安装包

② 下载完毕后解压压缩包，并将解压后的文件移动到/usr/local 目录下，命令如下：

```
tar -xvf go1.13.4.linux-amd64.tar.gz

mv go /usr/local
```

结果如图 3-19 所示。

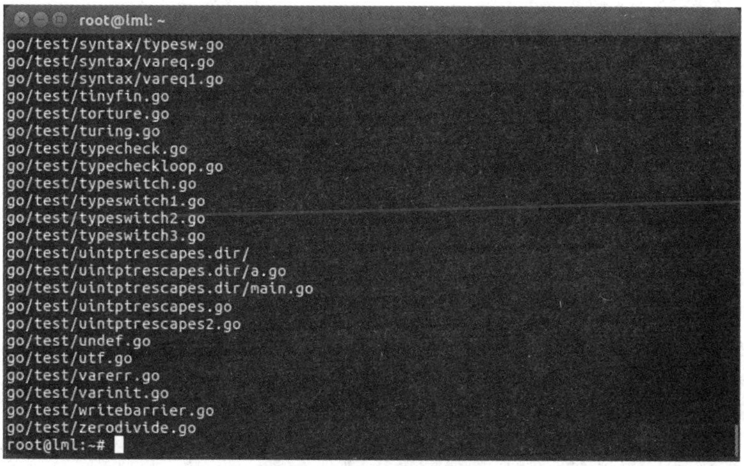

图 3-19　安装 Go

③ 修改根目录下 .profile 配置文件，设置 Go 的环境变量，打开该文件，按 insert 键，将以下代码插入到文件末尾，按 esc 键之后输入 ":wq" 进行保存之后退出。

```
#打开 .profile 文件

vim  ~/.profile

#插入以下代码到文件末尾
```

```
export GOROOT=/usr/local/go
export GOPATH=/home/go
export PATH=$PATH:/usr/local/go/bin
```

④ 同步 profile 文件，命令如下：

```
source  ~/.profile
```

⑤ 进入到 home 目录下，新建 go 文件夹，并在 go 文件夹中新建 pkg、src 和 bin 文件夹，用来存放 Fabric 源码，命令如下所示：

```
cd /home
mkdir go
cd go
mkdir pkg src bin
```

执行完之后，可以看到 home 目录下会多一个 go 文件夹，go 文件夹下面会多出来三个文件夹，分别是 pkg、src 和 bin。

(5) 安装 Fabric。

① 切换到/home/go/src 目录，用 git 获取 Fabric 开源代码，命令如下：

```
cd   /home/go/src
git   clone   https://github.com/hyperledger/fabric.git
```

结果如图 3-20 所示。

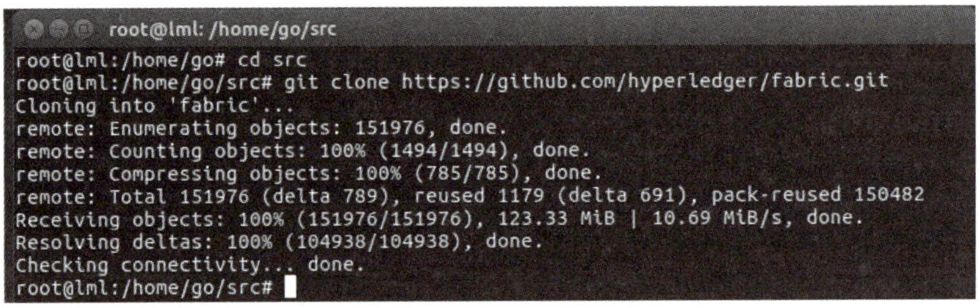

图 3-20　获取 Fabric 源码

② 源码下载完毕后，进入 fabric 目录将版本切换至 Fabric1.4.3，命令如下，运行结果如图 3-21 所示。

```
cd /home/go/src/fabric
git checkout v1.4.3
```

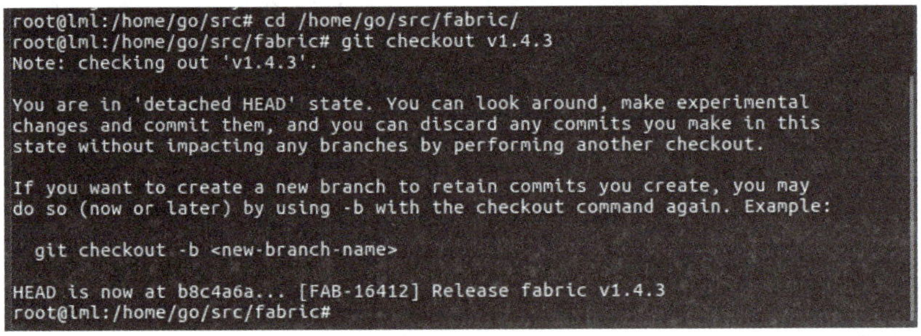

图 3-21　切换到 Fabric1.4.3

③ 拉取镜像，修改 fabric/scripts 目录下的 bootstrap.sh 脚本，删除文件中的 sampleInstall()

和 binariesInstall()两个方法，保存退出后把 bootstrap.sh 移动到 fabric 同级目录下，命令如下：

```
cd scripts/
vim bootstrap.sh
mv bootstrap.sh /home/go/src/
```

④ 切换到/home/go/src 目录，获取 fabric 镜像服务，命令如下：

```
wget https://github.com/hyperledger/fabric/releases/download/v1.4.4/hyperledger-fabric-linux-amd64-1.4.4.tar.gz--no-check-certificate
```

运行结果如图 3-22 所示。

图 3-22 获取 Fabric 镜像服务

在此目录下，获取 Fabric 的 CA 证书，命令如下：

```
wget https://github.com/hyperledger/fabric-ca/releases/download/v1.4.4/hyperledger-fabric-ca-linux-amd64-1.4.4.tar.gz --no-check-certificate
```

结果如图 3-23 所示。

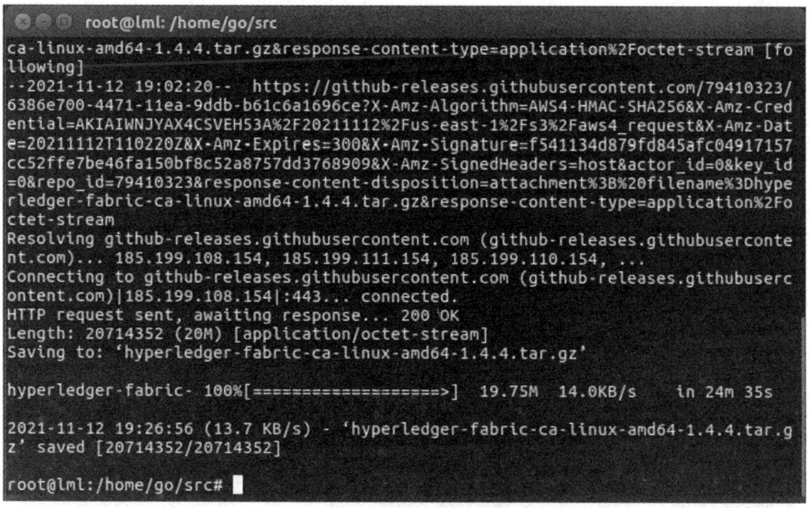

图 3-23 获取 Fabric 的 CA 证书

⑤ 通过 tar 命令将上面两个压缩包解压到/home/go/src 目录(和 fabric 同级目录)，命令如下：

```
tar xvf hyperledger-fabric-linux-amd64-1.4.4.tar.gz

tar xvf hyperledger-fabric-ca-linux-amd64-1.4.4.tar.gz
```

解压完成之后，查看 bin 目录，结果如图 3-24 所示，查看 config 目录，结果如图 3-25 所示。

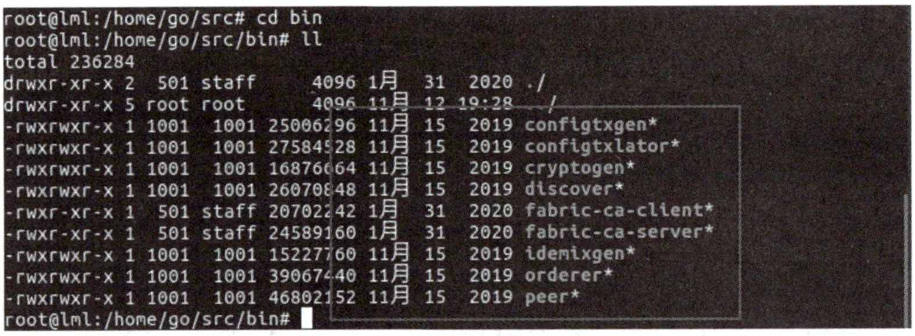

图 3-24　bin 目录

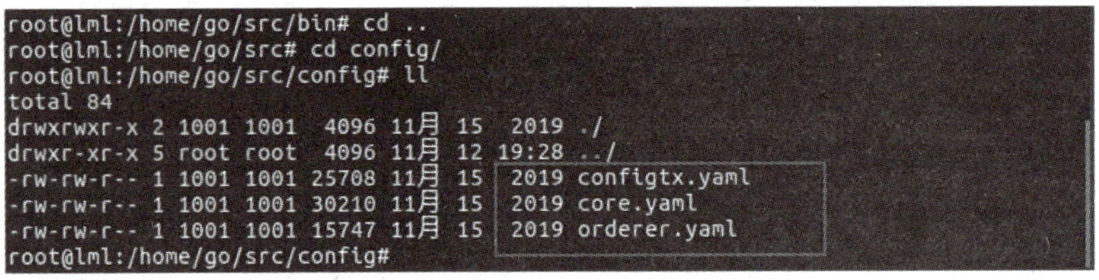

图 3-25　config 目录

⑥ 在 fabric 的同级目录下获取 fabric-samples，然后切换到 v1.4.3，命令如下：

```
cd /home/go/src

git clone https://github.com/hyperledger/fabric-samples.git

cd fabric-samples

git checkout v1.4.3
```

结果如图 3-26 所示。

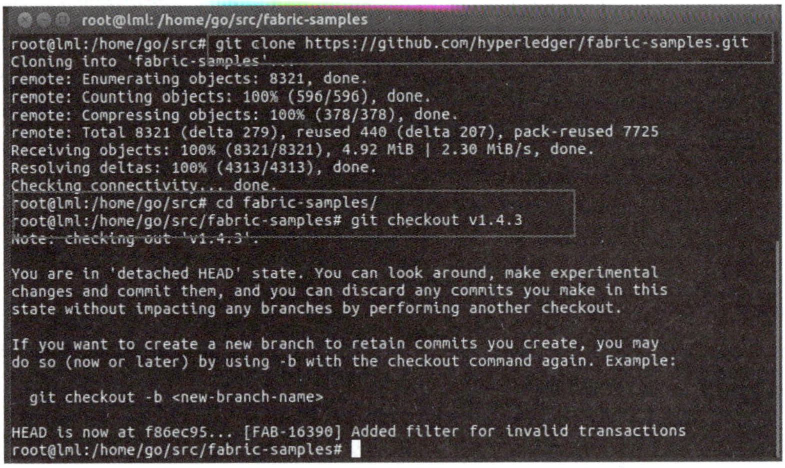

图 3-26　获取 fabric-samples

⑦ 将/home/go/src 目录的 bin 和 config 复制到 fabric-samples 目录下，命令如下：

```
cp -r bin/  fabric-samples/
cp -r config/  fabric-samples/
```

结果如图 3-27 所示。

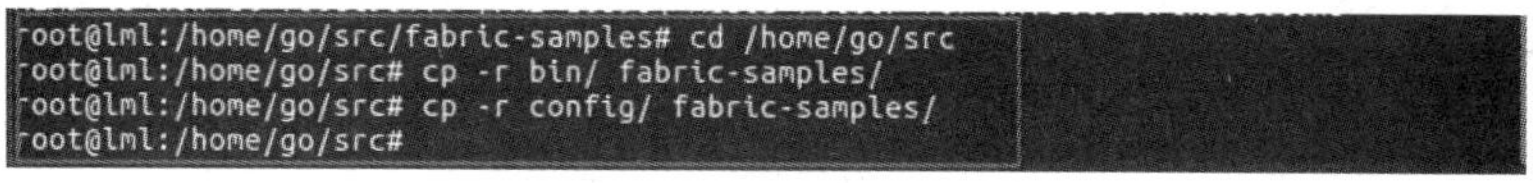

```
root@lml:/home/go/src/fabric-samples# cd /home/go/src
root@lml:/home/go/src# cp -r bin/ fabric-samples/
root@lml:/home/go/src# cp -r config/ fabric-samples/
root@lml:/home/go/src#
```

图 3-27　复制 bin 和 config

⑧ 使用“./”执行之前编辑过的 bootstrap.sh，批量获取镜像命令如下：

```
./bootstrap.sh 1.4.3 1.4.3 0.4.15
```

结果如图 3-28 所示。

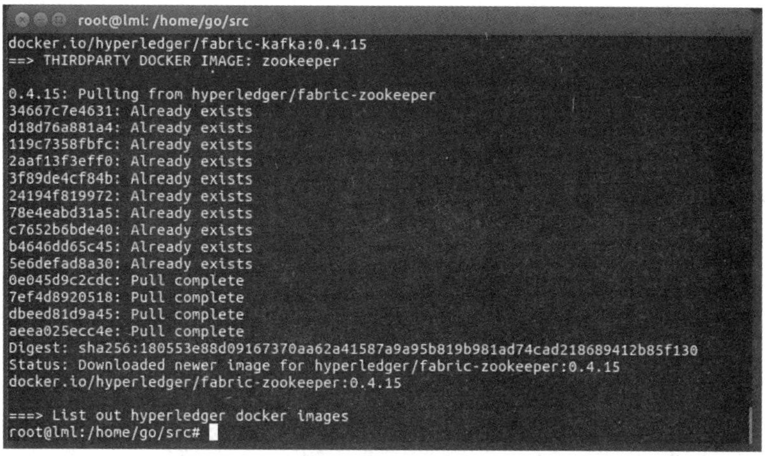

```
root@lml: /home/go/src
docker.io/hyperledger/fabric-kafka:0.4.15
==> THIRDPARTY DOCKER IMAGE: zookeeper

0.4.15: Pulling from hyperledger/fabric-zookeeper
34667c7e4631: Already exists
d18d76a881a4: Already exists
119c7358fbfc: Already exists
2aaf13f3eff0: Already exists
3f89de4cf84b: Already exists
24194f819972: Already exists
78e4eabd31a5: Already exists
c7652b6bde40: Already exists
b4646dd65c45: Already exists
5e6defad8a30: Already exists
0e045d9c2cdc: Pull complete
7ef4d8920518: Pull complete
dbeed81d9a45: Pull complete
aeea025ecc4e: Pull complete
Digest: sha256:180553e88d09167370aa62a41587a9a95b819b981ad74cad218689412b85f130
Status: Downloaded newer image for hyperledger/fabric-zookeeper:0.4.15
docker.io/hyperledger/fabric-zookeeper:0.4.15

===> List out hyperledger docker images
root@lml:/home/go/src#
```

图 3-28　执行 bootstrap.sh 脚本

⑨ 查看镜像是否拉取成功，命令如下：

```
docker images
```

结果如图 3-29 所示，成功拉取 tools、ca、ccenv、orderer、peer、javaenv、zookeeper、kafka、couchdb 等镜像。

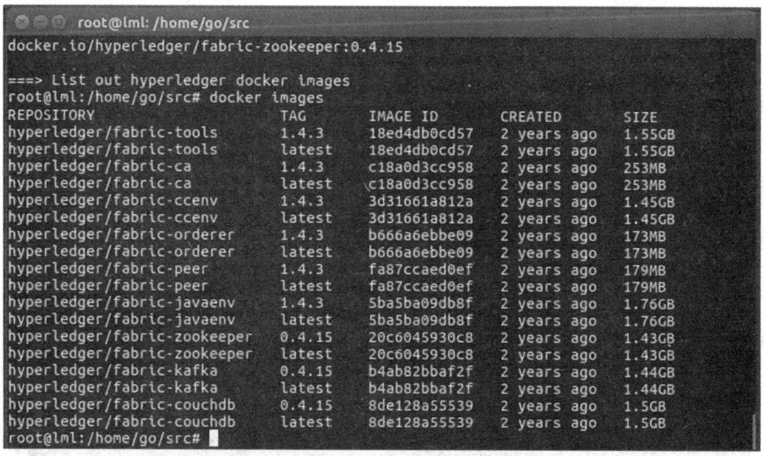

```
root@lml: /home/go/src
docker.io/hyperledger/fabric-zookeeper:0.4.15

===> List out hyperledger docker images
root@lml:/home/go/src# docker images
REPOSITORY                     TAG      IMAGE ID       CREATED       SIZE
hyperledger/fabric-tools       1.4.3    18ed4db0cd57   2 years ago   1.55GB
hyperledger/fabric-tools       latest   18ed4db0cd57   2 years ago   1.55GB
hyperledger/fabric-ca          1.4.3    c18a0d3cc958   2 years ago   253MB
hyperledger/fabric-ca          latest   c18a0d3cc958   2 years ago   253MB
hyperledger/fabric-ccenv       1.4.3    3d31661a812a   2 years ago   1.45GB
hyperledger/fabric-ccenv       latest   3d31661a812a   2 years ago   1.45GB
hyperledger/fabric-orderer     1.4.3    b666a6ebbe09   2 years ago   173MB
hyperledger/fabric-orderer     latest   b666a6ebbe09   2 years ago   173MB
hyperledger/fabric-peer        1.4.3    fa87ccaed0ef   2 years ago   179MB
hyperledger/fabric-peer        latest   fa87ccaed0ef   2 years ago   179MB
hyperledger/fabric-javaenv     1.4.3    5ba5ba09db8f   2 years ago   1.76GB
hyperledger/fabric-javaenv     latest   5ba5ba09db8f   2 years ago   1.76GB
hyperledger/fabric-zookeeper   0.4.15   20c6045930c8   2 years ago   1.43GB
hyperledger/fabric-zookeeper   latest   20c6045930c8   2 years ago   1.43GB
hyperledger/fabric-kafka       0.4.15   b4ab82bbaf2f   2 years ago   1.44GB
hyperledger/fabric-kafka       latest   b4ab82bbaf2f   2 years ago   1.44GB
hyperledger/fabric-couchdb     0.4.15   8de128a55539   2 years ago   1.5GB
hyperledger/fabric-couchdb     latest   8de128a55539   2 years ago   1.5GB
root@lml:/home/go/src#
```

图 3-29　查看镜像

⑩ 把 fabric-samples 的 bin 加入环境变量 PATH 中，命令如下：

```
vim    /etc/profile
#在 profile 最后加上
export PATH=$PATH:$GOROOT/bin:$GOPATH/bin:/home/go/src/fabric-samples/bin
```

保存退出后使用 source 命令编译并执行 profile，命令如下：

```
source    /etc/profile
```

⑪ 使用阿里云镜像加速器；

首先打开网址 https://cr.console.aliyun.com/cn-hangzhou/instances/mirrors，登录阿里云，获取加速器地址，如图 3-30 所示。

图 3-30　获取阿里云镜像加速器

将加速器地址写入到下面的代码中，并重新启动 docker，命令如下：

```
mkdir -p /etc/docker
tee /etc/docker/daemon.json <<-'EOF'
    {
    "registry-mirrors": ["你的加速器地址"]
    }
    EOF
```

结果如图 3-31 所示。

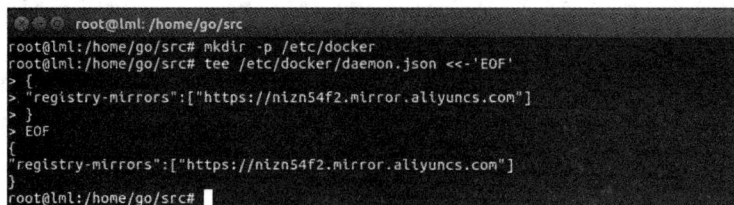

图 3-31　写入加速器信息

然后重新启动 Docker，命令如下：

```
systemctl daemon-reload
systemctl restart docker
```

⑫ 启动 first-network，首先进入 first-network 目录，通过脚本生成网络构件，命令如下：

```
cd /home/go/src/fabric-samples/first-network
#进入 first-network 目录后执行启动文件
生成网络构件
./byfn.sh generate
```

执行结果如图 3-32 所示。

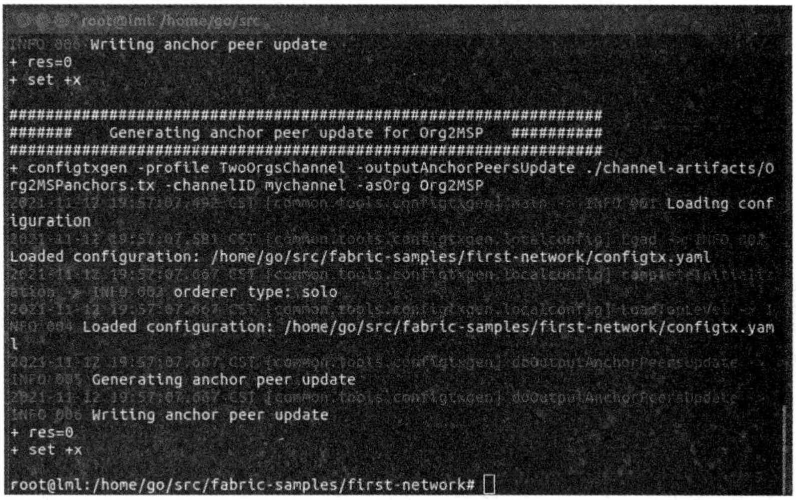

图 3-32　生成网络构件

然后启动网络，如出现 END 字样，表示启动成功，命令如下，运行结果如图 3-33、图 3-34 所示

```
./byfn.sh up
```

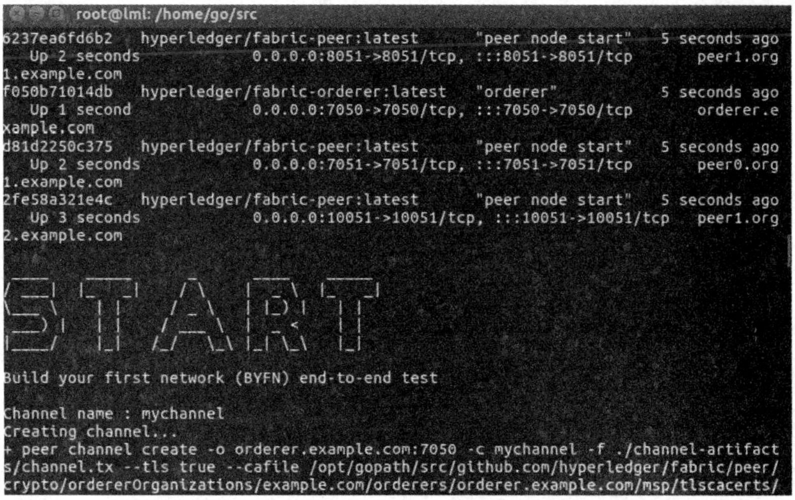

图 3-33　启动网络

图 3-34　启动网络成功

⑬ 测试完成后，关闭网络，命令如下：

```
./byfn.sh down
```

至此，已经完成了第一个网络的部署，在接下来的任务 6 中，启动网络之后，可以开始体验链码交易过程。

任务 6　链码交易实战

▶ 知识、技能和素质目标

- 理解链码的概念
- 掌握链码执行的方法

▶ 任务描述

本任务以"测试币"作为模拟货币，体验测试币获取、转账、交易以及查看手续费等操作方法。

链码交易实战

▶ 知识准备

一、链码简介

链码是 Fabric 的智能合约，提供分布式账本的状态处理逻辑业务代码，被部署在 Fabric

的网络节点中，能够独立运行在具有安全特性的受保护的 Docker 容器中，以 gRPC 协议与相应的 Peer 节点进行通信，来操作分布式账本中的数据，由 Go、Java 等各种主流高级语言编写。

二、链码的分类

链码分为系统链码和用户链码，通常所说的链码指的是用户链码。

系统链码负责 Fabric 节点自身的逻辑处理，包括系统配置、背书和校验等工作，其仅支持 Go 语言编写，在 Peer 节点启动时自动完成注册和部署，共有五种类型，如表 3-1 所示。

表 3-1　系统链码类型

类　　型	作　　用
配置系统链码(CSCC)	Peer 端的 Channel 配置
生命周期系统链码(LSCC)	对用户链码的生命周期进行管理
查询系统链码(QSCC)	提供账本查询 API，如获取区块和交易等信息
背书管理系统链码(ESCC)	负责背书(签名)过程，并可以支持对背书策略进行管理
验证系统链码(VSCC)	处理交易的验证，包括检查背书策略以及多版本并发控制

用户链码用于实现用户的应用功能，由应用程序开发人员根据不同场景需求及成员制定的相关规则，使用 Go 语言或 Java 语言等进行编写的基于操作区块链分布式账本的状态的业务处理逻辑代码，运行在链码容器中，通过 Fabric 提供的接口与账本状态进行交互，下可对账本数据进行操作，上可给企业级应用程序提供调用接口。

三、链码的运行方式

在 Fabric 中，链码运行在节点上的 Docker 容器中，被调用时的基本工作流程如图 3-35 所示。

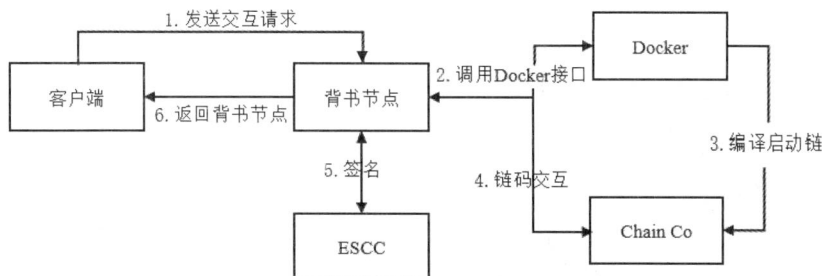

图 3-35　链码工作流程

首先客户端(SDK 或 CLI)向背书节点(endorser)发出调用链码的交易提案(proposal)，节点收到请求后检查提案的合法性，通过检查则创建模拟执行这一交易的环境，接着背书节点与链码容器之间通过 gRPC 协议进行交互，模拟执行交易并给出背书结论，最后客户端收到足够的背书节点的支持后，便可以将这笔交易发送给排序节点(Orderer)进行排序，并最终写入区块链。

四、链码的生命周期

链码开发编写完成后，在链码生命周期的管理下完成客户端提交的交易。链码生命周期包括安装、实例化、升级、打包和签名，相关命令如表 3-2 所示。

表 3-2　链码生命周期相关命令

命　　令	作　　用
安装(install)	将已编写完成的链码安装在网络节点中
实例化(instantiate)	对已安装的链码进行实例化
升级(upgrade)	对已有链码进行升级，链代码可以在安装后根据具体需求的变化进行升级
打包(package)	对指定的链码进行打包的操作
签名(signpackage)	对已打包的文件进行签名

通过 install 将已编写完成的链码安装到网络节点中，使用 instantiate 对已安装的链码进行实例化，然后使用 invoke、query 调用和查询链码。如果需要对已有链码进行升级，则可以在安装后根据具体需求的变化使用 upgrade 对链码进行升级。链码的另一种部署方式是先将链码进行打包，然后对已打包的文件签名，最后再进行安装与实例化。具体过程如图 3-36 所示，需要注意的是，安装、实例化、升级这三项操作不适用于系统链码。

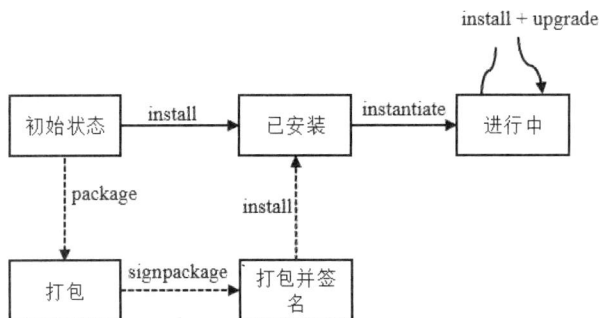

图 3-36　链码生命周期过程

▶ 任务实施

本次任务通过创建区块并配置网络部署 Fabric，安装和实例化链码，体验交易的流程和方法，任务实施过程如下。

(1) 登录到 root 账户，命令如下：

```
sudo -i
```

在提示信息下输入当前账户的密码，即可登录到 root 账户。

(2) 切换到/home/go/src/fabric-samples/first-network 目录下，手动生成构件，命令如下：

```
cd  /home/go/src/fabric-samples/first-network
../bin/cryptogen generate --config=./crypto-config.yaml
```

执行完会生成 org1.example.com 和 org2.example.com，如图 3-37 所示。

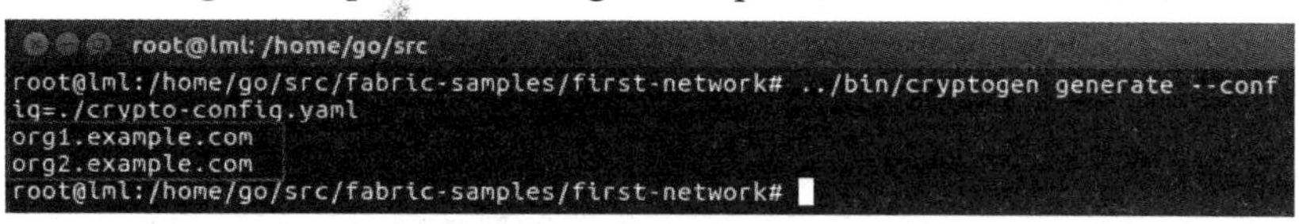

图 3-37 手动生成构件

(3) 设置 configtxgen 工具的 configtx.yaml 文件目录为当前目录，命令如下：

export FABRIC_CFG_PATH=$PWD

(4) 调用 configtxgen 工具创建排序通道创世区块，命令如下：

../bin/configtxgen -profile TwoOrgsOrdererGenesis -channelID byfn-sys-channel -outputBlock ./channel-artifacts/genesis.block

结果如图 3-38 所示。

图 3-38 创建排序通道创世区块

(5) 创建通道配置交易构件，命令如下：

export CHANNEL_NAME=mychannel && ../bin/configtxgen -profile TwoOrgsChannel -outputCreateChannelTx ./channel-artifacts/channel.tx -channelID $CHANNEL_NAME

结果如图 3-39 所示。

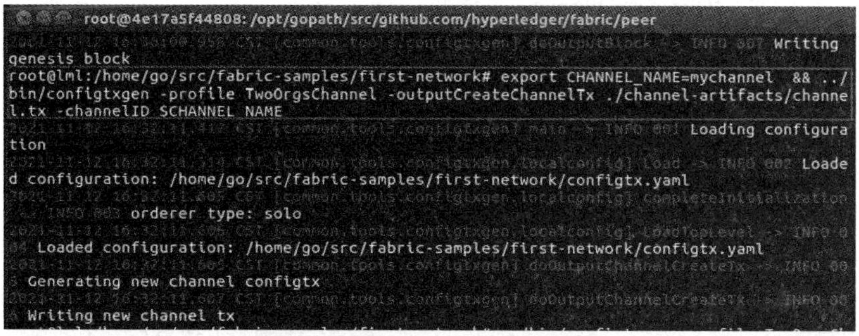

图 3-39 创建通道配置交易构件

(6) 为 Org1 定义锚节点，命令如下：

../bin/configtxgen -profile TwoOrgsChannel-outputAnchorPeersUpdate ./channel-artifacts/Org1MSPanchors.tx-channelID $CHANNEL_NAME -asOrg Org1MSP

结果如图 3-40 所示。

图 3-40　定义 Org1 锚节点

(7) 在同一个通道上为 Org2 定义锚节点,命令如下:

../bin/configtxgen　-profile TwoOrgsChannel-outputAnchorPeersUpdate ./channel-artifacts/Org2MSPanchors.tx-channelID $CHANNEL_NAME -asOrg Org2MSP

结果如图 3-41 所示。

图 3-41　Org2 定义锚节点

(8) 用./byfn.sh down 关闭网络之后,重新用 Docker-Compose 启动网络,Docker-Compose 文件关联了前面步骤中下载的镜像,然后通过之前生成的创世区块 genesis.block 引导排序节点,命令如下:

docker-compose -f docker-compose-cli.yaml up -d

结果如图 3-42 所示。

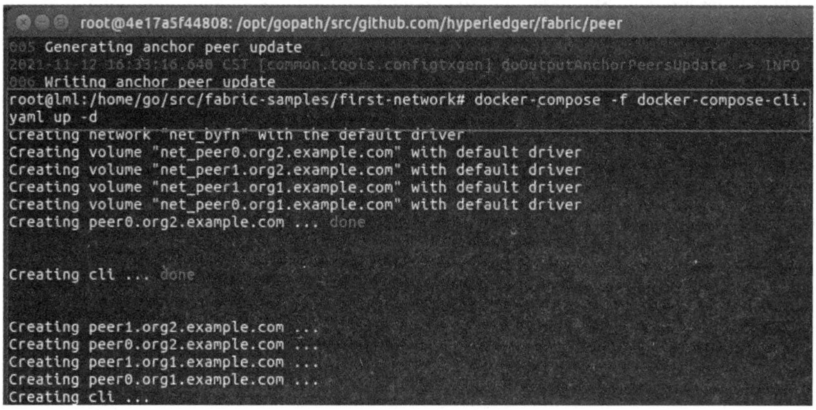

图 3-42　启动网络

(9) 进入 Peer 中，命令如下：

```
docker exec -it cli bash
```

代码执行成功后输出结果如图 3-43 所示。

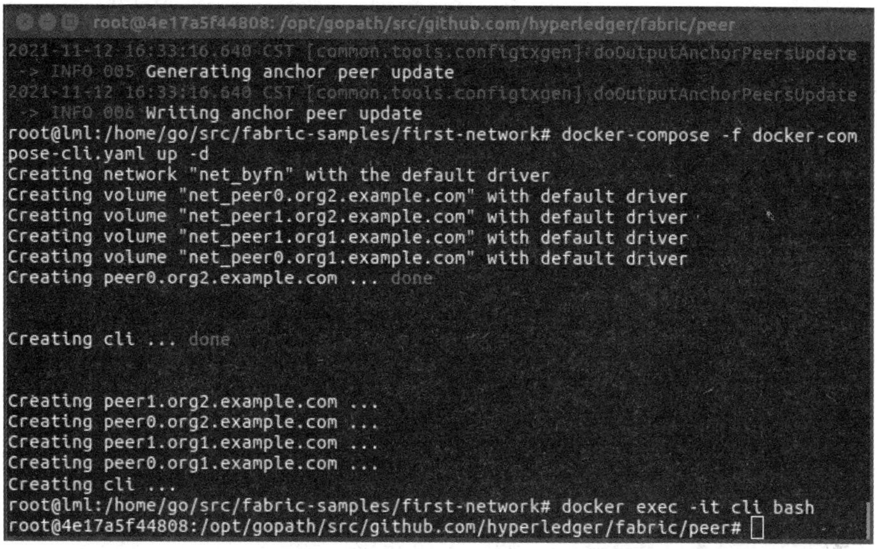

图 3-43　进入 peer 节点

(10) 设置以下四个环境变量的值，命令如下：

CORE_PEER_MSPCONFIGPATH=/opt/gopath/src/github.com/hyperledger/fabric/peer/
crypto/peerOrganizations/org1.example.com/users/Admin@org1.example.com/msp

CORE_PEER_ADDRESS=peer0.org1.example.com:7051

CORE_PEER_LOCALMSPID="Org1MSP"

CORE_PEER_TLS_ROOTCERT_FILE=/opt/gopath/src/github.com/hyperledger/fabric/peer/crypto/
peerOrganizations/org1.example.com/peers/peer0.org1.example.com/tls/ca.crt

结果如图 3-44 所示。

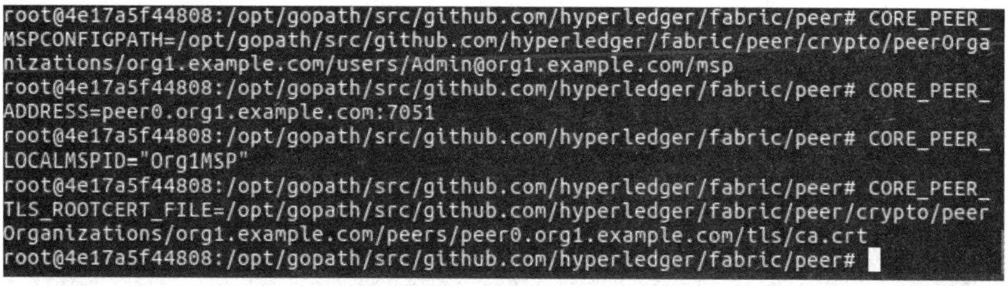

图 3-44　设置环境变量

(11) 将通道配置、交易配置(channel.tx)作为创建通道请求的一部分传递给排序节点，
命令如下：

```
export CHANNEL_NAME=mychannel

peer channel create -o orderer.example.com:7050 -c $CHANNEL_NAME -f ./channel-artifacts/channel.
tx --tls --cafile /opt/gopath/src/github.com/hyperledger/fabric/peer/crypto/ordererOrganizations/example.com/
orderers/orderer.example.com/msp/tlscacerts/tlsca.example.com-cert.pem
```

　　结果如图 3-45 所示，该命令返回一个创世区块<channel-ID.block>。接下来将会用它来加入通道，它包含了 channel.tx 中的配置信息，命令会返回一个叫 mychannel.block 的 proto。

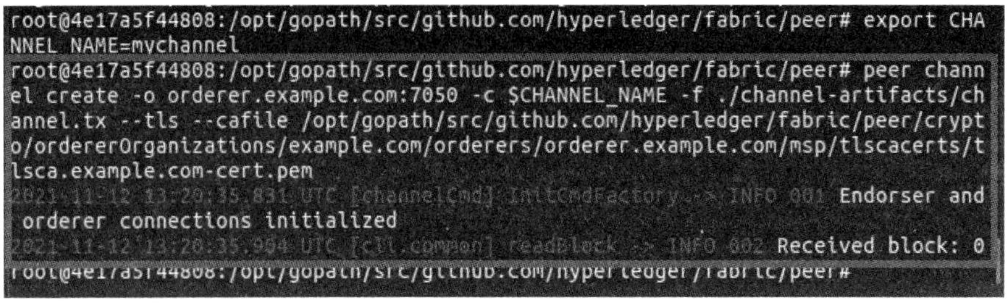

图 3-45　将通道请求传递给排序节点

　　(12) 把 peer0.org1.example.com 加入通道，命令如下：

```
peer channel join -b mychannel.block
```

结果如图 3-46 所示。

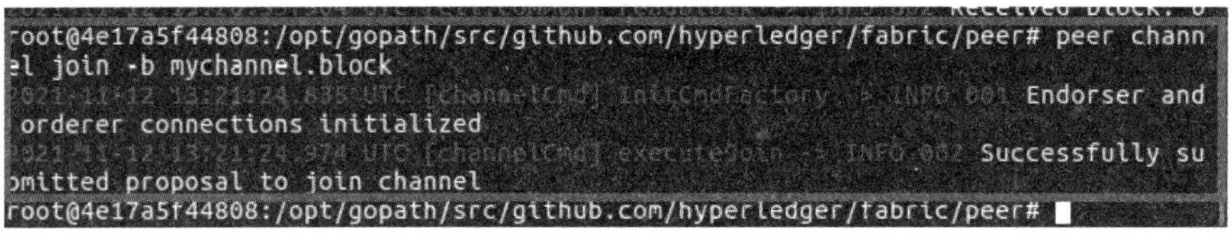

图 3-46　org1 加入通道

　　(13) 把 peer0.org2.example.com 加入通道。首先重新配置环境变量覆盖旧值，然后使用命令 peer channel join -b mychannel.block 将 peer0.org2.example.com 加入通道，具体命令如下：

```
CORE_PEER_MSPCONFIGPATH=/opt/gopath/src/github.com/hyperledger/fabric/peer/crypto/
peerOrganizations/org2.example.com/users/Admin@org2.example.com/mspCORE_PEER_ADDRESS=peer0.org2.
example.com:9051 CORE_PEER_LOCALMSPID="Org2MSP" CORE_PEER_TLS_ROOTCERT_FILE=/opt/
gopath/src/github.com/hyperledger/fabric/peer/crypto/peerOrganizations/org2.example.com/peers/peer0.org2.
example.com/tls/ca.crt peer channel join -b mychannel.block
```

结果如图 3-47 所示。

图 3-47　org2 加入通道

　　(14) 更新锚节点，将 Org1 的锚节点定义为 peer0.org1.example.com，命令如下：

```
peer channel update -o orderer.example.com:7050 -c $CHANNEL_NAME -f ./channel-artifacts/Org1
MSPanchors.tx --tls --cafile /opt/gopath/src/github.com/hyperledger/fabric/peer/crypto/ordererOrganizations/
example.com/orderers/orderer.example.com/msp/tlscacerts/tlsca.example.com-cert.pem
```

结果如图 3-48 所示。

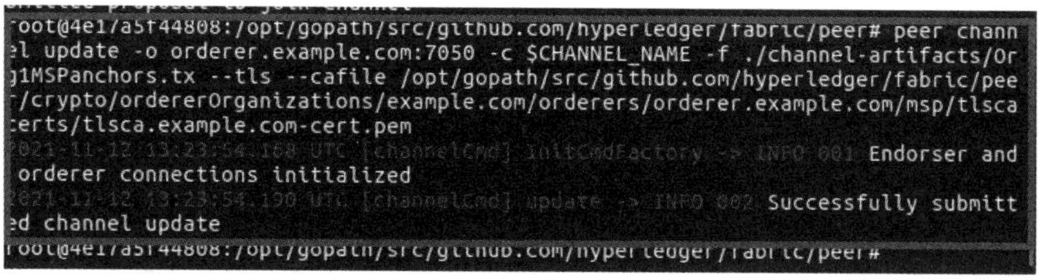

图 3-48　更新锚节点

(15) 更新通道定义，将 Org2 的锚节点定义为 peer0.org2.example.com，为这个命令配置合适的环境变量，命令如下：

CORE_PEER_MSPCONFIGPATH=/opt/gopath/src/github.com/hyperledger/fabric/peer/crypto/
peerOrganizations/org2.example.com/users/Admin@org2.example.com/msp CORE_PEER_ADDRESS=peer0.org2.
example.com:9051 CORE_PEER_LOCALMSPID="Org2MSP" CORE_PEER_TLS_ROOTCERT_FILE=/opt/
gopath/src/github.com/hyperledger/fabric/peer/crypto/peerOrganizations/org2.example.com/peers/peer0.org2.
example.com/tls/ca.crt peer channel update -o orderer.example.com:7050 -c $CHANNEL_NAME -f ./channel-
artifacts/Org2MSPanchors.tx --tls --cafile /opt/gopath/src/github.com /hyperledger/fabric/peer/crypto/
ordererOrganizations/example.com/orderers/orderer.example.com/msp/tlscacerts/tlsca.example.com-cert.pem

结果如图 3-49 所示。

图 3-49　更新通道定义

(16) 安装链码，命令如下：

peer chaincode install -n mycc -v 1.0 -p github.com/chaincode/chaincode_ example02/go/

结果如图 3-50 所示。

图 3-50　安装链码

(17) 在通道上实例化链码之后，背书策略被设定为需要 Org1 和 Org2 的节点都背书，所以需要在 Org2 的节点上也安装链码。为了执行在 Org2 的 peer0 上安装命令，需要修改以下四个环境变量，命令如下：

CORE_PEER_MSPCONFIGPATH=/opt/gopath/src/github.com/hyperledger/fabric/peer/crypto/peerOrganizations/org2.example.com/users/Admin@org2.example.com/msp

CORE_PEER_ADDRESS=peer0.org2.example.com:9051

CORE_PEER_LOCALMSPID="Org2MSP"

CORE_PEER_TLS_ROOTCERT_FILE=/opt/gopath/src/github.com/hyperledger/fabric/peer/crypto/peerOrganizations/org2.example.com/peers/peer0.org2.example.com/tls/ca.crt

然后在 org2 peer0 上安装 go 示例链码，命令如下：

peer chaincode install -n mycc -v 1.0 -p github.com/chaincode/chaincode_ example02/go/

结果如图 3-51 所示。

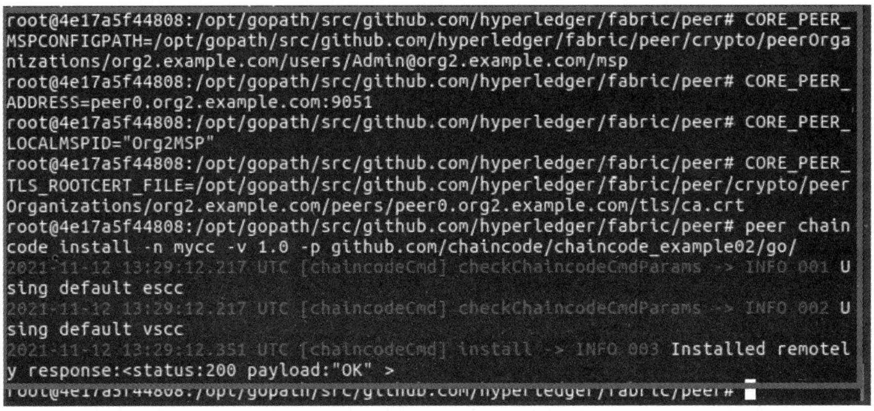

图 3-51　org2 安装链码

(18) 实例化链码，该链码中将 a 的值初始化为 100，b 的值初始化为 200，命令如下：

peer chaincode instantiate -o orderer.example.com:7050 --tls --cafile /opt/gopath/src/github.com/hyperledger/fabric/peer/crypto/ordererOrganizations/example.com/orderers/orderer.example.com/msp/tlscacerts/tlsca.example.com-cert.pem -C $CHANNEL_NAME -n mycc -v 1.0 -c '{"Args":["init","a", "100", "b","200"]}' -P "AND ('Org1MSP.peer','Org2MSP.peer')"

结果如图 3-52 所示。

图 3-52　实例化链码

(19) 查询 a 的值,以确保链码被正确实例化并且向状态数据库写入数据,查询语句如下：

peer chaincode query -C $CHANNEL_NAME -n mycc -c '{"Args":["query","a"]}'

结果如图 3-53 所示，结果为 100。

图 3-53　查询 a 的值

(20) 从 a 账户向 b 账户转账 20，这个交易将会产生一个新的区块并更新状态数据库。调用的命令如下：

```
peer chaincode invoke -o orderer.example.com:7050 --tls true --cafile /opt/gopath/src/github.com/
hyperledger/fabric/peer/crypto/ordererOrganizations/example.com/orderers/orderer.example.com/msp/tlscacerts/
tlsca.example.com-cert.pem -C $CHANNEL_NAME -n mycc --peerAddresses peer0.org1.example.com:7051
--tlsRootCertFiles/opt/gopath/src/github.com/hyperledger/fabric/peer/crypto/peerOrganizations/org1.example.com/p
eers/peer0.org1.example.com/tls/ca.crt    --peerAddresses    peer0.org2.example.com:9051    --tlsRootCertFiles
/opt/gopath/src/github.com/hyperledger/fabric/peer/crypto/peerOrganizations/org2.example.com/peers/peer0.org2.
example.com/tls/ca.crt -c '{"Args":["invoke","a","b","20"]}'
```

结果如图 3-54 所示，出现状态码 200 表示转账成功。

图 3-54　调用链码

(21) 为了进一步验证转账是否成功，再次查询 a 账户和 b 账户的余额，命令如下：

```
peer chaincode query -C $CHANNEL_NAME -n mycc -c '{"Args":["query","a"]}'
peer chaincode query -C $CHANNEL_NAME -n mycc -c '{"Args":["query","b"]}'
```

查询 a 账户结果如图 3-55 所示，余额为 80，查询 b 账户结果如图 3-56 所示，余额为 220。

图 3-55　a 账户余额查询

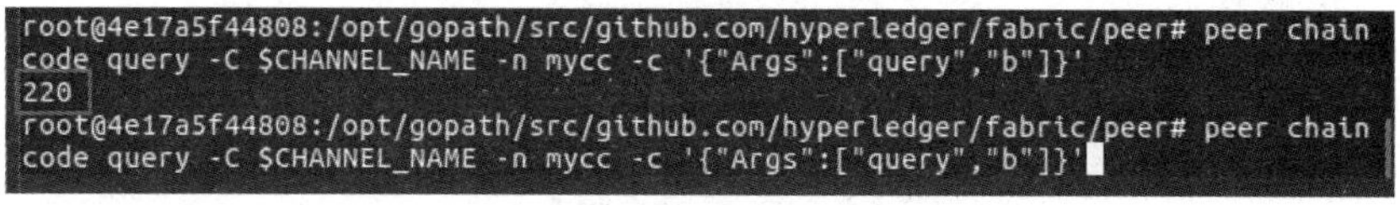

图 3-56　b 账户余额查询

至此，完成了链码安装和实例化，并进行了一次账户交易。

　　请读者自行在 org1 peer0 上安装 Go 示例链码，并重新实例化，执行从 Mary 到 Lily 转账 200 的操作，并对 Lily 和 Mary 的余额进行查询。

小　结

　　本项目通过 2 个任务介绍了第三代区块链技术的发展历程和特点，讲述链码的概念、执行原理以及交易规则和操作方法；通过搭建 Fabric 网络进行区块链简易部署；通过安装和实例化链码，模拟账户交易过程，使读者对第三代区块链系统有了初步的认识，为后续新一代区块链系统的学习打下坚实基础。

课 后 习 题

一、单选题

1. (　　)是一个旨在推动区块链跨行业应用的开源项目。

A. 比特币　　　　　B. 以太坊　　　　　C. 公链　　　　　　　D. Hyperledger

2. 配置系统链码(CSCC)的作用是(　　)。

A. 对用户链码的生命周期进行管理

B. Peer 端的 Channel 配置

C. 处理交易的验证，包括检查背书策略以及多版本并发控制

D. 负责背书(签名)过程，并可以支持对背书策略进行管理

3. 背书管理系统链码(ESCC)的作用是(　　)。

A. 对用户链码的生命周期进行管理

B. 负责背书(签名)过程，并可以支持对背书策略进行管理

C. 处理交易的验证，包括检查背书策略以及多版本并发控制

D. Peer 端的 Channel 配置

4. 下列不属于链码的生命周期的是(　　)。

A. uninstall　　　　B. install　　　　　C. instantiate　　　　D. upgrade

5. 链码的生命周期中 install 的作用是(　　)。

A. 对已打包的文件进行签名

B. 对已安装的链码进行实例化

C. 将已编写完成的链码安装在网络节点中

D. 对指定的链码进行打包的操作

二、多选题

1. 下列属于系统链码的是(　　)。

A. CSCC　　　　　B. LSCC　　　　　C. ESCC　　　　　　D. VSCC

2. 系统链码的作用包括(　　)。

A. 系统的配置　　　　　　　　　　B. 用户链码的部署、升级

C. 用户交易的签名　　　　　　　　D. 验证策略

3. 随着区块链技术的应用和发展，区块链的一些关键技术正在经历快速演进，例如(   )。

A. 共识算法　　　　B. 智能合约　　　　C. 跨链事务　　　　D. 隐私保护

4. 用户链码支持(   )语言。

A. Python　　　　　B. Go　　　　　　C. Node.js　　　　D. Java

5. 区块链中提供了智能合约功能的有(   )。

A. 比特币　　　　　B. 区块链 1.0　　　C. 区块链 2.0　　　D. 区块链 3.0

三、判断题

1. Fabric 是第一个支持通用编程语言编写智能合约(如 JavA.Golang 和 Node.js)的分布式账本平台，不受限于特定领域语言。　　　　　　　　　　　　　　　　　　　　(   )

2. 智能合约，在 Fabric 中称之为"链码"，它是区块链应用的业务逻辑。　　　(   )

3. Hyperledger Fabric 是超级账本中的区块链项目之一。　　　　　　　　　(   )

4. 智能合约用可执行的代码定义了不同组织之间的规则。应用程序调用智能合约来生成被记录到账本上的交易。　　　　　　　　　　　　　　　　　　　　　　　(   )

5. 链码通常指的是系统链码。　　　　　　　　　　　　　　　　　　　　(   )

6. 安装、实例化、升级这三项操作适用于系统链码。　　　　　　　　　　(   )

7. 系统链码用于实现用户的应用功能，开发者编写链码应用程序并将其部署在网络上。

　　　　　　　　　　　　　　　　　　　　　　　　　　　　　　　　(   )

8. 用户链码负责 Fabric 节点自身的处理逻辑，包括系统配置、背书和校验等工作。

　　　　　　　　　　　　　　　　　　　　　　　　　　　　　　　　(   )

9. 用户链码仅支持 Go 语言。　　　　　　　　　　　　　　　　　　　　(   )

10. 系统链码仅支持 Go 语言。　　　　　　　　　　　　　　　　　　　(   )

四、填空题

1. _____是一个开源的企业级许可分布式账本技术平台，专为在企业环境中使用而设计。

2. 链码分为_____和_____。

3. _____负责 Fabric 节点自身的处理逻辑，包括系统配置、背书和校验等工作。

4. 链码被部署在 Fabric 的网络节点中，能够独立运行在具有安全特性的受保护的_____容器中。

5. 链码通过_____协议与相应的_____节点进行通信，以操作分布式账本中的数据。

6. 链码通过命令_____调用链码。

7. 链码通过命令_____查询链码。

项目 4　新一代区块链系统概述

学习目标

新一代区块链系统由辰宜科技研发，于 2018 年 5 月公开发布，已经平稳运行 3 年多，是一个完全国产自主的区块链操作系统，提供区块链的搭建、智能合约中文编程语言及编译运行环境、百分百共识机制、存储海量数据的博流数据库等核心功能。本项目进入新一代区块链系统的世界，了解新一代区块链系统的架构、部署及基本使用方法，学习目标有以下几点：

(1) 了解新一代区块链系统的发展历程和特征；
(2) 熟悉新一代区块链系统的安装和部署；
(3) 熟悉新一代区块链系统的用户管理方法；
(4) 熟悉新一代区块链系统的系统管理方法。

知识导图

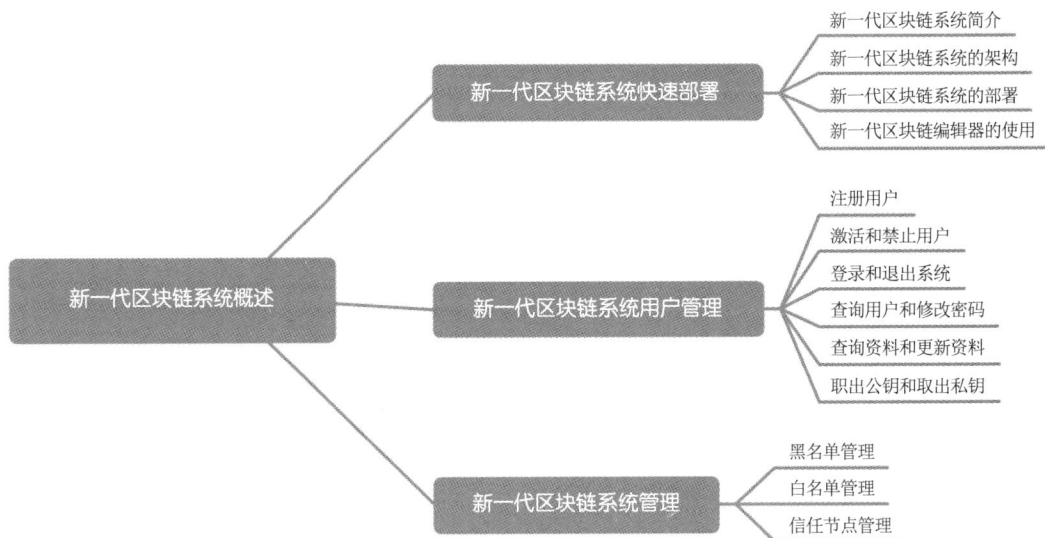

任务 7　新一代区块链系统快速部署

知识、技能和素质目标

- 了解新一代区块链系统的发展历程
- 熟悉新一代区块链系统的特征
- 掌握新一代区块链系统的部署方法

任务描述

新一代区块链系统兼容 Linux、Windows、iOS、Android 和鸿蒙平台，可以部署在 Linux、Windows、Ios、Android 和鸿蒙操作系统上面，本任务在 Windows10 操作系统环境下，完成新一代区块链系统的部署。

新一代区块链系统快速部署

知识准备

一、新一代区块链系统简介

1. 新一代区块链的起源

新一代区块链系统由辰宜科技研发，于 2018 年 5 月首次公开发布，已经平稳运行 3 年多，并始终致力于系统功能和性能的提升，2021 年 3 月完成系统高阶更新迭代。新一代区块链系统是一个融合了密码学、P2P 网络、可插拔共识机制和分布式链结构数据库技术的纯国产区块链系统，采用分层体系架构，提供包括身份认证、证书管理、合约管理、数据上链、区块生成、交易查询、通道管理和节点管理等区块链核心功能，以及能够容纳千亿个顶点和万亿条边的毫秒级查询延时的分布式存储功能。它通过密钥管理和身份管理提供细粒度敏感业务数据和隐私数据加密保护，具备安全可信、不可篡改、隐私保护、实时高效、技术中立等技术特色，同时具备可靠性、可信性、容错性、可定制和可配置等适配能力。

新一代区块链系统为开发者提供一站式可信区块链搭建、平台配置、节点管理、数据上链和区块生成及交易管理等区块链核心服务 API，并提供智能合约编辑器，开发者无需了解区块链技术实现细节，通过编辑器即可编写智能合约，通过 API 即可将区块链技术与具体业务场景结合，实现不同业务场景的区块链业务配置化和集成，将区块链技术深度紧密应用在政务、工业、农业、军事等领域。

2. 新一代区块链的优势

新一代区块链系统是一个自主可控、纯国产的区块链系统，是数字新基建骨干设施，具有可持续的创新原动力，与国家制定的区块链发展方针政策高度契合。它在安全性和性能上具备核心优势，在产品体验及配套平台上快速进行迭代升级，支持各领域业务的开展，其优势主要体现在以下几个方面。

(1) 新一代区块链系统是自主可控中文区块链体系。

新一代区块链系统自研率高达 100%，包含共识机制、哈希算法、数字签名、信任管理、网络管理、预言机、虚拟机、防火墙、智能合约、编程语言、同态算法、逻辑推理和抽象推理等，适用于可信空间建立、可信数据共享、大规模可信计算以及数字交易与推演预测等。

(2) 区块链体系的高度专用化和集成化。

产业化的场景无法通过某一种数字技术解决，各种数字技术和区块链技术的融合，才能真正推动数字新基建的快速发展。新一代区块链系统集成度高、简洁易用，具备极高的性价比，打造了完整的高性能区块链生态环境和生态配套服务。并且，它与操作系统、数据库、编程语言深度融合，配套数字签名、隐私计算、逻辑推理等，完全支持元宇宙的开发，是数字新基建原生的开发和应用平台。

(3) 自主可控中文区块链体系是数字新基建的典型基础设施，也是数字新基建的首选创新基础平台。

新一代区块链系统为 5G、物联网、工业互联网、卫星互联网为代表的通信网络基础设施，为人工智能、云计算等为代表的新技术基础设施，为数据中心、智能计算中心为代表的算力基础设施，为重大科技基础设施、科教基础设施、产业技术创新等基础设施的建设提供技术支持，形成体系化可持续的创新原动力。它以自主可控中文区块链体系为核心，推出自主可信云操作系统、中文分布式数据库系统、中文编程语言等为载体的数字新基建骨干设施。

新一代区块链与开源的区块链 Fabric 相比在顶层设计、安全性、智能合约、节点、存储技术、数字签名、业务接口支持、上链、用户管理、配套平台、生态建设等方面具有优势，对比如表 4-1 所示。

表 4-1　新一代区块链与 Fabric 对比

技术、功能项		新一代区块链	Hyperledger Fabric 区块链	可快速改进
		√：优秀　　　O：一般　　　×：不支持		
顶层设计	国家政策契合度	√	×	
	100%自主知识产权	√	×	
	操作系统级支持	√	×	
	多链融合	√	×	
	支链能力	√	√	
安全性	加密散列函数	自研，纯国产	SHA-256、SHA-384、SHA-512、UMAC、Whirlpool 等	
	CA	纯国产，成本优势明显	√	
	区块链专用防火墙	√	×	
	防御机制	通过递归共识、签名共识与新建共识实现100%共识机制	IBFT2.0 达到 66%，其他共识算法只需达到 51%	

	技术、功能项	新一代区块链	Hyperledger Fabric 区块链	可快速改进
智能合约	市场主体的可参与度	√ (中文合约，所见即所得，深度参与)	×	
	开发者体验	O	√	√
	中文合同无缝对接	√	×	
节点	节点组织	主链，超级账本，级联账本，智能合约，预言合约 5 类	引导节点、数据节点、账号节点和权限节点 4 类	
	JSON-RPC 节点通讯	√		
存储技术	账号节点存储	自研存储技术	Oracle 和本地存储	
	数据节点存储	自研存储技术	RocksDB	
	数据无缝跨平台性	√	×	
数字签名	核心技术	自研，纯国产	OpenSSL	
	生成方式	全自动	开发人员可自选	
业务接口支持	Websocket	√	√	
	JSON-RPC	×	√	√
	GraphQL	×	√	√
上链	IDE	定制 IDE	传统研发调试工具	
	开发者体验	O	√	√
	上链效率(尤其大文件)	√	×	
	存储空间利用率	√	O	
	双花问题	√	×	
	区块生成能效比	√	O	
用户部分	批量创建，导入	√	×	
	批量 CA	√	×	
	个性化密码体验	√	×	
	用户和区块链耦合性	耦合	非耦合	
	全链单点登录	√	×	
配套平台	测试平台	×	O	√
	监控平台	O	√	√
	故障恢复	√	×	
	数据查询	√	×	
	数据分析	√	×	
区块链生态建设	抽象推理	√	×	
	供需推荐	√	×	
	链上通讯	√	×	
	物联网/移动端节点能力	√	×	

3. 新一代区块链系统的工作原理

新一代区块链系统提供公链、联盟链和私有链的搭建服务，由主链数据服务器、超级账本服务器、级联账本服务器、智能合约服务器和预言合约服务器等 5 种类型的节点构成，如图 4-1 所示。

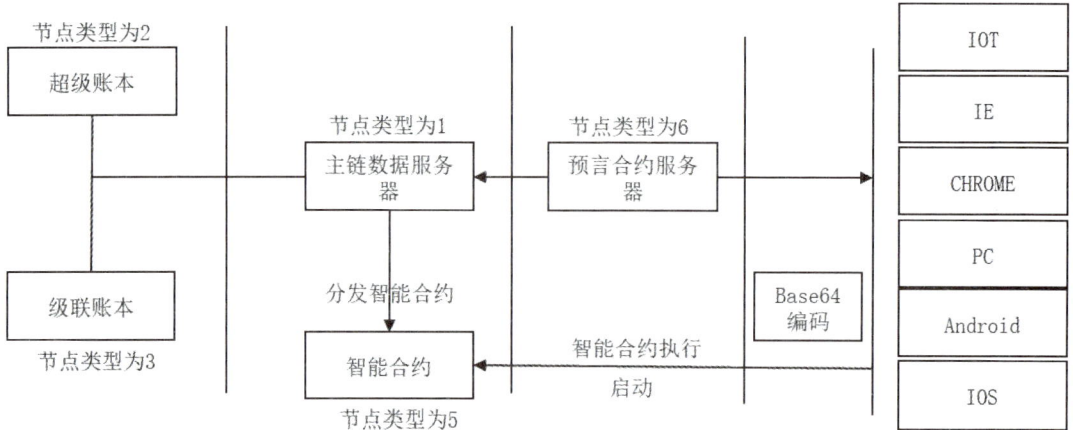

图 4-1　区块链系统节点

新一代区块链系统通过主链数据服务器、超级账本服务器、级联账本服务器、智能合约服务器和预言合约服务器提供服务。其中，主链数据服务器节点类型用"1"表示，用来管理节点、上链、用户、区块以及网络路由；超级账本服务器节点类型用"2"表示，可以是多组，能够参与主链数据服务器记账，只记区块信息；级联账本服务器节点类型用"3"表示，是一个分布式记账服务器，能够参与超级账本服务器的记账，只记区块信息；智能合约服务器节点类型用"5"表示，用来保存智能合约文件，合约来源于主链数据服务器；预言合约服务器节点类型用"6"表示，负责执行中文编程代码，是主链数据服务器与终端应用之间的桥梁。

一条完整的联盟链至少包括超级账本节点、级联账本节点和主链节点，当主链节点将上链数据打包发出生成区块的请求之后，超级账本节点进行确认、生成区块并记账，超级账本(也称原始账本)由此生成，有且只有一个超级账本，而级联账本节点则挂载超级账本的副本，当新的区块在超级账本记账结束后会广播给链上所有节点，节点通过百分百共识机制进行确认并完成记账。

区块链通过预言合约服务器与上层应用连接，通过预言合约服务器可以进行区块链去中心化应用(Decentralized Applications，DAPP)的开发，而智能合约的开发由智能合约节点提供服务，可采用中文编程语言进行开发，同时系统提供 Java、Python 的 SDK 包，通过 Java、Python 也能完成开发。

系统还提供全加密链式数据库服务、通证服务、金融服务和隐私保护服务，能够为用户颁发 CA 证书，实现工业级通信，可以实时发送邮信、闪信和信息给指定的用户进行通讯。系统功能如图 4-2 所示。

公链	全同态·公私钥发行	自动支链·侧链·跨链	预言合约	原创数字签名	WS服务器	IOT	
智能合约	超级账本	级联账本	边缘计算			IE	
数据服务集群	中文 SQL	全加密链式数据库	RPC路由	原创哈希	WEB服务器	CHROME	
邮信	闪信	信息	中文编程语言			PC	
通证服务	金融服务	隐私保护服务	编译器	防火墙网闸机器学习策略		安卓	
				网闸防火墙	网闸防火墙		
资源云化（PAAS）	虚拟机·软件机器人	单点登录服务	虚拟机	防火墙网闸机器学习策略		IOS	

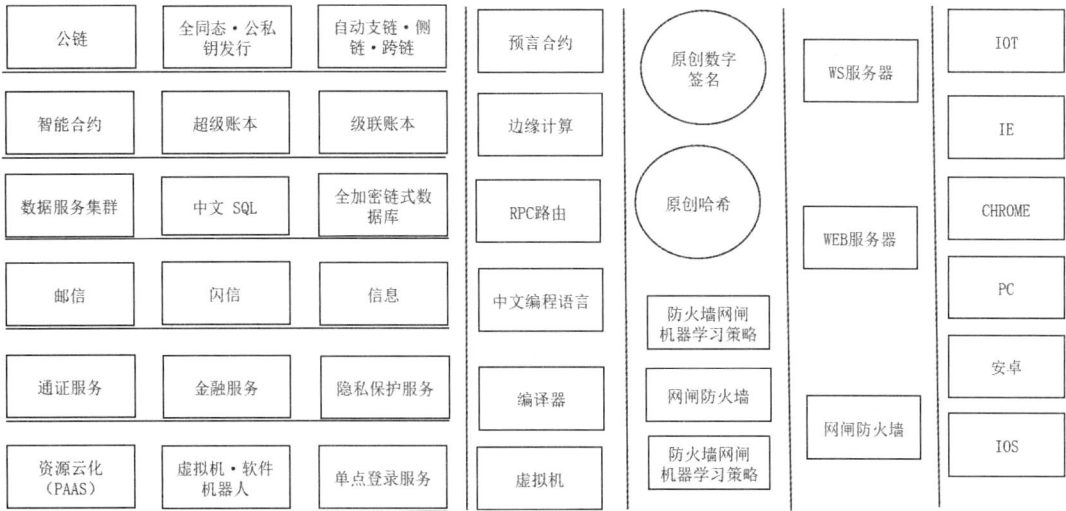

图 4-2　系统功能图

二、新一代区块链系统的架构

　　新一代区块链系统体系结构分为技术层、管理层和场景应用层。其中，技术层提供密码学与安全技术、P2P 网络技术、账本与权限技术、共识机制、分布式账本、智能内核和智能合约技术服务；管理层面主要包括网络部署、网络管理、用户管理、BI 管理、节点管理、智能合约管理和人机交互管理服务；场景应用层指区块链系统适用的领域及场景，包括防伪溯源、可信存证、版权保护、租赁融资、电子票证、跨境贸易、慈善公益和智能制造等，系统架构如图 4-3 所示。

图 4-3　新一代区块链系统架构图

在本书的后续章节将继续从智能合约编程语言、共识机制、安全技术、联盟链的构建方法、智能合约的开发方法、DAPP 的开发方法、工业级通信技术和存储技术等方面全面、深入进一步阐述新一代区块链系统的相关技术和应用方法。

三、新一代区块链系统的部署

部署新一代区块链系统需要进行节点配置，包括主链服务器、智能合约服务器、预言合约服务器、账本服务器、级联账本服务器和私有账本服务器等节点。账本服务器、级联账本服务器与主链服务器通常部署在同一个物理机中，要使用新一代区块链系统，至少需要配置并开启主链服务器、智能合约服务器和预言合约服务器。在整个区块链网络中，主链服务器和智能合约服务器仅能开启一台，其他服务器没有限制开启数量。

1. 主链服务器部署

部署主链服务器需要配置节点类型、服务器名称、服务器 IP 地址、服务器端口号和智能合约服务器的名称、IP 地址和端口号等信息。其中，节点类型表示服务器的类型；主链数据服务器的服务器名称可自定义；服务器 IP 地址为部署主链数据服务器的物理机的 IP 地址；端口号可自定义，只要不被占用即可；智能合约服务器的名称、IP 地址和端口号为该系统中部署智能合约服务器的名称、IP 地址和端口号；同时还可配置是否压缩数据库文件并重新建立索引和是否允许推荐服务，如果要使用系统的抽象推理函数，需要将是否允许推荐服务 "allow_recommendation" 的值设置为 "yes"。

2. 账本服务器部署

部署账本服务器需要配置节点类型、服务器名称、IP 地址和端口号，并指定上链服务器的名称、IP 地址和端口号(通常上链服务器指定为主链服务器)，以及智能合约服务器的名称、IP 地址和端口号等信息。其中账本服务器的服务器名称可自定义；IP 地址为部署账本服务器的 IP 地址；端口号可自定义，只要不被占用即可；智能合约服务器的名称、IP 地址和端口号为该系统部署智能合约服务器的名称、IP 地址和端口号。

3. 级联账本服务器部署

部署级联账本服务器需要配置节点类型、服务器名称、IP 地址、端口号，并指定上链服务器的名称、IP 地址和端口号(通常上链服务器指定为主链服务器)，以及智能合约服务器的名称、IP 地址和端口号等信息。其中级联账本服务器的服务器名称可自定义；IP 地址为部署级联账本服务器的 IP 地址；端口号可自定义，只要不被占用即可；智能合约服务器的名称、IP 和端口号为该系统中部署智能合约服务器的名称、IP 地址和端口号。

4. 智能合约服务器部署

部署智能合约服务器需要配置节点类型、名称、IP 地址、端口号，并指定上链服务器的名称、IP 地址和端口号等信息，通常上链服务器指定为主链服务器。其中，智能合约服务器的服务器名称可自定义；IP 地址为部署智能合约服务器的 IP 地址；端口号可自定义，只要不被占用即可；同时可配置是否压缩数据库文件并重新建立索引。

5. 预言合约服务器部署

部署预言合约服务器需要配置节点类型、服务器名称、IP 地址、端口号，并指定上链服务器的名称、IP 地址和端口号等信息，通常上链服务器指定为主链服务器，可以是部署在本地的主链服务器，也可以是部署在别的物理机上的主链服务器，与其名称、IP 地址和端口号保持一致即可。其中预言合约服务器的名称可自定义；IP 地址为部署预言合约服务器的 IP 地址；端口号可自定义，只要不被占用即可；同时可配置是否压缩数据库文件并重新建立索引和是否允许使用循环语句，如果要使用系统中的循环语句，需要将允许使用循环语句"while_for"的值设置为"yes"，默认不开启循环语句。

在同一条主链上可同时开启多个预言合约服务器，各预言合约服务器之间互不干扰。通常一个完整的区块链系统会部署一个主链服务器、一个智能合约服务器和一个预言合约服务器，任何人都可以通过该预言合约服务器访问区块链。同时各用户也可根据自己的需求，定制自己的预言合约服务器，例如，若需要开启循环语句，便可在配置文件中将"while_for"的值设置为"yes"，并配置预言合约服务器的 IP 地址为本机 IP，在本地部署自己的预言合约服务器，本地部署的预言合约服务器对其他用户使用预言合约服务器不会产生任何影响。

6. 系统部署故障

在部署系统的时候，可能会出现一些故障，以下是常见的故障及解决方案。

1) jvm 故障

该故障是在启动服务器时，由于找不到 jvm.dll 配置文件，无法正常启动，故障弹窗如图 4-4 所示。

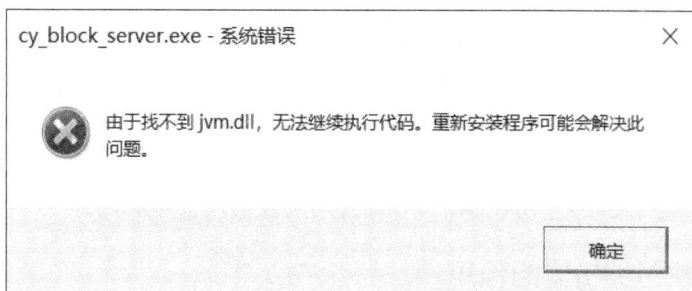

图 4-4　jvm 故障

此时请检查服务器是否正确配置了 JAVA 环境变量，若没有正确配置环境变量，需要将 JDK 目录对应的路径添加到 PATH 变量当中，若已配置好环境变量，则在启动的时候不要用双击的方式，而是通过点击鼠标右键，选择"以管理员身份运行"的方式启动即可。

2) 启动故障

该故障代码为 0xc000007b，应用程序无法正常启动，故障如图 4-5 所示。

图 4-5　启动故障

该故障需要使用"DirectX Repair"工具进行修复，若修复成功仍启动失败，则需要将

JDK 更换成 1.8 版本。

3) 连接错误故障

连接错误故障是由于主链数据服务器的配置文件出现错误，导致拒绝连接，该故障弹窗如图 4-6 所示。

```
区块链数据库索引更新成功-->,区块链数据库系统写入成功-->
连接错误-->Connection refused: connect
```

图 4-6 连接错误故障

此时请查看本机 IP 地址，检查主链数据服务器配置文件中的 IP 地址等信息是否配置正确，若连接的主链数据服务器不在本机，检查本机能否访问主链数据服务器的 IP 地址。

4) Java 服务端口被占用故障

该故障是由于服务端口被占用，导致在启动运行时出现 java.net.BindException: Address already in use: bind 异常，该故障弹窗如图 4-7 所示。

```
区块链数据库索引更新成功-->,区块链数据库系统写入成功-->
java.net.BindException: Address already in use: bind
        at sun.nio.ch.Net.bind0(Native Method)
        at sun.nio.ch.Net.bind(Net.java:438)
        at sun.nio.ch.Net.bind(Net.java:430)
        at sun.nio.ch.ServerSocketChannelImpl.bind(ServerSocketChannelImpl.java:225)
        at sun.nio.ch.ServerSocketAdaptor.bind(ServerSocketAdaptor.java:74)
        at sun.nio.ch.ServerSocketAdaptor.bind(ServerSocketAdaptor.java:67)
        at org.java_websocket.server.WebSocketServer.run(WebSocketServer.java:296)
        at java.lang.Thread.run(Thread.java:748)
Exception in thread "WebsocketSelector19" java.lang.NullPointerException
        at com.cy.chain.p2p.server.P2PService$1.onError(P2PService.java:766)
        at org.java_websocket.server.WebSocketServer.handleFatal(WebSocketServer.java:510)
        at org.java_websocket.server.WebSocketServer.run(WebSocketServer.java:302)
        at java.lang.Thread.run(Thread.java:748)
```

图 4-7 Java 服务端口被占用故障

此时需要将配置文件中的服务端口号修改为没被占用的端口号。

四、新一代区块链编辑器的使用

新一代区块链系统为开发者提供了一个简易快捷、界面清晰，只需通过连接预言服务器访问主链数据服务器进行应用开发的平台。部署好系统之后，无需直接访问主链数据服务器进行应用开发，新一代区块链系统提供区块链编辑器，可以编辑、调试、编译和运行智能合约。

区块链编辑器工具通过浏览器打开，网址是：http://www.gdchenyi.com.cn/cy Chain/index.html。打开区块链编辑器工具后，在该页面左上角输入预言合约服务器的 IP 地址和端口号进行连接，连接成功之后，可在编辑器中编写、编译和执行代码。

使用系统之前，首先需要设置主链服务器和智能合约服务器，通过上链服务器的设置函数和合约服务器的设置函数进行配置，两个函数的三个参数分别为服务器名称、IP 和端口号。

主链服务器设置语法格式如下：

```
上链服务器设置(服务器名称,服务器 IP,端口号)
```

合约服务器设置语法格式如下：

```
合约服务器设置(服务器名称,服务器 IP,端口号)
```

任务实施

本任务在 Windows10 操作系统部署新一代区块链系统，实施过程如下。

1. 下载并安装 JDK1.8

(1) 在浏览器中输入网址 https://www.oracle.com 登陆 Oracle 官网，从官网首页上方的 Product 菜单中选择 Java 并点击，如图 4-8 所示。

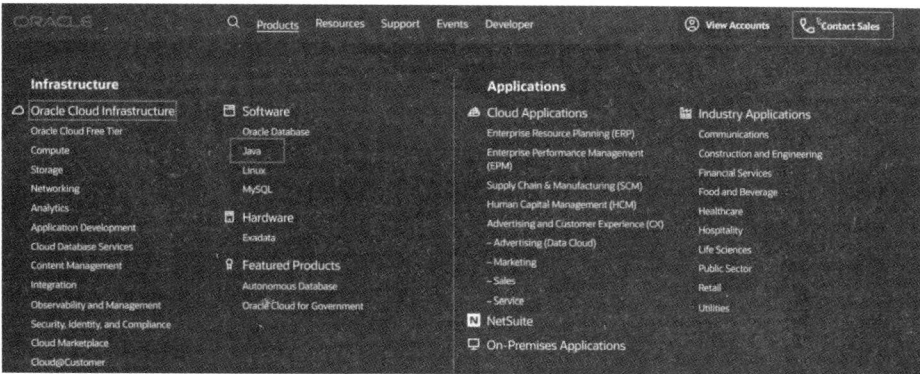

图 4-8　Oracle 官网 Product 菜单界面

(2) 在 Java 界面中点击 Download Java，如图 4-9 所示，进入 Java 资源选择界面。

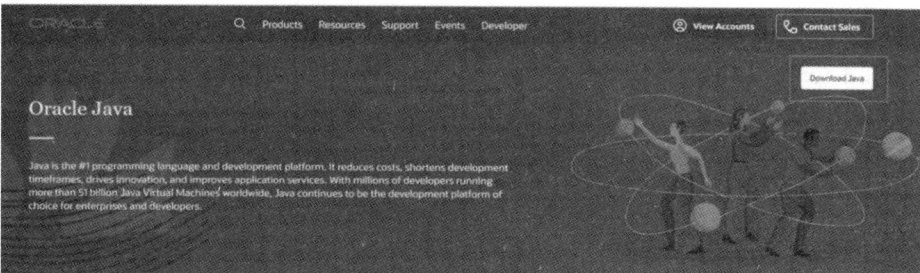

图 4-9　Java 界面

(3) 在 Java 资源选择界面中找到 Java SE 8 版本，点击进入 Java SE 8 界面，然后在该界面点击 JDK Download，如图 4-10 所示。

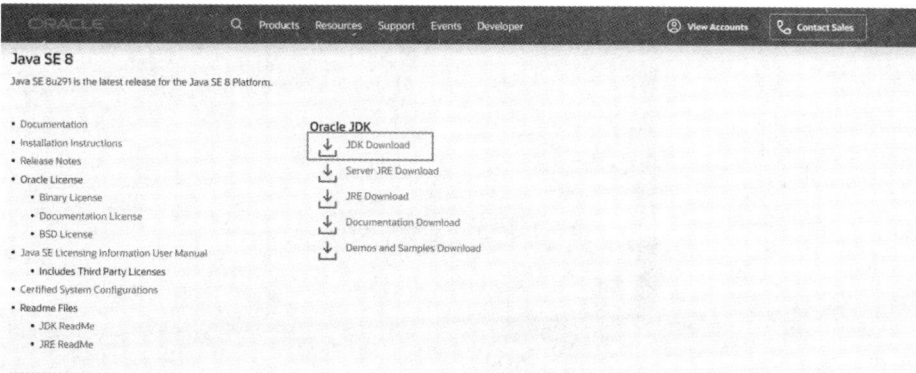

图 4-10　Java SE 8 界面

(4) 在 JDK1.8 版本界面中，选择 Windows 版本并点击，如图 4-11 所示。

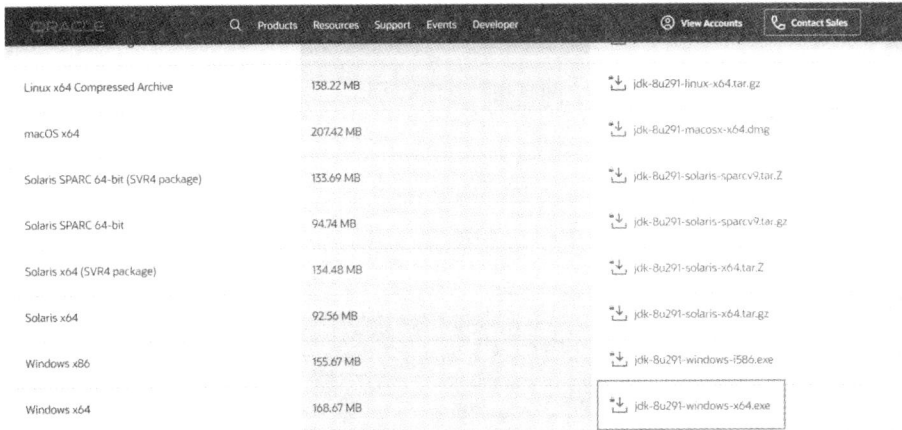

图 4-11　JDK1.8 版本界面

(5) 在弹窗中勾选同意协议，并点击下载。如图 4-12 所示。

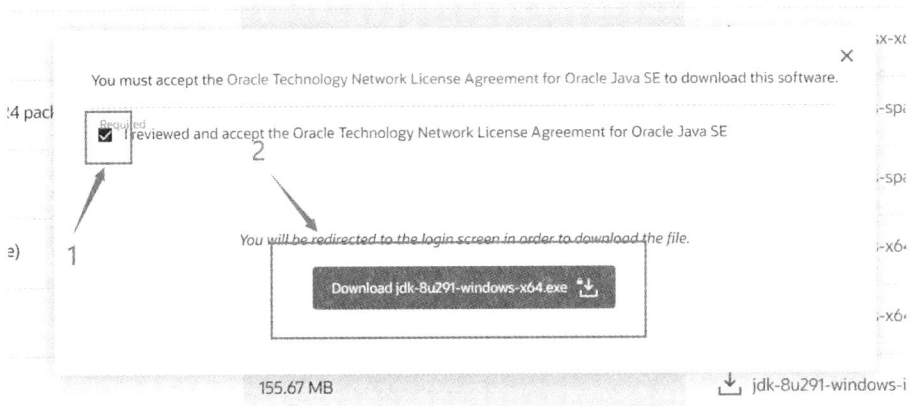

图 4-12　同意下载弹窗

(6) 在如图 4-13 所示的弹窗中输入 Oracle 账户密码信息，登录 Oracle 后，程序就会开始下载。

图 4-13　登录 Oracle 账户

(7) 下载完成后，双击安装包，在路径选择界面可自行选择安装路径，点击下一步直到结束，如图 4-14 所示。

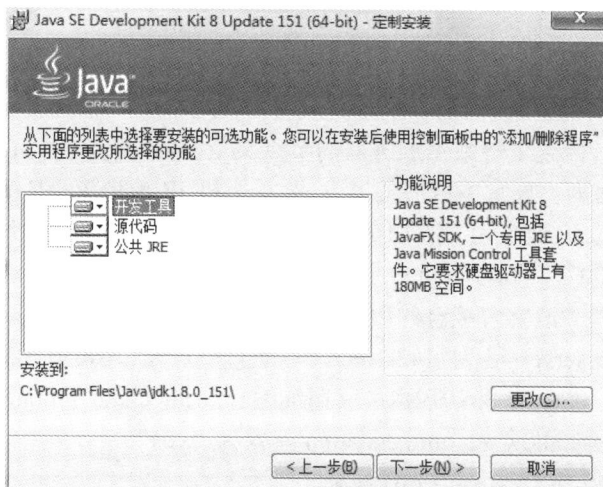

图 4-14　jdk 安装界面

（8）配置 JDK 环境变量。首先右键"我的电脑"点击"属性"，在"系统设置"界面选中"高级"选项卡，点击"环境变量"按钮，在"系统变量"中添加 JAVA_HOME 变量，变量值填写 JDK 的安装目录，在"系统变量"下方选择名称为"Path"的变量，编辑该变量，在末尾添加"%JAVA_HOME%\bin;%JAVA_HOME%\jre\bin\server"，添加路径前需确认末尾是否有";"字符，如果没有则先输入该字符再添加上面的路径。配置好环境变量之后，进入系统命令提示符，输入命令"javac"测试 Java 是否安装成功，若出现下图 4-15 所示信息即证明 Java 环境已经配置成功了。

图 4-15　Java 环境测试

2. 启动主链数据服务器

(1) 解压系统安装压缩包，主链数据服务器位于 com 文件夹，打开 com 文件夹，使用记事本打开其中的配置文件 cy_rpc_system.properties，在该文件中需要配置主链服务器、超级服务器及合约服务器的相关信息。

如图 4-16 所示，配置主链数据服务器的节点类型 node_type 为"1"；配置本机服务器名 local_server_name 为"辰宜主链服务器"；配置本机 IP 地址 local_server_ip 为当前服务器的 IP 地址，编者的 IP 地址为"192.168.2.7"，请读者根据实际 IP 地址进行配置；配置本机服务端口号为"7007"，读者也可自定义为不被占用的端口号；配置智能合约服务器名 smart_server_name 为"辰宜智能合约服务器"，读者也可自行命名；配置智能合约服务器的节点 IP 地址 smart_server_ip 为"192.168.2.7"；配置节点端口 smart_server_port 为"7006"；配置节点端口号 http_port 为"8080"；本地联盟链编号 local_chain_unique_number 为"0001"；并将是否允许推荐服务 allow_recommendation 配置为"yes"。

```
#说明:    node_type 分为以下几种类型
#1       主链数据服务器：管理上链以及网络路由。
#2       超级账本服务器：超级账本服务器。配一个高速服务服务器。可以是多组。
#3       级联账本服务器：分布式记账服务器。
#5       智能合约服务器：智能合约服务器集群。
#6       预言合约服务器：预言合约服务器集群。

#是否索引数据，可配置 "yes/no"
update_database_sort_on_start=yes

#是否允许推荐服务，可配置 "yes/no"
allow_recommendation=yes

#节点类型
node_type=1
#本机服务器名
local_server_name=辰宜主链服务器
#本机IP
local_server_ip=192.168.2.7
#本机服务端口
local_server_port=7007

#合约服务器名
smart_server_name=辰宜智能合约服务器
#节点IP
smart_server_ip=192.168.2.7
#节点端口
smart_server_port=7006

#节点端口
http_port=8080

#本地联盟链编号
local_chain_unique_number= 0001
```

图 4-16　主链数据服务器配置

(2) 配置好主链服务器之后，鼠标右击"cy_block_server.exe"文件，选择"以管理员身份运行"启动主链数据服务器，若启动成功，结果如图 4-17 所示。

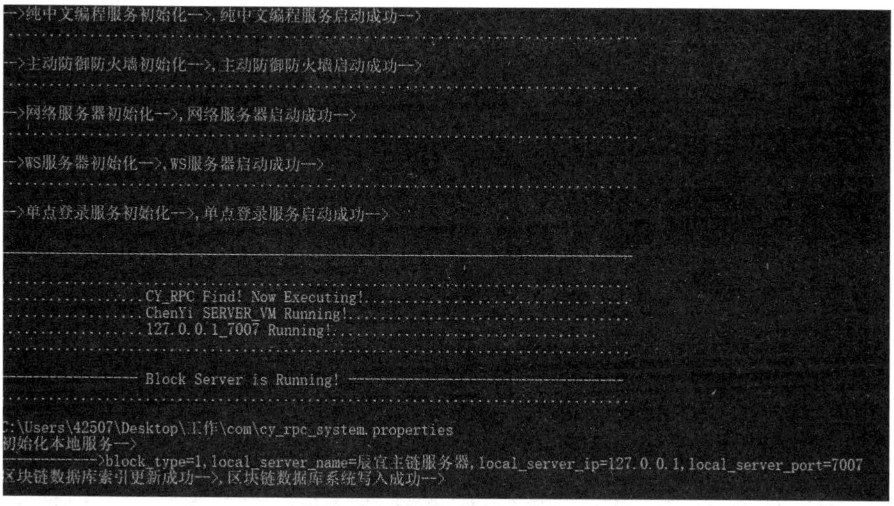

图 4-17　启动主链服务器

3. 启动智能合约服务器

(1) 智能合约服务器位于 com_smart_server 文件夹，打开 com_smart_server 文件夹，使用记事本打开其中的配置文件 cy_rpc_system.properties，该文件需要配置智能合约服务器，并指定上链服务器的相关信息，我们指定上链服务器为主链服务器，与上文中主链服务器的配置信息需要保持一致，配置内容如图 4-18 所示。

```
#是否索引数据，可配置 "yes/no"
update_database_sort_on_start=yes

#节点类型
node_type=5
#本机服务器名
local_server_name=辰宜智能合约服务器
#本机IP
local_server_ip=192.168.2.7
#本机服务端口
local_server_port=7006

#上链服务器名
block_server_name=辰宜上链服务器
#节点IP
block_server_ip=192.168.2.7
#节点端口
block_server_port=7007
```

图 4-18　智能合约服务器配置

首先将是否索引数据 update_database_sort_on_start 配置为 "yes"；节点类型 node_type 设为 "5"；本机服务器名 local_server_name 配置为 "辰宜智能合约服务器"，读者可自行命名；本机 IP 地址 local_server_ip 配置为 "192.168.2.7"；本机服务端口 local_server_port 配置为 "7006"；配置上链服务器名 block_server_name 为 "辰宜上链服务器"，读者可自行命名；节点 IP 地址 block_server_ip 为 "192.168.2.7"，读者需根据实际部署的服务器 IP 地址进行配置；节点端口号 block_server_port 为 "7007"。

(2) 配置好智能合约服务器之后，鼠标右击 "cy_smart_server.exe" 文件，选择 "以管理员身份运行"启动智能合约服务器，若启动成功，结果如图 4-19 所示。

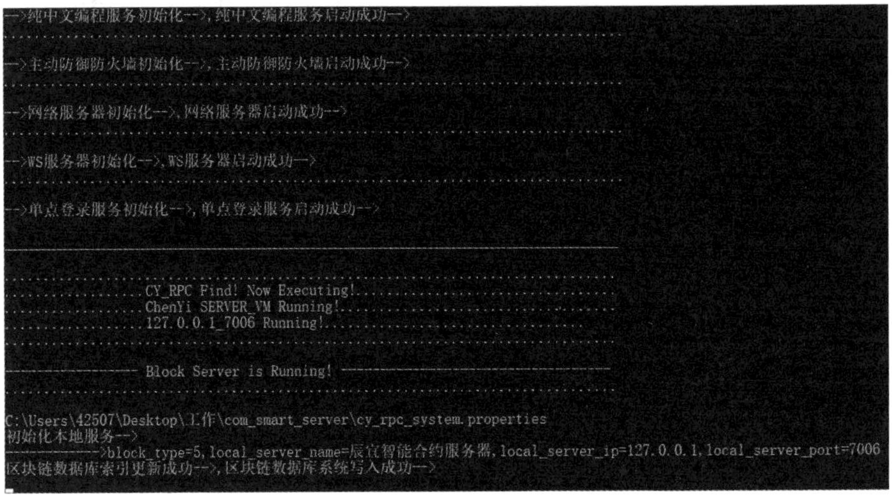

图 4-19　启动智能合约服务器

4. 启动预言合约服务器

(1) 预言合约服务器位于 com_virtual_server 文件夹，打开 com_virtual_server 文件夹，使用记事本打开其中的配置文件 cy_rpc_system.properties，配置预言合约服务器的相关信息，在该文件中配置预言合约服务器和上链数据服务器的相关信息，其中上链数据服务器就是主链服务器，与上文中主链服务器的配置信息需要保持一致，配置内容如图 4-20 所示。

```
#节点类型
node_type=6
#本机服务器名
local_server_name=辰宜预言合约服务器
#本机IP
local_server_ip=192.168.2.7
#本机服务端口
local_server_port=7015

#上链服务器名
block_server_name=辰宜账本服务器
#节点IP
block_server_ip=192.168.2.7
#节点端口
block_server_port=7007
while_for=yes
```

图 4-20　预言合约配置文件

配置节点类型 node_type 为"6"；本机服务器名 local_server_name 为"辰宜预言合约服务器"，读者可自行命名；配置本机 IP 地址 local_server_ip 为"192.168.2.7"，读者需根据实际情况进行配置；配置本机服务端口 local_server_port 为"7015"；指定上链服务器为主链服务器，上链服务器名 block_server_name 为"辰宜账本服务器"，读者可自行命名；上链服务器节点 IP 地址 block_server_ip 和节点端口 block_server_port 与第①步主链服务器的节点 IP 及端口号保持一致，分别为"192.168.2.7"和"7007"；并设置是否允许循环 while_for 为"yes"，以开启循环语句的使用。

(2) 配置好预言合约服务器之后，鼠标右击"cy_virtual_server.exe"文件，选择"以管理员身份运行"启动预言合约服务器，若成功启动，结果如图 4-21 所示。

图 4-21　启动预言合约服务器

5. 使用新一代区块链编辑器

在浏览器中输入网址 http://www.gdchenyi.com.cn/cyChain/index.html，打开在线区块链编辑器，通过预言合约服务器连接主链数据服务器和智能合约服务器，按格式输入预言合约服务器的 IP 地址和端口号，编者使用刚刚部署好的系统，输入"ws://192.168.2.7:7015"并点击连接按钮进行连接，如图 4-22 所示。

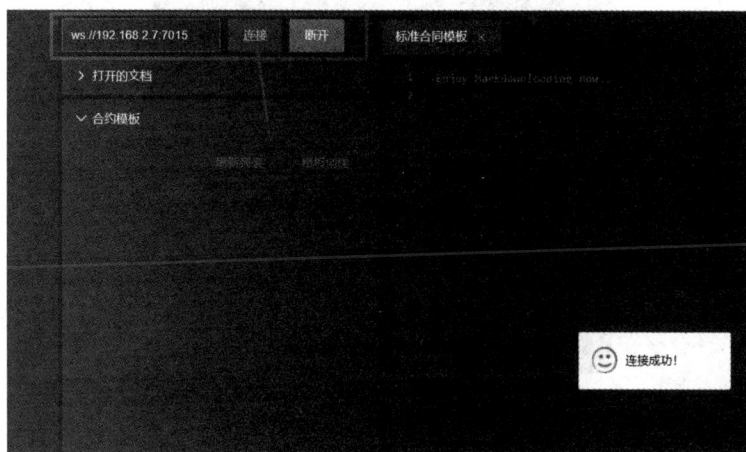

图 4-22　连接预言合约服务器

6. 上链及合约服务器设置

在区块链编辑器的编辑区编写代码，完成上链服务器及合约服务器的设置，填写服务器的名称、IP 地址和端口号，代码如下：

```
显示信息(上链服务器设置("广东辰宜","192.168.2.7","7007"))
显示信息(合约服务器设置("广东辰宜","192.168.2.7","7006"))
```

点击"调试"按钮执行代码，成功执行代码后返回的结果如图 4-23 所示。

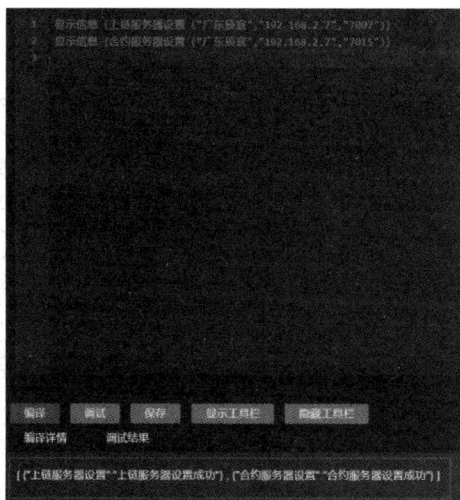

图 4-23　服务器设置运行结果

7. 编写第一个程序

在区块链编辑器编写第一个程序，输入代码"显示信息（"Hello WOrld"）"，然后点击"调试"按钮运行程序，控制台显示"Hello,WOrld"，如图 4-24 所示。

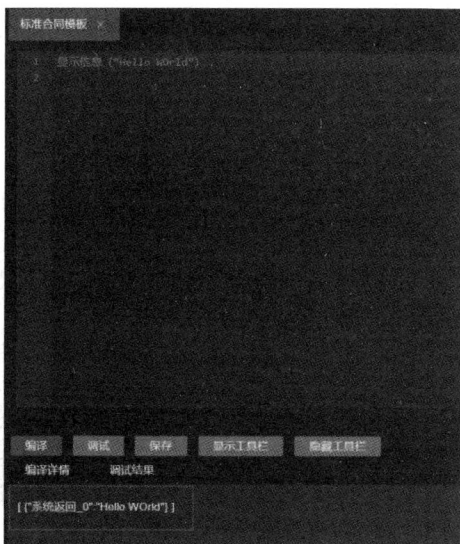

图 4-24　第一个应用程序运行结果

实践训练

1. 实训目的

能够独立完成新一代区块链系统的部署，并掌握区块链编辑器的使用方法。

2. 实训内容

(1) 部署新一代区块链系统；

(2) 编写程序，用显示信息函数打印你的名字和班级信息。

任务 8　新一代区块链系统用户管理

知识、技能和素质目标

- 熟悉新一代区块链系统用户管理功能
- 掌握新一代区块链系统用户管理函数的使用

任务描述

李明同学想使用新一代区块链系统，请帮助李明同学完成用户的注册、激活和登录步骤，并体验用户查询及修改等操作方法。

新一代区块链系统用户管理

知识准备

一、用户类型

新一代区块链系统通过用户进行相关的业务操作，根据权限划分为系统管理员用户、金融管理员用户和普通用户。

普通用户通过注册生成，需要激活才可登录使用。用户名及用户信息可自定义，具有登录和退出系统、查询用户和修改密码、查询和更新资料、取出公钥和私钥等常用普通用户权限。

系统管理员用户通过注册生成，无需激活即可登录使用。用户名指定为"系统管理员"，系统中只存在一个系统管理员用户，除了具有普通用户的权限，还具备节点管理权限，能够激活和禁止用户，也能删除待激活的用户。

金融管理员用户通过注册生成，无需激活即可登录使用。用户名指定为"金融管理员"，系统中只存在一个金融管理员用户，除了具有普通用户的权限，还具有金融服务管理权限，能够开通金融服务功能、禁止和恢复指定普通用户的金融服务使用权限，能够进行资产上链，为用户分发资产。新一代区块链是联盟链，主要以业务应用为主，不需要通过挖矿获得货币。因此在初始阶段，任何账户都没有货币，通过金融管理员采用资产上链函数为用户分发资产。资产上链函数的用法如下：

> 资产上链(账户,金额,备注)

其中，账户表示要将资产分发给谁，金额表示分发资产的数值。例如，金融管理员给张三分发 1000 资产，代码如下：

```
资产上链("张三",1000,"给张三的资产")
```

二、注册用户

新一代区块链系统提供注册用户函数，用来进行用户的注册。注册参数为：用户名、私钥密码、手机号、ID、地址、备注信息，其中参数"备注信息"为选填项，可为空；用户名和 ID 都不能是系统中已注册过的，注册时会自动校验用户名和 ID，若其中任意一个被注册过则会显示"数字证书已存在"导致注册失败。注册成功之后返回用户的用户名、公钥、私钥、私钥密码。以下为注册用户函数语法格式说明，并分别注册系统管理员用户、金融管理员用户和普通用户。

```
//注册用户函数语法
注册用户(用户名,私钥密码,手机号,身份证号,地址,备注信息)
//注册系统管理员用户
注册用户("系统管理员","123456","13800000000","440480199902123210","广东佛山","系统管理员用户")
//注册金融管理员用户
注册用户("金融管理员","123456","13800000001","440480199902123211","广东佛山","金融管理员用户")
//注册普通用户小虹
注册用户("小虹","123456","13800000002","440480199902123212","广东佛山","普通用户")
```

三、激活和禁止用户

普通用户注册成功之后，必须要系统管理员通过激活用户函数将其激活，才能登录使用。同时，若想要禁止某个用户使用系统，也可以通过系统管理员采用禁止用户函数将其禁止。

1. 激活用户

当用户在首次注册或已被禁用时，若想要正常使用，需要通过激活用户函数进行激活和恢复。该函数参数为用户名，且只有系统管理员才能使用该函数，语法格式如下：

```
激活用户(用户名)
```

2. 禁止用户

禁止用户函数可以禁止指定用户使用系统。该函数参数为用户名，能够禁止该用户使用系统，只有系统管理员才能使用。语法格式如下：

```
禁止用户(用户名)
```

四、登录和退出系统

1. 登录系统

新一代区块链系统提供登录系统函数用来实现用户的登录。该函数有 2 个参数，分别是用户名和私钥密码。语法格式如下：

```
登录系统(用户名,私钥密码)
```

2. 退出系统

新一代区块链系统提供退出系统函数，用来退出系统。该函数没有参数，能够退出当前登录的用户。建议所有登录用户，在不继续使用区块链系统时，立即退出区块链系统。退出系统函数语法格式如下：

```
退出系统( )
```

五、查询用户和修改密码

1. 查询用户

查询用户函数可根据条件查询用户资料，参数为用户名、注册开始时间和注册结束时间。执行此函数后可返回在开始时间到结束时间期间内注册的所有用户的信息集合，包括用户的用户名、公钥、注册时间、注册备注等信息，参数中用户名和注册时间可选其一，不能同时为空。语法格式如下：

```
查询用户(用户名,开始时间,结束时间)
```

2. 修改密码

修改密码函数可对当前用户的私钥密码进行修改，包括 2 个参数，分别是旧密码和新密码。语法格式如下：

```
修改密码(旧密码,新密码)
```

六、查询资料和更新资料

1. 查询资料

查询资料函数可以查询当前用户的信息，无参数，返回当前用户的用户名、公钥、私钥、手机号码、ID、地址、备注和注册时间。语法格式如下：

```
查询资料()
```

2. 更新资料

资料更新函数可以修改当前用户的手机号码、ID、住址、备注信息，参数为新的手机号码、ID、住址、备注信息。语法格式如下：

```
资料更新(新手机号,新 ID,新住址,新备注信息)
```

七、取出公钥和取出私钥

1. 取出公钥

取出公钥函数可以取出当前用户的公钥,无参数,返回当前用户的公钥。语法格式如下:

```
取出公钥()
```

2. 取出私钥

取出私钥函数可以取出当前用户的私钥,无参数,返回当前用户的私钥,语法格式如下:

```
取出私钥()
```

任务实施

本次任务主要是帮助李明同学完成用户的注册、激活和登录步骤，并帮助其体验系统的用户查询及修改等操作方法。打开辰宜公司提供的在线区块链编辑器，输入地址进行连接，连接之后开始任务的实施，过程如下。

(1) 上链服务器及合约服务器设置；

　　显示信息(上链服务器设置("广东辰宜","81.71.126.133","7007"))

　　显示信息(合约服务器设置("广东辰宜","81.71.126.133","7006"))

运行结果如图 4-25 所示，表示两个服务器设置成功。

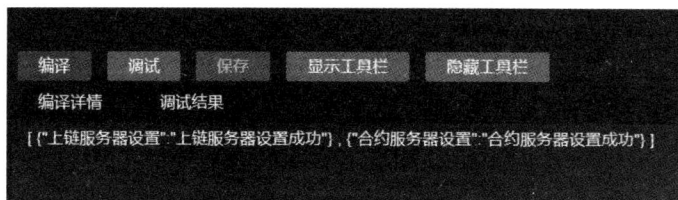

图 4-25　服务器设置结果

(2) 注册用户李明，代码如下：

　　显示信息(注册用户("李明","123456","13800138000","440682200001010105","广东佛山","普通用户"))

运行结果如图 4-26 所示，显示"注册成功"和"李明"的公钥、私钥、私钥密码和 ID，表示用户注册成功，请读者记住密码，后续登录时需要用到该密码。

图 4-26　注册用户"李明"运行结果

(3) 登录系统管理员账号，假设系统管理员的登录密码为"123456"，因系统管理员权限最高，为了系统安全，系统管理员一般由专门人员管理，此处为了展示激活账号演示该步骤。代码如下：

　　显示信息(登录系统("系统管理员","123456"))

运行结果如图 4-27 所示，表示登录成功。

图 4-27　系统管理员登录结果

(4) 激活李明的账号，代码如下：

```
显示信息(激活用户("李明"))
```

运行结果如图 4-28 所示，表示激活成功。

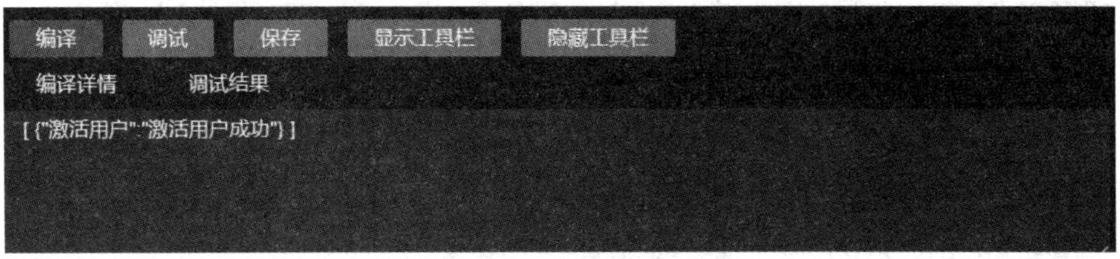

图 4-28　激活用户成功

(5) 登录李明账号，代码如下：

```
显示信息(登录系统("李明","123456"))
```

结果如图 4-29 所示。

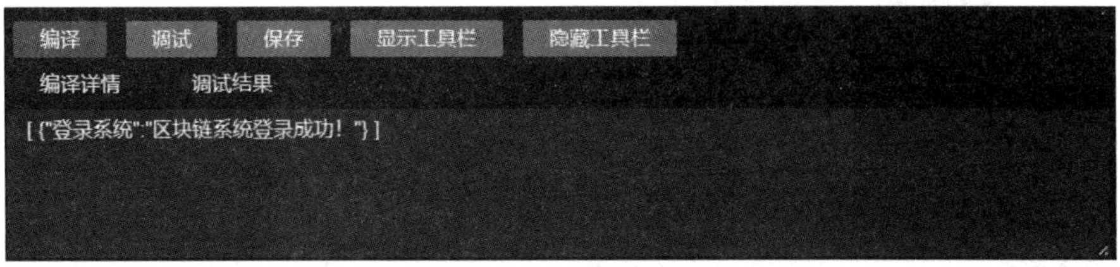

图 4-29　登录李明账号

(6) 查询李明的用户信息，当前登录的是李明账号，代码如下。请读者尝试是否可以在李明账号中查询用户张三的信息。

```
显示信息(查询用户("李明"))
```

运行结果如图 4-30 所示，显示 "查询成功"，查询到李明的用户名、公钥、注册时间、备注信息及激活日期。

图 4-30　查询李明用户信息结果

(7) 将李明的密码修改为 "654321"，代码如下：

```
显示信息(修改密码("123456","654321"))
```

结果如图 4-31 所示，表示修改成功。请读者思考：若要修改张三的登录密码，应该怎么做呢？

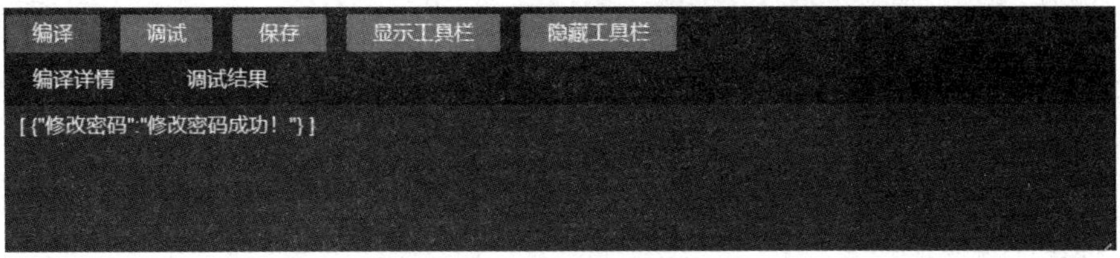

图 4-31　修改密码结果

(8) 取出李明的私钥，代码如下：

　　显示信息(取出私钥())

结果如图 4-32 所示，成功取出李明的私钥。

图 4-32　取出私钥结果

(9) 将李明的住址改成"湖南长沙"，代码如下：

　　显示信息(资料更新("13800138000","440682200001010105","湖南长沙","普通用户"))

结果如图 4-33 所示，表示资料修改成功。

图 4-33　修改资料结果

(10) 退出系统，代码如下：

　　显示信息(退出系统())

运行结果如图 4-34 所示。

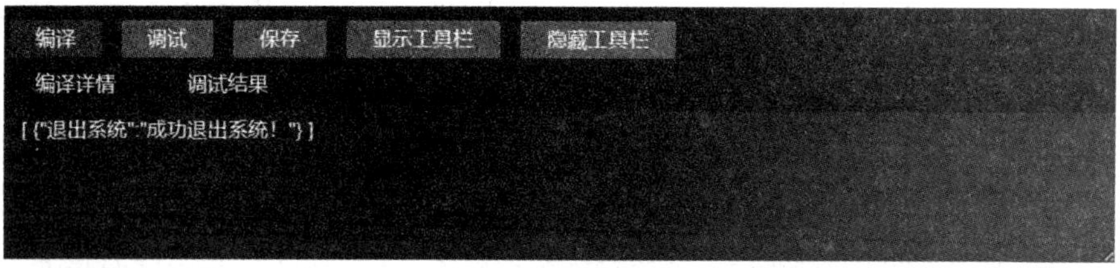

图 4-34　退出系统

实践训练

1. 实训目的

掌握新一代区块链系统用户管理的相关操作方法。

2. 实训内容

(1) 注册用户李四；

(2) 激活用户李四并登录；

(3) 修改李四的初始密码；

(4) 更新李四的住址信息、ID 和手机号；

(5) 退出系统。

任务 9　新一代区块链系统管理

知识、技能和素质目标

- 熟悉新一代区块链系统系统管理功能
- 掌握新一代区块链系统系统管理函数

任务描述

本任务通过相关函数的说明，了解区块链系统的系统管理功能。

新一代区块链系统管理

知识准备

新一代区块链系统能够搭建具有一定程度去中心化的可信区块链，这种可信区块链基于一定的信用机制。在区块链进行交易时的失信行为将会得到相应的惩罚，因此，新一代区块链系统提供了用户黑名单和白名单的管理，用来限制用户的交易行为。

一、黑名单管理

1. 增加黑名单

黑名单表示征信不良的用户，被加入黑名单的用户将会被禁止在系统中进行交易。使用增加黑名单函数实现增加失信用户到黑名单的功能。被加入黑名单的用户不能进行交易，但仍然具有数据上链权限。该函数参数为用户名。只有金融管理员才有权限使用该函数，语法格式如下：

> 增加黑名单(用户名)

2. 删除黑名单

进入黑名单的用户也可以使用删除黑名单函数移除。该函数参数为用户名，只有金融管理员才有权限使用该函数，语法格式如下：

> 删除黑名单(用户名)

二、白名单管理

1. 增加白名单

白名单表示征信良好的用户，被加入白名单的用户可以在交易活动中进行透支。新一代区块链系统提供增加白名单函数，用来添加系统白名单人员。该函数参数为用户名，只有金融管理员用户才有权限使用该函数，语法格式如下：

增加白名单(用户名)

2. 删除白名单

金融管理员也可以使用删除白名单函数将用户从白名单中删除。该函数参数为用户名，只有金融管理员才有权限使用该函数，语法格式如下：

删除白名单(用户名)

三、信任节点管理

1. 增加信任节点

在开启账本服务器、超级账本服务器和级联账本服务器后，需要加入信任节点才能参与记账。增加信任节点函数可以增加指定节点参与记账，参数为节点名称和 IP 地址，只有系统管理员才有权限使用该函数，语法格式如下：

增加信任节点(节点名称,IP 地址)

2. 删除信任节点

删除信任节点函数可以取消指定节点参与记账，参数为节点名称和 IP 地址，删除的节点必须是在信任节点名单中的节点，只有系统管理员才有权限使用该函数，语法格式如下：

删除信任节点(节点名称,IP 地址)

▶ 任务实施

本次任务以"金融管理员"身份登录系统，因张三信用良好，将张三用户增加到白名单，李四多次不守信用，将李四增加到黑名单中，任务实施过程如下。

(1) 登录金融管理员账户，假设金融管理员的登录密码是"123456"，因为金融管理员账户权限高，为了系统安全，一般该账户由专门人员管理。代码如下：

显示信息(登录系统("金融管理员","123456"))

运行结果如图 4-35 所示，表示登录成功。

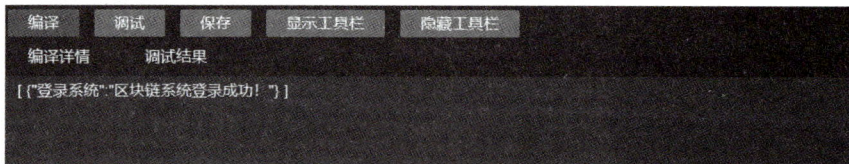

图 4-35　金融管理员登录成功

(2) 将张三增加到白名单中，代码如下：

显示信息(增加白名单("张三"))

运行结果如图 4-36 所示。

图 4-36　增加白名单成功

(3) 将李四增加到黑名单中，代码如下：

```
显示信息(增加黑名单("李四"))
```

运行结果如图 4-37 所示。

图 4-37　增加黑名单成功

(4) 张三用户透支 10 000 资产额度向金融管理员用户转账 10 000，假设张三的登录密码是"654321"，代码如下：

```
显示信息(登录系统("张三","654321"))
显示信息(交易金额("张三","金融管理员","10000","工程合同款"))
```

运行结果如图 4-38 所示。

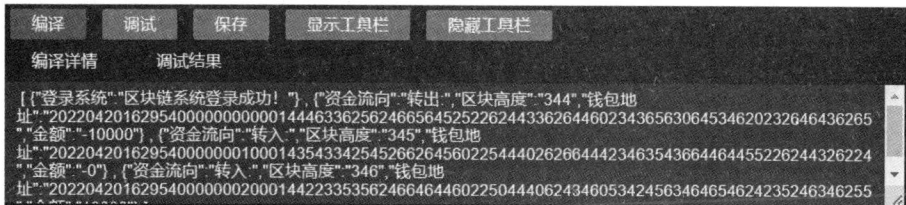

图 4-38　张三向金融管理员用户转账 10 000

(5) 李四向张三转账 100，假设李四的登录密码是"123456"，代码如下。因为李四被加入黑名单了，所以该代码执行后，显示交易失败。

```
显示信息(登录系统("李四","123456"))
显示信息(交易金额("李四","张三","100","工程合同款"))
```

运行结果如图 4-39 所示。

图 4-39　李四向张三转账 100 失败

任务完成之后，为了系统安全，请读者将张三从白名单中删除，李四从黑名单中删除，并退出系统登录。

▶ 实践训练

1. 实训目的

掌握系统管理函数的使用方法。

2. 实训内容

(1) 登录金融管理员；

(2) 增加白名单用户；

(3) 使用白名单用户进行一次转账；

(4) 使用黑名单用户进行一次转账。

小　　结

本项目通过 3 个任务介绍了新一代区块链系统的特点；讲述新一代区块链的架构、部署方法、用户管理模块及系统管理模块；通过对相关函数的说明，使读者能够掌握各模块的功能以及使用方法。

课 后 习 题

一、单选题

1. 节点类型为 1 的服务器被称为(　　)。

A. 主链数据服务器　　　　　　　B. 超级账本服务器

C. 智能合约服务器　　　　　　　D. 预言合约服务器

2. 可设置是否允许推荐服务的服务器是(　　)。

A. 智能合约服务器　　　　　　　B. 超级账本服务器

C. 主链数据服务器　　　　　　　D. 预言合约服务器

3. 在整个区块链网络中，主链数据服务器最多可以开启(　　)台。

A. 无限制　　　　　B. 1　　　　　C. 2　　　　　　　　D. 3

4. 以下不是主链数据服务器的作用的是(　　)。

A. 参与记账　　　B. 管理用户　　　C. 管理上链　　　D. 管理节点

5. 可在控制台显示代码执行结果的函数名称是(　　)。

A. 显示文字　　　B. 显示信息　　　C. 打印文字　　　D. 打印信息

6. 以下只能由系统管理员执行的函数是(　　)。

A. 删除白名单　　　　　　　　　B. 增加白名单

C. 增加黑名单　　　　　　　　　D. 激活用户

7. 以下只能由金融管理员执行的函数是(　　)。

A. 禁用用户　　　　　　　　　B. 激活用户

C. 删除白名单　　　　　　　　D. 修改密码

8. 智能合约服务器配置文件中若没有配置 while_for 参数,则表达的意思是(　　)。

A. 默认允许智能合约使用循环语句

B. 默认不允许智能合约使用循环语句

C. 默认允许预言合约使用循环语句

D. 默认不允许预言合约使用循环语句

9. 预言合约服务器配置文件中若没有配置 while_for 参数,则表达的意思是(　　)。

A. 默认允许智能合约使用循环语句

B. 默认不允许智能合约使用循环语句

C. 默认允许预言合约使用循环语句

D. 默认不允许预言合约使用循环语句

10. 以下是预言合约服务器的作用的有(　　)。

A. 运行代码　　　B. 保存合约　　　C. 管理上链　　　D. 管理用户

二、多选题

1. 超级账本服务器的配置文件中需要设置(　　)的信息。

A. 主链数据服务器　　　　　　B. 超级账本服务器

C. 级联账本服务器　　　　　　D. 智能合约服务器

2. 可设置启用循环语句的服务器有(　　)。

A. 主链数据服务器　　　　　　B. 超级账本服务器

C. 智能合约服务器　　　　　　D. 预言合约服务器

3. 配置文件中在设置其他服务器时需要填写(　　)信息。

A. 服务器名称　　　　　　　　B. IP 地址

C. 端口号　　　　　　　　　　D. 服务器路径

4. 主链数据服务器的配置文件中允许设置的服务有(　　)。

A. 循环语句　　　　　　　　　B. 压缩数据库文件并重新建立索引

C. 抽象推理　　　　　　　　　D. 加解密函数

5. 要使用新一代区块链系统至少需要开启(　　)。

A. 主链数据服务器　　　　　　B. 超级账本服务器

C. 智能合约服务器　　　　　　D. 预言合约服务器

6. 以下函数只能由系统管理员执行的有(　　)。

A. 增加黑名单　　　　　　　　B. 增加白名单

C. 激活用户　　　　　　　　　D. 禁止用户

7. 以下函数只能由金融管理员执行的有(　　)。

A. 增加黑名单　　　　　　　　B. 增加白名单

C. 删除黑名单　　　　　　　　D. 删除白名单

8. 注册用户时有些参数被注册过后就不能再使用,这些参数有(　　)。

A. 账号　　　B. 手机号　　　C. 身份证　　　D. 地址

9. 以下说法正确的是(　　)。

A. 参与记账的服务器只有 2 种

B. 使用函数时不添加"显示信息"函数程序也会执行

C. 参与记账的服务器只记区块信息

D. 在整个区块链网络中，主链数据服务器和智能合约服务器仅能开启一台

10. 以下说法不正确的是(　　)。

A. 终端应用能直接连接主链数据服务器

B. 超级账本服务器和级联账本服务器的功能相同

C. 智能合约服务器和预言合约服务器的功能都是保存合约

D. 主链数据服务器的其中一个功能是运行 CyChain 中文编程代码

三、判断题

1. 所有服务器的配置文件中的本机服务名称是可自定义的。　　　　　(　　)

2. 预言合约服务器的配置文件中允许不填写 while_for 配置。　　　　(　　)

3. 所有服务器的配置文件中都要设置主链数据服务器的信息。　　　　(　　)

4. 要使用新一代区块链系统，超级账本服务器可以不开启。　　　　　(　　)

5. 预言合约服务器参与主链数据服务器的记账。　　　　　　　　　　(　　)

6. 终端应用能直接连接主链数据服务器。　　　　　　　　　　　　　(　　)

7. 预言合约服务器的作用是运行 CyChain 中文编程代码。　　　　　　(　　)

8. 用户注册账号后就可以立即使用区块链系统。　　　　　　　　　　(　　)

9. 上链服务器设置中的服务器 IP 参数必须与主链数据服务器配置文件中的本机 IP 地址一致。　　　　　　　　　　　　　　　　　　　　　　　　　　　(　　)

10. 超级账本服务器和级联账本服务器的作用都是参与记账。　　　　(　　)

四、填空题

1. 主链数据服务器的节点类型为_____。

2. 配置文件中本机服务名的配置参数名称为_____。

3. 若要允许使用循环语句，则配置文件中需要设置_____。

4. 若要允许压缩数据库文件并重新建立索引，则配置文件中需要设置_____。

5. 要使用新一代区块链系统需要开启至少_____台服务器。

6. 若预言合约的 IP 地址为 192.168.1.1，端口号为 7015，则在连接预言合约浏览器时填写的地址为_____。

7. "上链服务器设置"函数需要填写_____个参数。

8. "注册用户"函数至少需要填写_____个参数。

9. 在成功执行"注册用户"函数后共返回_____个结果值。

10. 用户在注册账号后需要_____审核并激活。

五、简答题

1. 简要描述各个服务器的作用。

2. 简要描述各个服务器的配置文件中所需要设置连接的服务器(除自身之外)。

中篇　区块链技术应用

项目 5　中文智能合约编程语言基础

学习目标

2009 年比特币诞生，区块链 1.0 时代进入大众视野，此时区块链的唯一应用就是数字货币。区块链 2.0 时代引入了智能合约，主要使用 Solidity 语言编写。到了区块链 3.0 时代，由于采用了 Docker 技术，可以使用多种常用的高级语言编写智能合约。新一代区块链系统，不仅支持多语言的编译环境，同时还提供了一套系统自带的纯中文智能合约编程语言。这套语言易懂、易学、易上手，大大降低了使用门槛，无编程基础者也能轻松上手。本项目介绍中文编程语言的基础语法和使用规则，学习目标有以下几点：

(1) 熟悉中文编程语言的基本语法结构和调试方法；
(2) 掌握中文编程语言的数据类型和运算符；
(3) 掌握中文编程语言的条件和循环结构；
(4) 掌握中文编程语言的函数。

知识导图

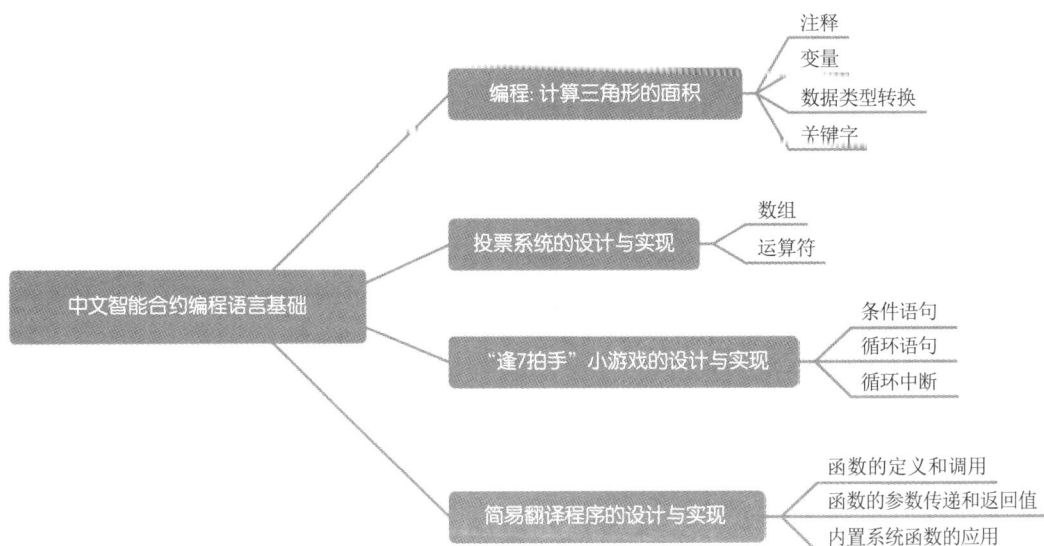

任务 10　编程：计算三角形的面积

知识、技能和素质目标

- 熟悉中文编程语言的注释
- 熟悉中文编程语言的调试方法
- 掌握中文编程语言的变量类型
- 掌握中文编程语言的数据类型转换方法

任务描述

本任务通过编程的方式计算长为 15、高为 5 的三角形的面积，运行结果如图 5-1 所示。

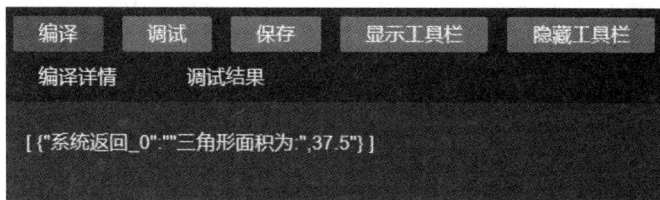

图 5-1　计算三角形面积程序运行结果

编程：计算三角形的面积

知识准备

一、注释

注释就是对代码进行的解释说明，不参与编译和运行。为了提高程序的可读性，开发者在编写程序时，通常会在关键代码处或晦涩难懂的代码处添加注释。注释分为单行注释和多行注释。

1. 单行注释

单行注释通过"//"标识，"//"之后的当行内容为注释，注释后的代码不会被编译和执行。例如：

```
显示信息("hello")//这是单行注释，打印了 hello
```

2. 多行注释

多行注释通过"/*…*/"标识。例如：

```
/*这是多行注释
这是多行注释*/
```

二、变量

变量是计算机语言中能表示可变状态、存储计算结果或能表示值的抽象概念。在编程过程中，通常需要一个变量来存储临时数据。变量名由汉字、字母或数字组成，可自定义。新一代区块链系统中文编程语言提供文字变量、数值变量和逻辑变量三种基本变量类型。

1. 文字变量

文字变量类型为文字，用双引号标识，默认值为空，赋值时需要加上双引号，可在声明时赋值，也可以在声明之后赋值。声明一个文字变量，语法格式如下：

```
文字变量 变量A
```

其中"文字变量"为关键字，表示变量的类型；"变量A"是变量的名字，可自定义，尽量要做到见名知义。可同时声明多个同类型的变量，多个变量之间用","隔开即可，但声明多个变量的时候不能同时赋值。例如：

```
文字变量 问候语,时间
问候语="你好"
时间="2022-01-17"
```

2. 数值变量

数值变量类型为数值，包括整数和小数，默认值为 0，可在声明时对其赋值，也可以在声明之后再赋值。可同时声明多个同类型的变量，多个变量之间用","隔开即可，但声明多个变量的时候不能同时赋值。例如：

```
数值变量 变量B = 10
数值变量 变量C,变量D
```

3. 逻辑变量

逻辑变量类型为逻辑值，包括"是"和"否"两个值，默认值为"否"，无需引号引起来。可同时声明多个同类型的变量，多个变量之间用","隔开即可，但声明多个变量的时候不能同时赋值。例如：

```
逻辑变量 逻辑A,逻辑B
逻辑A = 否
逻辑B = 是
```

三、数据类型转换

在实际应用中，为了满足需要，不同数据类型之间通常需要进行转换。新一代区块链系统中文编程语言提供了数值转文字、文字转数值和逻辑转文字三种数据类型转换方法。

1. 数值转文字

数值转文字函数能够将数值类型的值转换为文字类型，参数必须为数值，语法格式如下：

数值转文字(数值变量)

数值转文字(5)//将数值 5 转换为文字"5"

2. 文字转数值

文字转数值函数能够将文字类型的值转换为数值类型，参数类型必须为文字变量的数值，例如"123"或"123.4"等。

文字变量　变量 A = "123"

数值变量　变量 B = 文字转数值(变量 A)

3. 逻辑转文字

逻辑转文字函数能够将逻辑类型的值转换为文字类型，参数必须为逻辑值，语法格式如下：

逻辑转文字(逻辑变量)

逻辑转文字(是)//将逻辑变量值　是　转换为文字变量值"是"

四、关键字

关键字也叫作保留字，是智能合约中文编程语言中已经定义好具有特殊意义的字符，例如"数值变量""正确则执行"等，共包括 20 个关键字，具体如表 5-1 所示。

表 5-1　智能合约中文编程语言关键字

数值变量	文字变量	逻辑变量	正确则执行
错误则执行	条件结束	列表执行开始	列表选项
列表执行结束	循环开始	循环结束	循环中断
计数循环开始	没有数据	携值退出	无值退出
且	或	是	否

▶ 任务实施

已知三角形长为 15，高为 5，求该三角形面积，代码如下。

数值变量　长 = 15

数值变量　高 = 5

数值变量　面积=长*高/2

显示信息("三角形面积为："+面积)

▶ 实践训练

1. 实训目的

熟练新一代区块链系统中文编程语言变量的声明、赋值等方法。

2. 实训内容

编程计算半径为 5 的圆的面积，并将计算结果打印出来。

任务 11　投票系统的设计与实现

▶ 知识、技能和素质目标

- 掌握中文编程语言的数组的用法
- 掌握中文编程语言的运算符的用法

▶ 任务描述

假设有 A、B、C、D 四个学生对学习方案进行投票，由他们投票决定方案是否采用，如果有超过 50% 的人投"是"则方案通过被采用，否则方案不通过，不被采用。请用数组存储四个学生的投票结果，完成投票系统的设计和实现。程序运行结果如图 5-2 所示。

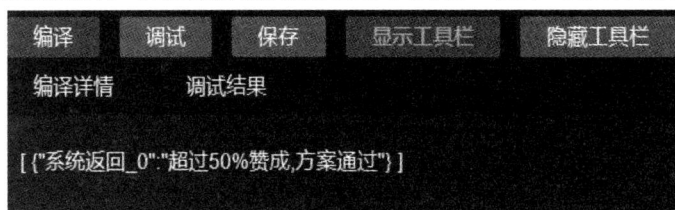

图 5-2　投票系统运行结果

投票系统设计与实现

▶ 知识准备

一、数组

数组是一个固定长度的存储相同数据类型的数据结构，数组中的元素被存储在一段连续的内存空间中。若将有限个类型相同的变量的集合命名，那么这个名称为数组名。组成数组的各个变量称为数组的分量，也称为数组的元素，有时也称为下标变量。用于区分数组的各个元素的数字编号称为下标。

新一代区块链系统中文编程语言提供的数组可存放文字变量、数值变量和逻辑变量，只支持一维数组，数组下标从 0 开始。声明数组变量的语法格式如下：

变量类型　数组名称[数组最大下标]

其中，"变量类型"指定了该数组存放数据的类型，可以是数值、文字或逻辑变量类型；"数组名称"用来标识数组；"数组最大下标"表示数组变量下标的最大值，因此数组长度为最大下标的值+1。在声明数组时，可以给数组变量赋予相同的初值。例如如下语句，首先声明了一个存放 11 个数值变量的分数列表数组，其次声明了一个存放文字变量的姓名列表，列表长度为 9，由于给列表赋了初值"未知"，因此，列表里所有元素的值都变成了"未知"，可以通过下标的方式重新赋值以修改列表。

```
数值变量 分数列表[10] //声明一个存放 11 个数值变量的分数列表数组
文字变量 姓名列表[8] = "未知"//为姓名列表数组赋初值"未知"
姓名列表[0] ="张三"　//修改姓名列表数组中第一个元素的值为"张三"
姓名列表[1] ="李四" //修改姓名列表数组中第二个元素的值为"李四"
```

二、运算符

运算符用于对数据进行算术运算、赋值和比较等操作，如 +、-、*、/、%、= 等，根据运算符的作用，在中文编程语言中分为算术运算符、逻辑运算符、比较运算符和赋值运算符。

1. 算术运算符

算术运算符用在数学表达式中，它们的作用和在数学中的作用一样。表 5-2 列出了中文编程语言中所有的算术运算符。表格中的举例假设数值变量 A 的值为 10，B 的值为 20。

表 5-2　算术运算符

操作符	描述	举例
+	左操作数加上右操作数	A+B，结果为 30
-	左操作数减去右操作数	A-B，结果为-10
*	左操作数乘以右操作数	A*B，结果为 200
/	左操作数除以右操作数	A/B，结果为 0.5
%	左操作数除以右操作数的余数	A%B，结果为 10

除运算得到的结果为实际计算值，不会自动取整，若要对小数取整需要用到系统提供的取整函数。

2. 比较运算符

中文编程语言中比较运算符支持大于、小于、大于等于、小于等于和等于五种比较运算符，分别用 ">""<"">=""<=" 和 "=" 表示。比较运算符比较左右两边操作数的大小，返回逻辑变量类型。表 5-3 的举例中，假设数值变量 A 的值为 10，B 的值为 20。

表 5-3　比较运算符

操作符	描述	举例
>	比较左操作数是否大于右操作数	A>B，结果为否
<	比较左操作数是否小于右操作数	A<B，结果为是
>=	比较左操作数是否大于等于右操作数	A>=B，结果为否
<=	比较左操作数是否小于等于右操作数	A<=B，结果为是
=	比较左操作数是否等于右操作数	A=B，结果为否

3. 逻辑运算符

中文编程语言中逻辑运算符包括"且"和"或"。运算符"且"两边的操作数都为是时，结果才为是，运算符"或"两边的操作数都为否时，结果才为否。

4. 赋值运算符

赋值运算符用"="表示，例如 A = 10，表示将 10 赋值给变量 A。当"="出现在判断语句中的时候，是作为比较运算符表示比较两个值是否相等。

▶ **任务实施**

假设有 A、B、C、D 四个学生对学习方案进行投票，由他们决定投票是否通过，如果有大于 50% 的人投"是"则方案通过，否则方案不通过。请用数组存储四个学生的投票结果，实现投票系统，实施代码如下：

```
逻辑变量 投票结果[12]
投票结果[0] = 否
投票结果[1] = 是
投票结果[2] = 是
投票结果[3] = 是
正确则执行(投票结果[0] 且 投票结果[1] 且 投票结果[2]) 或 (投票结果[0] 且 投票结果[1] 且
投票结果[3] )或 (投票结果[1] 且 投票结果[2] 且 投票结果[3]) 或 (投票结果[0] 且 投票结果[2] 且 投
票结果[3])
    显示信息("方案通过")
错误则执行
    显示信息("方案不通过")
条件结束
```

▶ **实践训练**

1. 实训目的
(1) 掌握数组的声明及应用方法；
(2) 掌握运算符的用法。
2. 实训内容
用数组实现"1 + 2 + 3 + 4 + 5"求和运算。

任务 12　"逢 7 拍手"小游戏的设计与实现

▶ **知识、技能和素质目标**

- 掌握中文编程语言的条件语句的结构和执行原理
- 掌握中文编程语言的循环语句的结构和执行原理

任务描述

"逢 7 拍手"游戏规则是：从 1 开始顺序数数，数到 7 的倍数的时候拍手，编写程序实现逢 7 拍手游戏。

（二维码图）

"逢 7 拍手"小游戏设计与实现

知识准备

一、条件语句

条件语句用来判断给定的条件是否满足，即表达式的值是否为是，并根据判断的结果决定执行的语句。选择结构就是用条件语句来实现的。在实际生活中，大部分问题的解决都需要用到条件语句，例如过马路的时候要先观察红绿灯，绿灯亮了才能通过马路，红灯亮的时候要停在原地等待。那么，当程序需要依据某个条件的判断结果才能执行的时候，就需要使用条件语句来完成。根据分支的个数，将条件语句分为单分支、二分支和多分支语句。

1. 单分支条件语句

中文编程语言中单分支条件语句语法格式如下：

```
正确则执行 判断条件
    执行语句
条件结束
```

单分支条件语句，顾名思义只有一条分支，由"正确则执行"语句开始，以"条件结束"语句结束，语句"正确则执行"之后的判断条件是一个条件表达式，当该表达式的结果为是时，"执行语句"被执行，否则不执行任何语句。单分支条件语句执行逻辑原理如图 5-3 所示。

例 5-1　编写程序，根据小明的年龄判断小明是否为成年人，若年龄大于等于 18 岁，则显示小明是一个成年人。

图 5-3　条件语句执行逻辑原理

```
数值变量 年龄=19
正确则执行 年龄>=18
    显示信息("小明是成年人")
条件结束
```

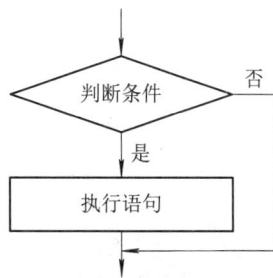

2. 二分支条件语句

中文编程语言中二分支条件语句语法格式如下：

```
正确则执行 判断条件
    执行语句1
错误则执行
    执行语句2
条件结束
```

二分支条件语句有两条分支，由"正确则执行""错误则执行"和"条件结束"语句构成。语句"正确则执行"之后的判断条件是一个条件表达式，当该表达式的结果为是时，"执行语句1"被执行，当该表达式的结果为否时，"执行语句2"被执行。其执行逻辑原理如图5-4所示。

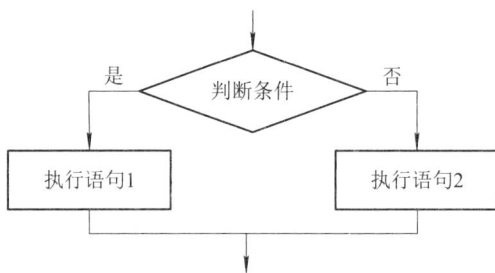

图 5-4　二分支语句执行逻辑原理

例 5-2　编写程序，根据小明年龄判断小明是否为成年人，如果年龄超过 18 岁，则显示"小明是成年人"，否则显示"小明是未成年人"。

```
数值变量 年龄=19
正确则执行 年龄>=18
    显示信息("小明是成年人")
错误则执行
    显示信息("小明是未成年人")
条件结束
```

3. 多分支条件语句

多分支条件语句语法格式如下：

```
列表执行开始 变量
    列表选项 常量1
        执行语句1
    列表选项 常量2
        执行语句2
    列表选项 常量3
        执行语句3
    ...
列表执行结束
```

多分支条件语句应用于存在多个分支时的情况，与 C 语言中的 switch-case 语句类似，即对变量进行枚举判断，由"列表执行开始"语句开始，以"列表执行结束"语句结束。语句"列表执行开始"后面的"变量"的值必须是文字变量，语句"列表选项"后面的"常量"的值必须是文字常量。

该语句运行原理如下：首先比较"列表执行开始"后面"变量"的值与"列表选项"后面"常量 1"的值，若两个值相等，则"执行语句 1"被执行并跳到"列表执行结束"语句，结束该条件语句；否则，跳过"执行语句 1"继续与"常量 2"的值进行比较……以此类推，直到找到相等的值。若没有一个常量值与之相等，则所有执行语句均不会被执行。

例 5-3　编写程序实现星期翻译功能，假如值为"一"，则翻译为英文星期一"Monday"，值为"二"则翻译为星期二"Tuesday"。依此类推，用多分支语句完成程序编写。

```
文字变量 翻译文字 ="二"
列表执行开始 翻译文字
        列表选项 "一"
          显示信息("Monday")
        列表选项 "二"
          显示信息("Tuesday")
        列表选项 "三"
          显示信息("Wednesday")
        列表选项 "四"
          显示信息("Thursday")
        列表选项 "五"
          显示信息("Friday")
        列表选项 "六"
          显示信息("Saturday")
        列表选项 "七"
          显示信息("Sunday")
列表执行结束
```

二、循环语句

循环结构是在一定条件下反复执行某段代码的程序结构。被反复执行的代码被称为循环体，循环体能否继续执行，取决于循环的终止条件。循环语句是由循环体及循环的终止条件两部分组成的。中文编程语言中提供常规循环和计数循环两种循环语句。新一代区块链使用循环语句需要在预言合约服务器的配置文件中设置是否启用循环"while_for"的值为"yes"。使用循环语句时，请读者务必自行部署本地预言合约服务器，公用的预言合约服务器不能启用循环语句。

1. 常规循环

常规循环语句由"循环开始"和"循环结束"语句构成。语句"循环开始"后面的"循环条件"是一个条件表达式，只有当该表达式的结果为真时，才会执行"循环体"，否则结束循环。常规循环语句语法格式如下：

```
循环开始  循环条件
    循环体
循环结束
```

同时，若想直接中断循环，也可添加"循环中断"语句立即中断循环，"循环中断"语句将在"三、循环中断"小节中详细叙述。

例 5-4   计算 $1+3+5+7+\cdots+99$ 的值。

```
数值变量  计数值=1
数值变量  和=0
循环开始  计数值<=99
    和=和+计数值
    计数值=计数值+2
循环结束
显示信息("1+3+5+7+…+99 的值为：", 和)
```

2. 计数循环

计数循环的语法格式如下：

```
计数循环开始  计数次数
        循环语句
循环结束
```

计数循环是一种指定次数的循环语句，由"计数循环开始"和"循环结束"构成。语句"计数循环开始"后面的"计数次数"为循环的次数，其值必须为整数数值常量，循环在"循环体"被执行"计数次数"次之后结束。

例 5-5   用计数循环计算 $1+3+5+7+\cdots+99$ 的值。

```
数值变量  计数值=1
数值变量  和=0
计数循环开始  50
    和=和+计数值
    计数值=计数值+2
循环结束
显示信息("1+3+5+7+…+99 的值为：", 数值转文字(和))
```

三、循环中断

"循环中断"语句通常在循环中使用，用来中断当前循环，一般需要设定中断条件，其语法格式如下：

```
循环开始  循环条件
    正确则执行  中断条件
        循环代码 1
        循环中断
```

```
        错误则执行
            循环代码 2
        条件结束
    循环结束
```

"中断条件"是一个条件表达式，结果为逻辑值，当该表达式的值为是时，执行"循环代码 1"和"循环中断"语句，中断该循环，否则进入"循环代码 2"继续循环，直到循环条件表达式的结果为否才结束循环。

任务实施

"逢 7 拍手"游戏规则是：从 1 开始顺序数数，只有数到 7 的倍数时才拍手。编写程序模拟逢 7 拍手游戏规则，输出 200 以内的值，若无需拍手就显示实际数值，若逢 7 的倍数则显示"拍手"。

```
数值变量  i=1
循环开始  i<200
    正确则执行  i%7=0
        显示信息("拍手")
    错误则执行
        显示信息(i+",")
    条件结束
    i=i+1
循环结束
```

实践训练

1. 实训目的
(1) 掌握条件语句的用法；
(2) 掌握循环语句的用法。
2. 实训内容
求 $1 \times 3 \times 5 \times 7 \times \cdots \times 99$ 的积。

任务 13 简易翻译程序的设计与实现

知识、技能和素质目标

- 掌握中文编程语言函数的定义和调用
- 掌握中文编程语言函数的参数传递与返回值

▶ 任务描述

本任务通过函数编程完成"翻译程序"的设计与实现。

简易翻译程序设计与实现

▶ 知识准备

一、函数的定义和调用

函数是指一段可以直接被另一段程序或代码引用的程序或代码，也叫作子程序。使用函数通常是为了减少代码冗余，提高代码复用率，使得程序结构更为清晰。函数包括内置系统函数和自定义函数。内置系统函数是由系统提供的函数，具有特定的功能，比如显示信息函数、登录系统函数等。系统函数通过直接调用即可使用。自定义函数是由用户根据指定的需求，按照语法规则自行定义的函数。本节讲述自定义函数的定义和调用。

1. 函数的定义

定义一个函数需要确定三部分内容：函数的名称、参数和返回值类型，函数定义语法格式如下：

```
返回值类型 函数名称(参数列表)
{
        函数体
        携值退出  值
}
```

语法格式的相关说明如下：

返回值类型：函数返回值的类型，可以是数值变量、文字变量和逻辑变量。若函数没有返回值，则用"没有数据"表示。若没有指明返回值类型，默认为数值变量类型。

函数名称：函数的唯一标识，通过函数名称调用函数。

参数列表：负责接收传入函数中的数据，可以包含一个或多个，也可以为空。需要指定参数的类型和名称。

{ ：函数体的开始标志，不能省略。

} ：函数体的结束标志，不能省略。

函数体：实现函数功能的具体代码。

携值退出：返回函数的处理结果给调用方，携值退出之后的代码不会被执行。若函数没有返回值，可以省略携值退出语句。

例 5-6　定义一个计算 25 与 53 之和的函数，代码如下：

```
数值变量  求和函数()
{
    数值变量  和=25+53
    携值退出  和
}
```

上面定义的求和函数是一个无参函数，它只能计算 25 与 53 的和，具有很大的局限性，若需要计算任意两个数的和，可以通过参数，使函数接收外界传入的数据，就能计算任意两个数的和。

例 5-7　定义一个求数值 M 与 N 的和的函数，代码如下：

```
数值变量  任意求和函数(数值变量  变量N,数值变量  变量M)
{
    数值变量  和=变量N+变量M
    携值退出  和
}
```

上面定义的函数，在调用时可以通过传入任意数值，求任意两个数的和。

例 5-8　定义一个求指定数值 M 到 N(假设 M<N)之间所有数值之和的函数，代码如下：

```
数值变量  连续求和函数(数值变量  变量M,数值变量  变量N)
{
    数值变量  和=0
    数值变量  计数=变量M
    循环开始  计数<=变量N
            和=和+计数
            计数=计数+1
    循环结束
    携值退出  和
}
```

2. 函数的调用

函数在定义之后不会自动执行，需要被调用才会执行。当一个函数被调用时，程序会调到该函数入口，并执行其函数主体中的语句。函数调用语法格式如下：

```
函数名称(实际参数列表)
```

调用例 5-6、例 5-7 和例 5-8 中的函数，调用代码如下：

```
数值变量  和1=求和函数()
数值变量  和2=任意求和函数(20,98)//求 20+98 的值
数值变量  和3=连续求和函数(5,500)//求 5～500 之间的数值之和
显示信息("求和函数的和："+和1+"任意求和函数的和："+和2+"连续求和函数的和："+和3)
```

显示结果如下：

```
"求和函数的和：78，任意求和函数的和：118，连续求和函数的和：124240"
```

程序在执行"任意求和函数(20,98)"时，如图 5-5 所示，经历了以下 4 个步骤：

(1) 程序在调用函数的位置暂停执行；

(2) 将数据 20、98 分别传递给函数参数变量 N 和变量 M；

(3) 执行函数体中的语句代码；

(4) 程序通过携值退出将值返回，并回到暂停处，继续执行后面的代码。

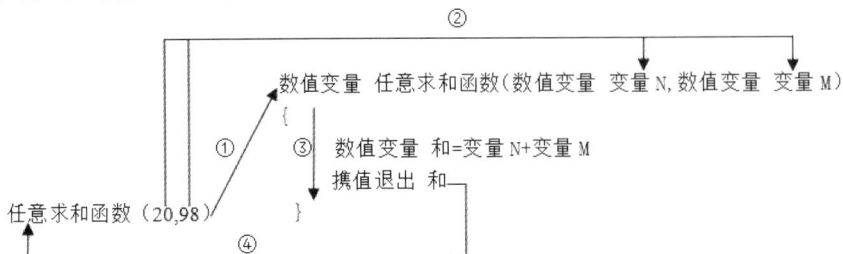

图 5-5　任意求和函数执行过程

二、函数的参数传递和返回值

1. 参数的传递

函数在定义时的参数称为形式参数，简称形参，形参没有实际值；函数在调用时传递进去的参数值，称为实际参数，简称实参。参数传递是指将实际参数的值传递给形式参数的过程。函数的参数传递包括按值传递和按址传递。

例 5-8 中，在函数定义时参数列表中的变量 N 和变量 M 都是形参，而在调用时，传递进去的 5 和 500 就是实参，它们通过按值传递分别按顺序依次传递给形参变量 N 和变量 M。自定义函数支持按址传递，以满足智能合约的多个因素同时更新的要求。按址传递使用"&"引用符号，如下所示：

```
    文字变量　fun(文字变量 test, 文字变量 &时间)/*这是函数内部，函数按址传递。在函数退出时，
再次对变量进行赋值。*/
    {　test = 当前时间("时间") + "　Function:12345678　"
        时间 = test
        携值退出 test
    }
```

2. 返回值

函数返回值类型包括文字变量、数值变量和逻辑变量。函数定义时声明返回值类型，并在函数体的最后用"携值退出"进行返回。若定义时没有声明返回值类型，则默认返回文字变量类型。函数可以没有返回值，若没有返回值则在声明时用"没有数据"表示。

三、内置系统函数的应用

中文编程系统提供了很多内置函数供用户使用，包括显示信息函数、当前时间函数、文字处理函数、随机数函数、取整函数等。本节介绍常用的系统函数的使用方法。

1. 显示信息函数

显示信息函数的作用就是在控制台显示指定的文字信息，该函数只有一个参数，参数为文字变量类型。

```
文字变量　文字 A="辰宜"
文字变量　文字 B="区块链"
显示信息("hello world")
显示信息(文字 A+文字 B)
显示信息(数值转文字(100))
显示信息(逻辑转文字(是))
```

该函数同时也支持表达式的显示，但必须将其结果转化为文字类型。

```
显示信息(数值转文字(3+5))
显示信息(逻辑转文字(7%9=1))
```

若只显示单个变量的值，参数可以是任意类型，系统会将其进行隐式转换，转换成文字类型。若要显示多个变量的值，则每个变量的值必须为文字类型，多个变量之间用"+"连接即可。

```
文字变量　文字 A="辰宜"
文字变量　文字 B="区块链"
数值变量　数值 A = 1
数值变量　数值 B = 2
显示信息(数值 A)
显示信息(文字 A+数值转文字(数值 A)+文字 B)
```

2. 当前时间函数

当前时间函数用来获取当前时间，参数只允许填"日期""时间"或"日期"+"时间"，分别表示获取当前的日期、时间或日期 + 时间。

```
显示信息(当前时间("日期"))          //获取到当前日期，如 2021-12-01
显示信息(当前时间("时间"))          //获取到当前时间，如 14:25:25
显示信息(当前时间("日期"+"时间"))    //获取当前日期和时间，如 2021-12-01 14:44:12
```

3. 延迟时间函数

延迟时间函数能够使系统延迟指定的时间。当主链服务器是 Linux 版时，参数的单位为微秒；当主链服务器是 Windows 版时，参数的单位为毫秒。

```
延迟时间(1000)
```

4. 取左边文字函数

取左边文字函数能够取出指定字符串左边指定位数的子字符串，参数为两个文字变量类型，分别表示字符串和截取位数，一个汉字算一个字符，一个英文字符也算一个字符。如果截取位数大于要截取的字符串的长度，则直接返回该字符串。

```
//截取从左边数前 3 个字符，结果为"这是一"
显示信息(取左边文字("这是一个字符串 hello","3"))
```

5. 取右边文字函数

取右边文字函数能够取出指定字符串右边指定位数的子字符串，参数为两个文字变量类型，分别表示字符串和截取位数，一个汉字算一个字符，一个英文字符也算一个字符。如果截取位数大于要截取的字符串的长度，则直接返回该字符串。

//截取从右边数前 3 个字符，结果为"llo"

　　　　显示信息(取右边文字("这是一个字符串 hello","3"))

6. 取中间文字函数

取中间文字函数能够获取指定字符串指定部分的文字，包含三个参数，分别是字符串、开始位置和结束位置，取值的时候包括开始和结束位置的值，一个汉字算一个字符，一个英文或符号也算一个字符。如果结束位置大于实际长度，则截取到最后一个字符。

//截取中间第 2 到 9 个字符，结果为"是一个字符串 he"

　　　　显示信息(取中间文字("这是一个字符串 hello",2,9))

7. 替换文字函数

替换文字函数可以将指定文字替换为设定内容，包含三个参数，分别是字符串、替换文字和设定内容。

//替换"国中"为"中国"，结果为："1 中国 45678"

　　　　显示信息(替换文字("1 国中 45678","国中","中国"))

8. 幂运算函数

幂运算函数能够对指定数值进行幂运算，包含两个参数，第一个是底数，第二个是指数，均可以是小数或者整数。

//分别求 3^8 的值和 $4^{0.5}$，结果分别为 6561 和 2

　　　　显示信息(数值转文字(3,8))

　　　　显示信息(数值转文字(4,0.5))

9. 解析对象变量函数

解析对象变量函数可以将对象变量的属性转换为程序变量，并将对应的值赋值给该变量。需要注意的是，对象变量不能包括数组或嵌套对象。

//将 json 对象"{'姓名':'张三','年龄':30 }"解析为程序变量:姓名="张三",年龄=30,显示信息结果为:"张三",30

　　　　显示信息(解析对象变量("{'姓名': '张三',　'年龄':30　　}"))

　　　　显示信息(姓名+年龄)

10. 输出对象变量函数

输出对象变量函数能够将解析的变量输出出来。

//将 json 对象"{'姓名':'张三','年龄': 30 }"解析为程序变量:姓名="张三"，年龄=30

　　　　显示信息(输出对象变量("姓名,年龄"))

11. 解析对象数组函数

解析对象数组函数可以将 json 数组转换成程序数组变量。该函数将对象数组的属性值转换为程序数组变量名，同时将属性值对应的数组赋值给程序数组变量。

//将 json 对象"{'姓名': ['张三','李四'], '年龄': [30,25] }"

　　　　　　　解析为程序变量:文字变量 姓名[2]

　　　　　　　姓名[0]= "张三"

　　　　　　　姓名[1]= "李四",

　　　　　　　　数值变量 年龄[2]

```
年龄[0]=30
年龄[1]=25
```

解析对象数组("{'姓名':['张三','李四'],'年龄':[30,25] }")

显示信息(姓名[0],年龄[1])

12. 输出对象数组函数

输出对象数组函数可以将数组程序变量以 json 数组的形式输出，参数为文字类型。将数组变量的值用双引号引起来，若有多个数组变量，用逗号分隔。

显示信息(输出对象数组("姓名,城市"))//这里是两个数组变量

13. 获取对象数据函数

获取对象数据函数能够获取 json 数据中的指定变量数据。对于特别复杂的 json 数据，可以重复使用这个函数，直到取出合适的 json 对象数据为止。

文字变量 对象 ="{'姓名':['张三', '李四'],'城市':['南海', '顺德']}"

显示信息(获取对象数据(对象,"姓名",1))//1 表示数组元素的序号，数组元素的序号从 0 开始计数，结果显示李四

14. 解析函数返回变量函数

为了增强对函数结果的再处理，系统提供解析函数返回变量函数。该函数能够解析函数的返回变量名，在相应变量名前冠以"返回_"即可获取该函数的返回值变量。

解析函数返回变量(数据临时哈希(随机数 b))

文字变量 临时哈希 A =返回_数据临时哈希

15. 解析函数返回记录函数

解析函数返回记录函数能够以数组的形式返回查询的记录，通常在查询语句中使用，在相应变量名前冠以"返回_"即可获取返回记录。

解析函数返回记录(查询区块("无人机巡查 1,区块高度,区块哈希,数据","区块高度<10000"))

显示信息(返回_区块哈希[0])

16. 随机数函数

随机数函数能够根据设定的数值生成对应范围内的随机数。参数为数值类型，表示生成该值以内的随机数，其数据返回类型为数值类型。

//生成 10000 以内的随机数

显示信息(随机数(10000))

17. 取整函数

取整函数可以对数值类型的数据进行取整数操作。

//取出 3.25 的整数部分 3

显示信息(数值转文字(取整(3.25)))

18. 清空预言机函数

清空预言机函数能够清空预言机的变量内存，相当于对内存的释放，可以避免函数和变量的相互干扰。该函数没有参数，做语法测试和实验时需要经常用到。

清空预言机()

▶▶ 任务实施

编程完成一个简单的翻译程序，输入星期的第一个字母来判断是星期几。如果第一个字母一样则接着判断第二个。输入的星期英文除第一个字母大写外，其他都是小写，例如 Monday。实施代码如下：

```
文字变量  星期英译中(文字变量  星期字母)
{
        显示信息("-------进入星期英译中函数----------")
        文字变量  首字母=取左边文字(星期字母,"1")
        列表执行开始  首字母
            列表选项 "M"
                携值退出 "星期一"
            列表选项 "T"
                显示信息("星期二/星期四")
                文字变量  变量 T = 取左边文字(星期字母,"2")
                正确则执行  变量 T = "Tu"
                        携值退出 "星期二"
                错误则执行
                        正确则执行  变量 T = "Th"
                                携值退出 "星期四"
                        错误则执行
                                携值退出 "参数有误！"
                        条件结束
                条件结束
            列表选项 "W"
                携值退出 "星期三"
            列表选项 "F"
                携值退出 "星期五"
            列表选项  S
                显示信息("星期六/星期日")
                文字变量  变量 T = 取左边文字(星期字母,"2")
                正确则执行  变量 T = "Sa"
                    携值退出 "星期六"
                错误则执行
                    正确则执行  变量 T = "Su"
                            携值退出 "星期日"
                    错误则执行
                        携值退出  参数有误！"
                条件结束
        条件结束
```

```
    列表执行结束
    携值退出 "参数有误！"
    }
文字变量 星期 = "Monday"
显示信息("翻译结果返回："+星期英译中(星期))
```

实践训练

1. 实训目的
(1) 掌握函数的定义和调用方法；
(2) 掌握函数的参数传递。
2. 实训内容
定义一个函数，实现将 x、y、z 三个整数从小到大输出。

小　结

本项目通过 4 个任务介绍了新一代区块链系统的中文智能合约编程语言基础语法，讲述了变量、数组、运算符、选择结构语句、循环结构语句、函数等智能合约中文编程语言基本用法，使读者可以掌握新一代国产区块链系统智能合约编程语言的规则和用法，为后续学习新一代区块链建链、用链和管链奠定坚实基础。

课 后 习 题

一、单选题

1. 以下( )符号用来注释单行代码。
A. //　　　　　　B. /　　　　　　C. \\　　　　　　D. %
2. 数组元素不支持( )变量类型。
A. 文字变量　　　B. 数值变量　　　C. 数字变量　　　D. 逻辑变量
3. 下列的数组变量初始化正确的是( )。
A. 文字变量　姓名列表[12] = "未知"
B. 文字变量　姓名列表[12] = 123
C. 逻辑变量　姓名列表[12] = "未知"
D. 数字变量　姓名列表[12] = 123
4. 条件语句中以( )语句进行开头。
A. if　　　　　　　　　　B. 正确则执行
C. 错误则执行　　　　　　D. 条件结束
5. 循环语句中以( )语句跳出循环。
A. 循环跳出　　　B. 循环结束　　　C. 循环中断　　　D. 循环失败

二、多选题

1. 以下变量定义语法正确的是(　　)。

A. 数值变量　变量 A="123"　　　　B. 逻辑变量　A =是

C. 数字变量　B =124　　　　　　　D. 文字变量　C="是"

2. 以下说法正确的是(　　)。

A. 文字变量和数值变量可以相互转换

B. 逻辑变量和文字变量可以相互转换

C. 逻辑变量可以转换成文字变量，但文字变量不能转换成逻辑变量

D. 逻辑变量可以转换成数值变量

3. 以下说法错误的是(　　)。

A. 注释后的代码不会被编译，也不会执行

B. 注释后的代码会被编译，但不执行

C. 变量的名称只支持中文　　　D. 变量的名称支持中文、英文和数字

4. 以下运算符正确的是(　　)。

A. ">"是用来比较两个数值变量大小的

B. "="只可以用来比较两个数值变量大小的

C. "="可以用来比较两个文字变量的内容是否相等

D. "与"和"或"不可以组合使用

5. 对以下程序说法正确的是(　　)。

```
文字变量 实例列表[10] ="未知"

实例列表[2] = "老师"

实例列表[9] = "学生"
```

A. 实例列表这个数组的第 2 个元素的值为老师

B. 实例列表这个数组的第 10 个元素的值为学生

C. 实例列表这个数组的第 5 个元素的值为未知

D. 实例列表这个数组长度为 10

三、判断题

1. 算数运算 $3 + 2 - 3*3 + 10/2 = 8$。　　　　　　　　　　　　(　　)

2. 条件语句可以嵌套多层条件语句，但不能超过 3 层。　　　　(　　)

3. 条件语句"正确则执行"后面可以直接使用逻辑变量值来进行判断。(　　)

4. 文字变量之间可以使用"+"拼接起来。　　　　　　　　　　(　　)

5. 中文编程语言支持 String ,int 的变量类型定义。　　　　　　(　　)

四、填空题

1. 文字变量可以由数值变量或者_____通过类型转换得到。

2. 数值变量如果没有定义初始值，那系统给予它的初始值为_____。

3. 若想从自定义函数中得到多个变量的修改值，可以通过_____方法去完成。

4. 假设有一个自定义函数，其名称为"获取随机数"，它只有一个文字变量类型的形参，现有一个名为变量 A 的逻辑变量，其值为"是"，请使用变量 A 作为实参调用"获取随机数"这个函数：_____。

项目 6　新一代区块链的安全技术

学习目标

在区块链中进行交易，如何保证交易信息的安全，一直是区块链技术的重要研究课题。新一代区块链系统中，提供了数字签名、信息加解密、文件加解密等相关安全函数。本项目的学习目标有以下几点：

(1) 了解区块链的安全技术；

(2) 掌握新一代区块链数字签名方法；

(3) 掌握新一代区块链信息加密方法；

(4) 掌握新一代区块链信息解密方法；

(5) 了解新一代区块链网闸。

知识导图

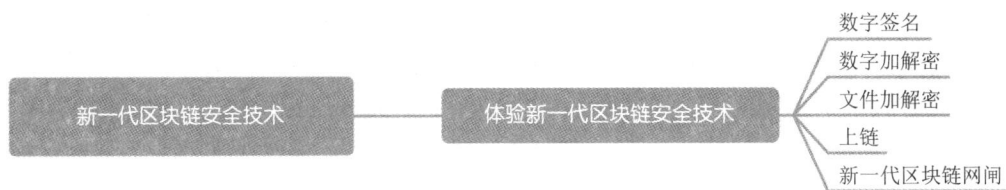

任务 14　体验新一代区块链安全技术

▶ 知识、技能和素质目标

- 掌握新一代区块链的数字签名方法
- 掌握新一代区块链数字及文件加解密方法
- 掌握新一代区块链数据及文件上链的方法
- 了解新一代区块链的网闸

▶ 任务描述

体验新一代区块链数字签名、数字加解密、文件加解密等函数的用法。

体验新一代区块链安全技术

▶ 知识准备

新一代区块链系统全面采用数字证书用户管理。除"系统管理员""智能合约"及"金融管理员"用户注册即生效之外，其他用户均需授权方激活才能使用。新一代区块链系统在用户注册时自动生成并分发一对公钥和私钥，用户在任何链上进行活动，均需依赖数字签名。

一、数字签名

数字签名是附加在数据单元上的一些数据，或是对数据单元所作的密码变换，用来保证信息传输的完整性、认证发送者的身份以及防止发送者对消息进行抵赖。具体来说，数字签名技术将摘要信息用发送者的私钥加密，加上接收者的公钥，与原文一起传送给接收者，接收者通过自己的私钥解密被加密的摘要信息，再通过发送者的公钥验证消息的来源。数字签名流程如图 6-1 所示。

采用哈希函数对收到的原文进行计算，产生一个摘要信息与解密的摘要信息对比，如果相同，则说明收到的信息是完整的，在传输过程中没有被修改，否则说明信息被修改过，因此数字签名能够验证信息的完整性。

数字签名与验证基于公钥密码体制。公钥密码体制包含一对公私钥，其中私钥作为签名密钥，公钥作为验证密钥。签名验证算法通常包含三个具体的算法函数，即密钥生成算法(KeyGen)、签名算法(Sign)和验证算法(Verify)。

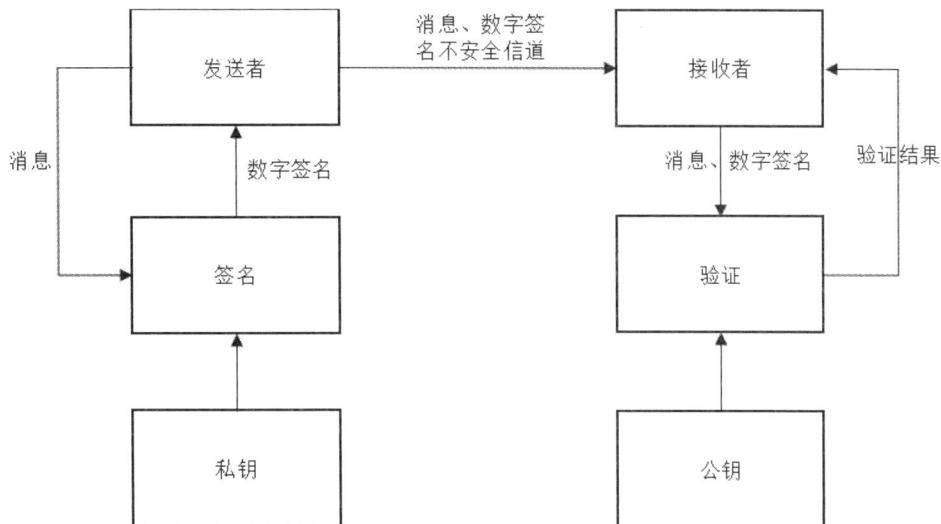

图 6-1 数字签名流程

新一代区块链系统提供信息签名函数，用来实现数字签名功能。该函数能够对文本信息进行数字签名，只有一个参数，返回签名密文。其语法格式如下：

信息签名(需要签名的文本信息)

例如，对数据"CYChainOS"进行签名，代码如下：

信息签名("CYChainOS")

结果返回一个数字签名串。若需要查看已签名的信息密文，可以用阅读公开信息函数进行解密，参数为信息签名者的公钥和信息密文，结果返回明文。其语法格式如下：

阅读公开信息(签名者的公钥，信息密文)

例如，查看刚刚信息签名的"CYChainOS"密文，代码如下：

显示信息(阅读公开信息("14776396774626774255775655776205770632377552207704225775632477609237744920772239577025907746599711966424466237566555466424766420566722766335466523766723766450566253956604590662359961184450054452395447259044625994","15360867390787236082639448563228203478023958053498643487737480237680439998463558773548443112399285635782435870348543958423784539998673558423548223l"))

若需要将某条信息指定给某个用户，可以使用信息指定函数，来对指定用户进行文本信息加密，参数为目标用户名和需要加密的文本信息，结果返回密文。其语法格式如下：

信息指定(用户名,需要加密的文本信息)

例如，将文本信息"新一代区块链系统"指定给用户李四，代码如下：

显示信息(信息指定("李四","新一代区块链系统"))

此时，会返回该文本信息的密文："186225822623385562008526240803622743675556522364425674246999576994546424469426072611642398774232872496386742278264722549774075 41"，这条信息只有李四可以阅读，即登录李四账号，通过阅读私有信息函数读取，代码如下：

显示信息(阅读私有信息("1862258226233855620085262408036227436755565223644256742469995769945464244694260726116423987742328724963867422782647225497740754l"))

此时，返回解密明文"新一代区块链系统"。

二、数字加密和解密

1. 数字加密

数字加密是指使用自定义密码加密文本信息。新一代区块链中提供加密信息函数，参数为密码和需要加密的文本信息，结果返回密文，语法格式如下：

加密信息(密码,要加密的文本信息)

例如，对数据"CYChainOS"进行加密，代码如下：

加密信息("123456","CYChainOS")

返回"CYChainOS"的密文："156609480266578226693837662983266908456622832665285 4662908076652824660958376679844667282461"。

2. 数字解密

数字解密是指使用指定密码解密密文。新一代区块链中提供解密信息函数，参数为密码和需要解密的密文，结果返回明文，语法格式如下：

解密信息(密码,密文)

例如，解密上述加密文本信息"CYChainOS"，代码如下：

显示信息(解密信息("123456","156609480266578226693837662983266908456622832665285466290 8076652824660958376679844667282461"))

结果返回"CYChainOS"，通过"显示信息"函数将结果打印出来。

三、文件加密和解密

新一代区块链系统提供了对文件加密、解密的函数，用来实现对本地文件加、解密的功能。

1. 加密文件函数

加密文件函数能够使用自定义密码加密指定的本地文件，参数为密码、源文件路径和目标文件路径。需要注意的是，加密前需确保预言合约服务器上存在对应的文件，且文件路径不能指向 C 盘根目录，因此，需要读者部署预言合约服务器到本机，通过本机预言合约服务器连接到主链。加密文件函数的语法格式如下：

加密文件(密码,源文件路径,目标文件路径)

例如，若对 D 盘下的"D:/源文件/cy.txt"文件进行加密，并将加密之后的文件放置到 D 盘下的加密文件夹"D:/加密文件/cy.txt"中，代码如下：

加密文件("123456","D:/源文件/cy.txt","D:/加密文件/cy.txt")

执行完代码之后，到"D:/加密文件/"目录下，打开 cy.txt，发现源文件的明文全部被加密了。

2. 解密文件函数

解密文件函数能够使用指定密码解密被加密的本地文件，参数为密码、源文件路径和目标文件路径。源文件指需要解密的文件，目标文件指解密之后的文件，文件路径不能指向 C 盘根目录。该函数的语法格式如下：

> 解密文件(密码,源文件路径,目标文件路径)

例如，要解密"D:/加密文件/cy.txt"文件到"D:/解密文件/cy.txt"，代码如下：

> 解密文件("123456","D:/加密文件/cy.txt","D:/解密文件/cy.txt")

执行完以上代码之后，打开 D:/解密文件/cy.txt 文件，得到的解密明文与源文件一样，解密成功。

四、上链

上链是指让信息进入到区块链上。新一代区块链系统信息上链会将上链信息进行加密，通过准备和上链两个阶段完成，包括数据上链和文件上链两种类型。

1. 数据上链

数据上链是指文本信息上链，即将需要上链的文本信息放入准备数据函数中，然后再调用数据上链函数即可完成数据的上链。需要注意的是，不能上链一个空数据。

> 准备数据(上链数据)
>
> 数据上链()

例如，上链文本信息"溯源"，代码如下：

> 准备数据("溯源")
>
> 显示信息(数据上链())

上链成功之后，会返回哈希值、区块高度和业务名称(如果有)，上述信息可以通过显示信息函数打印到控制台。

2. 文件上链

文件上链指将文件上链，即将需要上链的文件路径放入准备文件函数中，然后再调用文件上链函数即可完成文件的上链。

> 准备文件(上链文件)
>
> 文件上链()

例如，上链文件"D:/加密文件/cy.txt"，代码如下：

> 准备文件("D:/加密文件/cy.txt")
>
> 显示信息(文件上链())

上链成功之后，如果区块链存在哈希值、区块高度或业务名称(如果有)等信息，可以通过显示信息函数打印到控制台。

五、新一代区块链网闸

网闸全称是安全隔离网闸，是一种由带有多种控制功能的固态开关读写介质在电路上切断网络之间的链路层连接的信息安全设备，由软件与硬件共同组成，包括外部处理单元、内部处理单元和隔离硬件，能够保证网络间数据交换的高安全性。网闸主要解决目前网络安全中存在的对操作系统的依赖和对 TCP/IP 协议的依赖问题，以及通信连接问题和应用协议漏洞。与普通的防火墙不同的是，网闸是在保证必须安全的前提下，尽可能互联互通，若不安全则隔离断开。网闸结构如图 6-2 所示。

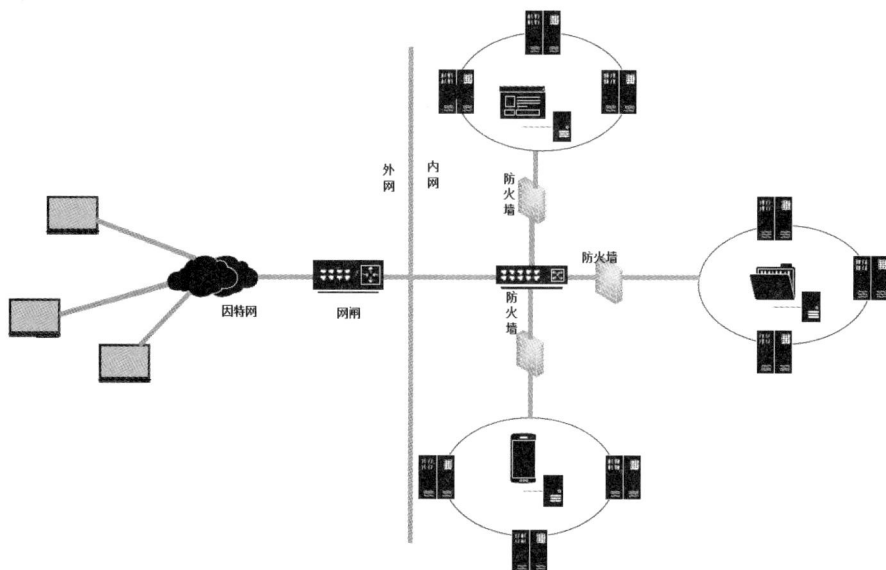

图 6-2　网闸结构

　　由于两个独立的主机系统通过网闸进行隔离，因此系统间不存在通信的物理连接、逻辑连接及信息传输协议，不存在依据协议进行的信息交换，而只有以数据文件形式进行的无协议摆渡。也就是说，网闸从物理上隔离、阻断了对内网具有潜在攻击可能的一切网络连接，使外部攻击者无法直接入侵、攻击或破坏内网，保障了内部主机的安全。

　　新一代区块链系统的网闸集成在系统安全模块中，由防火墙进程、Web 服务器数据缓冲区、行为识别区域和区块链节点服务器数据缓冲区四部分组成。由于多数应用为联盟链应用，为了防止算力攻击与黑客攻击，新一代区块链在 Web 系统与区块链系统之间配置了基于行为识别的主动防御"网闸隔离"防火墙，即网闸。每个节点的网闸可以承担 50 组以上节点的并发工作进程，能在数据安全与传输效率之间达到较好的均衡。在实际应用中，如果多次登录尝试失败后，系统显示"合约服务器设置失败"提示信息，则可能是合约服务器的网闸已经启动，需要管理员予以警惕。网闸在系统中的位置如图 6-3 所示。

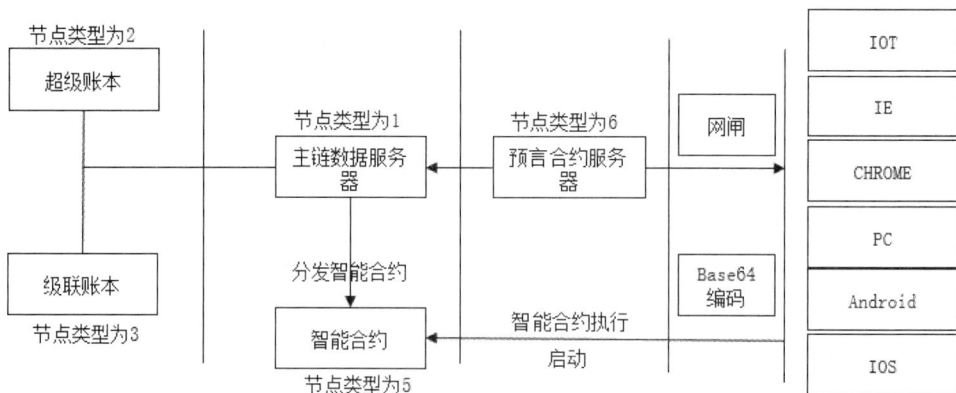

图 6-3　新一代区块链的网闸

新一代区块链系统利用存储转发的方法对通过网闸的应用数据进行安全管理和交换转发。由于大部分木马程序都是基于 TCP 进行攻击和传播的，而新一代区块链的网闸无需传输层即可进行数据交换和转发，因此能够很好地防止绝大多数木马的攻击和病毒的感染，从而显著地提高区块链系统整体的安全性。

任务实施

本次任务通过数字签名、数据加解密等函数体验新一代区块链安全技术。

(1) 对自己的名字进行签名，并把结果输出到控制台，此步骤中首先还是需要设置服务器，并登录系统。这里使用张三登录，假设张三的登录密码是"123456"。读者可以用自己的账户登录，并对自己的名字做信息签名。

```
显示信息(上链服务器设置("广东辰宜","81.71.126.133","7007"))
显示信息(合约服务器设置("广东辰宜","81.71.126.133","7006"))
显示信息(登录系统("张三","123456"))
显示信息(解析函数返回变量(信息签名("张三")))
文字变量 签名 A= 返回_信息签名
显示信息(签名 A)
```

运行结果如图 6-4 所示。

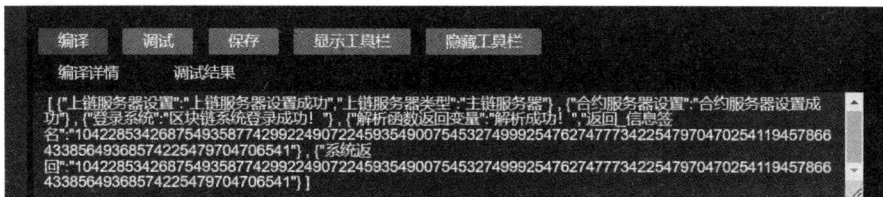

图 6-4　信息签名

(2) 阅读签名的信息明文，并把结果输出到控制台。

```
显示信息(解析函数返回变量(取出公钥()))
文字变量 公钥 A=返回_取出公钥
显示信息(阅读公开信息(公钥 A,签名 A))
```

运行结果如图 6-5 所示。

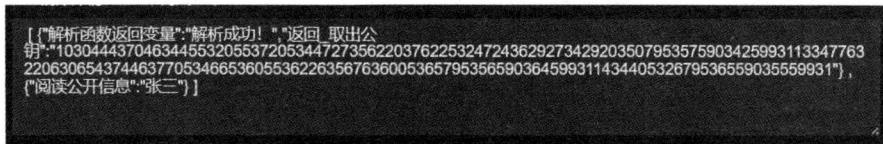

图 6-5　阅读数字签名信息

(3) 用自己的账号对文本信息"转账 100 元成功！"进行加密，并把结果输出到控制台。

```
解析函数返回变量(信息指定("张三","转账 100 元成功！"))
文字变量 签名 B =返回_信息指定
显示信息(签名 B)
```

运行结果如图 6-6 所示。

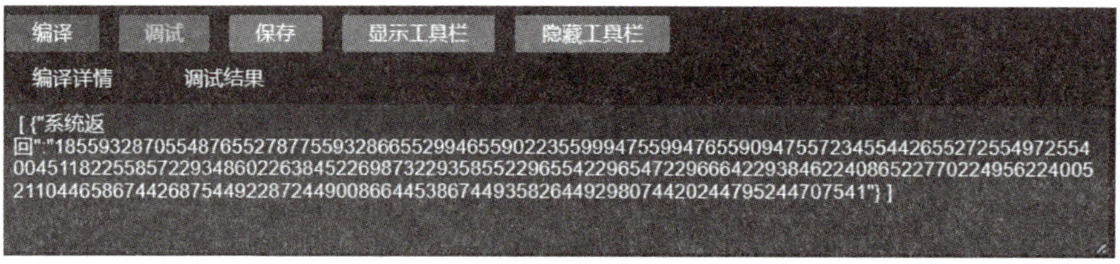

图 6-6 信息指定结果

(4) 阅读签名 B 私有信息，并把结果输出到控制台。

```
显示信息(阅读私有信息(签名 B))
```

运行结果如图 6-7 所示。

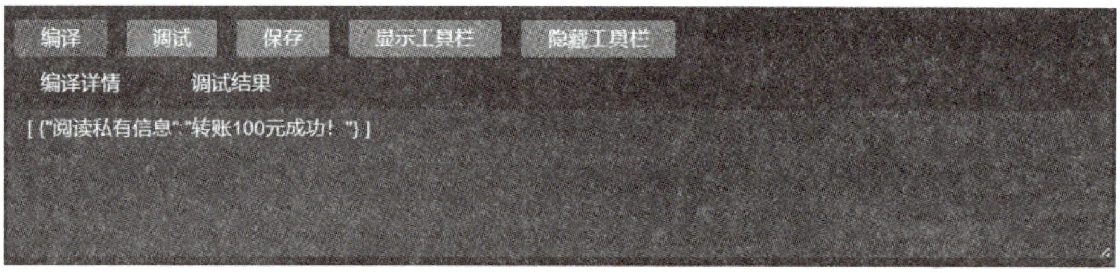

图 6-7 阅读私有信息

(5) 将文件“D:/test.txt”加密，并存放到“D:/加密文件/test.txt”中。这里必须要部署本地预言合约服务器才可以完成，部署本地预言合约服务器的步骤如下：

首先修改配置文件，修改内容如图 6-8 所示。

```
#节点类型
node_type=6
#本机服务器名
local_server_name=辰宜预言合约服务器
#本机IP
local_server_ip=192.168.2.7
#本机服务端口
local_server_port=7015

#上链服务器名
block_server_name=辰宜账本服务器
#节点IP
block_server_ip=81.71.126.133
#节点端口
block_server_port=7007
while_for=yes
```

图 6-8 预言合约服务器配置

图 6-8 中 local_server_ip 的值设置为部署预言合约服务的物理机的 IP 地址。例如，笔者本机的 IP 地址为“192.168.2.7”，block_server_ip 的值是部署主链服务器物理机的 IP 地址，因为笔者指定的上链服务器是辰宜主链服务器，所以该值设为辰宜主链服务器的 IP 值“81.71.126.133”。请读者根据实际部署主链服务器的 IP 地址进行设置。在后续的章节中，部署本地预言合约服务器的方法与此相同，不再赘述。

　　部署好本地预言合约服务器之后，在区块链编辑器中连接本地预言合约服务器，再进行文件加密，假设 D 盘根目录下存在文件"test.txt"和文件夹"加密文件""解密文件"。

　　　　显示信息(加密文件("123456","D:/test.txt","D:/加密文件/test.txt"))

运行结果如图 6-9 所示。

图 6-9　文件加密成功

　　(6) 将"D:/加密文件/test.txt"文件解密到"D:/解密文件/test.txt"中，解密成功之后，读者可查看解密文件的内容与加密之前源文件内容是否一致。

　　　　显示信息(解密文件("123456","D:/加密文件/test.txt","D:/解密文件/test.txt"))

运行结果如图 6-10 所示。

图 6-10　文件解密成功

　　(7) 将"D:/加密文件/test.txt"文件进行上链。

　　　　准备文件("D:/加密文件/test.txt")

　　　　文件上链()

运行结果如图 6-11 所示。

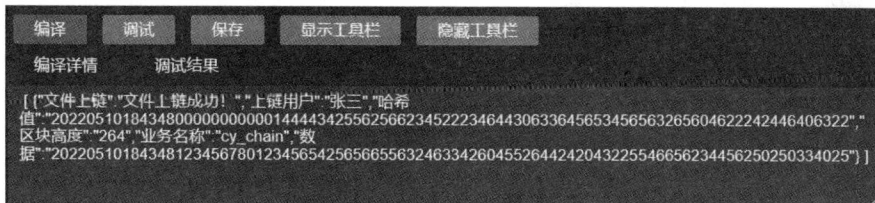

图 6-11　文件上链成功

▶ 实践训练

1. 实训目的

掌握数字签名、数字加解密、文件加解密、上链等函数的使用方法。

2. 实训内容

(1) 登录系统；

(2) 对学号数字进行签名；

(3) 对文件加密；

(4) 将加密文件进行上链。

小　结

本项目介绍了新一代区块链系统的安全技术，阐述了数字签名、数字加密、文件加密、数字解密、文件解密、数据上链和文件上链等一系列与实现安全功能相关的函数的使用方法，并简要介绍了新一代区块链的网闸。通过本项目的学习，读者能够应用新一代区块链系统提供的函数保障链上数据的安全。

课 后 习 题

一、单选题

1. "对已签名的信息密文进行解密，参数为信息签名者的公钥、信息密文。结果返回明文。"，这是对(　　)函数的描述。

A. 文本解密　　　　　　　　　　B. 信息解密

C. 阅读公开信息　　　　　　　　D. 阅读签名

2. "对指定用户进行文本信息加密，参数为目标账号、文本信息。结果返回密文。"，这是对(　　)函数的描述。

A. 私钥签名　　　B. 信息签名　　　C. 信息指定　　　D. 文本私有加密

3. "使用指定密码解密密文。参数为密码、文本信息。结果返回明文。"，这是对(　　　)函数的描述。

A. 解密信息　　　B. 阅读密文　　　C. 密码解密　　　D. 明文获取

4. "使用自定义密码加密文件。参数为密码、文件源路径、文件目标路径。加密前确保预言合约服务器上存在对应文件，且文件路径不能指向 C 盘根目录。"，这是对(　　)函数的描述。

A. 文件加密　　　B. 加密文件　　　C. 文件加锁　　　D. 获取加密文件

5. 使用"信息签名"函数加密一段文字，其结果符合下面(　　)密文组成格式。

A. 19388473793028281　　　　　B. 12183747478283484

C. 278484ABCEA8947830　　　　　D. #7489509R93883883*

二、多选题

1. 下面(　　)项是对应的可逆函数。

A. 信息签名　　　　　　　　　　B. 阅读私有信息

C. 阅读公开信息　　　　　　　　D. 阅读签名信息

2. 下面(　　)项是对应的可逆函数。

A. 解密私有信息　　　　　　　　B. 阅读指定信息

C. 阅读私有信息　　　　　　　　D. 信息指定

3. 下面(　　)项是对应的可逆函数。

A. 加密信息　　　　　　　　　　B. 获取明文

C. 阅读信息　　　　　　　　　　D. 解密信息

4. 下面(　　)项是对应的可逆函数。

A. 加密文件　　　　　　　　　　B. 获取明文文件

C. 解密文件　　　　　　　　　　D. 加密明文文件

5. 下面有两段加密的代码，(　　)能把密文的内容解密出来。

① 显示信息(加密信息("000000"，"文本信息"))。

② 显示信息(加密信息("111234"，"文本信息"))。

其中第一个加密结果为"12233441"，第二个加密结果为"123456781"。

A. 解密信息("000000"，"12233441")

B. 解密信息("111234"，"12233441")

C. 解密信息("000000"，"123456781")

D. 解密信息("111234"，"123456781")

6. 假设用户"小明"登录系统后对文本"我是好人"进行了信息签名(签名后的密文为"1221")，以下(　　)可以正常阅读其签名后的密文。已知"小明"的公钥为"1331"。

A. 用户"小红"不登录系统，直接使用"阅读公开信息("1331"，"1221")"

B. 用户"小明"登录系统成功，并使用"阅读公开信息("1331"，"1221")"

C. 用户"小光"登录系统成功，使用"阅读公开信息("1221"，"1331")"

D. "系统管理员"登录系统成功，并使用"阅读公开信息("1331"，"1221")"

7. 假设用户"小明"登录系统后成功执行了"信息指定("李四","文本信息")"这个语句，并产生了密文"122331"，以下不能正常解开产生的密文的是(　　)。

A. "张三"成功登录系统，并执行"显示信息(阅读私有信息("122331"))"

B. "李四"成功登录系统，并执行"显示信息(解密信息("122331"))"

C. "李四"成功登录系统，并执行"显示信息(阅读公开信息("122331"))"

D. "王五"成功登录系统，并执行"显示信息(解密信息("122331"))"

8. 假设服务器的 D 盘根目录下只有 3 个文件，其中"测试.txt"和"测试副本.txt"为明文文件，"加密测试.txt"为加密后的密文文件且已知加密密码为"112233"，下面的表达式能正常执行的是(　　)。

A. 加密文件("123456"，"D:\测试.txt"，"D:\测试 1.txt")

B. 加密文件("123456"，"D:\测试副本.txt"，"D:\测试 2.txt")

C. 加密文件("123456"，"D:\测试 3.txt"，"D:\测试 4.txt")

D. 解密文件("112233"，"D:\加密测试.txt"，"D:\解密.txt")

三、判断题

1. "阅读公开信息"函数可以解开"信息指定"函数产生的密文数据。　　　　(　　)

2. "阅读私有信息"函数可以解开"信息签名"函数产生的密文数据。　　　　(　　)

3. "加密信息"函数产生的密文数据中有可能存在字符"A"。　　　　　　　(　　)

4. 使用"加密文件"函数时，其加密前的源文件路径指向的文件必须已存在。(　　)

5. 使用"加密文件"函数时，其加密后的文件路径指向的文件必须已存在。 （   ）

6. 使用"解密文件"函数时，其解密前的源文件路径指向的文件必须已存在。（   ）

7. 使用"解密文件"函数时，其解密后产生的文件路径指向的文件必须已存在。（   ）

8. 使用"阅读公开信息"函数，必须使用私钥作为参数。 （   ）

9. 使用"信息指定"函数，必须使用公钥作为参数。 （   ）

10. 使用"加密文件"函数是对文件的名称进行加密。 （   ）

四、简答题

1. 新一代区块链系统中所有的数字签名和加密函数都是否需要登录系统才能使用，为什么？说说你的理解。

2. 说说你对对称加密和非对称加密和签名的理解，并使用新一代区块链系统的具体函数举例说明。

项目 7 共识机制

学习目标

共识机制是区块链的四大核心技术之一，其在区块链网络中主要起协调全节点账目保持一致的作用。不同的共识机制会给区块链系统带来不同级别的算力开销，从而决定区块链网络能否适用和落地于政务、农业、水利、教育等业务场景。本项目的学习目标有以下几点：

(1) 了解共识机制的意义；

(2) 掌握常见共识算法的原理；

(3) 掌握百分百共识机制的原理；

(4) 掌握新一代区块链自定义共识算法。

知识导图

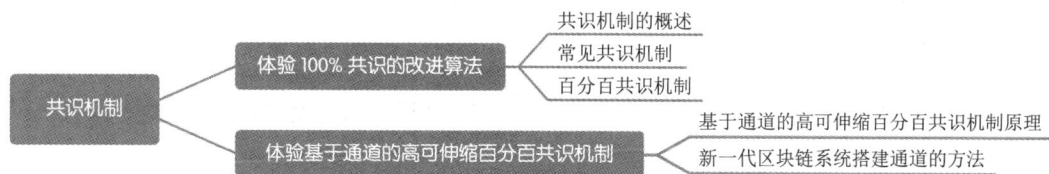

任务 15　体验百分百共识机制的改进算法

▶ 知识、技能和素质目标

- 了解共识机制的概念和作用
- 掌握工作量证明的共识机制原理
- 掌握权益证明的共识机制原理
- 掌握 CyChain 百分百共识机制原理

▶ 任务描述

本次任务使用中文编程语言模拟实现工作量证明共识机制、权益证明共识机制和百分百共识机制算法，掌握共识机制的原理。

体验改进的百分百共识算法

▶ 知识准备

一、共识机制概述

所谓共识机制是指在多个互不信任的节点之间对某个状态达成一致结果所依赖的机制，是用来选择采用哪个节点进行记账并确保交易完成的主要技术手段。在区块链中依靠共识机制让不相关的节点之间建立信任进而对区块链的一致性达成共识。对一笔交易，如果利益不相干的若干个节点能够达成共识，就可以认为全网对此也能够达成共识。共识的过程可以简单理解为班级选举班长的过程，每个学生作为有效节点进行投票，最终得到票数最多的人当选为班长，选出来的班长是全班的共识结果。

共识机制是区块链技术的核心，由于区块链中所有节点共同参与记账，共识机制使得区块链这样一个去中心化的账本系统成为可能。通常情况下，安全措施越复杂，则处理效率越差，如果想要提升处理效率，就必须降低安全措施的复杂程度。而共识机制可以在区块链技术应用的过程中有效平衡效率与安全之间的关系。目前，开源区块链技术中的常用共识机制主要有工作量证明机制(Proof of Work，PoW)、权益证明机制(Proof of Stake，PoS)、授权权益证明机制(Deposit-based Proof of Stake，DPoS)、验证池机制(Pool)和拜占庭容错共识(Pyzantine Fault Tolerance，PBFT)，在新一代区块链系统中，为了进一步提高数据的安全性能，提出了百分百共识机制。

二、常用共识机制

1. 工作量证明共识机制

PoW 机制是 Markus Jakobssonhe Ari Juelstzai 在 1993 年的学术论文中首次提出的,可以简单理解为一份用来确认做了一定量的工作的证明。PoW 机制是比特币、莱特币等所采用的共识机制,矿工通过付出一定的算力来挖矿进而获得相应的区块奖励。就如人类历史上曾经用贝壳作为货币,但并不是所有的贝壳都可以当做货币使用,只有经过精心选择符合标准的贝壳,再进行打磨和钻孔等工作,符合一定的要求之后,才能成为人们所接受的货币,而选择和打磨贝壳的过程中付出了一定的工作量,这才使得贝壳币具备了信任基础。

在数字货币系统中,采用工作量证明机制原理设计出一种通过解数学题的方式来证明完成了一定工作量的模式,该模式主要通过计算来猜测一个随机数,使它拼凑交易数据后的内容的哈希(Hash)值满足一个规定的上限。哈希运算是一种最常见的工作量证明机制,该机制主要利用哈希运算的复杂度,通过给定的初始值,进行简单的值递增运算,利用哈希算法求解,直到找到满足条件的碰撞值。由于哈希值在数学上主要采用群举法碰撞所得,需要进行大量的计算,只要能提出满足要求的随机数的矿工就被认为付出了一定的工作量,就可以获得这个区块的奖励。不同的哈希算法求得的碰撞值长度不同,所需工作量和安全性能也不同。碰撞值的长度越长,则所需的工作量越大。对于同一个哈希算法,可以设定哈希值前 N 位为 0 的个数来调节运算难度,比特币就是根据这一原理调节挖矿难度的。

PoW 机制的优点包括完全去中心化、安全性高、所有节点可参与挖矿、节点自由进出、每个节点是公平的以及被攻击成功的可能性极小。缺点也很明显,采用这种共识机制需要耗费大量的算力完成共识过程,会在一定程度上造成能源的浪费,当算力强到一定程度出现算力集中化时,比特币系统也区域中心化,因为交易吞吐量有限,从而导致确认时间长。

2. 权益证明共识机制

PoS 机制由 Quantum Mechanic 于 2011 年在 bitcointalk 首次提出,主要是针对工作量证明机制存在的不足而设计的一种改进型共识机制。与工作量证明机制要求节点不断进行哈希计算来验证交易有效性不同,PoS 机制不需要证明你在记账前做了多少工作,而需要证明你自己拥有一定数量的数字货币的所有权,即"权益",谁的权益大,谁的记账概率就越大,其算法公式为 hash(block_header) <= target*coinage,其中 coinage 表示币的个数与币的持有时间之积,这意味着拥有币的个数越多或者拥有币的时间越长,越容易得到记账权,这样就解决了 PoW 中的浪费资源问题。同时,矿工不可能拥有全网 51%的币,所以也解决了 51%攻击的问题。

使用权益证明共识机制在开始竞争出块记账前,拥有权益的节点将自己的权益放入 PoS 机制中,同时身份变成验证者,PoS 机制根据验证者下注的多少,选择拥有权益更多的节点进行出块计账。若选出的记账者在一段时间内没有记账,PoS 机制重新选择记账节点,完成出块记账之后,记账节点能够拿到一定的利息,并清空一定数量币的币龄,再进入到下一次记账。

PoS 的优点包括节能环保、性能高、安全性高,不用担心算力集中导致中心化出现,也能够避免货币紧缩。其缺点也很明显,采用 PoS 机制无法发行货币这就导致只有创世区块有币,且一旦挖矿者囤积一定的币之后,通过长时间发起攻击变得比较容易,信用基础不够牢固。为解决这个问题,很多系统采用 PoW+PoS 的双重机制,通过 PoW 挖矿发行加密货币,使用 PoS 维护网络稳定;或者采用 DPoS 机制,通过社区选举的方式,增强信任。

3. 授权权益证明机制

DPoS 机制由 Daniel Larimer 于 2014 年提出。该机制能够进一步加快交易速度并能解决 PoS 中节点离线也能累积币龄的安全问题，是一种全新的保障加密货币网络安全的算法。它在尝试解决比特币采用的传统的 PoW 机制、以及点点币和 NXT 所采用的 PoS 机制产生的问题的同时，还能够通过实施科技式的民主以抵消中心化所带来的负面影响。简单来讲，它的工作原理实际上类似于董事会投票，给持币者一把可以开启他们所持股份对应的表决权的钥匙，而不是给他们一把能够挖矿的铲子。在 DPoS 中，股东投票给某个受托人，系统根据股东所持股权在系统中占比计算出票数最高的一定数量受托人，受托人们按照事先规定的顺序轮流负责生成区块。通过所有股东的投票后，系统中的信任已经由全体参与者集中到了少数参与者，节点发起交易后不用再等待相当数量未授信任节点的确认，而只需要让受托人对交易进行验证，这就大大缩短了交易的确认时间，相比于比特币平均每个区块接近 10 分钟的生成时间有了极大提升。

DPoS 机制将全节点减少至 101 个。DPoS 的优势包括能耗低、去中心化程度强、确认速度更快。但也有缺点，包括投票需要时间、精力及技能的投入，由于针对大部分投资者是不现实的，因此投票的积极性比较低。另外对于坏节点，社区的选举不能实时的有效阻止，容易造成网络的安全隐患。

4. 验证池机制

Pool 验证池是基于传统的分布式一致性技术建立，并辅之以数据验证机制，也是区块链中广泛使用的一种共识机制。Pool 验证池不需要依赖代币就可以工作，在成熟的分布式一致性算法例如 Pasox、Raft 基础之上，可以实现秒级共识验证，更适合有多方参与的多中心商业模式。不过，Pool 验证池也存在一些不足，例如该共识机制能够实现的分布式程度不如 PoW 机制等。

三、百分百共识机制

百分百共识机制由辰宜科技公司于 2018 年提出，公司推出新一代区块链系统之际，同时也对区块链中的共识算法进行了颠覆式变革。百分百共识机制既能消除 PoW 中算力攻击的风险，又将算力冗余大幅度降下来。并且，随着节点数量越多，冗余降低的幅度越大。例如只有十个节点时，算力冗余只有拜占庭算法的五分之一，而达到一百个节点时，则只有其五十分之一。其原理如图 7-1 所示。

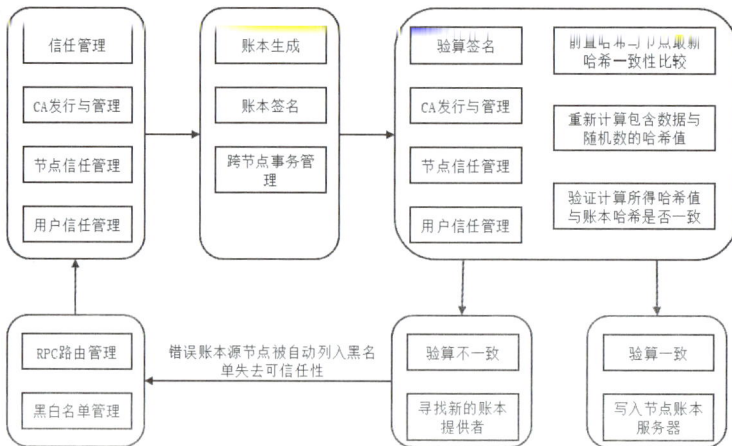

图 7-1　百分百共识机制原理图

CA 服务器会为每个通道和每个用户颁发 CA 证书，且每个节点服务器均有自动验算机制。为保障数据可追溯及不可篡改特性，任何数据在上链之前，均需要用户对数据进行数字签名并通过哈希算法生成数据临时哈希，以确保数据来源的可靠性及完整性。当用户发起数据上链请求时，首先在通道入口及第一个节点服务器验证用户签名是否正确；然后重新计算临时哈希值，通过与签名哈希值进行一致性比较，检验用户的数据是否被篡改。通过 CA 验证之后，以超级账本即通道入口的第一个节点的最新哈希值作为区块的前置哈希，结合随机数生成新的区块，通道将用户与节点的 CA 证书公钥与新区块打包成数据块进行全网广播。当其他节点接收到该区块时，首先比较区块的前置哈希与节点账本中的最新哈希是否一致，若不一致则向网络请求寻找新的账本提供者，并将该错误账本源节点列入黑名单，使之失去可信任性；若前置区块与当前账本的最新区块一致，则计算该区块数据与随机数的哈希值。验算所得哈希值与通道广播的哈希值是否一致，若一致则继续验算用户与节点的数字签名是否一致，若一致则将该区块写入当前节点的账本中；若不一致则重新向通道申请账本数据。每个节点在记账时都需要经过以上步骤，从而得到全员一致认可，达到百分百共识的目的。

百分百共识机制具有以下优势：

(1) 通过 CA 保证账本的来源。

(2) 全面弃用 51%、70%等共识算法机制，必须得到全员的认可，区块通过递归认证、递归算法保障账本正确性。

(3) 只要一个账本节点是正确的，其他节点的账本就是正确的。

任务实施

1. PoW 共识算法的实现

(1) 定义一个函数名为"产生记账随机数"的函数。

该函数返回值为文字变量，无参数，函数体内生成一个小于 10000 的随机数，并返回该随机数。需要注意的是，此处只是模拟采用 PoW 的区块链系统生成记账随机数的过程，代码如下。

```
数值变量 产生记账随机数()
{
    数值变量 随机数1 = 随机数(10000)
    携值退出 随机数1
}
```

(2) 定义一个函数名为"工作量记账规则"的函数。

该函数返回值为逻辑变量，共有三个参数，分别为文字变量类型的用户随机数、文字变量类型的系统随机数和数值变量的用户序号，分别表示用户经过计算得出的随机数、系统产生的随机数及用户的序号。函数体内实现对系统随机数与用户随机数之差的计算，即系统随机数-用户随机数，这里假设相减的结果大于 100 且小于 200，则产生该随机数的用户可以获得记账权，代码如下。

```
逻辑变量 工作量记账规则(数值变量 用户随机数，数值变量 系统随机数，数值变量 用户序号)
    {
```

```
        显示信息("工作量记账规则---> ")
        数值变量  数值差= 系统随机数-用户随机数
        显示信息("数值差  ="+数值转文字(数值差))
        正确则执行  数值差>100 且 数值差<200
            显示信息("用户序号为"+数值转文字(用户序号)+"的用户获得了记账权")
            携值退出  是
        错误则执行
            携值退出  否
    条件结束
    }
```

读者也可自行定制随机数的范围制定记账规则，进行编程验证。

(3) 模拟获得记账权过程。

首先使用数组模拟 10 个用户通过算力计算得到的随机数，通过产生记账随机数函数生成系统随机数，通过工作量记账规则函数得到是否有用户获得记账权，若有则打印第一个满足要求的用户的序号；若所有用户都不满足，则打印"用户算力产生的随机数还没有达到记账规则，暂时没有用户拿到记账权"。这里假设其用户参与记账规则运算的顺序与用户随机数所在的数组下标一致，代码如下。

```
        数值变量   用户随机数[10]
        用户随机数[0]=3600
        用户随机数[1]=1500
        用户随机数[2]=2000
        用户随机数[3]=2500
        用户随机数[4]=3000
        用户随机数[5]=3500
        用户随机数[6]=4000
        用户随机数[7]=4500
        用户随机数[8]=5000
        用户随机数[9]=55
        数值变量 系统随机数 = 产生记账随机数()
        显示信息("系统随机数 ="+数值转文字(系统随机数))
        数值变量 序号 =0
        逻辑变量 记账权 = 否
        循环开始 序号<10
            显示信息("用户随机数["+数值转文字(序号)+"] ="+数值转文字(用户随机数[序号]))
            逻辑变量 通过 = 工作量记账规则(用户随机数[序号],系统随机数,序号)
            正确则执行 通过 = 是
                记账权 = 是
                显示信息("拿到记账权的用户序号为"+数值转文字(序号))
                循环中断
            条件结束
```

```
    序号= 序号+1
循环结束
正确则执行  记账权
    显示信息("已有用户拿到记账权")
错误则执行
    显示信息("用户算力产生的随机数还没有达到记账规则,暂时没有用户拿到记账权")
条件结束
```

运行结果如图 7-2 所示,系统产生的随机数为 3799,而序号为 0 的用户给出的数值为 3600,两数之差为 199,在记账范围之内,因此,他获得了记账权。

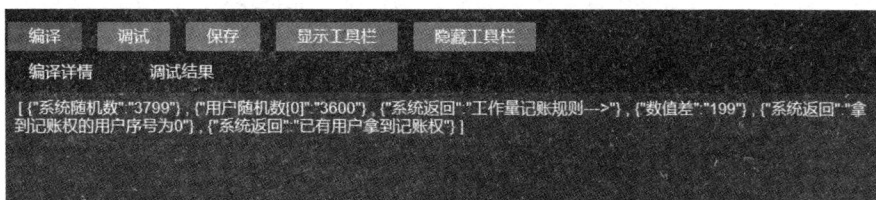

图 7-2 PoW 机制算法运算结果

若所有用户产生的数值都不在记账范围之内,则无人获得记账权。

2. 权益证明的共识算法的实现

(1) 定一个名为"权益证明记账规则"的函数。

该函数返回值为逻辑变量,共有 3 个参数,均是数值变量类型,表示 3 个用户的钱包余额数,函数体内容为得出 3 个形参的最大值,最大值对应的用户获得记账权,代码如下。

```
逻辑变量 权益证明记账规则(数值变量 余额1,数值变量 余额2,数值变量 余额3)
{    数值变量 最大值 = 余额1
    正确则执行  余额2>最大值
        最大值 = 余额2
        正确则执行  余额3>最大值
            最大值 = 余额3
        条件结束
    错误则执行
        正确则执行 余额3>最大值
            最大值 = 余额3
        条件结束
    条件结束
    显示信息("钱包余额数为"+数值转文字(最大值)+"的用户获得了记账权")
    携值退出 是
}
```

(2) 模拟获得记账权过程。

使用数组模拟 3 个用户的数字钱包所拥有的余额数,并调用权益证明记账规则函数,代码如下。

```
数值变量  用户钱包余额[3] = 0
```

```
用户钱包余额[0] =1000
用户钱包余额[1] =1500
用户钱包余额[2] =2000
权益证明记账规则(用户钱包余额[0]，用户钱包余额[1]，用户钱包余额[2])
```

运行结果如图 7-3 所示，拥有最大余额 2000 的用户获得了记账权。

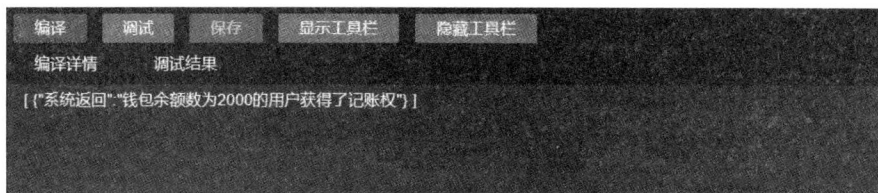

图 7-3   PoS 机制算法运算结果

3. 新一代区块链百分百共识算法的实现

(1) 假设节点 A 产生了最新区块 A。

区块中包含区块哈希 A、前置区块哈希 A 和随机数 A，因为是模拟，区块哈希 A 可以写一个假的哈希值，也可以使用前置区块哈希 A + 随机数 A 计算出临时哈希得出真的哈希值，代码如下，此处使用张三用户登录系统，假设其登录密码为"123456"。

```
显示信息(登录系统("张三","123456"))
文字变量 前置区块哈希 A = "10345647738838832727275678673277345"
文字变量 随机数 A = "176266363663636"
```

(2) 将区块 A 同步到节点 B。

节点 B 在同步之前的最新区块称为区块 B，该区块也包含区块哈希 B 和随机数 B，并通过数据临时哈希函数计算随机数 B 的哈希值，并赋值给区块哈希 A，代码如下：

```
文字变量 区块哈希 B = "10345647738838832727275678673277345"
文字变量 随机数 B = "1883737367272737"
解析函数返回变量(数据临时哈希(随机数 B))
文字变量 区块哈希 A =返回_数据临时哈希
显示信息("区块哈希 A="+区块哈希 A)
```

(3) 定义一个"百分百共识验证"函数。

定义一个函数，该函数有 3 个参数，分别是前置区块哈希 A、区块哈希 B 和随机数 B。函数实现百分百共识验证，首先通过比较前置哈希 A 与区块哈希 B 验证前置哈希值，若相等则继续执行并提示"前置区块哈希验证成功!"，否则返回"此区块存在伪造，不予通过!"。然后使用前置区块哈希 A + 随机数 B 得出临时哈希 B，判断临时哈希 B 与区块哈希 A 是否相等，若相等则验证成功，输出"区块验证成功，该区块可以进行记账"，否则验证失败，输出"该区块验证失败，数据存在伪造风险!"。代码如下：

```
文字变量 百分百共识验证(文字变量 区块哈希 A，文字变量 前置区块哈希 A，文字变量 区块哈希 B，文字变量 随机数 B){
    正确则执行 前置区块哈希 A = 区块哈希 B
        显示信息("前置区块哈希验证成功! ")
```

```
    解析函数返回变量((数据临时哈希(区块哈希 A+随机数 B)))
    文字变量 临时哈希 B =返回_数据临时哈希
    解析函数返回变量(校验数据临时哈希(区块哈希 A，随机数 B))
    文字变量 校验值 =返回_校验数据临时哈希
      显示信息("校验值 ="+校验值)
    正确则执行 校验值 ="临时哈希值正确!"
      显示信息("区块验证成功，该区块可以进行记账!")
    错误则执行
      显示信息("该区块验证失败，数据存在伪造风险!")
    条件结束
  错误则执行
    显示信息("此区块存在伪造，不予通过!")
  条件结束
}
    百分百共识验证(区块哈希 A，前置区块哈希 A，区块哈希 B，随机数 B)
```

运行结果如图 7-4 所示，前置哈希和临时哈希值校验均成功，区块验证成功，该区块可以被记入账本。

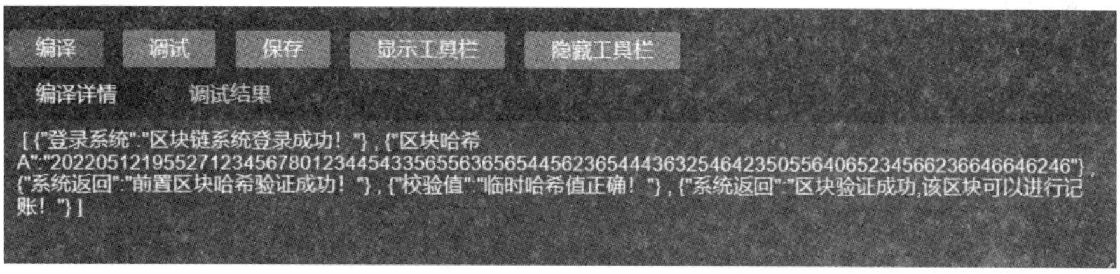

图 7-4　百分百共识机制运行结果

实践训练

1. 实训目的

熟悉百分百共识机制的原理。

2. 实训内容

(1) 使用中文编程模拟实现百分百共识机制；

(2) 使用中文编程模拟实现工作量证明共识机制，对比其共识效率。

任务 16　体验基于通道的高可伸缩百分百共识机制

知识、技能和素质目标

· 了解基于通道的高可伸缩百分百共识机制

· 掌握自定义基于通道的百分百共识机制方法

▶ 任务描述

本次任务使用中文编程语言和多节点部署架构实现基于通道的百分百共识机制。

体验基于通道的高可伸缩百分百共识机制

▶ 知识准备

一、基于通道的高可伸缩百分百共识机制原理

基于通道的高可伸缩百分百共识机制是在百分百共识机制的基础上，结合区块链通道技术，将同一个区块在若干个通道进行上链，使得通道间再次达到百分百共识的机制。其中，通道的个数根据数据安全要求的级别进行自定义，设置的通道数越多安全性越高，但也不可盲目无限增加通道的数量，以免造成不必要的资源浪费。新一代区块链系统中基于通道的高可伸缩百分百共识机制原理如图 7-5 所示。

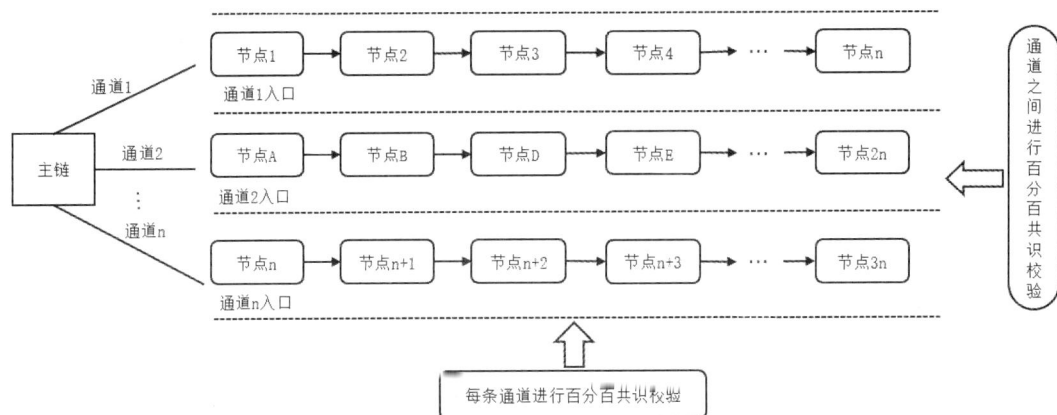

图 7-5　基于通道的高可伸缩百分百共识机制原理图

假设我们设置通道的数量为 2，当用户发起数据上链请求时，首先在通道 1 的入口验证用户签名是否正确、检验用户的数据是否被篡改，以超级账本的最新哈希值作为区块的前置哈希，结合随机数生成新的区块；在通道 1 中将用户与节点的 CA 证书公钥与新区块打包成数据块进行全网广播。然后在通道 2 中执行与通道 1 同样的步骤确保数据的完整性和不可篡改。需要注意的是，同一份数据在不同的通道具有不同的哈希值。当通道 1 和通道 2 中的节点接收到该区块时，首先在各自的通道比较区块的前置哈希与节点账本中的最新哈希是否一致，若不一致则向网络请求寻找新的账本提供者，并将该错误账本源节点列入黑名单，使之失去可信任性；若前置区块与当前账本的最新区块一致，则计算该区块数据与随机数的哈希值。分别验算所得哈希值与通道 1、通道 2 广播的哈希值是否一致，若

一致则分别继续验算用户与节点的数字签名是否一致，若一致则将请求通该区块写入当前节点的账本中；若不一致则重新向通道申请账本数据。2 条通道中每个节点在记账时都需要经过以上步骤，从而得到通道中百分百共识和通道间百分百共识，因为通道的数量可根据实际要求进行缩减和增加，从而实现基于通道的高可伸缩百分百共识的目的。

基于通道的高可伸缩百分百共识机制在百分百共识机制的基础上进一步提升了数据的安全级别，保证数据的绝对安全性、完整性及不可篡改性。账本校验可对通道的账本进行统一校验，例如比较哈希值是否一致。因为每一个节点均采用了百分百递归共识机制，所以只需校验哈希值即可，适用于对共识与一致性要求特别高的场景，例如公安局数据、军队数据、国家政府机密数据等。它主要包括数据安全级别高、通道数量可根据需要自定义以及可伸缩性强等优势。

二、新一代区块链系统搭建通道的方法

新一代区块链系统通过向预言合约服务器发送指令到主链搭建通道，采用中文编程预言在预言合约服务器中进行上链服务器设置，每进行一次上链服务器的设置，便成功搭建一个通道。

以搭建名称为"电子专业 1 班"的通道 1 为例，这里为了方便后续任务实施的进行，采用本地服务器部署区块链系统，因此服务器 IP 为"127.0.0.1"，上链服务器和智能合约服务器的端口分别设置为"7007"和"7006"，使用张三用户登录系统，假设他的登录密码为"123456"，代码如下：

```
清空预言机()
显示信息(上链服务器设置 ("广东辰宜","127.0.0.1","7007"))
显示信息(合约服务器设置 ("广东辰宜","127.0.0.1","7006"))
显示信息(登录系统("张三"，"123456"))
准备数据("我是中国人")
业务名称("电子专业 1 班")
显示信息(数据上链())
```

其中，准备数据函数中的"我是中国人"是我们此时要上链的数据，业务名称是该通道的名称。若要新增一个通道，则在上述代码的下面继续补充设置上链服务器即可，搭建通道 2 的代码如下：

```
清空预言机()
显示信息(上链服务器设置 ("广东辰宜","127.0.0.1","7007"))
显示信息(合约服务器设置 ("广东辰宜","127.0.0.1","7006"))
显示信息(登录系统("系统管理员"，"123456"))
准备数据("我是中国人")
业务名称("电子专业 1 班")
显示信息(数据上链())
```

搭建通道 3 的代码如下：(这个可以模拟成伪造信息的节点)

```
清空预言机()
显示信息(上链服务器设置 ("广东辰宜","127.0.0.1","7007"))
显示信息(合约服务器设置 ("广东辰宜","127.0.0.1","7006"))
```

```
        显示信息(登录系统("系统管理员", "123456"))
        准备数据("我是美国人")
        业务名称("电子专业 2 班")
        显示信息(数据上链())
```

请读者按照这样的方法，自行完成通道 3、通道 4 的搭建。

任务实施

通过搭建 3 条通道，体验基于通道的高伸缩百分百共识机制。

(1) 资源准备，包括校验节点、通道 1、通道 2 和通道 3 的资源。

① 在本地电脑硬盘中建立名称分别为"校验节点""通道 1""通道 2"和"通道 3"的文件夹，如图 7-6 所示。

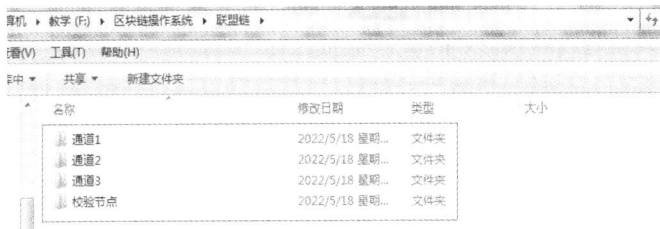

图 7-6 资源文件夹建立

② 解压新一代区块链系统安装包，将解压文件夹中的所有资源复制到"校验节点"文件夹中，如图 7-7 所示。

图 7-7 检验节点的资源准备

③ 将新一代区块链系统解压文件夹中的私有账本服务器"com_seven_book - 私有链"和预言合约服务器"com_virtual_server"文件夹中的资源复制到"通道 1"文件夹，如图 7-8 所示。

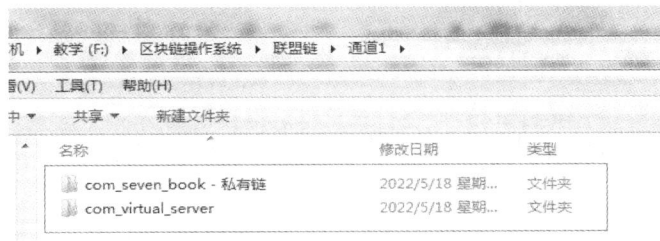

图 7-8 通道 1 的资源准备

④ 将新一代区块链系统解压文件夹中的账本服务器"com_seconde_book"和预言合约
服务器"com_virtual_server"文件夹中的资源复制到"通道 2"文件夹，如图 7-9 所示。

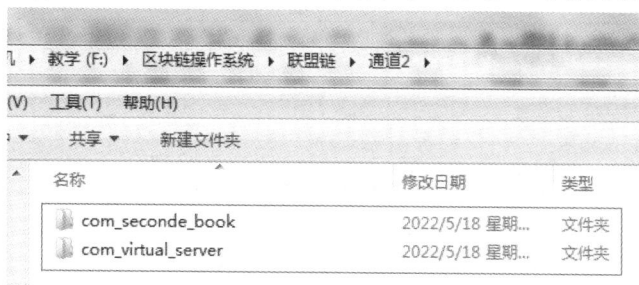

图 7-9　通道 2 的资源准备

⑤ 将新一代区块链系统解压文件夹中的账本服务器"com_seconde_book"和预言合约
服务器"com_virtual_server"文件夹中的资源复制到"通道 3"文件夹，如图 7-10 所示。

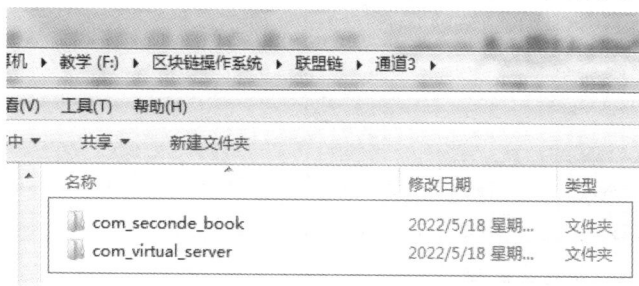

图 7-10　通道 3 的资源准备

(2) 部署主链校验节点，包括部署主链服务器、预言合约服务、智能合约服务器。

① 查询本机 IP。打开电脑 cmd 命令行，输入"ipconfig"指令查询本地电脑的 IP 地
址，如图 7-11 所示，查询本地电脑的 IP 地址，编者这里查到的 IP 地址是：192.168.2.95。
请读者按照上述步骤查询本机 IP 地址，以备后续步骤使用。

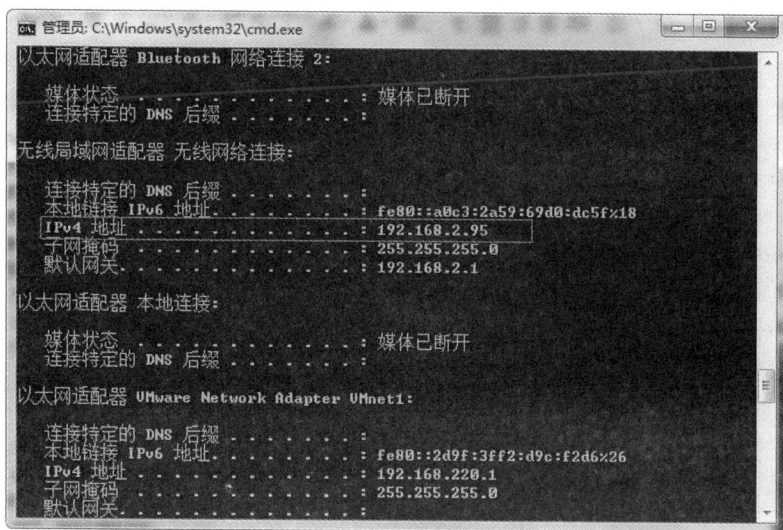

图 7-11　查询本机 IP

② 部署主链服务器。配置主链服务器名称、IP 和端口号，以及合约服务器的名称、IP和端口号，如图 7-12。

```
#说明:    node_type 分为以下几种类型

#1    主链数据服务器: 管理上链以及网络路由。
#2    超级账本服务器: 超级账本服务器。配一个高速服务服务器。可以是多组。
#3    级联账本服务器: 分布式记账服务器。
#5            智能合约服务器: 智能合约服务器集群。
#6            预言合约服务器: 预言合约服务器集群。

#是否索引数据，可配置"yes/no"
update_database_sort_on_start=yes

#是否允许推荐服务，可配置"yes/no"
allow_recommendation=yes

#节点类型
node_type=1
#本机服务器名
local_server_name=辰宜主链服务器
#本机IP
local_server_ip=192.168.2.95
#本机服务端口
local_server_port=7007


#合约服务器名
smart_server_name=辰宜智能合约服务器
#节点IP
smart_server_ip=192.168.2.95
#节点端口
smart_server_port=7006
```

图 7-12　部署主链服务器

在检验节点的 com 文件夹中找到 cy_block_server.exe 可执行文件，如图 7-13 所示，双击该文件启动主链服务器。

名称	修改日期	类型	大小
chenyi_black_chain_files.dat	2022/5/13 星期...	DAT 文件	0 KB
chenyi_block_chain_files.dat	2022/5/13 星期...	DAT 文件	0 KB
chenyi_mail_message_files.dat	2022/5/13 星期...	DAT 文件	1 KB
chenyi_super_book_state_files.dat	2022/2/17 星期...	DAT 文件	1 KB
chenyi_trust_nodes.dat	2022/1/23 星期...	DAT 文件	1 KB
chenyi_user_chain_files.dat	2022/5/13 星期...	DAT 文件	2 KB
chenyi_while_chain_files.dat	2021/5/22 星期...	DAT 文件	0 KB
chenyi_white_chain_files.dat	2022/5/13 星期...	DAT 文件	0 KB
cy_block_server.exe	2022/5/13 星期...	应用程序	1,366 KB
cy_rpc_system.properties	2022/5/18 星期...	PROPERTIES 文件	1 KB
cyp2p_p.jar	2022/2/28 星期...	Executable Jar File	5,939 KB
install.bat	2021/12/30 星期...	Windows 批处理...	1 KB
license.dat	2022/2/17 星期...	DAT 文件	3 KB
run.bat	2022/2/17 星期...	Windows 批处理...	1 KB
vcruntime140.dll	2016/8/22 星期...	应用程序扩展	96 KB
vcruntime140_1.dll	2019/9/27 星期...	应用程序扩展	44 KB

图 7-13　启动主链服务器

③ 部署智能合约服务器。如图 7-14 所示，配置好合约服务器的节点类型、服务器名称、IP 地址和端口号以及上链服务器的名称、IP 和端口号，这里以主链服务器作为上链服务器，因此其 IP 和端口号与主链服务器中的配置保持一致。

```
#说明：   node_type 分为以下几种类型

#1   主链数据服务器：管理上链以及网络路由。
#2   超级账本服务器：超级账本服务器。配一个高速服务服务器。可以是多组。
#3   级联账本服务器：分布式记账服务器。
#5          智能合约服务器：智能合约服务器集群。
#6          预言合约服务器：预言合约服务器集群。

#是否索引数据，可配置"yes/no"
update_database_sort_on_start=yes

#节点类型
node_type=5
#本机服务器名
local_server_name=辰宜智能合约服务器
#本机IP
local_server_ip=192.168.2.95
#本机服务端口
local_server_port=7006

#上链服务器名
block_server_name=辰宜上链服务器
#节点IP
block_server_ip=192.168.2.95
#节点端口
block_server_port=7007
```

图 7-14　配置智能合约服务器

在检验节点的 com_smart_server 文件夹中找到 cy_smart_server.exe 可执行文件，如图 7-15 所示，双击该文件启动智能合约服务器。

图 7-15　启动智能合约服务器

启动成功如图 7-16 所示。

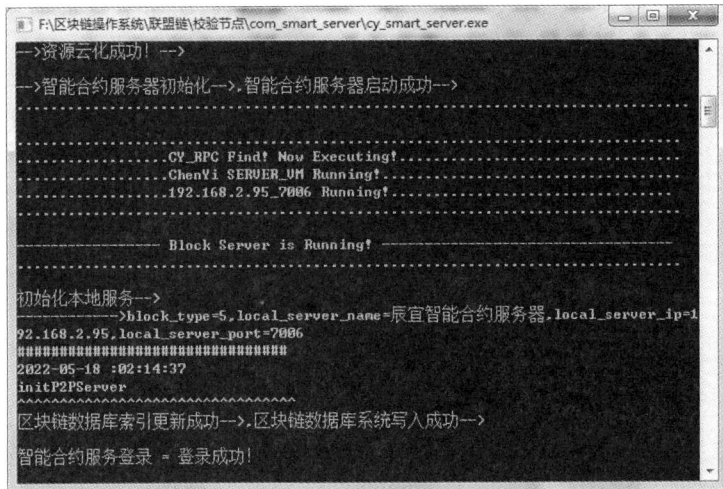

图 7-16　智能合约服务器启动成功

④ 部署预言合约服务器。如图 7-17 所示，配置好预言合约服务器的节点类型、名称、IP 和端口号以及上链服务器的名称、IP 和端口号，这里以主链服务器作为上链服务器，因此其 IP 和端口号与主链服务器中的配置保持一致，并指定智能合约服务器为上一步骤部署的智能合约服务器，因此，其 IP 和端口号与合约服务器中的配置保持一致。

图 7-17　配置预言服务器

在检验节点的 com_virtual_server 文件夹中找到 cy_virtual_server.exe 可执行文件，如图 7-18 所示，双击该文件启动预言服务器。

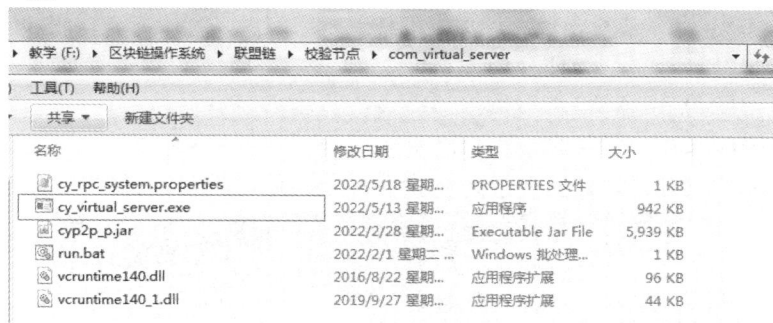

图 7-18　启动预言服务器

启动成功如图 7-19 所示。

图 7-19　预言服务器启动成功

(3) 对"我的名字叫张伟，我是中国人。"这个文本数据进行上链，上链之后会产生一个最新的区块。读者可参照下述步骤，自行上链文本数据。

① 在中文编程编辑器的左上角处输入预言合约服务器地址，点击连接，如图 7-20 所示。

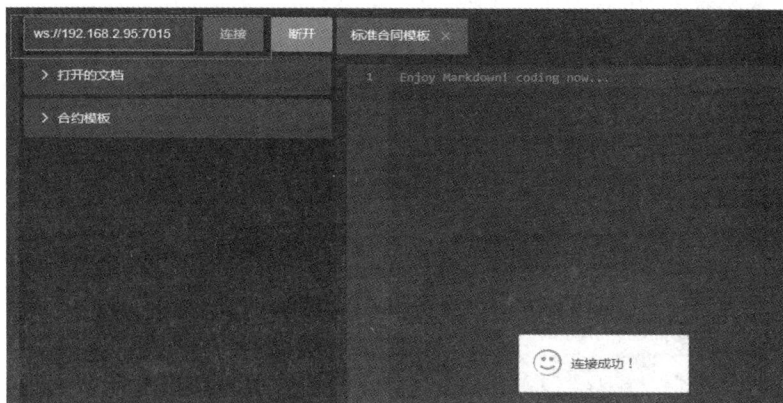

图 7-20　连接预言合约服务器

② 登录系统，此处以"系统管理员"进行登录，假设其密码为"123456"，代码如下：

```
显示信息(上链服务器设置("广东辰宜","192.168.2.95","7007"))
显示信息(合约服务器设置("广东辰宜","192.168.2.95","7006"))
显示信息(登录系统("系统管理员", "123456"))
```

点击"执行"按钮后，返回登录区块链系统的结果，登录成功结果如图 7-21 所示。

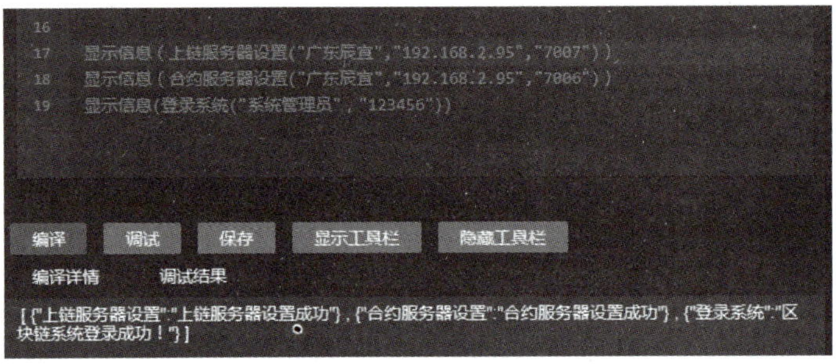

图 7-21　登录系统

③ 对数据进行上链，代码如下：

```
准备数据("我的名字叫张伟，我是中国人")
显示信息(数据上链())
```

点击"执行"按钮后，返回文本数据上链结果，如图 7-22 所示，表示上链成功。

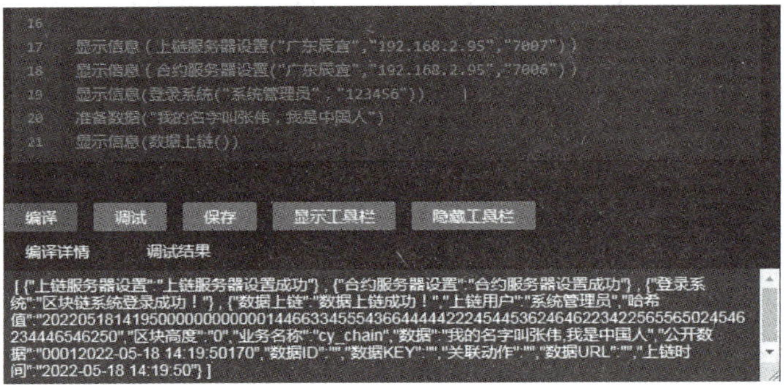

图 7-22　对数据进行上链

扩展：读者可尝试基于返回的哈希值查询区块，进一步判断文本数据是否已上链。

(4) 添加本地节点为信任节点，代码如下：

```
显示信息(增加信任节点("可信通道","192.168.2.95"))
```

点击"执行"按钮后，返回添加信任节点结果，如图 7-23 所示。

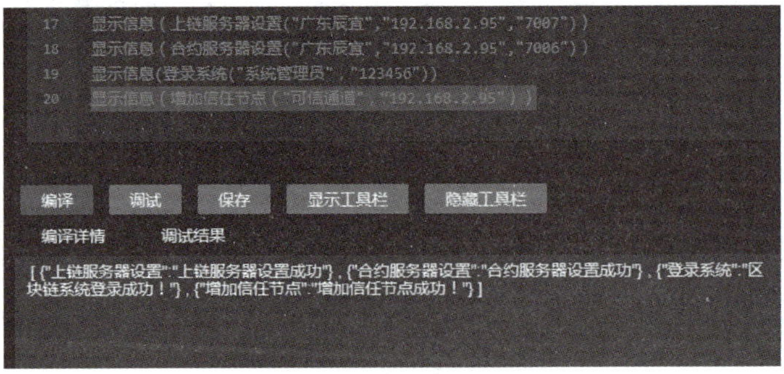

图 7-23　添加信任节点

(5) 部署上链节点通道 1，包括预言合约服务器和账本服务器。

① 部署预言合约服务器。打开"通道 1"文件夹对应的预言合约服务器的配置文件，如图 7-24 所示，配置预言合约服务器的 IP 和端口号，端口号设置为"17015"；并指定上链服务器为主链服务器、智能合约服务器为合约服务器，因此其二者的 IP 和端口号分别与校验节点中的主链服务器及合约服务器的 IP 和端口号保持一致，配置完成后双击"cy_virtual_server.exe"运行。

```
#说明：    node_type 分为以下几种类型

#1   主链数据服务器：管理上链以及网络路由。
#2   超级账本服务器：超级账本服务器。配一个高速服务服务器。可以是多组。
#3   级联账本服务器：分布式记账服务器。
#5        智能合约服务器：智能合约服务器集群。
#6        预言合约服务器：预言合约服务器集群。

#节点类型
node_type=6
#本机服务器名
local_server_name=辰宜预言合约服务器
#本机IP
local_server_ip=192.168.2.95
#本机服务端口
local_server_port=17015

#上链服务器名
block_server_name=辰宜账本服务器
#节点IP
block_server_ip=192.168.2.95
#节点端口
block_server_port=7007

#合约服务器名
smart_server_name=辰宜智能合约服务器
#节点IP
smart_server_ip=192.168.2.95
#节点端口
smart_server_port=7006
```

图 7-24　配置预言合约服务器

② 部署账本服务器。打开"通道 1"文件夹对应的账本合约服务器的配置文件，如图 7-25 所示，配置账本合约服务器的 IP 和端口号，端口号设置为"17002"；并指定上链服务器为主链服务器、智能合约服务器为合约服务器，因此其二者的 IP 和端口号分别与校验节点中的主链服务器及合约服务器的 IP 和端口号保持一致，配置完成后双击"cy_block_server.exe"运行。

(6) 模拟伪造的信息"我的名字叫张伟，我是美国人"进行上链，产生最新区块。

① 连接预言合约服务器。在中文编程编辑器的左上角处，输入通道 1 预言合约服务器地址，点击"连接"按钮，连接预言合约服务器，如图 7-26 所示。请读者注意：输入的端口号为通道 1 预言合约服务器的端口号，此处为 17015。

```
#1    主链数据服务器：管理上链以及网络路由。
#2    超级账本服务器：超级账本服务器。配一个高速服务服务器。可以是多组。
#3    级联账本服务器：分布式记账服务器。
#5        智能合约服务器：智能合约服务器集群。
#6        预言合约服务器：预言合约服务器集群。

#是否索引数据，可配置"yes/no"
update_database_sort_on_start=yes

#节点类型
node_type=7
#本机服务器名
local_server_name=辰宜账本服务器
#本机IP
local_server_ip=192.168.2.95
#本机服务端口
local_server_port=17002

#上链服务器名
block_server_name=辰宜账本服务器
#节点IP
block_server_ip=192.168.2.95
#节点端口
block_server_port=7007

#合约服务器名
smart_server_name=辰宜智能合约服务器
#节点IP
smart_server_ip=192.168.2.95
#节点端口
smart_server_port=7006
```

图 7-25　配置账本服务器

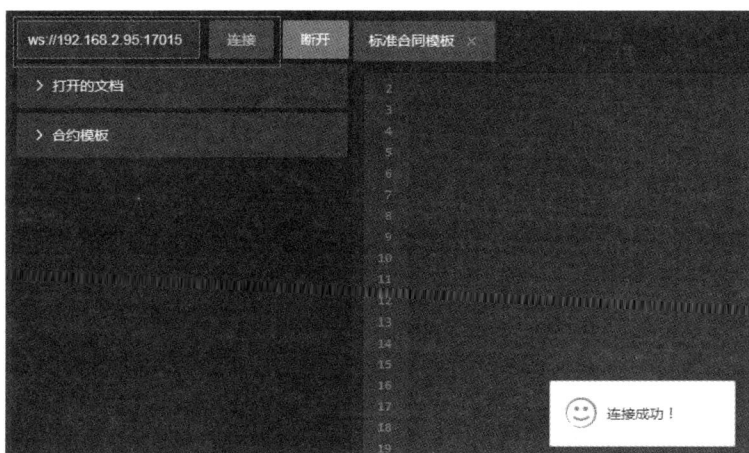

图 7-26　连接预言合约服务器

② 以"系统管理员"登录系统，代码如下，假设其密码为"123456"。

```
显示信息(上链服务器设置("广东辰宜","192.168.2.95","7007"))
显示信息(合约服务器设置("广东辰宜","192.168.2.95","7006"))
显示信息(登录系统("系统管理员","123456"))
```

点击"执行"按钮后，返回服务器设置成功，区块链系统登录成功等提示。如图 7-27 所示。

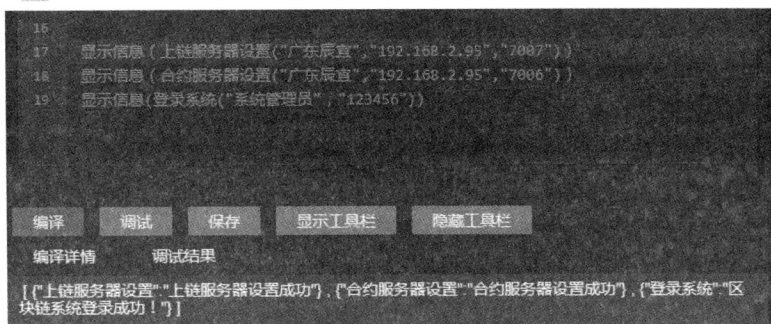

图 7-27　登录系统

③ 切换上链服务器，并对文本数据进行上链，代码如下。

```
显示信息(上链服务器设置("广东辰宜","192.168.2.95","17002"))

准备数据("我的名字叫张伟，我是美国人")

显示信息(数据上链())
```

点击"执行"按钮后，返回文本数据上链结果，如图 7-28 所示。

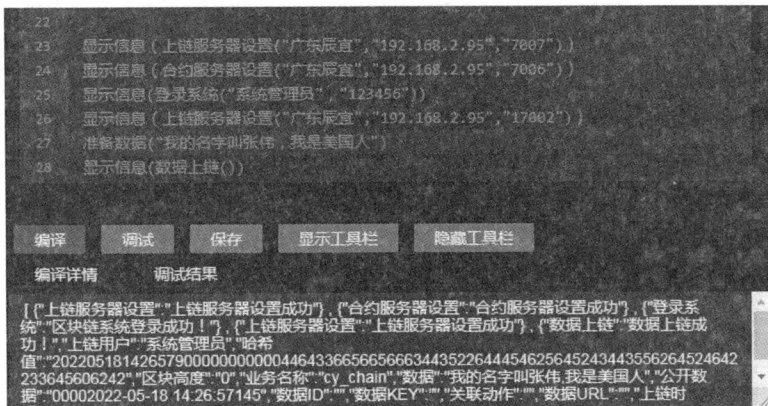

图 7-28　数据上链

(7) 部署上链节点通道 2。

① 部署预言合约服务器。打开"通道 2"文件夹对应的预言合约服务器的配置文件，配置服务器 IP 和端口号，配置方法与通道 1 中的一样；上链服务器的 IP 和端口号配置为校验节点中配置好的主链服务器的 IP 和端口号。此处，预言合约服务器的端口号配置为"27015"。具体配置和运行返回的结果，读者可参考校验节点和通道 1 的配置，配置完成后双击"cy_virtual_server.exe"运行以启动预言合约服务器。

② 部署账本合约服务器。打开"通道 2"文件夹对应的账本合约服务器的配置文件，配置服务器 IP 和端口号，配置方法与通道 1 中的配置方法一样，需要注意的是，通道 2 的账本服务器端口号与主链以及其他通道的端口号都不能重复，这里设置为"27002"。其中，上链服务器的 IP 和端口号配置为校验节点配置好的主链服务器的 IP 和端口号，智能合约服务器的 IP 和端口号应该配置为校验节点中配置好的智能合约服务器的 IP 和端口号。具体配置和运行返回的结果，读者可参考校验节点和通道 1 的配置，配置完成后双击"cy_block_server.exe"运行以启动账本合约服务器。

(8) 部署上链节点通道 3。

① 部署预言合约服务器。打开"通道 3"文件夹对应的预言合约服务器的配置文件，配置服务器 IP 和端口号。其中，上链服务器的 IP 和端口号配置为校验节点中配置好的主链服务器的 IP 和端口号，此处，预言合约服务器的端口配置为"37015"，具体配置和运行返回的结果，读者可参考校验节点和通道 1 的配置，配置完成后双击"cy_virtual_server.exe"运行以启动预言合约服务器。

② 部署账本合约服务器。打开"通道 3"文件夹对应的账本合约服务器的配置文件，配置服务器 IP 和端口号，与通道 1 中的配置方法一样。需要注意的是，通道 3 的账本服务器端口号与主链以及其他通道的端口号都不能重复，这里设置为"37002"；上链服务器的 IP 和端口号配置为校验节点中配置好的主链服务器的 IP 和端口号，智能合约服务器的 IP 和端口号配置为校验节点中配置好的智能合约服务器的 IP 和端口号。具体配置和运行返回的结果，读者可参考校验节点和通道 1 的配置，配置完成后双击"cy_block_server.exe"运行以启动账本合约服务器。

(9) 在校验节点上撰写共识算法，构建共识机制，校验区块哈希数据。

① 连接预言合约服务器，地址为校验节点中预言合约服务器地址，如图 7-29 所示。

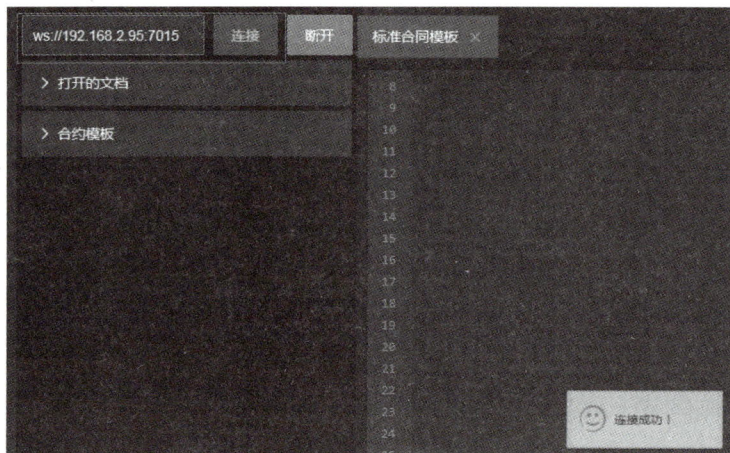

图 7-29　连接预言合约服务器

② 登录系统，读取校验节点、通道 1、通道 2 和通道 3 的最新区块信息并进行校验。读者可参照以下代码，在中文编程编辑器上编辑校验代码，点击"执行"按钮后，返回检验结果。

```
显示信息(上链服务器设置("广东辰宜","192.168.2.95","7007"))
显示信息(合约服务器设置("广东辰宜","192.168.2.95","7006"))
显示信息(登录系统("系统管理员","123456"))
显示信息(上链服务器设置("广东辰宜","192.168.2.95","17002"))
显示信息(解析函数返回变量(获取最新区块哈希()))
文字变量 哈希 A = 返回_获取最新区块哈希
显示信息(获取区块数据(哈希 A))
显示信息(校验数据哈希(哈希 A,"我的名字叫张伟,我是中国人"))
显示信息(上链服务器设置("广东辰宜","192.168.2.95","27002"))
```

> 显示信息(解析函数返回变量(获取最新区块哈希()))
>
> 文字变量 哈希 B = 返回_获取最新区块哈希
>
> 显示信息(获取区块数据(哈希 B))
>
> 显示信息(校验数据哈希(哈希 B,"我的名字叫张伟,我是中国人"))
>
> 显示信息(上链服务器设置("广东辰宜","192.168.2.95","37002"))
>
> 显示信息(解析函数返回变量(获取最新区块哈希()))
>
> 文字变量 哈希 C = 返回_获取最新区块哈希
>
> 显示信息(获取区块数据(哈希 C))
>
> 显示信息(校验数据哈希(哈希 C,"我的名字叫张伟,我是中国人"))

执行之后结果如图 7-30 所示。

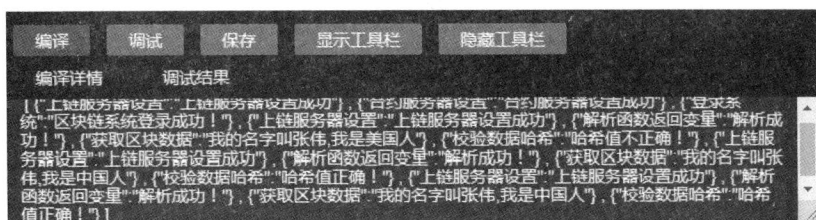

图 7-30 通道最新区块校验

如图 7-30 可知,因为通道 1 上链的数据是"我的名字叫张伟,我是美国人",与实际数据"我的名字叫张伟,我是中国人"不符,因此校验不成功,显示区块存在异常,存在 1/3 通道异常,2/3 通道正常,若检验结果为哈希值不正确,则需获取账本并重新写入。重新写入账本可采用自定义共识检验机制,例如自定义共识检验机制为:所有通道达到 50%相同则以 50%所在的节点账本为可信账本,并更新到其他错误的通道节点上。

(10) 获取正确的账本并查询验证。

① 如图 7-31 所示,点击右上角关闭按钮关闭通道 1 的私有账本服务器。

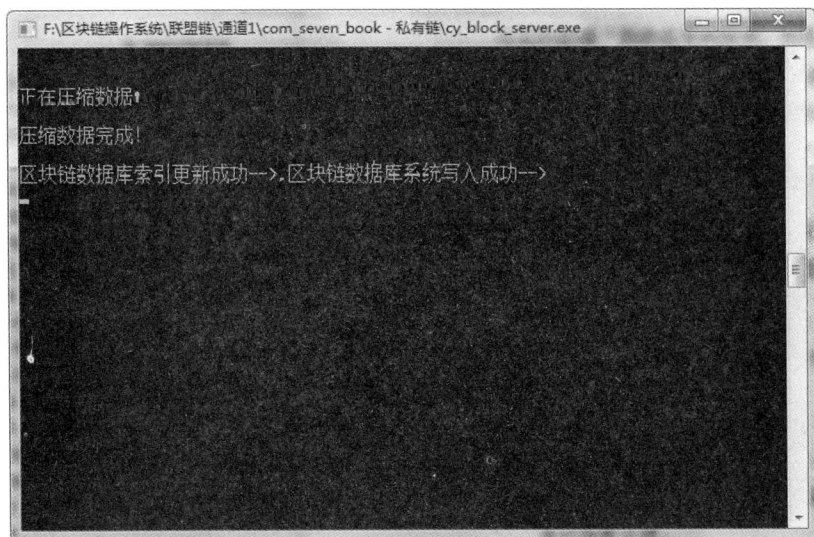

图 7-31 关闭私有账本服务器

② 复制通道 2 中"com_seconde_book"文件夹中的"chenyi_block_chain_files.dat"文件到通道 1 的"com_seven_book"文件夹下覆盖原有的文件，并重启私有账本服务器。

③ 在校验节点上校验区块哈希数据。

如图 7-32 所示的检验结果可知"通道 1"数据已经与其他通道保持一致，其账本已恢复正常。

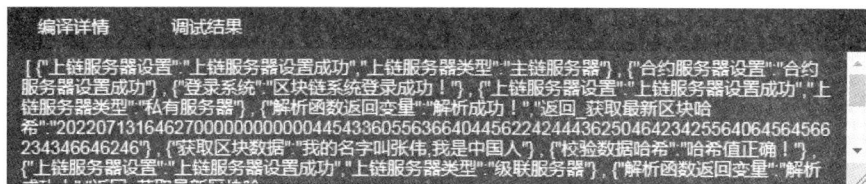

图 7-32　通道最新区块校验

实践训练

1. 实训目的

熟悉基于通道的百分百共识机制的自定义方法。

2. 实训内容

自行在本地搭建区块链网络，建立 5 个通道和 1 个校验节点，通道中只需有 4 个通道达成共识就可以成功记账，校验节点需要自定义共识机制对 5 个通道的最新区块进行共识验证。

小　　结

本项目通过任务 15 介绍了共识算法的概念，通过中文编程实现了常用共识机制和百分百共识机制算法，并对比不同共识机制间的优缺点。通过任务 16 了解基于通道的高可伸缩白分百共识机制原理，并能够使用基于诵道的高可伸缩百分百共识机制进行自定义扩展，以适应对数据安全性要求高的场景。

课 后 习 题

一、单选题

1. 下列算法中是新一代区块链内置共识机制的是(　　)。

A. 百分百共识机制　　　　　　　　B. 工作量证明机制

C. 权益证明机制　　　　　　　　　D. 拜占庭机制

2. (　　)是比特币区块链网络里使用的共识机制。

A. 百分百共识机制　　　　　　　　B. 工作量证明机制

C. 权益证明机制　　　　　　　　　D. 拜占庭机制

3. (　　)可以通过算力保障系统安全。

A. 百分百共识机制   B. 工作量证明机制

C. 权益证明机制   D. 拜占庭机制

4. (　　)会使系统用户的记账率形成两极化。

A. 百分百共识机制   B. 工作量证明机制

C. 权益证明机制   D. 拜占庭机制

5. (　　)能做到随着节点数量越多，冗余降低的幅度越大。

A. 百分百共识机制   B. 工作量证明机制

C. 权益证明机制   D. 拜占庭机制

6. 百分百共识机制当中用到了(　　)。

A. 递归算法   B. 拜占庭算法

C. 二叉树算法   D. 线性回归算法

二、多选题

1. 新一代区块链中支持扩展的共识算法有(　　)。

A. 拜占庭   B. 工作量证明

C. 权益证明   D. 自定义的其他共识算法

2. 下面对百分百共识算法描述正确的是(　　)。

A. 耗费资源大

B. 大大降低"算力冗余"

C. 能达到既消除"算力攻击"的风险

D. 能确保只要一个账本节点是正确，其他节点的账本就是正确的

3. 百分百共识机制运作过程所涉及的要素有(　　)。

A. 账本前置区块哈希   B. 账本区块哈希

C. 账本随机数   D. 账本数据

4. 下面对百分百共识机制过程说法正确的是(　　)。

A. 账本数据验算不一致会自动寻找新的账本提供者

B. 账本数据验算一致则写入节点账本服务器

C. 错误的账本源节点会被系统自动列入黑名单，该节点失去可信任性

D. 账本数据验证通过后，该节点就永远成为可信任节点

三、判断

1. 新一代区块链中支持百分百共识机制。   (　　)

2. 新一代区块链的百分百共识机制过程中不需要用到前置哈希。   (　　)

3. 新一代区块链的百分百共识机制过程中需要用到区块高度。   (　　)

4. 新一代区块链的百分百共识机制过程中需要用到区块哈希。   (　　)

5. 新一代区块链中每个节点每次生成的区块都需要通过共识机制认证才能传递给下一个节点。   (　　)

6. 工作量证明机制适合用于大型的场景应用。   (　　)

7. 权益证明机制是最体验公平的一种共识机制。   (　　)

四、填空题

1. 新一代区块链中默认采用的共识机制是_____。

2. 百分百共识机制是通过_____保证账本的来源。

3. 百分百共识机制中使用了_____算法来证保障账本正确性。

4. 共识判断过程当中，错误账本的源节点会被系统自动列入_____。

项目 8　构建联盟链

学习目标

联盟链是指共识过程受到多个可信节点控制的区块链，考虑到企业级商业应用的实际需求，增加了权限控制、安全机制、可监管审计等商业特性。本项目的学习目标有以下几点：

(1) 了解联盟链的概念和框架；

(2) 掌握新一代联盟链的部署方式；

(3) 掌握新一代联盟链中节点的关系及账本数据的含义。

知识导图

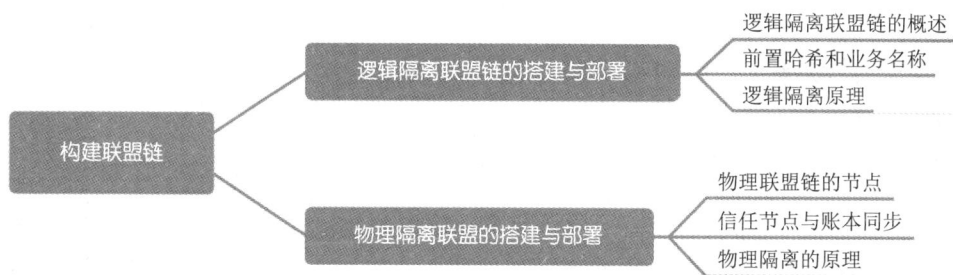

任务 17　逻辑隔离联盟链的搭建与部署

知识、技能和素质目标

- 了解逻辑隔离联盟链的概念和架构
- 熟悉逻辑隔离联盟链的业务名称和前置哈希
- 掌握逻辑隔离联盟链的搭建与应用

任务描述

本任务是基于新一代区块链公链网络，通过使用相关内置函数和程序指令，新建一个具有逻辑隔离特性的区块联盟链。

逻辑隔离联盟链的搭建与部署

知识准备

一、逻辑隔离联盟链概述

逻辑隔离联盟链是新一代区块链中的一种业务结构形态，它使用业务名称函数和前置哈希函数对数据进行上链和上链后的数据分类管理。通过建立具有隔离特性的逻辑联盟链可以高效支撑各类复杂业务在链上的大规模应用。

二、前置哈希和业务名称

在区块链网络中，每一个区块都是数据的集合，而前置哈希是存储在区块中的一个字段，它指向前一个区块。由于区块是连续的，前置哈希便是记录当前区块的上一个区块的哈希值。通过前置哈希，很容易能把区块的来源路径溯源清楚。

业务名称也是存储于区块中的一个字段，用来描述当前区块的唯一业务所属。

三、逻辑隔离原理

在开源区块链公链网络中，都是一个区块连着一个区块最终形成单链条的区块网络。当数据庞大时，这种单链条形式不利于对数据的快速查询，且单链条的逻辑结构不适用于多方多链条的复杂业务场景。

新一代区块链联盟链网络中，每个区块也是连着下一个区块的，但同时拥有一个业务名称。通过业务名称，支持构建基于业务的业务支链。有了业务名称的支撑，各业务区块在区块链网络中天然地进行了逻辑隔离。如图 8-1 所示，最上面一层的区块连成一条联盟链，每个区块可以定制业务名称，例如图 8-1 中"电子 1 班"是班级链的业务名称，该链中包括了班级所有学生，而每个学生又通过"学号 XXX"业务名称形成学生链。这种逻辑隔离的链可以在一定程度上提高区块链网络的业务查询能力和业务扩展能力。

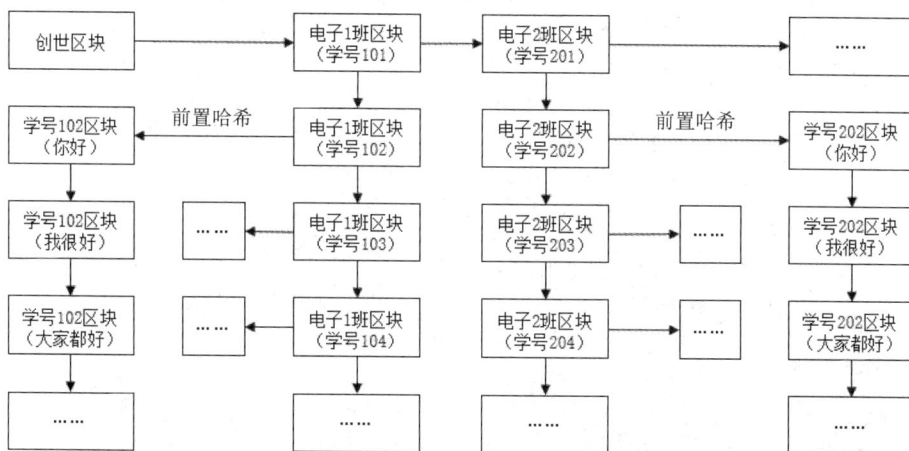

图 8-1 逻辑隔离区块分布

任务实施

1. 部署预言合约服务器

以服务器的主链节点服务器作为主链，在本机部署预言合约服务器。

(1) 在图 8-2 所示的文件夹中找到预言合约服务器的配置文件(cy_rpc_system.properties)并双击打开。

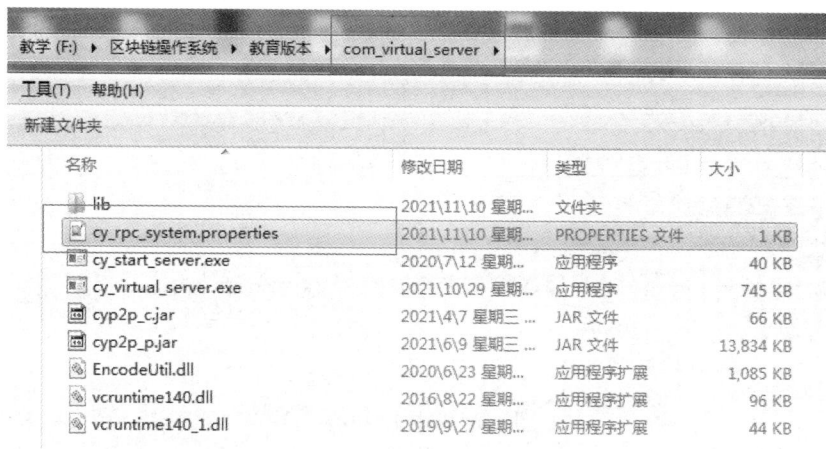

图 8-2 配置文件夹内容

(2) 设置 IP 和端口号，预言合约服务器 IP 设为本机 IP，端口号设置为 7015，预言合约服务器指向的主链服务器的 IP 和端口号设置为主链服务器的 IP 和端口号。本机 IP 通过 cmd 命令行查询，输入"ipconfig"指令查询本机的 IP 地址，如图 8-3 所示，这里是 192.168.2.95，配置文件修改结果如图 8-4 所示。

图 8-3　查看本机 IP

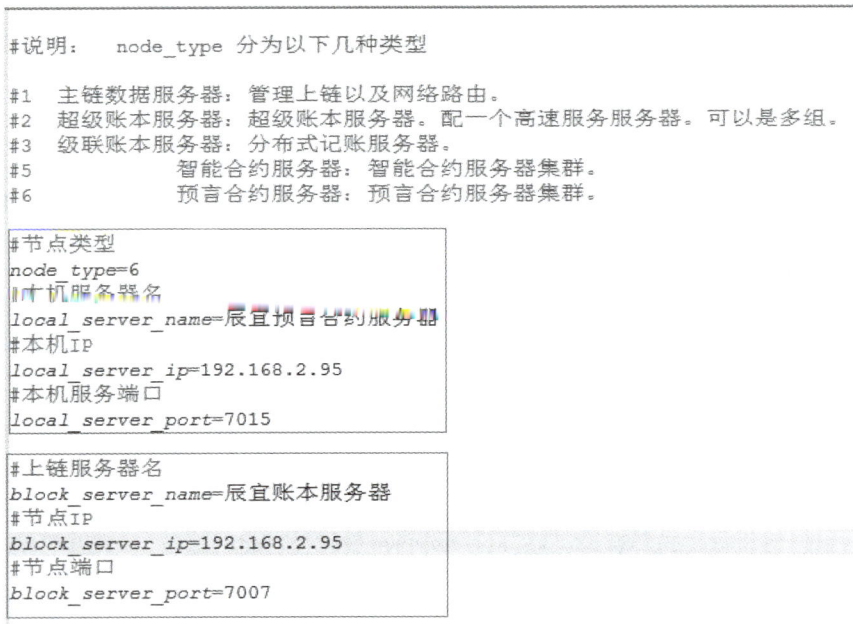

图 8-4　配置 IP 和端口

(3) 双击程序"cy_virtual_server.exe"运行本地预言合约服务器，如图 8-5 所示。

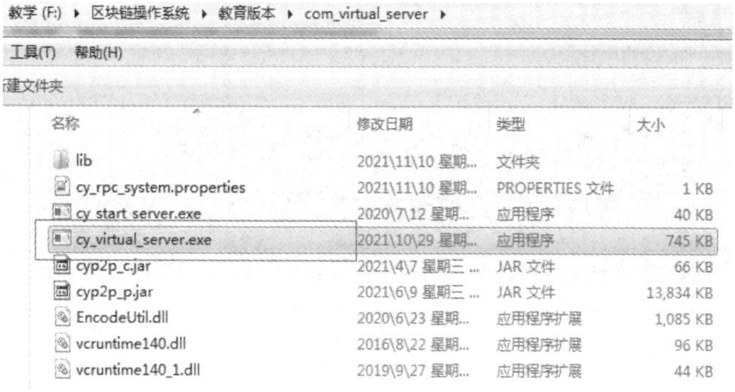

图 8-5　配置文件夹内容

运行后的界面如图 8-6 所示。

图 8-6　运行结果

2. 数据访问和编程调试准备

打开中文编程编辑器，使用本机部署的预言合约服务器进行数据访问和编程调试。

(1) 在中文编辑器界面输入本地部署好的预言合约服务器地址，点击连接按钮进行连接，如图 8-7 所示。

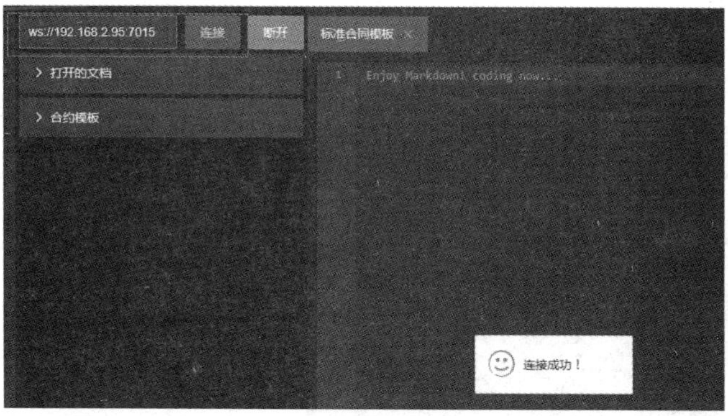

图 8-7　连接预言合约服务器

(2) 编写程序，设置上链服务器为区块链服务器的主链服务器，智能合约服务器为智能合约服务器，点击执行按钮，为上链操作做好准备，代码如下，运行结果如图 8-8 所示。

```
显示信息(上链服务器设置("广东辰宜","81.71.126.133","7007"))
显示信息(合约服务器设置("广东辰宜","81.71.126.133","7006"))
```

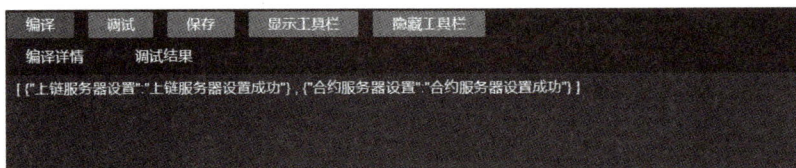

图 8-8　设置服务器

3. 文本上链

使用李四的账号登录，这里假设李四账号的密码为"123456"，业务名称为"入学年份＋专业＋班级"的形式，例如："2022 区块链技术应用 1 班"为业务名称；上链以"名字＋学号"形式的数据，例如："202251021201001"；并将上链返回结果中的哈希值记录下来，方便后续步骤使用。代码如下，运行结果如图 8-9 所示。

```
显示信息(登录系统("李四","123456"))
准备数据("李四 202251021201001")
业务名称("2022 区块链技术应用 1 班")
显示信息(数据上链())
```

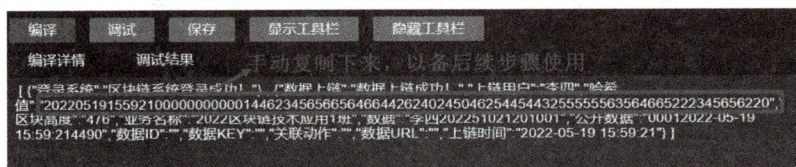

图 8-9　文本上链代码

4. 指定前置哈希上链

在李四账号下，以李四的学号为业务名称，例如："202251021201001"为业务名称，以上一步骤数据上链产生的哈希值作为该链的前置哈希，分别对三个不同数据进行上链，代码如下，运行结果如图 8-10 所示，三条数据业务名称一致，读者可通过右边下拉框查看所有的上链数据情况。

```
//第一条数据
准备数据("我的家乡是湖南衡阳")
指定前置哈希("2022051915592100000000000144623456656466442624024 50462544544325555556356466522234565620")
业务名称("202251021201001")
显示信息(数据上链())
第二条数据
准备数据("我的出生年月是 1998 年 3 月")
业务名称("202251021201001")
显示信息(数据上链())
//第三条数据
准备数据("我最喜欢的小说是《挪威的森林》")
```

业务名称("202251021201001")

显示信息(数据上链())

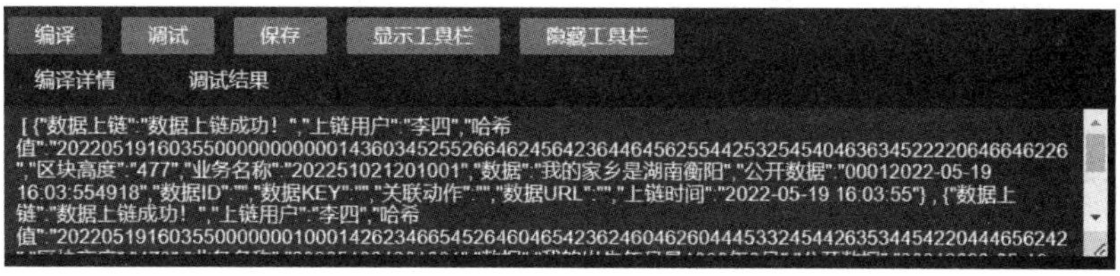

图 8-10　上链代码

5. 数据查询和分析

使用业务名称去查询对应的区块数据，分析其数据特点。

(1) 查询业务名称为"2022 区块链技术应用 1 班"的区块，并将区块哈希值复制下来，代码如下，运行结果如图 8-11 所示。

显示信息(查询区块("2022 区块链技术应用 1 班 1,区块高度,上链时间,数据,业务名称,区块哈希", "业务名称='2022 区块链技术应用 1 班' "))

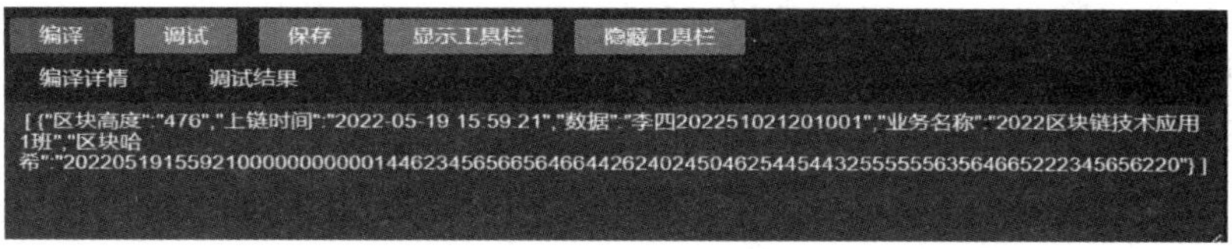

图 8-11　查询区块结果

(2) 通过获取区块数据函数获取复制好的区块哈希的明文数据，代码如下：

显示信息(获取区块数据("202205191155921000000000014462345656656 46644262402450462544544325555556356466522234565 6220"))

运行结果如图 8-12 所示，该区块对应的数据是"李四 202251021201001"，即我们在前面步骤中上链的数据。

图 8-12　获取区块数据结果

(3) 查询业务名称为"202251021201001"的区块，代码如下：

显示信息(查询区块("202251021201001 1,区块高度,数据,上链时间,业务名称,区块哈希","业务名称='202251021201001' "))

运行结果如图 8-13 所示。

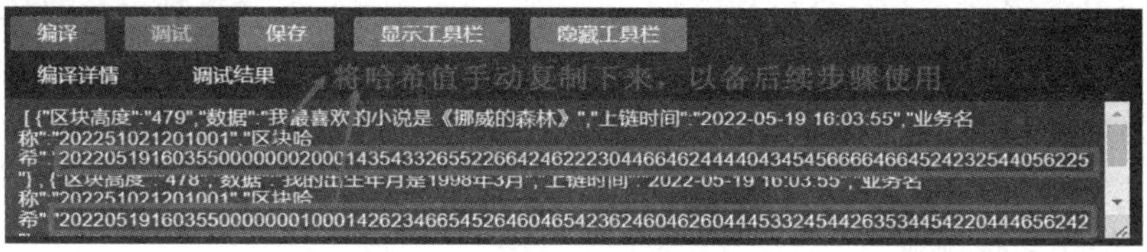

图 8-13　查询结果

(4) 获取前面步骤查询到的区块哈希的明文数据，代码如下：

```
显示信息(获取区块数据("20220519160355000000020001435433265522664246222304466462444404345456666466452423254405625"))
显示信息(获取区块数据("202205191603550000000100014262346654526460465423624604626044453324544263534454220444656242"))
显示信息(获取区块数据("20220519160355000000000014360345255266462456423644645625544253254540463634522220646646226"))
```

结果如图 8-14 所示。

图 8-14　获取区块数据结果

由此，基于业务的逻辑隔离联盟链已经搭建成功，在下面的步骤中进行验证。

6. 论证及结论

关闭本机的预言合约服务器，使用服务器的预言合约节点服务器进行连接，查询在前面步骤中上链的数据，读者也可以查询其他用户上链的数据。判断前面步骤生成的数据是否还存在，总结逻辑隔离联盟链的构建方式。

(1) 连接预言合约服务器，如图 8-15 所示。

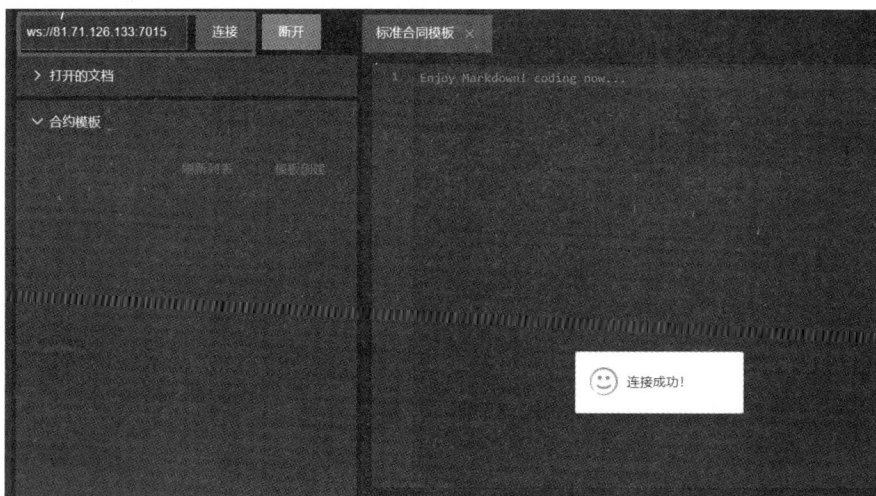

图 8-15　连接预言合约服务器

(2) 查询业务名称为"2022 区块链技术应用 1 班"的区块，并复制最新的区块哈希，代码如下：

```
显示信息(查询区块("2022 区块链技术应用 1 班 1,区块高度,上链时间,数据,业务名称,区块哈希",
"业务名称='2022 区块链技术应用 1 班' "))
```

运行结果如图 8-16 所示。

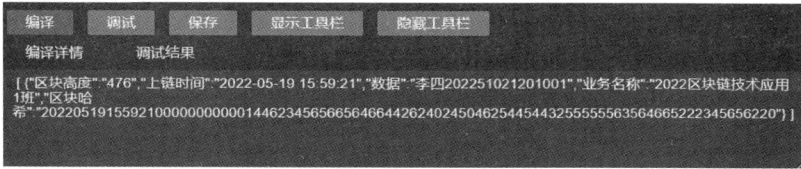

图 8-16 查询结果

(3) 获取区块哈希的明文数据，代码如下：

显示信息(获取区块数据("2022051915592100000000000014462345656656 46644262402450462544544325555556356466522345656220"))

运行结果如图 8-17 所示。

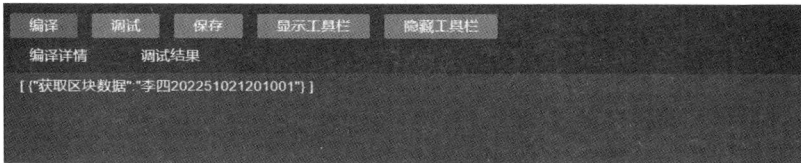

图 8-17 获取区块数据结果

(4) 查询以李四学号"202251021201001"命名的业务名称的区块，代码如下：

显示信息(查询区块("202251021201001 1,区块高度,数据,上链时间,业务名称,区块哈希","业务名称='202251021201001' "))

运行结果如图 8-18 所示。

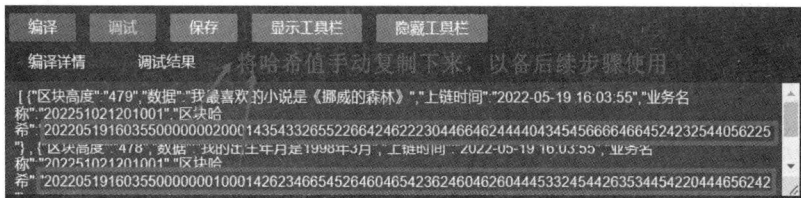

图 8-18 查询区块结果

(5) 获取上一步骤中的区块哈希的明文数据，代码如下：

显示信息(获取区块数据("2022051916035500000002000143543326552266424 6222304466462444404345456666466452423254405625"))

显示信息(获取区块数据("2022051916035500000001000142623466545264604 65423624604626044453324544426353445422044656242"))

显示信息(获取区块数据("20220519160355000000000000014360345255266462 4564236446456255442532545404636345222206466446226"))

运行结果如图 8-19 所示。

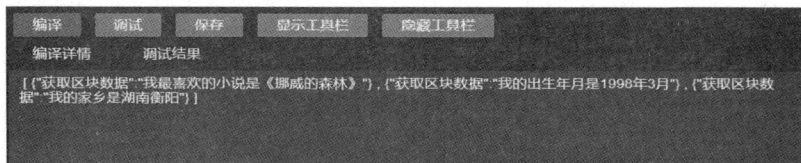

图 8-19 获取区块数据结果

由以上结果可知，基于业务的逻辑隔离联盟链采用同一业务名称和指定前置哈希的方式构建，可以通过任何预言合约服务器连接到联盟链，进行数据上链和查询等操作，链上的所有用户都可以根据需要构建业务数据链并进行查询，业务名称很好地把区块进行了逻辑隔离。

▶ **实践训练**

1. 实训目的
掌握搭建逻辑联盟链的方法。
2. 实训内容
本地搭建基于自己的科目业务逻辑联盟链。

任务 18　物理隔离联盟链的搭建与部署

▶ **知识、技能和素质目标**

- 了解物理隔离联盟链的概念和架构
- 掌握物理隔离联盟链的搭建方法

▶ **任务描述**

本任务在新一代区块链公链网络中，基于物理隔离的原理，通过部署主链节点、智能合约节点、预言合约节点、账本节点、级联账本节点和私有链账本节点等，构建一个具有物理隔离特性的区块联盟链。

物理隔离联盟链的搭建与部署

▶ **知识准备**

一、物理联盟链的节点

1. 公有数据和私有数据

新一代区块链的数据根据访问权限分为私有数据和公有数据。公有数据指全链所有节点都可以访问的数据，一般记录在账本服务器和级联账本服务器中；而私有数据是指仅能够在本节点访问的数据，记录在私有账本服务器中。

2. 节点的类型和功能

新一代区块链物理隔离联盟链由主链服务器、预言合约服务器、智能合约服务器、账本服务器、级联账本服务器和私有账本服务器等 6 种节点共同搭建。其中主链服务器、智能合约服务器、账本服务器和级联账本服务器都可以作为记账节点。主链服务器负责记录用户的白名单和黑名单数据，并管理注册用户、数据上链等业务；智能合约服务器负责记录智能合约及其相关的数据；账本服务器和级联账本服务器都是记录公有上链数据；私有账本服务器负责记录私有数据。一般物理隔离联盟链中会使用账本服务器和级联账本服务器作为联盟链中的子节点。

二、信任节点与账本同步

在新一代区块联盟链中，所有的节点必须指定一个上链节点才能够同步账本，上链节点可以是主链服务器节点或者私有账本服务器节点，根据实际需要在配置文件中进行相应的设置即可。例如，在部署系统时，对智能合约服务器、预言合约服务器等节点配置文件中都将其上链节点设置为主链服务器。任何节点必须成为信任节点之后，才有权限参与区块链网络的记账。只有系统管理员才能添加信任节点，信任节点被添加到联盟链后，各节点通过百分百共识算法自动同步账本。

三、物理隔离的原理

所谓物理隔离，就是通过在不同物理机上部署记账节点的方式来达到数据的物理隔离。在新一代区块链的物理隔离联盟链中，记账节点可以部署在不同的物理机器上，而记账节点与上一级记账节点通过 IP 地址进行关联并且通过信任节点准入机制来获得记账权。

记账节点的物理隔离式部署决定了其账本拥有了物理隔离的特性，因此每个账本都是独立存在，而节点准入机制和账本共识机制又保证了账本的一致性。另外物理隔离的特点使其具有账本私有的特性。假设当前数据指定的上链服务器为联盟链中的私有账本服务器，则上链成功后此区块就成了当前账本服务器的私有数据，物理隔离拓扑如图 8-20 所示。

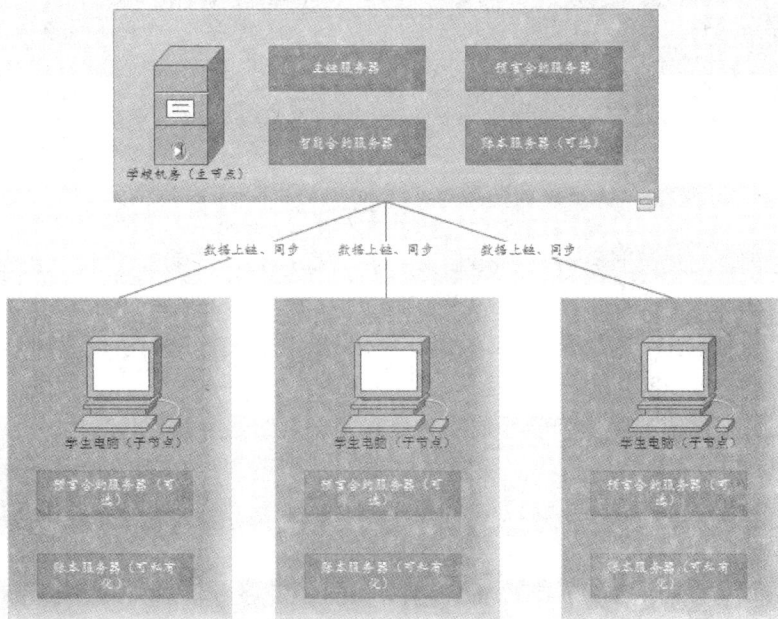

图 8-20　物理隔离拓扑图

任务实施

1. 系统部署

在本机部署主链服务器、智能合约服务器和预言合约服务器作为账本主节点。并在本机部署一个账本服务器作为子节点，部署一个私有账本服务器作为私有节点。

打开电脑 cmd 命令行，输入"ipconfig"指令查询本地电脑的 IP 地址，这里是 192.168.2.95，如图 8-21 所示，请读者使用查询到的实际本机 IP 地址。

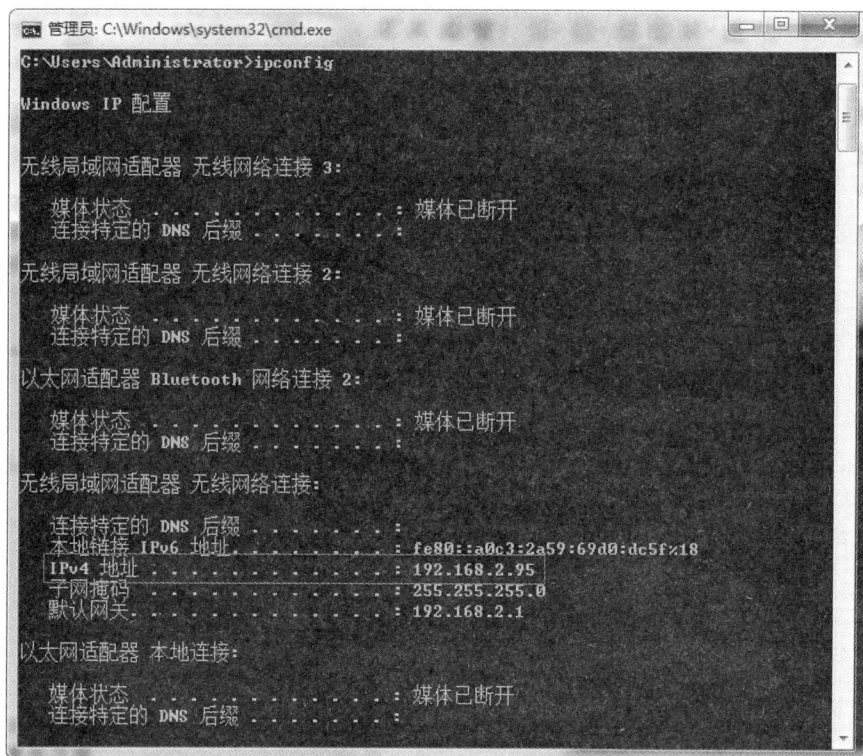

图 8-21　查询本机 IP

因此，本地部署的主链服务器地址及端口号为：192.168.2.95:7007，智能合约服务器地址及端口号为：192.168.2.95:7006，预言合约服务器地址及端口号为：192.168.2.95:7015，账本服务器地址及端口号为：192.168.2.95:7008，私有账本服务器地址及端口号为：192.168.2.95:7011，请读者使用自己的实际 IP 地址。

(1) 本地部署主链服务器、智能合约服务器和预言合约服务器。

请参考项目 4 中任务 7 新一代区块链系统快速部署的方法部署主链服务器、智能合约服务器和预言合约服务器并启动。注意这里使用的 IP 不是"127.0.0.1"，而是"192.168.2.95"。

(2) 删除账本服务器所在文件夹的 dat 文件，如图 8-22 所示，删除成功如图 8-23 所示。

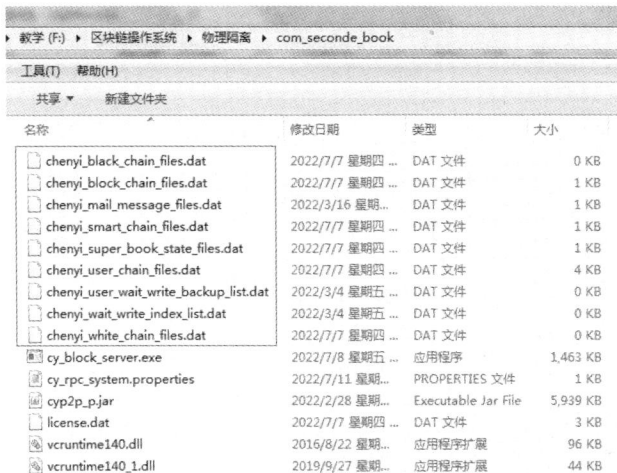

图 8-22　删除数据库文件

图 8-23　删除数据库文件后

(3) 部署账本服务器，配置文件内容如图 8-24 所示。配置完成之后双击该文件夹中的文件"cy_block_server.exe"启动，如图 8-25 所示。

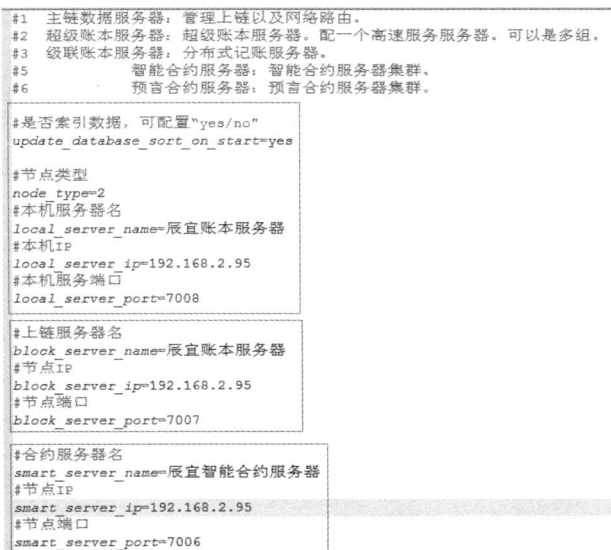

图 8-24　配置账本服务器

图 8-25　启动账本服务器

(4) 部署私有账本服务器，配置文件内容如图 8-26 所示。配置完成之后双击该文件夹中的文件"cy_block_server.exe"启动，如图 8-27 所示。

图 8-26　配置私有账本服务器

图 8-27　启动私有账本服务器

2. 使用主链服务器进行数据上链

(1) 连接预言合约服务器。打开中文编程编辑器，在左上角输入本机部署的预言合约服务器地址，点击连接，如图 8-28 所示。

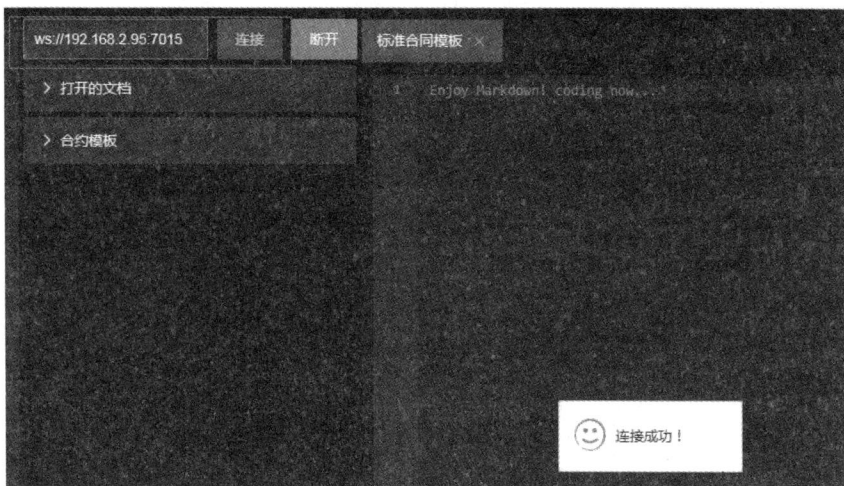

图 8-28　连接预言合约服务器

(2) 使用中文编程函数分别对两段不同的文本进行上链，以自己的"学号"作为业务名称，代码如下。

```
显示信息(上链服务器设置("广东辰宜","192.168.2.95","7007"))
显示信息(合约服务器设置("广东辰宜","192.168.2.95","7006"))
显示信息(登录系统("系统管理员","123456"))
准备数据("这主节点的数据 1")
业务名称("202251021201002")
显示信息(数据上链())
准备数据("这主节点的数据 2")
业务名称("202251021201002")
显示信息(数据上链())
```

运行结果如图 8-29 所示，表示上链成功。

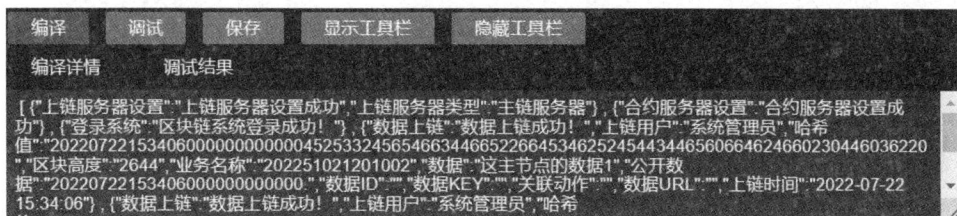

图 8-29　数据上链

3. 主链节点的数据查询和检验

通过查询函数，查询"学号"对应的区块数据，代码如下。

```
显示信息(解析函数返回记录(查询区块("202251021201002 1,返回记录数 0-3,降序,区块哈希,区块高
```

度,上链时间,业务名称,数据 ID,数据,上链用户","上链时间>'2022-07-10' 且 业务名称='202251021
201002' ")))

　　　　显示信息(获取区块数据(返回_区块哈希[0]))

　　　　显示信息(获取区块数据(返回_区块哈希[1]))

　　运行结果如图 8-30 所示,查询到刚刚上链的 2 条数据,从返回结果可以知道主链服务
器对最新的上链数据进行了记账,并产生了最新区块。

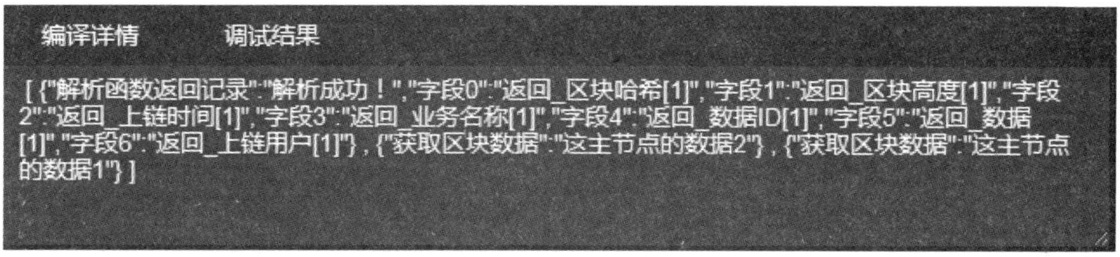

图 8-30　查询结果

4. 本地账本节点数据查询和检验

　　将上链服务器设置成本地的账本服务器,通过查询函数查询"学号"对应的区块
数据。

　　　　显示信息(上链服务器设置("广东辰宜","192.168.2.95","7008"))

　　　　显示信息(解析函数返回记录(查询区块("202251021201002 1,返回记录数 0-3,降序,区块哈希,区块高
度,上链时间,业务名称,数据 ID,数据,上链用户","上链时间>'2022-07-10' 且 业务名称='202251021201002' ")))

　　　　显示信息(获取区块数据(返回_区块哈希[0]))

　　　　显示信息(获取区块数据(返回_区块哈希[1]))

　　运行结果如图 8-31 所示,从查询结果可知本地账本服务器没有参与最新的记账过程,
没有产生与主链服务器相同的最新区块。

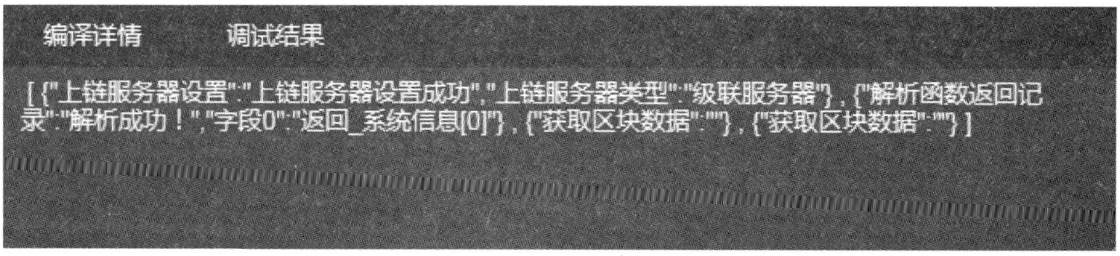

图 8-31　查询结果

5. 增加信任节点

　　将账本服务器设置为信任节点,代码如下。

　　　　显示信息(上链服务器设置("广东辰宜","192.168.2.95","7007"))

　　　　显示信息(合约服务器设置("广东辰宜","192.168.2.95","7006"))

　　　　显示信息(登录系统("系统管理员","123456"))

　　　　显示信息(增加信任节点("可信节点","192.168.2.95"))

　　运行结果如图 8-32 所示。

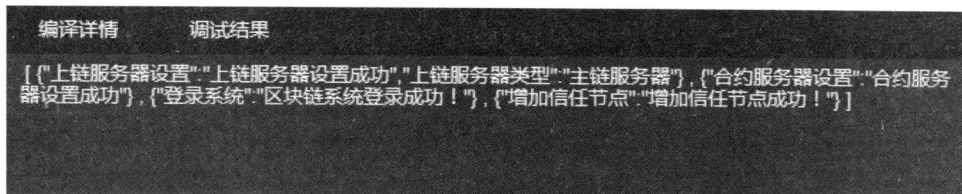

图 8-32 增加信任节点

6. 数据上链和数据查询检验

请重复步骤 2、步骤 3 和步骤 4 的内容完成数据上链、主链节点的数据查询和检验和本地账本节点数据查询和检验，代码如下：

```
准备数据("这主节点的数据 3")
业务名称("202251021201002")
显示信息(数据上链())
准备数据("这主节点的数据 4")
业务名称("202251021201002")
显示信息(数据上链())
//主链节点的数据查询和检验
显示信息(解析函数返回记录(查询区块("202251021201002 1,返回记录数 0-3,降序,区块哈希,区块高度,上链时间,业务名称,数据 ID,数据,上链用户","上链时间>'2022-07-10' 且 业务名称='202251021201002' ")))
显示信息(获取区块数据(返回_区块哈希[0]))
显示信息(获取区块数据(返回_区块哈希[1]))
//本地账本节点数据查询和检验
显示信息(上链服务器设置("广东辰宜","192.168.2.95","7008"))
显示信息(解析函数返回记录(查询区块("202251021201002 1,返回记录数 0-3,降序,区块哈希,区块高度,上链时间,业务名称,数据 ID,数据,上链用户","上链时间>'2022-07-10' 且 业务名称='202251021201002' ")))
显示信息(获取区块数据(返回_区块哈希[0]))
显示信息(获取区块数据(返回_区块哈希[1]))
```

由运行结果可知，本地账本服务器添加为信任节点后参与了最新的记账过程，并产生了最新的区块，如图 8-33 所示。

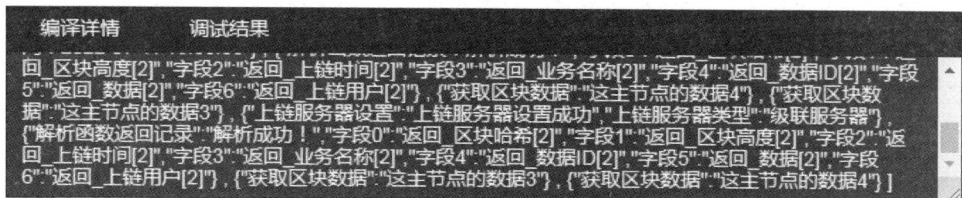

图 8-33 查询结果

7. 账本同步与恢复

把本地账本服务器的数据库删除，并重启账本服务器。

(1) 删除数据库前查看 "chenyi_block_chain_files.dat" 文件的大小，右击文件选择属性即可查看，如图 8-34 所示。

图 8-34　查看数据库大小

(2) 关闭账本服务器，删除全部".dat"的数据库文件，如图 8-35 所示，并双击"cy_block_server.exe"文件重新启动账本服务器，如图 8-36 所示，启动之后，可以看到账本服务器弹出"正在接收账本…"等信息，这是在同步主链服务器的账本，如图 8-37 所示。

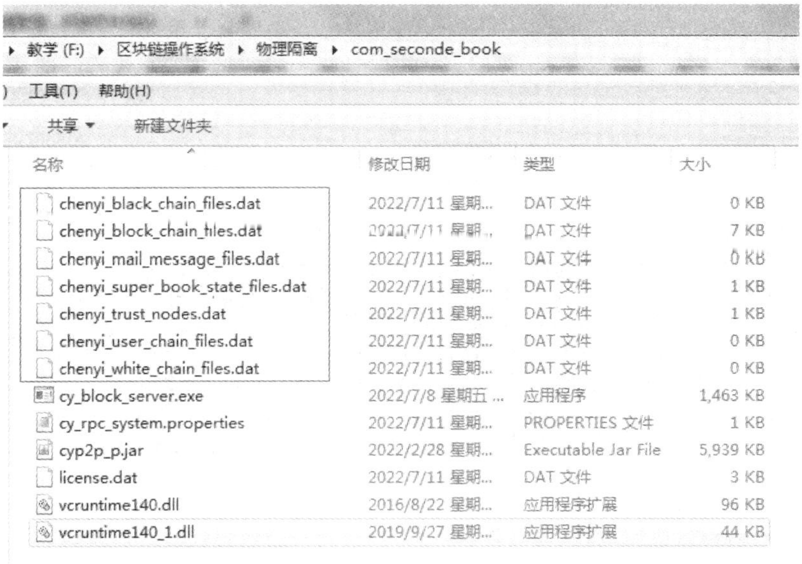

图 8-35　删除数据库

图 8-36 重启账本服务器

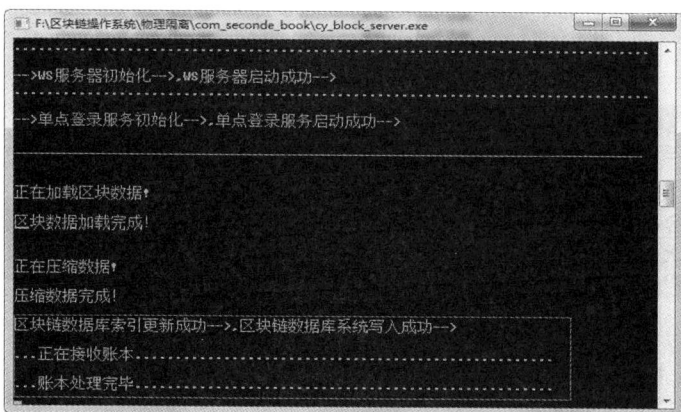

图 8-37 账本接收

(3) 打开账本服务器文件夹 "com_seconde_book"，可以看到之前删除的数据库文件又重新生成了，再次查看 "chenyi_block_chain_files.dat" 文件的大小，如图 8-38 所示。

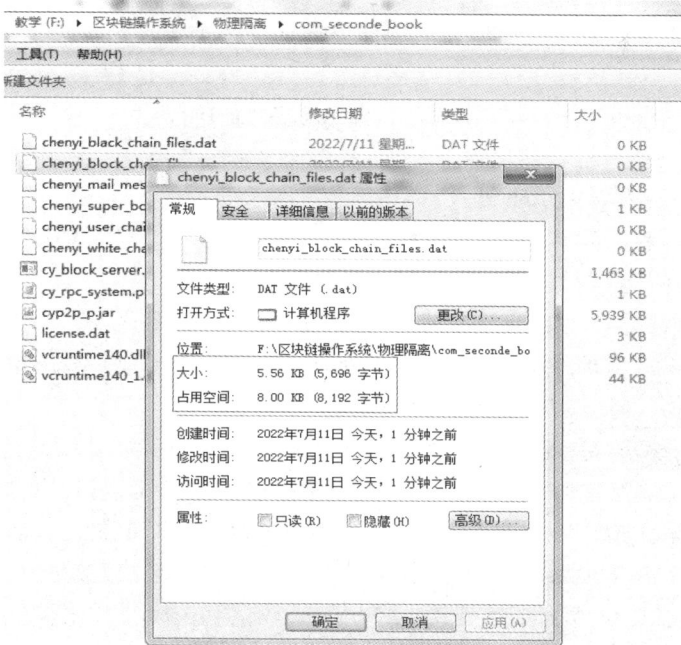

图 8-38 查看账本数据大小

从图 8-38 可知，账本服务器重启后，账本数据库文件重新生成，因为账本服务器启动时从主链服务器同步并恢复了账本。

(4) 查询主链服务器和账本服务器最新区块高度，代码如下：

```
显示信息(上链服务器设置("广东辰宜","192.168.2.95","7007"))
显示信息(合约服务器设置("广东辰宜","192.168.2.95","7006"))
显示信息(登录系统("系统管理员","123456"))
显示信息(解析函数返回变量(获取最新区块高度()))
显示信息(上链服务器设置("广东辰宜","192.168.2.95","7008"))
显示信息(解析函数返回变量(获取最新区块高度()))
```

运行结果如图 8-39 所示，可知，主链服务器和账本服务器的区块高度都为 9，账本已经同步成功。

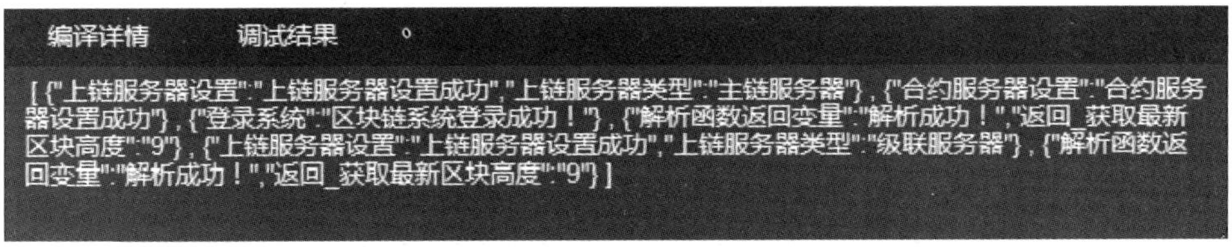

图 8-39　查询最新区块高度

8. 私有数据上链

把上链服务器设置为私有账本服务器，对一条新的数据进行上链，然后参考步骤 3、步骤 4 查询私有账本服务器、主链服务器和账本服务器的最新区块信息，代码如下：

```
显示信息(上链服务器设置("广东辰宜","192.168.2.95","7007"))
显示信息(合约服务器设置("广东辰宜","192.168.2.95","7006"))
显示信息(登录系统("系统管理员","123456"))
//私有账本的数据上链
显示信息(上链服务器设置("广东辰宜","192.168.2.95","7011"))
准备数据("这是一条私有数据")
业务名称("2022510212O1002")
显示信息(数据上链())
//私有账本的数据查询和验证
显示信息(解析函数返回记录(查询区块("2022510212O1002 1,返回记录数 0-3,降序,区块哈希,区块高度,上链时间,业务名称,数据 ID,数据,上链用户","上链时间>'2022-07-10' 且 业务名称='2022510212O1002' ")))
显示信息(获取区块数据(返回_区块哈希[0]))
//主节点的数据查询和验证
显示信息(上链服务器设置("广东辰宜","192.168.2.95","7007"))
显示信息(解析函数返回记录(查询区块("2022510212O1002 1,返回记录数 0-3,降序,区块哈希,区块高度,上链时间,业务名称,数据 ID,数据,上链用户","上链时间>'2022-07-10' 且 业务名称='2022510212O1002' ")))
显示信息(获取区块数据(返回_区块哈希[0]))
//账本子节点的数据查询和验证
```

显示信息(上链服务器设置("广东辰宜","192.168.2.95","7008"))

显示信息(解析函数返回记录(查询区块("202251021201002 1,返回记录数 0-3,降序,区块哈希,区块高度,上链时间,业务名称,数据 ID,数据,上链用户","上链时间>'2022-07-10' 且 业务名称='202251021201002' ")))

显示信息(获取区块数据(返回_区块哈希[0]))

运行结果如图 8-40 所示,从返回结果可知,指定私有账本上链的数据只会存储在私有账本中,主链服务器和账本服务器不参与记账。

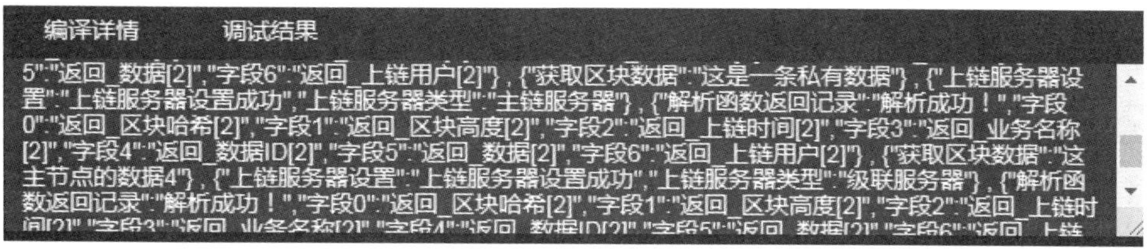

图 8-40　私有账本数据

9. 物理隔离联盟链部署总结

在物理隔离联盟链中,主链服务器和智能合约服务器一般都只有一个,而预言合约服务器、账本服务器、级联账本服务器和私有链服务器可在主链服务器所在物理节点(例如学校机房)进行部署,也可以在与主链服务器不同的物理节点(例如学生上课用的电脑)进行部署,以达到物理隔离的效果。

主链服务器可以看作是联盟链数据记账的起点,账本服务器及级联账本服务器作为主链节点的分支,同步主链上的账本。而私有账本服务器的数据则与主链服务器数据及其它账本数据完全独立,属于私有数据。从顶端的主链节点到分支发展的账本子节点形成树状结构,最终构成了物理隔离联盟链。

实践训练

1. 实训目的
掌握搭建物理联盟链的方法。
2. 实训内容
本地搭建基于班级的全体学生物理联盟链。

小　结

本项目通过 2 个任务介绍了新一代区块链构建逻辑和物理隔离两种类型联盟链的方法。对逻辑隔离联盟链中的前置哈希、业务名称和逻辑隔离原理进行阐述,并搭建了基于业务扩展的轻量级的逻辑隔离联盟链;对物理隔离联盟链中的节点、信任节点与数据同步及物理隔离的原理进行阐述,并搭建了由公有链、私有链组成的物理隔离联盟链,从而掌握新一代联盟链搭建的方法,为后续的场景实验建立了坚实的理论和实践基础。

课 后 习 题

一、单选题

1. 不存在于主链服务器的数据库是(　　)。

A. 账本的私有数据　　　　　　　　B. 用户数据

C. 信任节点数据　　　　　　　　　D. 黑白名单数据

2. 智能合约服务器储存的数据是(　　)。

A. 与智能合约相关的数据　　　　　B. 参与智能合约的用户数据

C. 系统的黑白名单数据　　　　　　D. 通讯数据

3. 账本服务器储存的数据是(　　)。

A. 私有的上链区块数据　　　　　　B. 用户数据

C. 通讯数据　　　　　　　　　　　D. 节点信任数据

4. 主链服务器和账本服务器有可能存在相同的数据，例如(　　)。

A. 用户数据　　　　　　　　　　　B. 主链的上链区块数据

C. 用户数据　　　　　　　　　　　D. 账本的上链区块数据

5. 统一以一个主链服务器作为上链服务器，可以通过(　　)函数来组建逻辑联盟链。

A. 业务名称( )　　B. 支链数据(　　C. 账本隔离( )　　D. 上链隔离( )

6. (　　)属性描述了区块数据的逻辑联盟所属链。

A. 区块高度　　B. 区块哈希　　C. 区块描述　　D. 区块业务

7. 区块数据通过(　　)来保证其可信。

A. CA 签名　　　　　　　　　　　B. 区块高度

C. 预言机的防火墙　　　　　　　　D. 区块的描述

8. 物理隔离的联盟链通过(　　)来进行组建。

A. 私有主链服务器　　　　　　　　B. 指定业务属性进行上链

C. 私有预言合约服务器　　　　　　D. 私有账本服务器

9. 数据上链之前，通过(　　)指令使其私有化。

A. 上链服务器设置( )　　　　　　B. 主链服务器设置( )

C. 业务名称( )　　　　　　　　　D. 发送闪信( )

10. 若有主链服务器、超级账本服务器、二级账本服务器和三级账本服务器，普通情况下其私有化程度最高的是(　　)。

A. 主链服务器　　　　　　　　　　B. 超级账本服务器

C. 二级账本服务器　　　　　　　　D. 三级账本服务器

二、多选题

1. 可以搭建业务逻辑链的服务器有(　　)。

A. 主链服务器　　　　　　　　　　B. 预言合约服务器

C. 超级账本服务器　　　　　　　　D. 级联账本服务器

2. 以下操作具备相同权限的是(　　　)。

A. 资产上链　　　　　　　　　　B. 增加信任节点

C. 激活用户　　　　　　　　　　D. 删除用户

3. 搭建物理隔离联盟链的必须项包括(　　　)。

A. 账本服务器私有化部署

B. 数据上链前指定业务名称

C. 把本地私有化账本添加到信任节点

D. 数据上链前指定上链服务器

4. 以下说法正确的是(　　　)。

A. 每个物理隔离的私有账本服务器可配备一台私有的预言合约服务器。

B. 私有账本服务器在指定其上链服务器为主链服务器的情况下,其也共同参与主链服务器的用户数据的记账。

C. 预言合约服务器中设置循环的开关。

D. 用户可以灵活查询主链账本和私有账本的区块数据。

5. 新一代区块链账本同步过程中涉及(　　　)技术。

A. CA 认证　　　　　　　　　　B. 递归认证

C. RPC 路由分发　　　　　　　　D. 事务处理机制

6. 主链服务器和私有账本服务器具备的共同特征是(　　　)。

A. 都是记账服务器　　　　　　　B. 都可以记录用户数据

C. 都可以记录上链数据　　　　　D. 都可以记录通信消息

7. 预言合约服务器的作用有(　　　)。

A. 进行数据记账　　　　　　　　B. 进行程序编译和运行

C. 语法分析工作　　　　　　　　D. 进行数据的 CA 认证

8. 以下服务器部署配备网闸防火墙的是(　　　)。

A. Web 服务器　　　　　　　　　B. 主链服务器

C. 账本服务器　　　　　　　　　D. 智能合约服务器

9. 逻辑联盟链和物理隔离联盟链的区别是(　　　)。

A. 有没有设置私有的账本服务器

B. 是否具备业务名称指定的上链能力

C. 是否需要设置信任节点

D. 数据查询权限的层次不同

10. 同一主机下模拟部署物理隔离多节点化,以下说法正确的是(　　　)。

A. 主链服务器部署一台即可

B. 账本服务器可设置多台,但要注意端口复用问题

C. 不需要添加信任节点

D. 每个账本都可以建立自己的私有化用户管理体系

三、判断题

1. 私有账本服务器只要部署成功就可以进行账本同步。　　　　　　　　　　(　　　)

2. 私有账本服务器里面不能使用业务名称对数据进行逻辑隔离。　　　（　　）

3. 连接不同预言合约服务器，但连接相同主链服务器的私有账本，其存储的账本数据是没有相同部分的。　　　（　　）

4. CyChain 基础语法中循环逻辑是主链进行管理的。　　　（　　）

5. 主链服务器相比其他服务器记账的类型是最多的。　　　（　　）

6. 各业务名称所在的逻辑链中的相邻区块数据，其区块高度是连续的。　　　（　　）

7. 各业务名称所在的逻辑链中的相邻区块数据，其连续性是通过前置哈希进行关联的。
　　　（　　）

8. 业务逻辑支链和其主从父链是平行关系，互不相干，但可以通过前置哈希对数据路径进行溯源。　　　（　　）

9. 物理隔离的账本数据是完全不一样的。　　　（　　）

10. 层级越深的级联账本服务器，其账本数据量越大，其账本的私有化程度约高。（　　）

四、填空题

1. 私有账本服务器启动前需要通过_____才能从主链同步上链数据。

2. 私有账本服务器里的数据库文件一般由_____和主链数据组成。

3. 逻辑联盟链中的区块数据可以通过_____属性对数据进行逻辑分离。

4. 信任节点添加需要_____权限才能操作。

5. 逻辑联盟链组建过程中，可以通过_____来保证新的支链与所属父支链具备区块连续性。

6. 主链服务器中_____数据是共享的。

7. 没有下级账本服务器的情况下，账本服务器的账本数据是_____。

8. 使用新一代区块链中文编程语言编程时，必须开启和连接_____服务器。

9. 智能合约服务器里的数据库数据量_____主链上数据库的数据量。

10. 通讯消息只储存在_____服务器。

五、简答题

1. 新一代区块链是通过什么方式去隔离数据的，请简述其实现逻辑。

2. 新一代区块链的下级账本服务器是通过什么方式同步上级账本服务器的数据的？其账本私有数据与上级同步下来的数据是否存在冲突？请简述你的理解。

项目 9 智能合约与 DAPP 开发

学习目标

智能合约概念于 1995 年由 Nick Szabo 首次提出，是使用区块链进行交易的一种信息化的合约协议，其通过信息化的方式进行传播，执行之前需要通过相关的验证，允许在没有第三方的情况下进行可信交易，这些交易可追踪且不可逆转。DAPP 是基于区块链技术的去中心化应用，与传统 APP 的不同点在于其数据存储是否为中心化的设备。本项目的学习目标有以下几点：

(1) 了解智能合约的特性；

(2) 熟悉智能合约的编写规则；

(3) 熟悉智能合约的执行规则；

(4) 了解 DAPP 的概念以及特点；

(5) 熟悉新一代区块链系统 DAPP 的开发方法。

知识导图

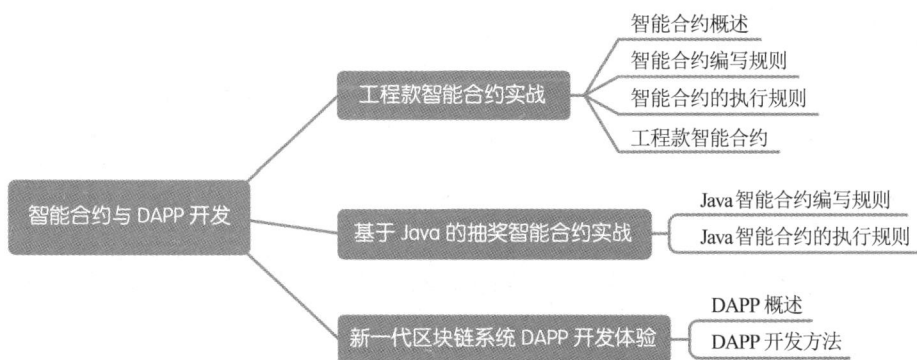

任务 19　工程款智能合约实战

▶ 知识、技能和素质目标

- 了解智能合约的特性
- 熟悉智能合约的编写规则
- 熟悉智能合约的执行规则

▶ 任务描述

本任务基于新一代区块链系统，采用中文编程语言编写工程款智能合同，完成智能合约的部署及交易。

智能合约实战之工程合约

▶ 知识准备

一、智能合约概述

智能合约的实质就是信息化的合同。交易双方在区块链中可以通过智能合约在没有第三方的情况下进行可信交易，且这些交易可追踪并不可逆转。智能合约规则公开透明，合约内的规则以及数据对外部可见，所有交易公开可见，不会存在任何虚假或者隐藏的交易。

智能合约的目的是提供优于传统合约的安全方法，并减少与合约相关的其他交易成本。

二、智能合约编写规则

以太坊采用 Solidity 语言编写智能合约，并通过 Remix 工具编译、运行和部署；在 Hyperledger Fabric 中用链码代替智能合约；新一代区块链系统采用自主研发的一套纯中文编程语言来编写智能合约。新一代区块链系统的智能合约由 4 部分组成，即合约名称、触发机制、预置条件和合约内容，必须严格按照顺序进行合约的编写，智能合约编写模板如下：

智能合约名称(合约名称)

触发机制函数

预置条件函数

合约内容

合约主体

合约上链

1. 智能合约名称

智能合约名称函数指定智能合约名称,是编写智能合约的必填项,参数为智能合约名称。

2. 触发机制函数

触发机制函数包括合约执行时间函数和合约执行次数函数,编写智能合约时二者必须选其一,不能同时使用。合约执行时间函数参数为合约开始执行的时间,格式为"YYYY-MM-DD",设置该函数后合约只能执行一次。合约执行次数函数可以设置合约执行的次数,参数为允许智能合约执行的最大次数。

3. 预置条件函数

预置条件函数指用户授权函数,也是编写合约的必填项,有多少方参与则需要添加多少个该函数。用户授权函数的第一个参数为合约参与方,为必填项,若填写公钥则为指定用户,反之则为泛指用户;第二个参数为变量的定义,为选填项,用于合约内容的判断和合约的执行,可根据实际情况进行参数的增减,如:用户授权("甲方","数值变量 转出金额,数值变量 工程进度")。

4. 合约内容函数

"合约内容"作为合约主体内容的开始标识,无需填写参数、无需添加括号,是整份合约的开始,为必填项。

"合约上链"作为合约的结束标识,无需填写参数,是整份合约的结束,为必填项。

"履约方( )"为选填项,参数要求与用户授权函数中第一个参数的值一致,只能在合约内容中使用,使用后其下面的函数都由该履约方执行,直至履约方更换或合约结束为止。

需要注意的是,不是所有函数都能在合约中使用,例如闪信功能就不能够在智能合约中使用。

例 6-1　编写一个名称为"数据上链合同"的智能合约,执行次数为 1 次,参与方只有 1 个,且没有指定公钥,任何人都可以执行该合约。

```
智能合约名称("数据上链合同")
合约执行次数(1)
用户授权("甲方","文字变量 上链文本")
合约内容
    履约方("甲方")
    准备数据(上链文本)
    显示信息(数据上链())
合约上链()
```

以上代码是标准的智能合约模板,名称为"数据上链合同",执行次数为 1 次,参与方只有 1 个,且没有指定公钥,任何人都可以执行该合约,合约的内容为参与方输入一段文本,合约执行后系统会对输入的文本进行上链,合约执行结果显示如下:

[{"合约上链":"合约上链成功! ","哈希值":"202106031011304444342456446606465223355056634442543452532065534435240445256320","区块高度":"7","业务名称":"cy_chain"}]

三、智能合约的执行规则

新一代区块链系统通过合约授权函数执行智能合约，参数为合约的哈希值，若合约的用户授权函数中设置了变量，则参数中需要根据变量的数量填写对应的值。当合约中所有参与方都授权合约后才会生效，且只有最后一个授权合约的参与方能看到执行合约后生成的哈希值。合约授权的条件受合约上链时的设置控制，包括执行方是否有指定、触发机制的设置和预置条件的设置等。

登录李四账号，将例 6-1 的智能合约进行授权执行，代码如下：

```
登录系统("李四","123456")
显示信息(解析函数返回变量(取出合约哈希()))
文字变量 合约哈希 = 返回_合约哈希
显示信息(合约授权(返回_合约哈希,"上链文本='这是智能合约执行的数据上链'"))
```

合约执行结果显示如下：

[{"合约授权":"授权合约成功！"} , {"系统返回_0":"执行合约成功！"} , {"数据上链":"数据上链成功！","哈希值":"202106031012024434344556056502450624024424624445623263562263424622222254650622 2","区块高度":"8","业务名称":"cy_chain"}]

▶ 任务实施

编写一个工程款智能合约，张三向李四转入 1000 元工程款，并通过授权函数执行该合约，实施过程如下。

1. 合约编写

工程款智能合约代码如下：

```
上链服务器设置("广东辰宜","192.168.2.7","7007")
合约服务器设置("广东辰宜","192.168.2.7","7006")
登录系统("张三","123456")
智能合约名称("工程付款合同")
合约执行次数(1)
用户授权("甲方","数值变量  转出金额")
用户授权("乙方","数值变量  转入金额")
合约内容
    履约方("甲方")
    正确则执行  转入金额=转出金额
        交易金额("甲方","乙方",数值转文字(转入金额),"工程合同款")
    条件结束
合约结束
合约上链()
```

2. 合约执行

合约执行代码如下：

```
显示信息(解析函数返回变量(取出合约哈希()))
文字变量 合约哈希 = 返回_合约哈希
登录系统("张三","123456")
显示信息(合约授权(合约哈希,"转出金额 = 1000"))
登录系统("李四","123456")
显示信息(合约授权(合约哈希,"转入金额 = 1000"))
```

实践训练

1. 实训目的

熟悉新一代区块链系统智能合约的编写和执行规则。

2. 实训内容

编写一份智能合约，合约要求有 3 方参与(甲方、乙方、丙方)，当 3 方输入的值一致时甲方转账至乙方。

任务 20   基于 Java 的抽奖智能合约实战

知识、技能和素质目标

- 熟悉 Java 智能合约的编写规则
- 熟悉 Java 智能合约的执行规则

任务描述

本任务基于新一代区块链系统，采用 Java 编写抽奖智能合约，完成智能合约的部署及抽奖过程，最终把抽奖结果上链。

抽奖活动是常见的营销方式之一，但传统的抽奖方式存在难以保证公平性和透明度的问题。本任务基于新一代区块链系统，采用 Java 编写抽奖智能合约，完成智能合约的部署及抽奖过程，最终把抽奖结果上链，可以有效解决这些问题，并提高抽奖活动的效率和参与度。本任务旨在帮助学生掌握 Java 语言和智能合约编写的基本技能，通过实战项目，学习如何设计和实现基于 Java 的抽奖智能合约。同时，本任务也可以促进学生对区块链技术应用场景的理解和思考，培养学生创新精神和服务意识。

知识准备

一、Java 智能合约编写规则

新一代区块链系统除了自带的一套纯中文编程语言以外，还支持使用 Java、Python 等多种语言编写智能合约。其中 Java 智能合约由 6 部分组成，包括合约名称、触发机制、预置条件、合约内容、合约内容结束标志以及合约结束标识，必须严格按照顺序进行合约的编写，智能合约编写模板如下：

```
//设置合约名称
contractName(......)
//触发机制-设置合约执行次数
contractExeTimes(......)
//触发机制-设置合约执行时间
contractExeTime(......)
//预置条件-设置用户授权要素
userWarrant(......)
//设置合约内容
contractBegin("executeUser(......)......")
//合约结束标志
contractEnd(......)
```

1. 智能合约名称

智能合约名称函数"contractName()"指定智能合约名称，是编写智能合约的必填项，参数为智能合约名称。

2. 触发机制函数

触发机制函数包括合约执行时间函数"contractExeTime( )"和合约执行次数函数"contractExeTimes( )"，编写智能合约时二者必须选其一，二者不能同时使用。合约执行时间函数参数为合约开始执行的时间，格式为"YYYY-MM-DD"，设置该函数后合约只能执行一次；合约执行次数函数可以设置合约执行的次数，参数为允许智能合约执行的次数。

3. 预置条件函数

预置条件函数指用户授权函数"userWarrant( )"，也是编写合约的必填项，有多少方参与则需要添加多少个该函数。用户授权函数的第一个参数为合约的参与方，为必填项，若填写公钥则为指定用户，反之则为泛指用户；第二个参数为变量的定义，为选填项，用于合约内容的判断和合约的执行，可根据实际情况进行参数的增减，如：用户授权("甲方",数值变量 转出金额,数值变量 工程进度)。

4. 合约内容函数

合约内容"contractBegin( )"是合约主体内容的函数，其只有一个参数，此参数包括了整份合约的内容。

履约方"executeUser( )"为选填项，其以 String 类型作为"contractBegin( )"的形参的一部分。"executeUser( )"参数要求与用户授权函数中第一个参数的值一致，只能在合约内容中使用，使用后下面的函数都由该履约方执行，直至履约方更换或合约结束为止。

需要注意的是，不是所有函数都能在合约内容中使用，例如闪信功能就不能够在智能合约内容中使用。

5. 合约结束标志

"合约结束"作为合约内容的结束标识，无需填写参数、无需添加括号，是整份合约内容的结束，为必填项。

6. 合约上链

"合约上链"作为合约的结束标识，无需填写参数，是整份合约的结束，为必填项。

例 6-2　编写一个名称为"数据上链合同"的智能合约，执行次数为 1 次，参与方只有 1 个，且没有指定公钥，任何人都可以执行该合约。

```
// 智能合约名称("数据上链合同")
String contractName = "数据上链合同";
// 合约执行次数(1)
Integer contractExeTimes = 1;
/**
 * 预置条件(用户授权)
 * 用户授权("甲方","文字变量 上链文本")
 */
Map<String, List<String>> preConditions =    new HashMap<>(1);
preConditions.put("甲方", Arrays.asList("文字变量 上链文本"));


// 合约内容
String contractContent = new StringBuffer(
    // 履约方("甲方")
    BasicApiTemple.executeUser("甲方"))
    .append("\n"))
     /**
      * 文本上链
      * 准备数据("上链文本")
      * 显示信息(数据上链())
      */
    .append(BasicApiTemple.textOnChain("上链文本", null, null, null, null, null, null, null))
    .toString();
// 合约上链
String contractOnChain = CyChainApi.contractOnChain(null, contractName, null, contractExeTimes,
preConditions, contractContent);
    System.out.print(contractOnChain);
```

以上代码使用标准的智能合约模板，名称为"数据上链合同"，执行次数为 1 次，参与方只有 1 个，且没有指定公钥，任何人都可以执行该合约，合约的内容为参与方输入一段文本，合约执行后系统会对输入的文本进行上链，合约执行结果显示如下：

[{"合约上链":"合约上链成功！","哈希值":"20220510102816000000000001445433245623663446542266506662524324344653606462442423044546622 0","区块高度":"237","业务名称":"cy_chain","合约名称

":"数据上链合同","触发条件":"合约执行次数(1)","预置条件":"55So5oi35o6I5p2DKCfnlLLmlrknLCfmloflrZflj5jph48g5LiK6ZO+5paH5pysJyk=","合约文本":"5bGl57qm5pa5KCLnlLLmlrkiKQrlh4blpIfmlbDmja4oIuS4iumTvuaWh+acrCIpCuaYvuekuuS/oeaBryjmlbDmja7kuIrpk74oKSkK"}]

二、Java 智能合约的执行规则

新一代区块链系统 Java 智能合约编写时通过合约授权函数 "contractWarrant()" 执行智能合约，参数为合约的哈希值。若合约的用户授权函数中设置了变量，则参数中需要根据变量的数量填写对应的值，当合约中所有参与方都授权合约后才会生效，且只有最后一个授权合约的参与方能看到执行合约后生成的哈希值。合约授权的条件受合约上链时的设置控制，包括执行方是否有指定、触发机制的设置和预置条件的设置等。

登录李四账号，将例 6-2 的智能合约进行授权执行，代码如下：

```
// 登录系统("李四","123456")
String login = CyChainApi.login("李四", "123456");
System.out.print(login);
// 取出合约哈希
String getContractHash = BasicApiTemple.getLatestContractHash();
// 解析函数返回变量
String parseFuncReturnVar = BasicApiVarTemple.parseFuncReturnVar(get ContractHash);
//显示信息(解析函数返回变量(取出合约哈希()))
String parseContractHash = CyChainApi.printVar(parseFuncReturnVar);
// 合约授权参数值
String parameters = "上链文本 ='这是智能合约执行的数据上链'";
// 显示信息(合约授权(contractHash, parameters))
String contractWarrant = CyChainApi.contractWarrant(contractHash, parameters);
System.out.print(contractWarrant);
```

结果显示：

[{"合约授权":"授权合约成功！"} , {"执行合约":"执行合约成功！","合约执行结果哈希":"2022051010470200000001000152563545552463464305204554425665664534005666620340252046444445656","区块高度":"242","业务名称":"cy_chain"} , {"数据上链":"数据上链成功！","上链用户":"李四","哈希值":"20220510104702000000000001446533465542654444402344445263224620352465546532454523454656255"," 区块高度":"241","业务名称":"cy_chain","数据":"上链文本","公开数据":"00012022-05-10 10:47:0242444","数据 ID":"","数据 KEY":"","关联动作":"","数据 URL":"","上链时间":"2022-05-10 10:47:02"}]

▶ 任务实施

编写一个抽奖智能合约，合约内容对抽奖逻辑进行实现，并通过授权函数执行该合约，实施过程如下。

1. 合约编写

抽奖智能合约内容代码如下：

```
//上链服务器设置
String chainServer = CyChainApi.chainServer("广东辰宜", "81.71.126.133", "7007");
//合约服务器设置
String contractServer = CyChainApi.contractServer("广东辰宜", "81.71.126.133", "7006");
//登录系统
String login = CyChainApi.login("张三", "123456");
//业务名称
String businessName = "抽奖";
//合约名称
String contractName = "抽奖合约";
//合约执行次数
Integer contractExeTimes = 0;
// 预置条件
Map<String, List<String>> preConditions =    new HashMap<>(1);
preConditions.put("甲方", Arrays.asList("数值变量 抽奖数字"));
// 合约内容
String executeUser = BasicApiTemple.executeUser("甲方") + "\n";
// 正确则执行
String ifExecuteBody = new StringBuffer()
    .append(BasicApiVarTemple.prepare("抽奖数字") + "\n")
    .append(BasicApiTemple.print("抽奖成功") + "\n")
    .append(BasicApiTemple.dataOnChain())
    .toString();
// 错误则执行
String ifErrorBody = new StringBuffer()
    .append(BasicApiVarTemple.prepare("抽奖数字") + "\n")
    .append(BasicApiTemple.print("抽奖失败") + "\n")
    .append(BasicApiTemple.dataOnChain())
    .toString();
String ifElseExecute = BasicApiTemple.ifElseExecute("抽奖数字=21", ifExecuteBody, ifErrorBody);
// 合约内容拼接
String contractContent = new StringBuffer()
    .append(executeUser)
    .append(ifElseExecute)
    .toString();
// 合约上链
String contractOnChain = CyChainApi.contractOnChain(businessName, contractName, null, contractExe
Times, preConditions, contractContent);
// 取出合约哈希
String getContractHash = BasicApiTemple.getLatestContractHash();
```

```
// 解析函数返回变量
String parseFuncReturnVar = BasicApiVarTemple.parseFuncReturnVar(get ContractHash);
// 显示信息(解析函数返回变量(取出合约哈希()))
String parseContractHash = CyChainApi.printVar(parseFuncReturnVar);
// 文字变量
String stringVariable = CyChainApi.stringVariableVar("合约哈希", "返回_合约哈希");
// 显示信息("合约哈希="+合约哈希)
String printContractHash = CyChainApi.printVar("\"合约哈希=\"+合约哈希");
// 合约授权参数值
String parameters = "\"抽奖数字 = 21\"";
// 合约授权
String contractWarrant = CyChainApi.contractWarrantVar("合约哈希", parameters);
// 函数模板拼接
String command = new StringBuffer()
    .append(chainServer)
    .append(contractServer)
    .append(login)
    .append(contractOnChain)
    .append(parseContractHash)
    .append(stringVariable)
    .append(printContractHash)
    .append(contractWarrant)
.toString();
System.out.print(command);
// 发送并打印执行结果
CyChainApi.send().stream()
        .forEach(System.out::println);
// 断开连接
CyChainApi.closeBlocking();
```

结果显示如下：

[{"上链服务器设置":"上链服务器设置成功"} , {"合约服务器设置":"合约服务器设置成功"} , {"登录系统":"区块链系统登录成功！"} , {"合约上链":"合约上链成功！","哈希值":"202205101547190000000000016625422240655553650252205662652352203206652356426522255066555465","区块高度":"244","业务名称":"抽奖","合约名称":"抽奖合约","触发条件":"合约执行次数(0)","预置条件":"55So5oi35o6I5p2DKCfnlLLmlrknLCfmlbDlgLzlj5jph48g5oq95aWW5pWw5a2XJyk=","合约文本":"5bGl57qm5pa5KCLnlLLmlrkiKQrmraPnoa7liJnmiafooYwg5oq95aWW5pWw5a2XPTIxCuWHhuWkh+aVsOaNrijmir3lpZbmlbDlrZcpCuaYvuekuuS/oeaBrygi5oq95aWW5oiQ5YqflikK5pWw5o2u5LiK6ZO+KCkkK6ZSZ6K+v5YiZ5omn6KGMCuWHhuWkh+aVsOaNrijmir3lpZbmlbDlrZcpCuaYvuekuuS/oeaBrygi5oq95aWW5aSx6LSlIikK5pWw5o2u5LiK6ZO+KCkkK5p2h5Lu257uT5p2fCg=="}]

2. 合约执行

合约执行代码如下：

```
// 登录系统
String login = CyChainApi.login("张三", "123456");
System.out.print(login );
// 发送并打印执行结果
System.out.println(CyChainApi.send(login ));
// 取出合约哈希
String getContractHash = BasicApiTemple.getLatestContractHash();
// 解析函数返回变量
String parseFuncReturnVar = BasicApiVarTemple.parseFuncReturnVar(get ContractHash);
//显示信息(解析函数返回变量(取出合约哈希()))
String parseContractHash = CyChainApi.printVar(parseFuncReturnVar);// 合约授权参数值
String parameters = "抽奖数字　= 123";
// 合约授权
String contractWarrant = CyChainApi.contractWarrant(contractHash, parameters);
System.out.print(contractWarrant);
// 发送并打印执行结果
System.out.println(CyChainApi.send(contractWarrant));
```

运行结果如下：

[{"合约授权":"授权合约成功！"} , {"执行合约":"执行合约成功！","合约执行结果哈希":"20220510 1552160000000100016424422666335654645363053446360562430546646555565555242566245340"," 区块高度":"246","业务名称":"抽奖"} , {"系统返回":"抽奖失败"}]

▶ 实践训练

1. 实训目的

熟悉新一代区块链系统 Java 智能合约的编写和执行规则。

2. 实训内容

编写一份智能合约，合约要求把授权的两段文字信息进行上链操作。

任务 21　　新一代区块链系统 DAPP 开发体验

▶ 知识、技能和素质目标

- 了解 DAPP 的概念和特点
- 熟悉新一代区块链系统 DAPP 开发方法

▶ 任务描述

本任务体验新一代区块链系统 DAPP 开发过程,完成简易成绩查询 DAPP 程序的开发。

[二维码]

新一代区块链系统 DAPP 开发体验

▶ 知识准备

一、DAPP 概述

1. DAPP 简介

DAPP 就是去中心化应用,也叫做分布式应用,指在底层区块链平台衍生的各种分布式应用,是区块链的服务提供形式。DAPP 之于区块链就如同 APP 之于 IOS 和 Android,APP 就是把一段程序放到你手机的中,而 DAPP 也是把一段程序放到你的手机,DAPP 甚至可以没有程序,就是一个网页页面。DAPP 与 APP 并不是取代关系,而是并存关系。因为 DAPP 直接和区块链技术挂钩,和交易数据、交易资产有关联,和不可篡改去中心化存储有关联,随着区块链技术越来越普及且被应用于各种业务场景中,DAPP 将越来越受重视。目前已有的 DAPP 有基于以太坊的加密猫游戏、imToken 钱包等。

2. DAPP 特点

DAPP 前端与普通的 APP 或者 Web 应用一致,后端基于区块链分布式存储。DAPP 通过智能合约取出数据,且 DAPP 的运营也是去中心化的。DAPP 主要包括以下特点:DAPP 运行在 P2P 网络中,不依赖中心服务器,不需要专门的通信服务器传递消息,也不需要中心数据库来记数据,只要区块链不崩溃,DAPP 就可以一直在线;DAPP 通过网络节点去中心化操作,数据可能存储在手机、个人电脑、服务器等任意节点上,DAPP 代码开源,任何人都可以查看原始代码,执行过程对所有人开放。

二、DAPP 开发方法

新一代区块链系统支持 DAPP 开发,辰宜 AI 区块链实训平台界面便是新一代区块链系统 DAPP 的典型应用,其界面如图 9-1 所示。

DAPP 的开发流程与普通 APP 的开发流程大致是一样的。开源的 DAPP 开发首先编写智能合约,并进行合约部署;然后开发 DAPP 前端;最后开发后端,通过后端与界面进行交互,也可以直接省略此步骤,直接与智能合约交互。

在新一代区块链系统中,DAPP 开发相对简便、省事很多,新一代区块链系统提供了专门用来进行区块链与外界互联的预言服务器,因此,可以通过预言合约 WS 服务器(Web

Socket 服务器），采用 Soket 技术与外界进行通信，新一代区块链系统 DAPP 正是基于预言合约服务器开发的。DAPP 的开发包括前端及后端，由于本课程并不涉及前端知识，因此，任务实施部分只是做一个简易的 DAPP 后端，效果在控制台显示。

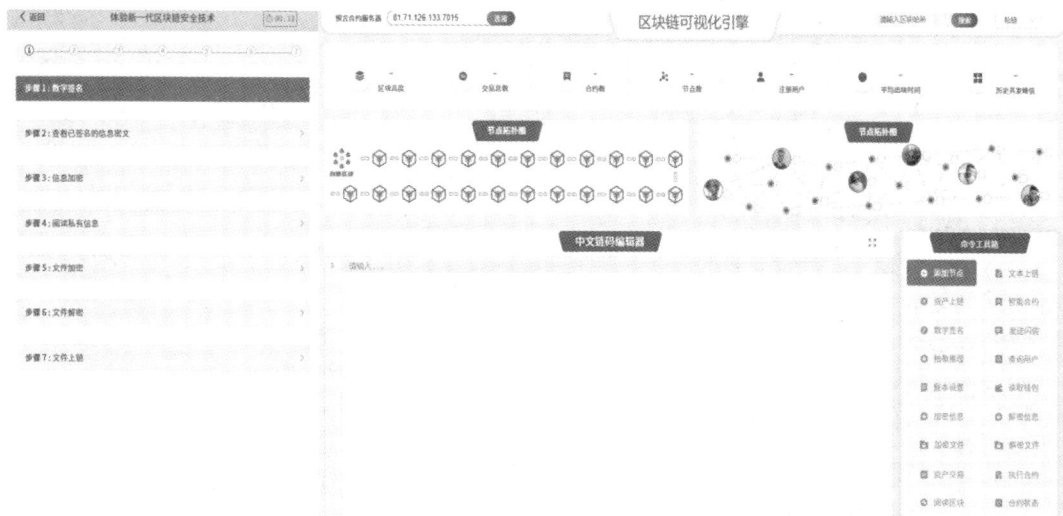

图 9-1 辰宜 AI 区块链实训平台界面

任务实施

编写一个简易成绩查询 DAPP 程序，将全班同学的成绩数据上链并查询，这里为了演示方便，仅以 2 位同学的语文、数学和英语成绩上链，读者们可根据实际需要增加数据量。

(1) 连接到预言合约服务器，如图 9-2 所示。

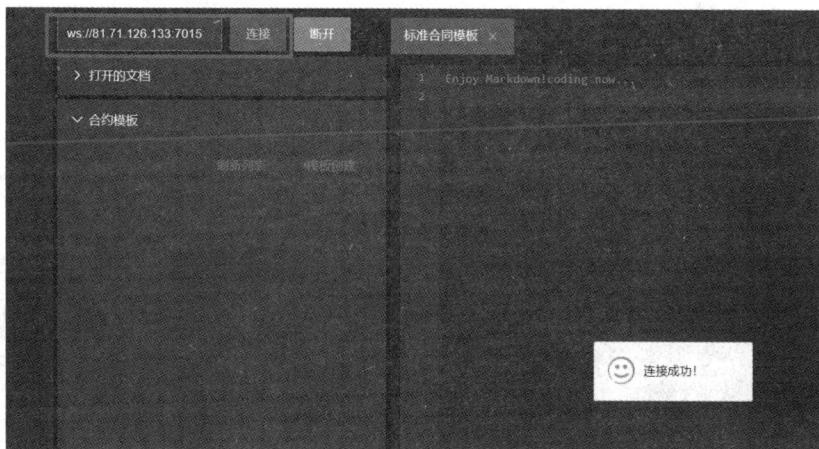

图 9-2 连接预言合约服务器

(2) 准备数据，编写 DAPP 程序，代码如下：

```
显示信息(上链服务器设置("广东辰宜","81.71.126.133","7007"))
显示信息(合约服务器设置("广东辰宜","81.71.126.133","7006"))
```

```
显示信息(登录系统("张三","123456"))
公开数据("张三数学成绩")
准备数据("90")
业务名称("成绩")
显示信息(数据上链())
公开数据("张三语文成绩")
准备数据("80")
业务名称("成绩")
显示信息(数据上链())
公开数据("张三英语成绩")
准备数据("85")
业务名称("成绩")
显示信息(数据上链())
公开数据("李四英语成绩")
准备数据("86")
业务名称("成绩")
显示信息(数据上链())
公开数据("李四语文成绩")
准备数据("88")
业务名称("成绩")
显示信息(数据上链())
公开数据("李四数学成绩")
准备数据("99")
业务名称("成绩")
显示信息(数据上链())
```

(3) 执行程序。

执行该程序结果如图 9-3 所示，可以看到数据已成功上链。因为控制台显示框较小，此图只体现第一条数据的上链情况，读者可通过右侧的下拉框查看，所有数据都是上链成功的，并能看到每条数据的上链情况。

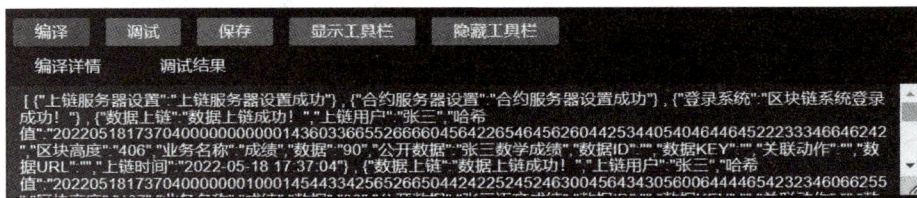

图 9-3　程序执行结果

(4) 查询李四的语文成绩，代码如下：

```
显示信息(查询区块("成绩 1,公开数据,数据","公开数据='李四语文成绩'"))
```

运行结果如图 9-4 所示。查询得到李四的语文成绩为 88 分。

图 9-4   查询结果

读者们可试着查看李四同学的其他科成绩或者别的同学的科目成绩。

小　　结

本项目介绍了新一代区块链技术的智能合约及 DAPP 的开发方法，对新一代区块链智能合约的概念、编写规则和执行方法进行了详细的阐述，并分别以中文编程语言和 Java 两种语言来实现智能合约的编写，最后通过编写一个简单的 DAPP 程序展示了新一代区块链 DAPP 的开发流程及方法。

课 后 习 题

一、单选题

1. 能对智能合约进行上链的是(　　)。

A. 智能合约上链　　　　　　　　　B. 合约上链

C. 数据上链　　　　　　　　　　　D. 资产上链

2. 能对智能合约进行授权的是(　　)。

A. 智能合约执行　　　　　　　　　B. 合约执行

C. 合约授权　　　　　　　　　　　D. 智能合约授权

3. 设置用户授权的函数需要填写(　　)个参数。

A. 0　　　　　　　B. 1　　　　　　　C. 2　　　　　　　D. 3

4. 设置智能合约名称的函数需要填写(　　)个参数。

A. 0　　　　　　　B. 1　　　　　　　C. 2　　　　　　　D. 3

5. 设置履约方的函数需要填写(　　)个参数。

A. 0　　　　　　　B. 1　　　　　　　C. 2　　　　　　　D. 3

6. 设置合约执行时间的函数需要填写(　　)个参数。

A. 0　　　　　　　B. 1　　　　　　　C. 2　　　　　　　D. 3

7. 设置合约执行次数的函数需要填写(　　)个参数。

A. 0　　　　　　　B. 1　　　　　　　C. 2　　　　　　　D. 3

8. 在使用智能合约的授权函数后返回的第一个结果键是(　　)。

A. 合约授权　　　　　　　　　　　B. 合约执行

C. 智能合约授权　　　　　　　　　D. 智能合约执行

9. 进行合约上链操作前的必填函数是(　　)。

A. 业务名称　　　B. 准备数据　　　C. 用户授权　　　D. 指定用户

10. "合约授权"函数的必填参数是(　　)。

A. 公钥　　　　　B. 私钥　　　　　C. 账号　　　　　D. 合约哈希

二、多选题

1. 在使用时不需要添加括号的是(　　)。

A. 合约内容　　B. 数据上链　　C. 文件上链　　D. 合约上链

2. 可设置启用循环语句的服务器有(　　)。

A. 主链数据服务器　　　　　　B. 超级账本服务器

C. 智能合约服务器　　　　　　D. 预言合约服务器

3. 以下函数中，在使用"合约上链"函数前有效的是(　　)。

A. 准备数据　　　　　　　　　B. 合约执行时间

C. 合约执行次数　　　　　　　D. 用户授权

4. 关于智能合约的说法，以下说法正确的是(　　)。

A. 允许设置指定用户进行授权

B. 允许同时设置合约执行时间和合约执行次数

C. 允许"用户授权"函数设置多个参数

D. 允许设置业务名称

5. 关于智能合约执行的说法，以下说法正确的是(　　)。

A. 参数只需要填写合约哈希值

B. 只有所有参与方都对合约授权了合约才运行

C. 任何人都被允许合约授权

D. 只有最后一个授权方才知道合约是否执行成功

三、判断题

1. "用户授权"函数允许设置的变量名称相同。　　　　　　　　　　　　(　　)

2. 智能合约编程支持发闪信。　　　　　　　　　　　　　　　　　　　(　　)

3. 智能合约编程支持循环语句。　　　　　　　　　　　　　　　　　　(　　)

4. 任何人用户都可以进行智能合约程序的编写。　　　　　　　　　　　(　　)

5. 智能合约支持设置无数个参与方。　　　　　　　　　　　　　　　　(　　)

6. 当所有参与方都对同一份合约进行授权后，该合约才会执行。　　　　(　　)

7. 智能合约支持同时设置合约执行时间和合约执行次数。　　　　　　　(　　)

四、填空题

1. 设置合约开始执行时间的函数是_____。

2. 设置合约允许的执行次数的函数是_____。

3. 授权合约后返回的第一个结果键是_____。

4. 设置智能合约名称的函数是_____。

5. "合约授权"函数的第一个参数为_____。

五、简答题

1. 请列举 6 个与智能合约编程相关的函数。

2. 简要描述合约授权的注意事项。

项目 10　通信与人工智能技术

学习目标

随着人工智能、云计算、大数据和区块链技术在各个领域的推广和应用，信息通信业正加速迈向大融合、大变革，新一代信息通信融合多种技术，有力促进了信息产业新模式、新业态的发展，不断深刻改变人们的生产生活方式，大力推动了经济社会的持续发展。本项目讲述区块链中的通信与人工智能技术，学习目标有以下几点：

(1) 了解 P2P 通信协议；

(2) 熟悉新一代区块链系统实时通信系统；

(3) 掌握新一代区块链系统邮信常用操作方法；

(4) 掌握抽象推理的原理；

(5) 熟悉精准推送命令函数的使用。

知识导图

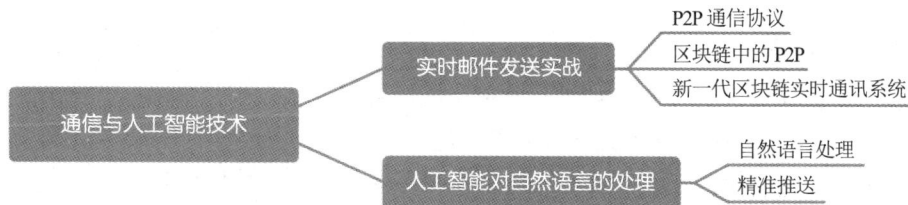

任务 22　邮件发送实战

知识、技能和素质目标

- 了解 P2P 通信协议
- 了解 P2P 协议在区块链中的使用方法
- 熟悉邮件传输协议，掌握电子邮件的常用操作方法

任务描述

本任务基于新一代区块链系统，用户张三通过实时通讯的相关函数给用户李四发送邮信，通知他执行他和王五的智能合约，从而体验新一代区块链实时通讯的功能。

邮件发送实战

知识准备

一、P2P 通信协议

1. P2P 的概念

P2P 对等式网络又称点对点技术，是无中心服务器、依靠用户群(peers)交换信息的互联网体系。与有中心服务器的中央网络系统不同，对等网络的每个用户端既是一个节点，也具有服务器的功能，任何一个节点无法直接找到其他节点，必须依靠户群进行信息交流。

2. P2P 的优势

P2P 通信方式无需中心节点，具有离散性、可伸缩性和高容错性等特点，与客户端/服务器形式的通讯方式对比，具有以下 4 点优势。

(1) P2P 网络可在网络的中央及边缘区域共享内容和资源，而在客户端/服务器网络中，通常只能在网络的中央区域共享内容和资源；

(2) P2P 网络由对等方组成，易于扩展，且比单台服务器更加可靠。单台服务器会受制于单点故障，容易在网络使用率偏高时达到使用瓶颈。

(3) P2P 网络由对等方组成，可共享处理器、整合计算资源以执行分布式计算任务，而不只是单纯依赖一台计算机，如一台超级计算机。

(4) P2P 中用户可直接访问对等计算机上的共享资源，网络中的对等方可直接在本地存

储器上共享文件，而不必在中央服务器上进行共享。

3. P2P 网络模型

P2P 网络不同于传统的客户端/服务端(client/server)结构，P2P 网络中的每个节点既可以是客户端也可以是服务端，因此不适合使用 HTTP 协议进行节点之间的通信，一般直接使用 Socket 进行网络编程，协议可使用 TCP 或者 UDP 协议。P2P 主要存在集中式、纯分布式、混合式和结构化模型四种不同的网络模型，也代表着 P2P 技术的四个发展阶段。

1) 集中式网络模型

集中式网络模型即存在一个中心节点保存了其他所有节点的 IP 地址、端口、节点资源等索引信息，如图 10-1 所示。集中式路由具有结构简单、实现容易的优点，但它的缺点也很明显，由于中心节点需要存储所有节点的路由信息，当节点规模扩展时，很容易出现性能瓶颈，而且也存在单点故障问题。

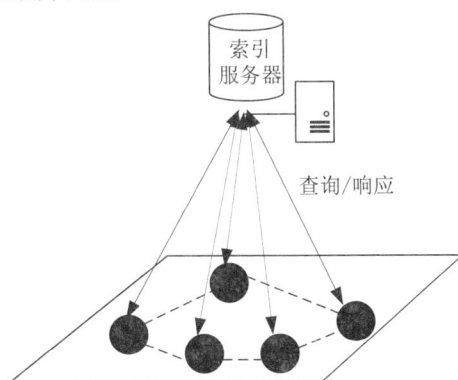

图 10-1 集中式模型

2) 纯分布式网络模型

纯分布式网络模型移除了中心节点，通过在新加入节点和 P2P 网络中的某个节点间随机建立连接通道，形成随机拓扑结构，从而在 P2P 节点之间建立随机网络。新节点加入该网络的实现方法也有很多种，最简单的方法为随机选择一个已经存在的节点并建立邻居关系，新节点与邻居节点建立连接后，采用泛洪机制进行全网广播，让整个网络知道该节点的存在。

纯分布式结构不存在集中式结构的单点性能瓶颈问题和单点故障问题，具有较好的可扩展性。但泛洪机制引入了新的问题，一是容易形成泛洪循环，如图 10-2 所示，比如节点 A 发出的消息经过节点 B 到节点 C，节点 C 再广播到节点 A，这就形成了一个循环；另一个棘手问题则是响应消息风暴问题，如果节点 A 想请求的资源被很多节点所拥有，那么在很短时间内，会出现大量节点同时向节点 A 发送响应消息，这就可能会让节点 A 瞬间瘫痪。

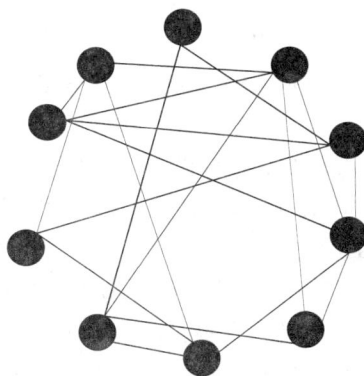

图 10-2 纯分布式模型

3) 混合式网络模型

混合式网络模型混合了集中式和分布式的结构，网络中存在多个超级节点组成分布式网络，而每个超级节点由多个普通节点与它组成局部的集中式网络。当新的普通节点加入时选择一个超级节点进行通信，该超级节点推送其他超级节点列表给新加入节点，加入节点再根据列表中的超级节点状态决定选择哪个具体的超级节点作为父节点。这种结构的泛洪广播就只是发生在超级节点之间，可以避免大规模泛洪存在的问题，如图 10-3 所示。

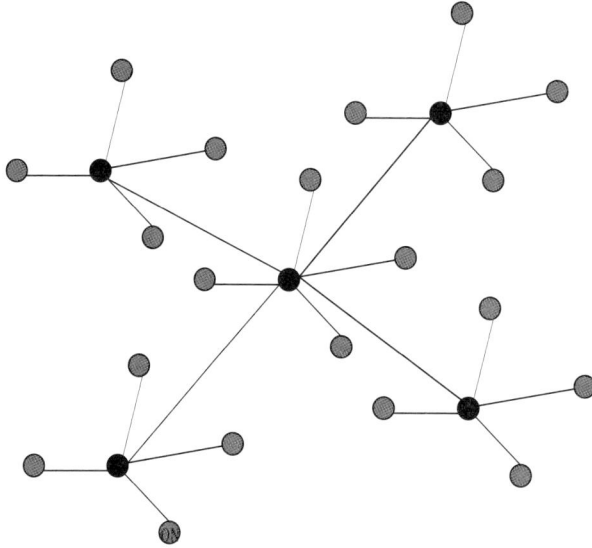

图 10-3　混合式模型

4) 结构化 P2P 网络

结构化 P2P 网络也是一种分布式网络结构，但与纯分布式结构不同，纯分布式网络是一个随机网络，而结构化网络则将所有节点按照某种结构进行有序组织。比如形成一个环状网络或树状网络，并且在结构化网络的具体实现上，普遍都是基于分布式哈希表算法思想。

扩展： 请读者搜集一个上述几种类型的网络适用的典型场景。

二、区块链中的 P2P

在 P2P 网络中无中心服务器，使得每个节点既是客户端又是服务端，而区块链网络的核心就是去中心化，这和 P2P 网络的观念不约而同，因此区块链选择 P2P 网络进行通信。

比特币的 P2P 网络是一个非常复杂的结构，它基于 TCP 构建，主网默认通信端口为8333。以太坊的 P2P 网络则与比特币不太相同，以太坊 P2P 网络是一个完全加密的网络，提供 UDP 和 TCP 两种连接方式，主网默认 TCP 通信端口是 30303，推荐的 UDP 发现端口为30301。

区块链世界中的其他节点要加入现有 P2P 网络中，需要经过节点发现、握手连接、确定通信协议然后才能开始正常通信。节点发现是任何区块链节点接入区块链 P2P 网络的第一步，可分为初始节点发现和启动后节点发现。初始节点发现指全节点是第一次运行，无任何数据；启动后发现表示正在运行的钱包已经能跟随网络动态维护可用节点。发现节点之后，需要进行握手连接，确定节点之间的通信协议等，才可进行正常通信。

三、新一代区块链实时通信系统

新一代区块链系统内置新一代工业级实时通信系统，无需额外进行安装和部署，提供邮件级别、信息级别和闪信级别等三种级别的实时通讯。

1. 邮件级别

邮件级别的信息一定会被送到用户，如果用户没有在线，信息就会以邮件的形式送到用户信箱，在用户下次登录时，就会自动收到邮箱信息。

新一代区块链系统提供发邮信函数，这个函数可以向指定用户发送邮件类信息，函数中的两个参数分别表示用户和内容，如果指定用户没有注册，也会替用户保存指定内容。当指定用户登录或使用收邮信函数时，系统会将信息发送给指定用户，并将指定用户的邮箱清空，指定用户可以是全部用户、单个用户和多个用户，多个用户之间用逗号分隔，语法如下：

```
显示信息(发邮信(用户，邮信内容))
```

其中，第一个参数表示用户，第二个参数表示要发送的信息内容。执行成功后会通过显示信息函数显示"发送成功"。例如发送"执行 5 号智能合约"给账户李四，代码如下：

```
显示信息(发邮信("李四","执行 5 号智能合约"))
```

若李四在线，则使用收邮信函数即可收到邮信、发送时间及发送人；若李四不在线，当登录李四账号时即可收到邮信、发送时间及发送人。

新一代区块链系统中收邮信函数无参数，语法格式如下：

```
显示信息(收邮信())
```

如果发送邮件之后，发现邮件内容有误，可以通过撤邮信函数将邮信撤回。撤邮信函数可以撤销已发送邮件类信息，参数为指定用户和内容。只有邮信发送人才能撤回，如果指定用户已经阅读邮信，则无法撤回。指定用户可以是全部用户、单个用户、多个用户，多个用户之间用逗号分隔，语法格式如下：

```
显示信息(撤邮信(用户,信息内容))
```

2. 信息级别

信息级别能够将信息送到全链，但是当用户不在线时，就无法收到。

新一代区块链系统提供发信息函数，该函数能够向指定用户发送实时信息，参数为指定用户和内容。如果用户是在线的状态，控制台会立刻显示信息；如果用户没有登录或设置屏蔽接收信息，则信息无法实时显示，但系统也会替用户保存。指定用户可以是全部用户、单个用户和多个用户，多个用户之间用逗号分隔，语法格式如下：

```
显示信息(发信息(用户,信息内容))
```

其中，第一个参数表示用户，第二个参数表示要发送的信息内容。执行成功会通过显示信息函数显示"信息发送成功"。例如发送信息"执行 5 号智能合约"给账户李四，代码如下：

```
显示信息(发信息("李四","执行 5 号智能合约"))
```

若李四在线，则即可收到发信人、发信时间和信息内容，并显示在控制台。

如果需要禁止实时信息的展示，避免其他用户的实时信息打扰，可以通过屏蔽接收信息函数来禁止实时信息展示。该函数无任何参数，使用该函数不会实时显示发闪信、发信息函数发送的信息，但仍会将信息保存在用户的信息缓冲区中。指定用户可以通过取信息函数逐条取出信息，并结合取出发件人、取出发信时间和取出信息内容函数单独取出相关内容，如表 10-1 所示。

表 10-1　读取邮信相关函数

命　　令	功　　能
取信息( )	取出信息
显示信息(取出发件人( ))	在当前用户信息缓存区取出一条未读的信息发件人，使用前必须加上取信息( )函数。
显示信息(取出发信时间( ))	在当前用户信息缓存区取出一条未读的信息发信时间，使用前必须加上取信息( )函数。
显示信息(取出信息内容( ))	在当前用户信息缓存区取出一条未读的信息内容，使用前必须加上取信息( )函数

例如，李四在某个时间段需要专注做某一件事情，不想要任何人打扰，于是设置了屏蔽接收信息。但他在完成该事件之后，又想查看这段时间内是否有人发送了信息给自己，那么可以首先通过取信息函数将信息取出来。然后通过取出发件人、取出发信时间和取出信息内容函数来查看信息发送人、发送时间和内容，代码如下：

```
屏蔽接收信息()
显示信息(取信息())
显示信息(取出发件人())
显示信息(取出发信时间())
显示信息(取出信息内容())
```

若需要重新设置允许接收实时信息，可以使用允许接收信息函数重置信息接收权限，该函数无任何参数。

```
允许接收信息()
```

3. 闪信级别

闪信级别即极快的信息送达，延时达到百万分之一秒，只有在同一个预言合约服务器上的用户，才能互相收发闪信。

新一代区块链提供发闪信函数，该函数可以向指定用户发送极速信息，参数为指定用户和内容。如果用户是在线的状态，控制台会立刻显示信息；如果用户不是在线的状态，则信息无法送达。指定用户可以是全部用户、单个用户和多个用户，多个用户之间用逗号分隔，语法格式如下：

```
显示信息(发闪信(用户,内容))
```

例如，我们要给李四发送一个闪信，要求李四立即执行 1 号智能合约，代码如下：

```
显示信息(发闪信("李四","立即执行 1 号智能合约"))
```

若李四在线，即刻就能收到信息"立即执行 1 号智能合约"。

如果在发送闪信前想确认对方是否在线，可以使用闪信在线查询函数。该函数可以查询指定用户是否在线，参数为需要查询的用户名，用户可以是全部用户、单个用户或多个用户，多个用户之间用逗号分隔。若查询的指定用户在线，返回"闪信在线"；若指定用户不在线，返回"闪信离线"。当查询的指定用户为全部用户时，只会返回在线的用户，格式如下：

```
显示信息(闪信在线查询(用户))
显示信息(闪信在线查询("李四"))//查询李四是否在线
```

所有级别的信息，用户都可以选择实时屏蔽或允许信息提示，也可以由智能合约或预言合约自动收取、应答。

▶ 任务实施

张三给李四发送邮信，通知他执行他和王五的智能合约，李四通过收邮信接收信息，实施过程如下。

(1) 准备辰宜区块链系统，打开 2 个浏览器界面，分别打开两个区块链编辑器，并在 2 个编辑器页面分别对主链和合约链上链，然后分别登录账号张三和李四的账号。

① 登录张三用户，代码如下：

```
上链服务器设置("广东辰宜","192.168.2.7","7007")
合约服务器设置("广东辰宜","192.168.2.7","7006")
显示信息(登录系统("张三","123456"))
```

结果显示如图 10-4 所示。

图 10-4　张三登录系统成功

② 登录李四用户，代码如下：

```
上链服务器设置("广东辰宜","192.168.2.7","7007")
合约服务器设置("广东辰宜","192.168.2.7","7006")
显示信息(登录系统("李四","123456"))
```

结果显示如图 10-5 所示。

图 10-5　李四登录系统成功

(2) 张三给李四发邮信，内容为"请执行和王五的智能合约"，代码如下：

```
显示信息(发邮信("李四","请执行和王五的智能合约"))
```

显示结果如图 10-6 所示。

图 10-6　张三发送邮信给李四

(3) 李四接收张三发送的邮信，代码如下：

```
显示信息(收邮信())
```

结果显示如图 10-7 所示。

图 10-7　李四接收张三的邮信

请读者自行完成收发闪信、信息，并验证是否发送成功。

▶ 实践训练

1. 实训目的

熟悉使用辰宜区块链系统通信常用函数。

2. 实训内容

(1) 登录张三和李四账户；

(2) 张三想给李四发闪信，发闪信前确认李四是否在线；

(3) 张三给李四发闪信，内容为：请立即执行 1 号智能合约；

(4) 李四接收闪信。

任务 23　人工智能对自然语言的处理

▶ 知识、技能和素质目标

- 理解目前人工智能理解自然语言的原理和过程
- 理解自然语言分析中最重要的三种技术：中文分词、情感分析和语义识别
- 通过实操掌握区块链系统提供的自然语言处理函数
- 使用精准推送，把处理过的信息转发给下一级处理人员

▶ 任务描述

现有一个市民投诉系统，每天收到大量的市民投诉。后台工作人员要逐条阅读，评估

市民情绪及事件严重程度；根据关键信息分类并转发到下一级。平均每分钟要处理 10-20 条投诉，工作量非常大且易出错。本任务将使用操作系统提供的自然语言处理功能和精准推送功能实现中文语句的全自动化处理。

知识准备

新一代区块链系统融合了自然语言处理的一系列函数，包括中文分词、文本特征提取、自定义词库、深度学习算法、COS 算法等各类前沿语义模型。

一、自然语言处理

1. 中文分词

分词是中文处理的基本技术，汉语的特点决定了分词在中文理解上的重要性。在人机自然语言交互中，优秀的中文分词算法能够达到更好的自然语言处理效果，能帮助计算机更好的理解中文语言。

中文分词主要分为两类方法：基于词典的中文分词和基于统计的中文分词。

下面通过自然语言处理程序进一步理解分词技术，透彻地了解计算机是如何理解一句话的。

(1) 首先进入人工智能的自然语言处理界面，如图 10-8 所示。

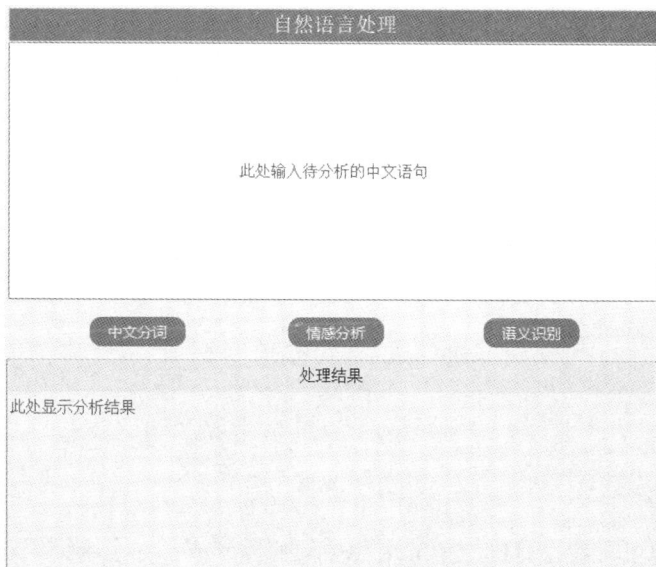

图 10-8　人工智能的自然语言处理首页

在内容输入框，输入待分析的中文语句。样例如下：

市民张志成今天反馈其居民区附近空气严重污染问题长期得不到解决，南海区狮山镇广佛新世界上城等诸多楼盘，附近多家工厂，要么没有环保设施，要么环保设施长期不开，长期向附近居民小区违规排放废气、毒气，很多居民半夜被呛醒或者熏醒，有窗不敢开。

(2) 点击"中文分词"按钮，如图 10-9 所示。

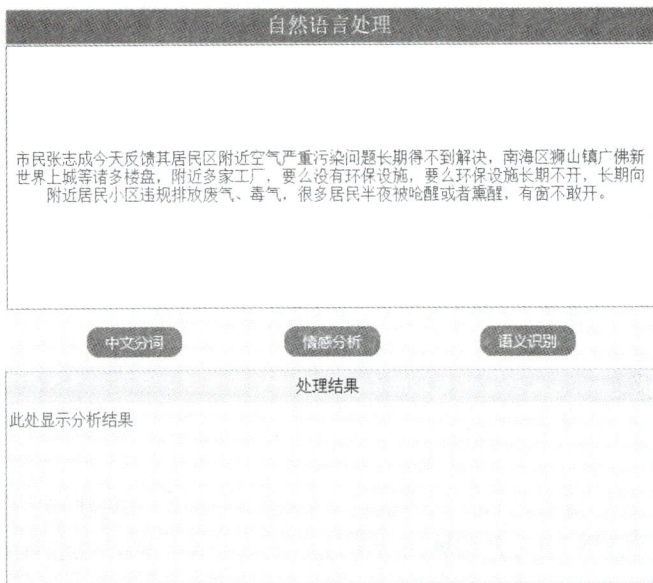

图 10-9　中文分词分析

(3) 结果框即可看到计算机分析结果，如图 10-10 所示。

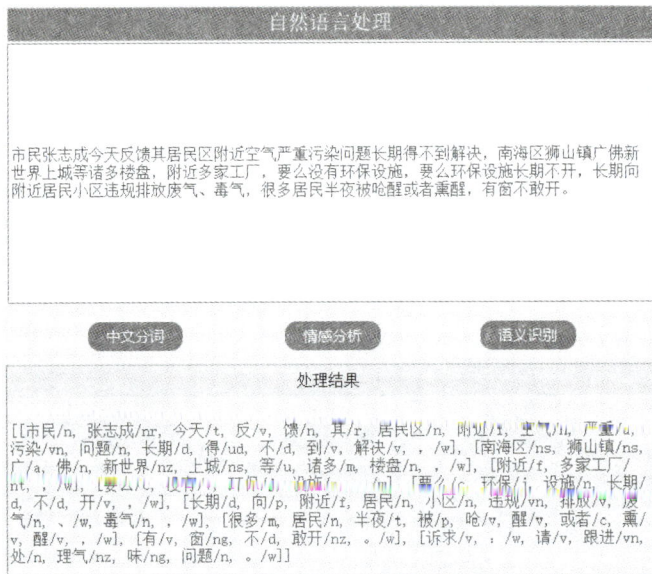

图 10-10　中文分词分析结果

在图 10-10 中可看到计算机把中文语句按理解拆分成了一个个词组，并对每个词组的词性进行了标注。如"张志成/nr"代表计算机理解了"张志成"是一个人名。"今天/t"则正确找到了关键时间。接下来的"反/v, 馈/n"则由于算法原因没有正确理解为动词。这种问题并非算法缺陷，而是不同算法所采用的理解规则不同，从而导致了不同地理解，下面是基于目前应用较广的几种理解模式样例。

例 10-1　各类模式算法：

【全模式】：我/ 来到/ 北京清华/ 清华大学/ 华大/ 大学

【精确模式】：我/ 来到/ 北京/ 清华大学

【新词识别】：他, 来到, 了, 网易, 杭研, 大厦

【搜索引擎模式】： 小明, 硕士, 毕业, 于, 中国, 科学, 学院, 科学院, 中国科学院, 计算, 计算所, 后, 在, 日本, 京都, 大学, 日本京都大学, 深造

例 10-2　正向最大匹配法(FMM)：

0	1	2	3	4	5	6	7	8	9
我	毕	业	于	北	京	邮	电	大	学

pos	remain characters	start character	max matching
0	我毕业于北京邮电大学	我	我
1	毕业于北京邮电大学	毕	毕业
3	于北京邮电大学	于	于
4	北京邮电大学	北	北京邮电大学

例 10-3　负向最大匹配法(BMM)：

0	1	2	3	4	5	6	7	8	9
我	毕	业	于	北	京	邮	电	大	学

pos	remain characters	start character	max matching
4	我毕业于北京邮电大学	北	北京邮电大学
3	我毕业于	于	于
1	我毕业	毕	毕业
0	我	我	我

通过以上计算机给出的分词结果，我们根据不同词性就可以很容易的抽取到句子中的核心信息，结果如表 10-2 所示。

表 10-2　核心信息抽取结果

涉及市民	张志成
地点元素	南海区,狮山镇,上城
时间元素	今天,11:00-4:00 之间
是否存在欺诈行为	无
各干系方	多家工厂
推测问题	空气污染,粉尘等

2. 情感分析

除以上关键内容分析外，人工智能还能根据句子中的各类情感词、否定词等进行情感推断。如图 10-11 所示，输入中文语句后，操作如下：

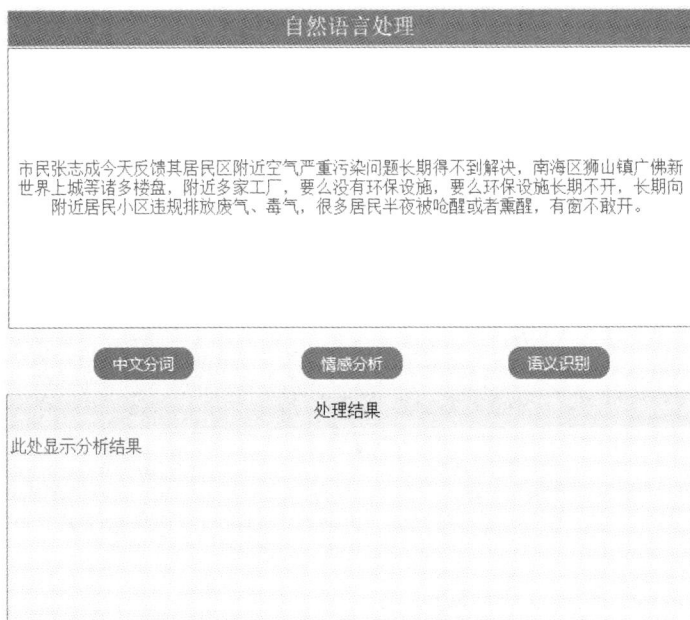

图 10-11　情绪分析输入界面

(1) 点击"分析情感"按钮；
(2) 结果框即可看到计算机分析结果，如图 10-12、10-13 所示。

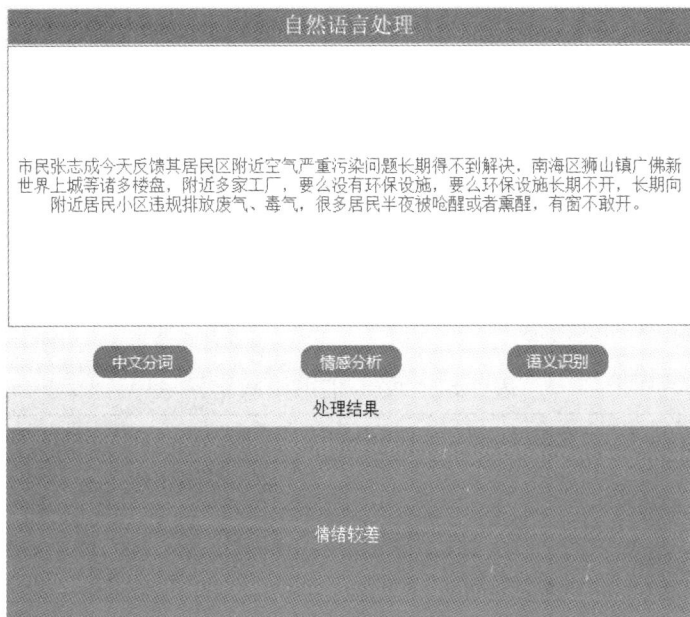

图 10-12　情绪分析结果

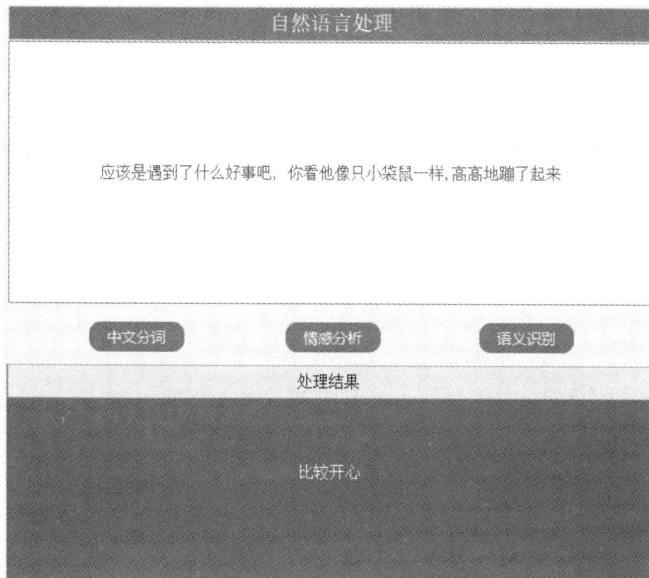

图 10-13　情绪分析结果

3. 语义识别

基于以上的分词及情感，计算机可进一步抽象出内容要表达的主要意思。

(1) 在"待分析内容"框，输入待分析的内容。内容如下，输入如图 10-14 所示。

Shirfine，来自福建福州的独立音乐人。华中师范大学 IT 系数字媒体学士，现于美国攻读电影与动画硕士。因其空灵纯净、旋律优美、舒缓治愈的音乐而广为人知。自 3 岁半时第一次接触钢琴后，她开始自学，并始终相信着艺术创作不该受到各种条条框框的规则限制，因而形成了自己独有的音乐风格。15 岁时 Shirfine 得到了她的第一架钢琴，并由此开始了作曲之路。

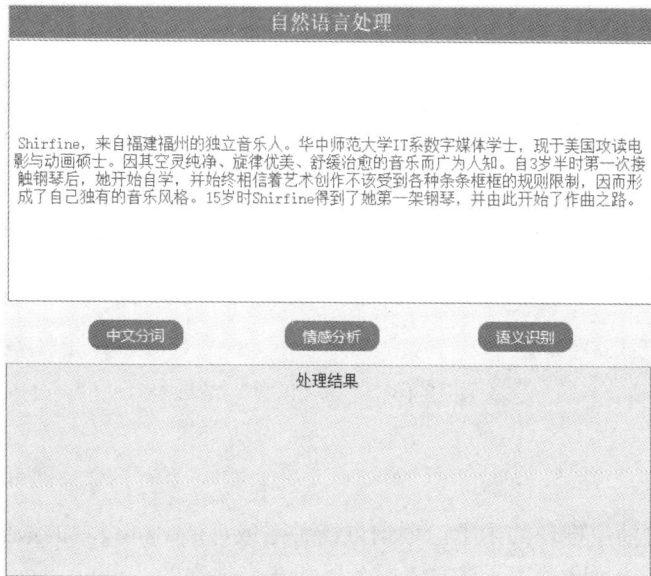

图 10-14　语义识别输入界面

(2) 点击"语义识别"按钮，并选择不同分析模型。程序中提供了"COS 仿人算法"，"泛式路径算法"，"发散算法等几种主流算法模式"。可分别选择进行体验。计算机分析结果如图 10-15、图 10-16(a)、图 10-16(b)所示。

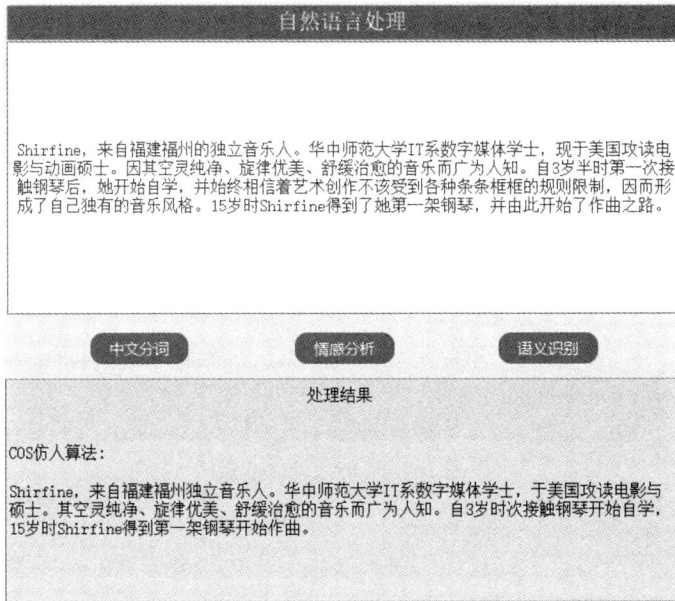

图 10-15　　"语义识别"结果(COS 仿人算法)

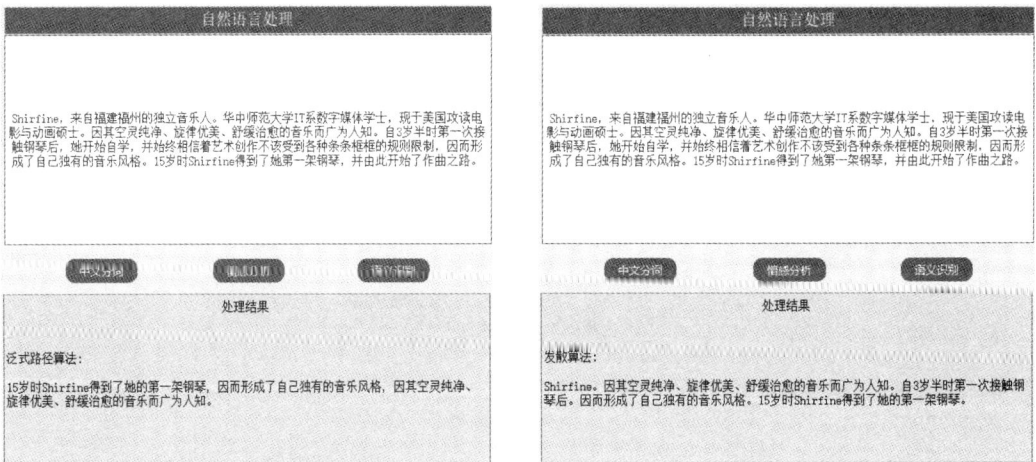

(a) 泛式路径算法　　　　　　　　　　　　　(b) 发散算法

图 10-16　　"语义识别"结果

二、精准推送

精准推送是将抽象推理的结果，根据供需关系或订阅之间设置的最低匹配度，将内容精准推送到相关客户。这里需要将主链服务器配置文件中的"allow_recommendation"字段设置为"yes"才可使用。

1. 需求推荐

当业务名称为"需求"时，对业务名称为"供应"的区块创建用户"公开数据"并进行抽象匹配，推送对象为匹配成功的区块创建用户。需要注意的是，被推送的用户若使用了"屏蔽接收信息"，则需求推荐无法实时送达，用法如下：

```
业务名称("需求")
显示信息(智能推荐("需要 1000 元现金"))
```

结果显示：

```
[ {"智能推荐":"信息发送成功！"} ]
```

2. 供应推荐

当业务名称为"供应"时，自动对业务名称为"需求"的区块创建用户"公开数据"进行抽象匹配，推送对象为匹配成功的区块创建用户，需要注意的是，被推送的用户若使用了"屏蔽接收信息"，则供应推荐无法实时送达，用法如下：

```
业务名称("供应")
显示信息(智能推荐("能提供 1000 元"))
```

结果显示：

```
[ {"智能推荐":"信息发送成功！"} ]
```

3. 订阅推荐

当业务名称为"订阅"时，自动对业务名称为"订阅"的区块创建用户"公开数据"进行抽象匹配，推送对象为匹配成功的区块创建用户，被推送的用户若使用了"屏蔽接收信息"，则订阅推荐无法实时送达，用法如下：

```
业务名称("订阅")
显示信息(智能推荐("文字内容"))
```

结果显示：

```
[ {"智能推荐":"信息发送成功！"} ]
```

任务实施

本次任务通过设置主服务器参数，使用抽象推理与精准推送函数体验新一代区块链系统人工智能技术。

(1) 在主链服务器的配置文件(cy_rpc_system.properties)中增加以下参数，使其支持精准推送功能。用法如下：

```
#是否允许推荐服务，可配置"yes/no"
allow_recommendation=yes
```

(2) 对"人工智能与区块链深度融合"和"新一代区块链赋能人工智能"两段文字进行抽象分析，提取其共同点，并进行相似度量化分析。用法如下：

```
显示信息(抽象推理("人工智能与区块链深度融合","新一代区块链赋能人工智能"))
```

结果如图 10-17 所示。

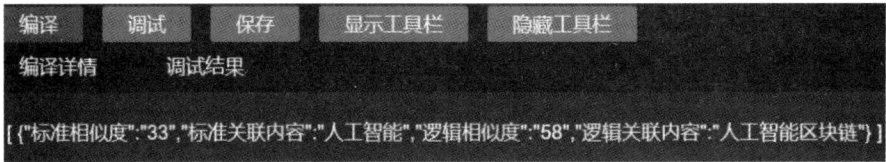

图 10-17　抽象推理结果

（3）设置业务名称为"需求"，对业务名称为"供应"的区块创建用户"公开数据"并进行抽象匹配，推送对象为匹配成功的区块创建用户。用法如下：

　　　业务名称("需求")

结果如图 10-18 所示。

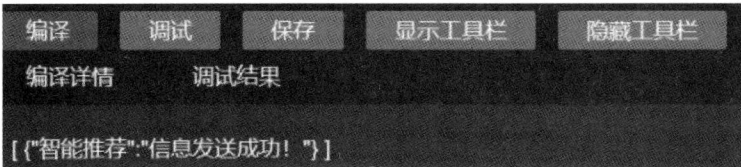

图 10-18　需求推送成功

（4）设置业务名称为"供应"，自动对业务名称为"需求"的区块创建用户"公开数据"并进行抽象匹配，推送对象为匹配成功的区块创建用户。用法如下：

　　　业务名称("供应")
　　　显示信息(智能推荐("提供 1000 个螺帽"))

结果如图 10-19 所示。

图 10-19　供应推荐成功

（5）设置业务名称为"订阅"，自动对业务名称为"订阅"的区块创建用户"公开数据"进行抽象匹配，推送对象为匹配成功的区块创建用户。用法如下：

　　　业务名称("订阅")
　　　显示信息(智能推荐("订阅消息"))

结果如图 10-20 所示。

图 10-20　订阅推荐成功

实践训练

1. 实训目的

掌握抽象推理与精准推送的操作方法。

2. 实训内容

(1) 配置服务器；

(2) 运行抽象推理；

(3) 运行需求推荐；

(4) 运行供应推荐；

(5) 运行订阅推荐；

(6) 精准推送。

小　结

本项目通过 2 个任务介绍了新一代区块链系统的通信技术和支持人工智能技术的抽象推理与精准推送的原理及操作方法，了解邮信收发、发送信息和闪信的方法，及抽象推理、需求推荐、供应推荐、订阅推荐以及精准推送的方法。

课 后 习 题

一、单选题

1. (　　)的同步传输指的是以区块为单元的同步传输。

A. 密码技术　　　B. 共识算法　　　C. 智能合约　　　D. P2P 网络

2. 下列不属于 P2P 网络的特性的是(　　)。

A. 离散性　　　B. 伸缩性　　　C. 容错性　　　D. 可靠性

3. 为了增强数倍在各个 Peer 节点间高效传输，区块链引入(　　)技术实现区块数据在不同节点间高效同步传输。

A. PoW　　　B. PBFT　　　C. P2P　　　D. BFT

4. 以太坊中 P2P 网络发现模块不包含(　　)。

A. Server　　　B. Node　　　C. table　　　D. Tap

5. P2P 网络节点的同步传输单元指的是(　　)。

A. 区块链　　　B. 区块头　　　C. 区块体　　　D. 区块

6. 新一代区块链系统发邮信指定用户可以是(　　)。

A. 全部用户　　　B. 其他用户　　　C. 外网用户　　　D. 以上全是

7. 抽象推理指提取其共同点，并进行(　　)量化分析。

A. 相似度　　　B. 辨识度　　　C. 吻合度　　　D. 同源性

二、多选题

1. P2P 网络模型中集中式路由节点索引信息包含(　　)。

A. 节点　　　B. IP　　　C. 地址　　　D. 端口

E. 节点资源

2. P2P 网络存在的网络模型有(　　)。

A. 集中式　　　B. 纯分布式　　　C. 混合式　　　D. 结构化 P2P 网络

3. 查看邮件时可以查到的信息有(　　)。

A. 信息　　　　　B. 发件人　　　　C. 发信时间　　　　D. 邮件内容

4. 抽象推理对于"精准推送"而言具有支撑作用(　　)。

A. 哈希运算　　　B. 数字签名　　　C. P2P 网络　　　　D. 工作量证明

三、判断题

1. 向指定用户发送邮件类信息。如果指定用户没有注册，则邮件无效。　　　　(　　)

2. 撤销已发送邮件类信息。只有邮信发送人才能撤回。　　　　(　　)

3. 离散性是指即使节点不断地加入、离开或是停止工作，系统仍然必须达到一定的可靠度。　　　　(　　)

4. P2P 网络适合使用 HTTP 协议进行节点之间的通信。　　　　(　　)

5. P2P 网络是无中心服务器的。　　　　(　　)

6. 传统计算模式是分散化系统提供服务，一旦宕机，系统将停止服务。　　　　(　　)

7. 在当前用户信息缓存区取出一条已经收到的信息内容。使用前必须加上"取信息"函数。　　　　(　　)

四、简答题

1. 简述 P2P 网络在区块链中的优势？

2. 抽象推理具有什么样的作用？

项目 11　国产加密链式数据库

▶ 学习目标

链式数据库是新一代区块链系统提供的内置通用数据库，也是国际上第一个巨型分布式链式结构数据库，其覆盖了关系型数据库的全部能力，并全面支持新一代信息技术应用。本项目的学习目标有以下几点：

(1) 了解新一代国产加密链式数据库的发展历程；

(2) 熟悉博流数据库的特征；

(3) 熟悉博流数据库的核心功能；

(4) 掌握博流数据库的常用操作命令。

▶ 知识导图

任务 24　体验国产加密链式数据库

知识、技能和素质目标

- 了解新一代国产加密链式数据库的发展历程
- 掌握新一代国产加密链式数据库常用操作语句

任务描述

本任务体验国产链式数据库的使用方法，采用纯中文 Trust SQL 语句对博流数据库库存表进行增、删、改、查等常规操作。

体验国产加密链式数据库

知识准备

一、新一代国产加密链式数据库概述

1. 新一代国产加密链式数据库的介绍

数据库系统是信息化、数字化建设的必备基础，目前市面上常见的数据库系统在服务吞吐能力、网络及流量冗余和安全性等方面都存在巨大的瓶颈，难以支持新一代区块链所要求的数字签名、分布式记账、全自动支链、侧链、跨链、拆链与并链等应用，无法为新一代区块链及人工智能、逻辑推理提供数据存储服务。因此，国产加密链式数据库，也称博流数据库系统(DeepSpring DateBase，DSDB)应运而生。

DSDB 由广东辰宜信息公司研发，是国际上第一个巨型分布式链结构数据库，与传统的关系型数据库不同，它基于新一代区块链技术开发，采用图结构进行语义查询，覆盖了关系型数据库的全部能力，并全面支持新一代信息技术应用，具备高可用、高性能、海量存储等特性，让企业更专注于数据集内的数据关系。

DSDB 采用全节点存储所有数据，可以恢复数据至任意版本或分叉成为新的独立数据库，将轻量级节点作为监查节点，可以监听和查阅全节点，存储少量信息即可确认监查对象是否有信息修改操作。

2. 新一代国产加密链式数据库的优势

博流数据库设计的目标便是为发现、挖掘大数据集背后的关联关系，同时提供极高的边缘算力及分布式安全性能。简单来说，新一代数据库可将多个看似无关联的数据集连接起来的同时，构建数据信任网络，使得挖掘藏于数据集背后的真实关联关系成为可能，数据规模越大，博流数据库优势就越大。博流数据库的优势具体体现在以下几个方面：

(1) 近乎无限的服务能力。

博流数据库系统基于"可信云、可信群、可信森林、可信树、可信链"创新数据库理论研发，全面支持基于业务场景与组织结构的数据表达及存储。其独特的"混合云、分布式、层级化、多中心"设计，保证数据库系统近乎无限的服务能力。

(2) 突破和解决网络及流量瓶颈。

博流数据库系统将数据能力、服务能力根据业务及管理要求分散到各级中心，形成层级、网状结构。每一个"中心"均可独立提供服务并进行私有化扩展，从而有效突破和解决了网络及流量瓶颈，能够实现全网负载均衡并充分发挥设备的能力。

(3) 高安全性。

博流数据库系统采用广泛分布式设计，一方面没有过于集中的"中心"，令黑客失去攻击目标；另一方面数据库采用全加密机制，并在每个节点配置系统自带的高级"网闸"防火墙，确保系统的安全性。

(4) 数据资源高度共享。

博流数据库系统通过广泛分布式设计，数据可以真正下沉到有需要的"业务部门"或"基层单位"，极大地释放其创新能力，有力支撑大数据及智能化各种应用。

(5) 完全胜任国家级、省级、城市级数字化应用基础设施要求。

博流数据库系统采用"积木式"叠加和扩展，在保证数据安全与共享前提下，能够有效降低数据与网络冗余，可以根据需要自由叠加和扩展其服务能力并快速与已有的以及将有的各种应用做无缝对接。因此，可以完全胜任城市级、省级和国家级数字化应用基础设施要求。

(6) 覆盖关系型数据库的全部能力。

关系型数据库通过记录表达字段要素之间的关系，并不能准确表达表与表之间的关系；它能描述事物的状态特性，但没有表达事物的过程及其他特性。博流数据库既能通过"区块"准确表达字段要素之间的关系，又能通过"链"准确表达表与表、原因与结果、过程与结果等关系，具有远比关系型数据库更强的关系和要素表达能力。另外，博流数据库通过电子签名、智能合约、哈希算法等确保数据库关键内容的不可篡改、可追溯、可信任等特点。

(7) 超强的可伸缩性。

博流数据库可以根据需求自由裁剪，不仅可在简单的网站应用、进销存之类场景下使用，而且可在复杂的、大型的城市级、省级甚至是国家级系统的场景下使用。

(8) 全面支持新一代区块链及人工智能的应用。

博流数据库是区块链链结构数据库，能够无缝衔接新一代区块链及人工智能应用，能够大幅提升区块链系统的整体性能与安全性。该数据库提供先进的电子签名、百分百共识算法、自然语言智能合约、创新预言机制、创新哈希算法、纯中文编程语言、纯中文 SQL语言、跨节点事务管理、全自动支链、侧链、跨链、拆链与并链机制、新一代行为识别防火墙、大规模虚拟技术、跨平台能力、傻瓜式服务等功能，具备跨代式领先优势。博流数据库所具有的先进功能和领先优势是对如区块链、人工智能等新一代信息技术的强大支持，加之其在成本、易用性、百分百国产化等方面的优势，将很好地支撑数字新基建的建设与应用，有力促进新一代信息技术的应用与发展。

二、新一代国产加密链式数据库的常用操作

博流数据库提供存储、查询、图空间语句、标签语句和索引等语句，本节主要介绍博流数据库的常用操作，包括创建库存表、添加库存表信息、查询区块、查询合约、设置区块、设置合约等。

1. 创建库存表

在博流数据库中创建一个库存表，包括业务名称、公开数据、数据 ID、数据 KEY、关联动作和详细信息等字段，用法如下：

```
准备数据("{'交易名称': '东北大米', '单位': '公斤', '数量' : 10, '单价' :10.1, '产品金额' : 101}")
业务名称("粮食库存表")
公开数据("东北大米 10 公斤库存")
数据 ID("{'客户名称': '张三', '城市': '南海', '重量' : 10}")
数据 KEY("{'供应商':'李四', '性别':'男','供应次数': 5}")
数据 URL("0")
关联动作("数据 URL.重量 增加 = 重量,数据 URL.供应次数 增加 = 1")
详细信息("这是一条测试信息")
显示信息(数据上链())
```

数据库存表通过业务名称进行区分，可以将它理解为数据表的名称，并以公开数据作为唯一标识。数据通过键值对的形式，并以 json 格式写入数据库中，可以通过准备数据函数写入，也可以通过数据 ID 和数据 KEY 函数写入。数据 URL 可以通过区块哈希值或区块高度指向其他区块，与关联动作一起使用。关联动作可以修改数据 URL 指向的区块的相关信息。

2. 添加库存表信息

若要向已经建立的库存表中添加新的数据，则只需要通过准备数据、数据 ID 或数据 KEY 将数据打包，通过指定业务名称为添加数据的库存表的业务名称，向已存在的库存表中添加数据，使用方法如下：

```
准备数据("{'交易名称': '西北大米', '单位': '公斤', '数量' : 100, '单价' :10, '产品金额' : 1000}")
业务名称("粮食库存表")
公开数据("西北大米 100 公斤")
显示信息(数据上链())
```

以上代码可以将西北大米的交易数据添加到大米库存表中。

3. 查询区块

查询区块函数可以查询区块的统计记录、统计金额、前置哈希、区块哈希、区块高度、区块类型、上链时间、公钥、公开数据、数据 ID、数据 KEY、数据 URL、业务名称、区块状态、上链用户、合约地址、数据、金额、节点 IP 等相关信息，查询的结果可以排序显示。函数有两个参数，第一个参数为查询的内容；第二个参数为查询条件。查询条件可以包含上链用户、区块高度、公钥、区块类型、合约地址、区块哈希、前置哈希、业务

名称、区块状态、数据 ID、数据 KEY、公开数据、数据 URL、金额、上链时间和节点 IP 等字段，语法格式如下：

> 显示信息(查询区块("业务名称 别名,查询内容 1,查询内容 2,查询内容 3,...","查询条件 1,查询条件 2..."))

例如，查询大米库存表中的交易名称、单价和金额，代码如下：

> 显示信息(查询区块("大米库存表 1,交易名称,单价,金额","业务名称='大米库存表' "))

4. 查询合约

查询合约函数可以查询合约的统计记录、统计金额、前置哈希、区块哈希、区块高度、区块类型、上链时间、公钥、公开数据、数据 ID、数据 KEY、数据 URL、业务名称、区块状态、上链用户、合约地址、金额和节点 IP 等相关信息，查询结果可排序显示。该函数有两个参数，第一个参数为查询的内容，第二个参数为条件。查询条件包括上链用户、区块高度、公钥、区块类型、合约地址、区块哈希、前置哈希、业务名称、区块状态、数据 ID、数据 KEY、公开数据、数据 URL、金额、上链时间、节点 IP、合约模板、合约执行时间或次数、合约关联方和合约授权等字段信息，语法格式如下：

> 显示信息(查询合约("业务名称 别名,查询内容 1,查询内容 2,查询内容 3,...","查询条件 1,查询条件 2..."))

5. 设置区块

设置区块函数可以修改指定区块中的字段信息，包括公开数据、数据 ID、数据 KEY、数据 RUL、业务名称、区块状态、关联动作、详细信息、注释等。该函数有两个参数，第一个参数为设置的内容，第二个参数为设置条件。其中，区块类型为 8 和 9 的区块为合约上链区块，不能修改公开数据、数据 ID 和数据 KEY 字段信息，区块类型为 7 的区块为专属数据上链区块，不能修改关联动作字段信息。修改时需要设置相关条件，条件包括上链用户、区块高度、公钥、区块类型、合约地址、区块哈希、前置哈希、业务名称、区块状态、数据 ID、数据 KEY、公开数据、数据 URL、金额、上链时间、注释、关联动作、详细信息和节点 IP。该函数的语法格式如下：

> 显示信息(设置区块("设置内容 1= ,设置内容 2= ,设置内容 3= ,...","设置条件 1,设置条件 2..."))

6. 设置合约

设置合约函数可以修改指定合约中的相关信息，包括公开数据、数据 ID、数据 KEY、数据 RUL、业务名称、区块状态、区块动作和注释等字段信息。该函数有两个参数，第一个参数为设置的内容，第二个参数为设置条件。修改时需要设置相关条件，条件可以包含上链用户、区块高度、公钥、区块类型、合约地址、区块哈希、前置哈希、业务名称、区块状态、数据 ID、数据 KEY、公开数据、数据 URL、合约模板、合约执行次数或时间、合约关联方、合约授权、金额、上链时间、注释、区块动作和节点 IP 等字段。该函数的语法格式如下：

> 显示信息(设置合约("设置内容 1= ,设置内容 2= ,设置内容 3= ,...","设置条件 1,设置条件 2..."))

▶ 任务实施

本次任务以用户系统管理员的身份登录系统，创建一个大米库存表，并往库存表中添加数据，设置关联动作，然后查询账户中指定条件的区块，任务实施过程如下。

(1) 创建大米库存表，并添加一条五常大米的数据，代码如下：

```
准备数据("{'交易名称': '五常大米'，'单位': '公斤'，'数量' : 200，'单价' :10，'产品金额' : 2000}")
业务名称("大米库存表")
公开数据("五常大米 200 公斤")
数据 ID("{'客户名称': '张三'，'城市': '昆明'，'重量': 20}")
数据 KEY("{'供应商':'李四'，'性别': '男'，'城市'：哈尔滨'，'供应次数': 5}")
数据 URL("0")
关联动作("数据 URL.重量 减少 = 重量,数据 URL.供应次数 增加 = 1")
详细信息("这是一条大米库存信息")
显示信息(数据上链())
```

(2) 添加一条东北珍珠米数据，代码如下：

```
准备数据("{'交易名称': '东北珍珠米'，'单位': '公斤'，'数量' : 100，'单价' :6，'产品金额' : 600}")
业务名称("大米库存表")
公开数据("东北珍珠米 100 公斤")
数据 ID("{'客户名称': '张三'，'城市': '昆明'，'重量': 50}")
数据 KEY("{'供应商':'王五'，'性别': '女'，'城市'：'白山'，'供应次数': 10}")
数据 URL("0")
关联动作("数据 URL.重量 增加 = 重量,数据 URL.供应次数 增加 = 1")
详细信息("这是一条大米库存信息")
显示信息(数据上链())
```

(3) 查询区块。在主链上查询上链时间在 2021 年 10 月 01 日之后的区块的交易名称、单价、金额、区块高度、数据 ID 和数据 KEY 等信息，查询代码如下：

```
显示信息(查询区块("大米库存表 1,交易名称,单价,金额,区块高度,数据 ID,数据 KEY","上链时间>'2021-10-01'"))
```

实践训练

1. 实训目的
掌握新一代区块链国产加密链式数据库查询语句。
2. 实训内容
(1) 建立水果库存表，并添加相关数据；
(2) 查询业务名称为"水果库存表"的数据 ID、数据 KEY 等相关信息。

小　结

本项目介绍了国产加密链式数据库的原理和特征，讲述了查询链上信息的操作方法，通过对大米进行进出仓的过程及查询数据等操作，掌握国产加密链式数据库的基本使用方法。

课 后 习 题

一、单选题

1. 下列不属于查询内容的是(　　)。

A. 合约授权　　　B. 统计记录　　　C. 前置哈希　　　D. 区块高度

2. 下列属于查询内容的是(　　)。

A. 合约地址　　　　　　　　　B. 合约模板

C. 合约关联方　　　　　　　　D. 合约执行时间或次数

3. 下列既可以是查询内容又可以是查询条件的是(　　)。

A. 合约地址　　　　　　　　　B. 合约模板

C. 合约关联方　　　　　　　　D. 合约执行时间或次数

4. 在主链上查询合约数据 ID = '1'并且上链时间大于2021年05月03号的区块的高度、数据 ID、数据 KEY、数据 URL 以及上链时间的代码是(　　)。

A. 显示信息(查询合约("区块高度,数据 ID,数据 KEY, 数据 URL,上链时间","数据 ID = '1' 且 上链时间>'2021-05-03'"))

B. 显示信息(查询区块("区块高度,数据,上链时间","数据 ID = '1' 且 上链时间>'2021-05-03'"))

C. 显示信息(查询合约("区块高度,数据 ID, 数据 URL,上链时间","数据 ID = '1' 且 上链时间>'2021-05-03'"))

D. 显示信息(查询区块("区块高度,数据 ID,数据 KEY, 数据 URL,上链时间","数据 ID = '1' 且 上链时间>'2021-05-03'"))

5. 在主链上查询区块数据 ID = '1'并且上链时间大于2021年05月03号的区块的高度、数据 ID、数据 KEY、数据 URL 以及上链时间的代码是(　　)。

A. 显示信息(查询区块("业务名称 1,区块高度,数据 ID,数据 KEY, 数据 URL,上链时间","数据 ID = '1' 且 上链时间>'2021-05-03'"))

B. 显示信息(查询合约("业务名称 1,区块高度,数据,上链时间","数据 ID = '1' 且 上链时间>'2021-05-03'"))

C. 显示信息(查询区块("业务名称 1,区块高度,数据 ID, 数据 URL,上链时间","数据 ID = '1' 且 上链时间>'2021-05-03'"))

D. 显示信息(查询合约("业务名称 1,区块高度,数据 ID,数据 KEY, 数据 URL,上链时间","数据 ID = '1' 且 上链时间>'2021-05-03'"))

6. 显示信息(查询区块("业务名称 1,区块高度,数据 ID,数据 KEY,数据 URL,上链时间","数据 ID = '1' 且 上链时间>'2020-07-22'"))这段代码代表的含义是(　　)。

A. 查询 ID=1 并且上链时间大于 2020 年 7 月 22 日的区块的高度、数据 ID、上链时间、数据 URL

B. 查询 ID=1 并且上链时间大于 2020 年 7 月 22 日的合约的高度、数据 ID、上链时间、数据 URL

C. 查询区块的高度、数据 ID=1、上链时间、数据 URL 并且上链时间是 2020 年 7 月 22 日的区块

D. 查询区块的高度、数据 ID=1、上链时间、数据 URL 并且上链时间是 2020 年 7 月 22 日的合约

7. 存储过程是(　　)。

A. 程序　　　　　　B. 函数　　　　　　C. 视图　　　　　　D. 表格

二、多选题

1. 以下查询语句的写法，正确的是(　　)。

A. "查询内容 1,查询内容 2,查询内容 3,...","查询条件"

B. "查询内容","查询条件"

C. "查询条件,查询条件 1","查询内容"

D. "查询条件","查询内容"

2. 下列哪些属于查询条件的有(　　)。

A. 区块高度　　　B. 区块类型　　　C. 前置哈希　　　D. 数据 KEY

3. 下列哪些属于查询内容的有(　　)。

A. 节点 IP　　　　B. 数据 URL　　　C. 区块哈希　　　D. 合约授权

4. 下列查询语句写法不正确的是(　　)。

A. 显示信息(查询区块(降序,区块高度,数据 ID,数据 KEY,数据 URL,上链时间,数据 ID = '1' 且 上链时间>'2020-07-22'))

B. 显示信息(查询区块("降序 区块高度 数据 ID 数据 KEY 数据 URL 上链时间" "数据 ID = '1' 且 上链时间>'2020-07-22'"))

C. 显示信息(查询区块("降序,区块高度,数据 ID,数据 KEY,数据 URL,上链时间","数据 ID = 1 且 上链时间>2020-07-22"))

D. 显示信息(查询区块("降序,区块高度,数据 ID,数据 KEY,数据 URL,上链时间","数据 ID = '1' 且 上链时间>'2020-07-22'"))

三、判断题

1. 查询语句中以"，"作为分隔符。　　　　　　　　　　　　　　　　(　　)

2. 查询语句是由查询内容和查询条件构成的。　　　　　　　　　　　(　　)

3. 新一代区块链国产加密链式数据库是采用纯中文的 SQL 语句。　　(　　)

4. 查询合约不可以查询到合约节点 IP。　　　　　　　　　　　　　　(　　)

5. 新一代区块链国产加密链式数据库支持多种系统环境下运行。　　　(　　)

四、填空题

1. 纯中文 Trust SQL 中查询语句，由_____和_____构成。

2. 新一代区块链国产加密链式数据库的特点包括_____、_____、_____、_____。

下篇　区块链场景应用

项目 12　新一代区块链技术助力光伏新能源行业发展

▶ 学习目标

本项目深度还原了新一代区块链技术在新能源光伏行业中的具体应用过程，涵盖生产管理、数据溯源、能源交易和数据挖掘等环节，具体对应无人机巡检、数据采集和交易、数据溯源与加工处理等实践任务。通过本行业案例的实践，要求读者对光伏能源产业的现状和发展动态有一定的了解，并熟练运用智能合约和大数据技术，进行业务数据的采集、上链、存证以及分析处理等操作，从而建立起"区块链+场景"的产业思维，积累更多的产业经验。

▶ 知识导图

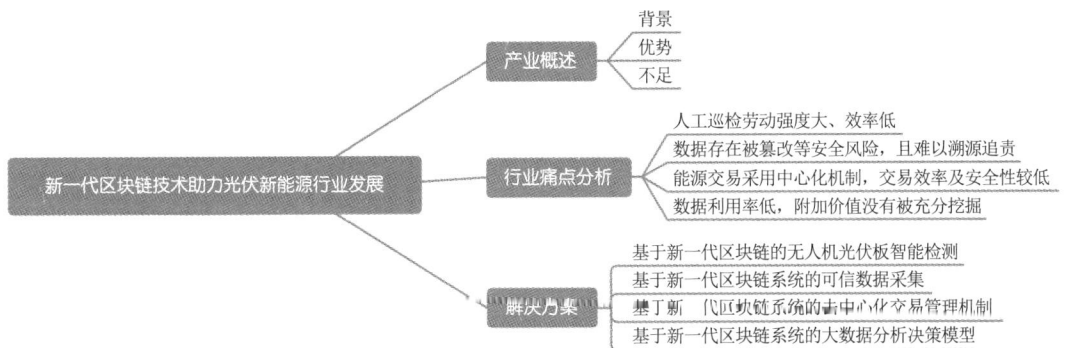

12.1　产业概述

我国光伏(Photovoltaic，简称 PV)发电行业于 2005 年左右受欧洲市场需求拉动起步，十几年间经历了从无到有、从有到强的发展历程，现已成为世界光伏发电行业的佼佼者。太阳能是未来最清洁、安全和可靠的能源，发达国家正在把太阳能的开发利用作为能源革命主要内容长期规划，光伏产业正日益成为国际上继 IT、微电子产业之后又一爆炸式发展的行业。据国家能源局统计数据显示，2013 年以来，我国分布式光伏发电市场份额呈现稳步提升趋势。如图 12-1 所示，截至 2021 年上半年，全国光伏发电累计装机容量为 267.08 GW，预计未来分布式光伏发电市场份额将进一步提升。

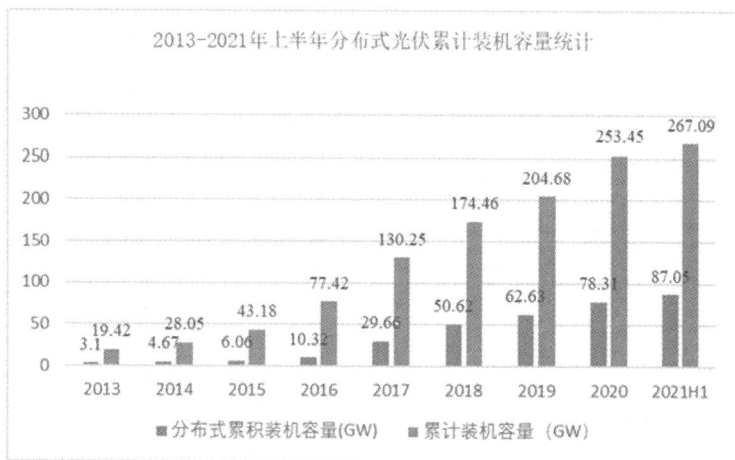

图 12-1　上半年分布式光伏累计装机容量统计

光伏发电是利用太阳能将光子转化为电子的一个纯物理过程，转化过程不排放任何有害物质且永不枯竭，相对水电、风电而言，建站地理位置要求不高，建站成本低，且适用范围广，一般家庭也可以利用太阳能发电，具有安全性、广泛性和清洁性等特点。

由于太阳照射的能量分布密度较小，能量转化效率低下，因此需要占用巨大的地面面积布置光伏板，光伏板的人工管理耗费巨大的人力和物力，且存在安全隐患，光伏板的数据几乎无法采集，因此很难及时发现故障。海量的光伏板数据因为缺乏智能化管理，变成了一座座数据孤岛，数据的附加价值无法充分被挖掘利用，这些都将成为限制产业发展的重要因素。在这样的大环境之下，光伏新能源数字化是必然趋势之一，而新一代区块链技术的出现，为光伏新能源的数字化提供了一个良好的解决思路。

12.2　行业痛点分析

一、痛点 1：人工巡检劳动强度大，效率低

由于光伏发电行业的特殊性，光伏发电站往往偏远，为了提升电站光伏板的发电总

量，光伏板部署面积一般远远大于常规发电厂，中小型光伏电站的部署量都可达到几十万片，设备众多，且分布范围区域广阔，一旦发生设备故障或污损，将造成直接财产损失以及安全隐患。对于大型光伏电站，巡检频次很难达到要求，导致很多电站日常数据无法高效采集。

现有的人力巡检方法受地形影响，存在效率低、巡检环境恶劣、巡检时间长等诸多问题，而巡检盲点的存在导致巡检数据丢失严重。由于光伏电站设备数量庞大，光伏板的龟裂、蜗牛纹、损坏、焊带故障等问题的出现频率大大提高，污点和植被遮挡这类问题更是容易出现，人工逐片巡检，肉眼检查故障就变得异常困难，往往很难及时发现其存在的隐患，更重要的是，人工巡检光伏板效率极低，极大地影响了电站的效益。

二、痛点 2：数据存在被篡改等安全风险，且难以溯源追责

在目前的光伏微电网环境中，用户用电的信息采集、处理和监控服务通常都是依靠用电信息采集系统来完成的。用电信息采集系统采用中心化管理的模式来处理电力交易，若用电信息采集系统和电表之间传输的用电数据被人篡改，可能造成严重的后果而且现有的数据极易通过修改而影响到后续的统计，且难以溯源追责。

区块链技术为用电数据安全控制提供了新的防护视角：

(1) 加入区块链中的每笔用电交易被永久存储，区块链中的每一笔交易记录中均绑定了交易者信息，交易信息的传递路径能够被完整记录和追溯，为交易的监管带来了便利。

(2) 区块链的分布式"记账"原理以及全系统公共认证在机制上保证了上链的用电数据不能进行私自篡改。在光伏微电网环境中引入新一代区块链技术，可真正实现可信监控溯源追责，保障了数据和认证的权威性。

采用新一代区块链技术，通过搭建链路节点建立业务链进行数据的查验，并对通过授权的用电数据进行上链，将采集到的用电数据上传到区块链存储，从而保证了数据真实、可追溯。

三、痛点 3：能源交易采用中心化机制，交易效率及安全性较低

在现有能源互联网解决方案中，能源交易大多是利用中心化的管理控制机构完成的。未来绿色电力市场有望与碳交易市场实现结合，推动我国"碳中和 3060"目标的实现。中国能源政策研究院院长林伯强表示，未来碳交易市场应该根据"碳中和"目标而增加更多的选择性，将绿色交易和碳排放市场有机结合起来，让市场更加充满活力，促进碳交易市场交易量的提升，有利于企业和个人节能减排和碳中和目标的实现。

目前，在新能源发电技术不断发展、成本不断降低的驱动下，分布式新能源发电的形式被广泛运用于社区、家庭发电。因此，传统的电能消费者开始具备供电的能力而成为产消一体者(Prosumer)。另外，智能家居、智能建筑、储能设备等各要素都使得分布式电力能源系统成为必然趋势。可以预见的是，在能源互联网的赋能下，这些天然的以社区为单位的能源社区必然会向着分布化、市场化、智能化的自组织能源系统的方向发展，而传统的中心化交易机制有很大的区域限制。

新一代的绿色电网管理系统由分布式数据存储与服务区块链、电力系统分析区块

链、智能合约运营区块链和智能电力交易支付区块链组成。这些不同层次和功能的区块链自我组织、互相协助，最后形成一个分布式自主的电力能源运行系统，实现了产消一体的用户之间或与电网之间像其他消费品一样的自由交易。

四、痛点 4：数据利用率低，附加价值没有被充分挖掘

区块链的共识机制和去中心化特征保证了能源数据的安全性和可靠性。然而在实际生产管理中，能源数据的分析仍处于初级阶段，尚未深入到应用数据来驱动决策和充分挖掘电站价值的程度。

如果能够通过人工智能、机器学习、模式识别、统计学、数据可视化等数据分析手段，有效利用和充分挖掘上链数据，通过数据分析对光伏电站进行全面评估，就可以对电站故障进行有效预测，生成包含巡检日志、设备故障地图、设备故障类型和设备故障数量等信息的检测报告，为运维人员提供故障消缺依据，进而提前规划巡检路径，提高故障消缺效率，提升电站发电量。

12.3   解决方案

某大型电站位于高海拔山区，二期和三期装机容量共 100MWp，光伏面板组件高达 40 万块，如图 12-2 所示。本项目依托该电站的技改工程进行提炼，通过本实训平台进行场景模拟和技术还原，针对上述提出的各个痛点，给出对应的解决方案。

图 12-2   光伏电站实拍图

一、基于新一代区块链的无人机光伏板智能检测

1. 任务情景

目前该电站对光伏板的巡检工作都由人工完成，每月需要巡检 3 次，每次需要出动 2 名巡检人员，人工巡检工作耗时较长且存在一定的危险，

无人机巡检

与此同时采集的数据质量不高且采集效率极低。以一个 40 MW 的大型地面光伏站为例，1 组 2 名巡检人员手持红外热成像仪设备检查完所有的组件需耗时 45 个工作日，如图 12-3 所示。

图 12-3　传统人工巡检

2. 任务分析

针对传统人工巡检存在的问题，利用新一代区块链技术智能合约数据自动上链的优势，结合无人机在自动化作业方面的优势，整合机器视觉检测技术，打造基于新一代区块链的无人机光伏板智能检测系统，实现对光伏电站的智能化巡检。

采用无人机巡检只需在无人机作业平台中规划好巡检轨迹即可完成自动化热红外图片和可见光图片的采集，巡视一遍只需要 6 小时，获取的海量数据通过机器视觉技术自动判断故障，自动形成专业分析报告，不再依赖人员经验，设备故障发现效率高。同样是 1 组 2 人，作业量可以达到每天 2～3 平方千米，完成整个光伏电站的巡检工作仅需 2 个工作日，大幅缩减光伏电站巡检所需人数及巡检时间，节省人力运维成本，具有更高的经济效益。同时智能无人机机动性高，在空中飞行可以不受地面障碍物等的限制自由移动，解决了人工巡检可能带来的人员安全问题。

3. 整体框架和流程

检测系统整体框架如图 12-4 所示，包括基础设施层、数据层、服务平台层和应用层，应用层主要由航飞任务调度系统、巡检 GIS 云平台、视频智能识别系统和外部数据接口组成。

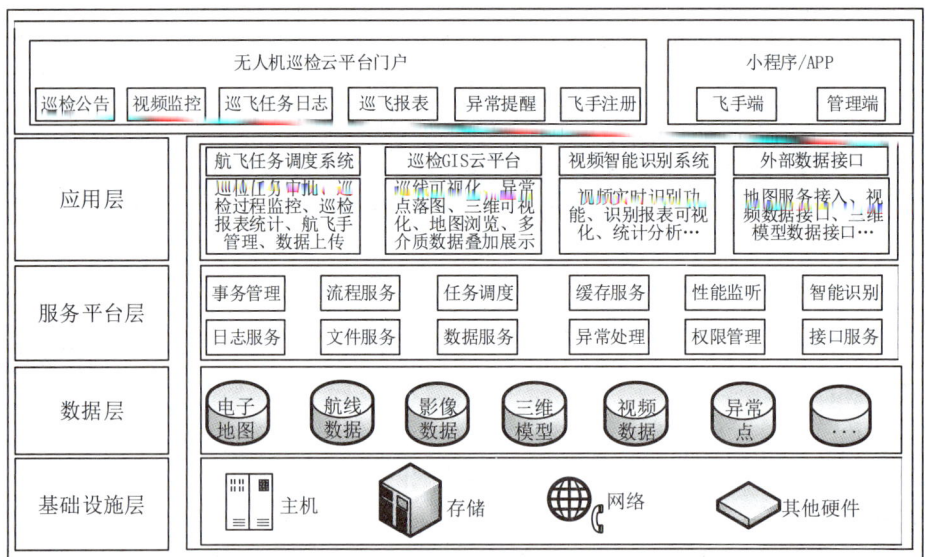

图 12-4　检测系统整体框架图

　　基于无人机红外成像技术的光伏板缺陷检测采用无人机巡检，通过地图轨迹设定指定巡检区域和巡检条件，在天气、风力合适的前提下，选择合适的机型，设定巡检计划，完成巡检任务。将通过巡检检测到的数据保存到本地，利用机器视觉识别系统检测光伏板存在的故障或损坏。常见的几类故障包括组件内电池故障、二极管故障或接线盒虚焊、组件表面污迹或内部故障、组件内部电池片损坏、整串故障发热、保险烧毁或断路、杂草或鸟粪遮挡等。最后根据预定义的智能合约自动将检测数据进行上链。整体流程图如图 12-5 所示。

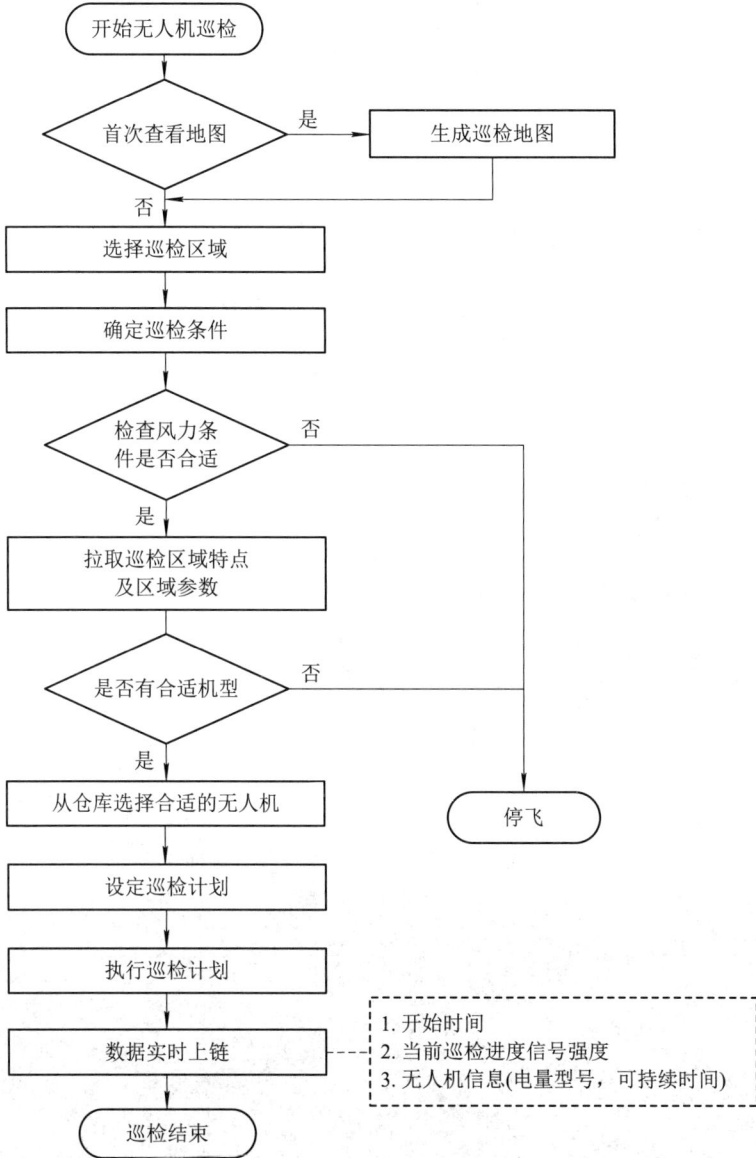

图 12-5　整体流程图

现场巡飞作业任务管理如图 12-6 所示。

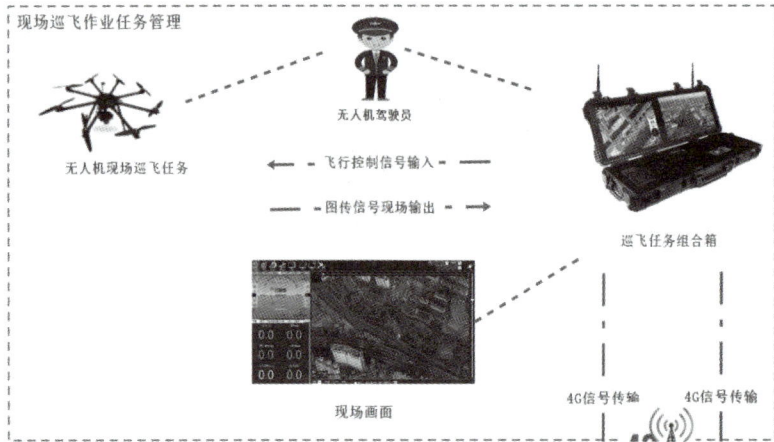

图 12-6　现场巡飞作业任务管理

4. 软件开发

1) 开始实验

登录教育平台的 PC 端进入在线课程模块，找到当前任务对应的课程。进入"课程详情"页面，点击"开始实验"按钮开始实验，如图 12-7 所示。

图 12-7　课程详情页面

2) 创建我的无人机

(1) 在对应步骤点击"进入实验场景"，进入"巡查区域地图"界面，如图 12-8 所示。

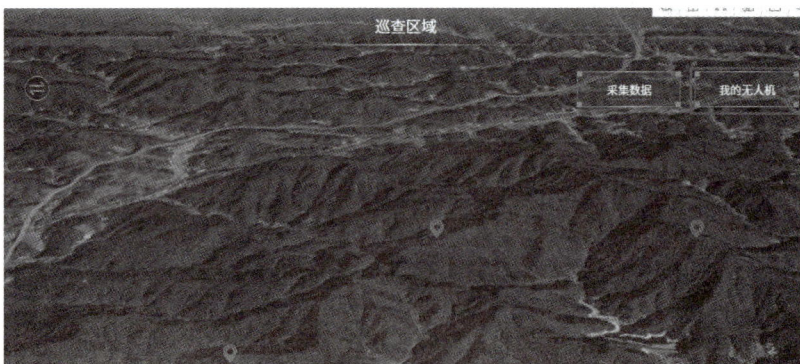

图 12-8　巡查区域地图

在"巡查区域地图"界面点击"我的无人机"按钮，开始创建无人机，如图 12-9 所示。

我的无人机　　　　　　　　　　　　　　　　　✕

暂无无人机

创建

图 12-9　创建我的无人机

根据待测区域的环境以及位置选择对应类型的无人机，例如选择无人机 1 号，点击"下一步"按钮，如图 12-10 所示。

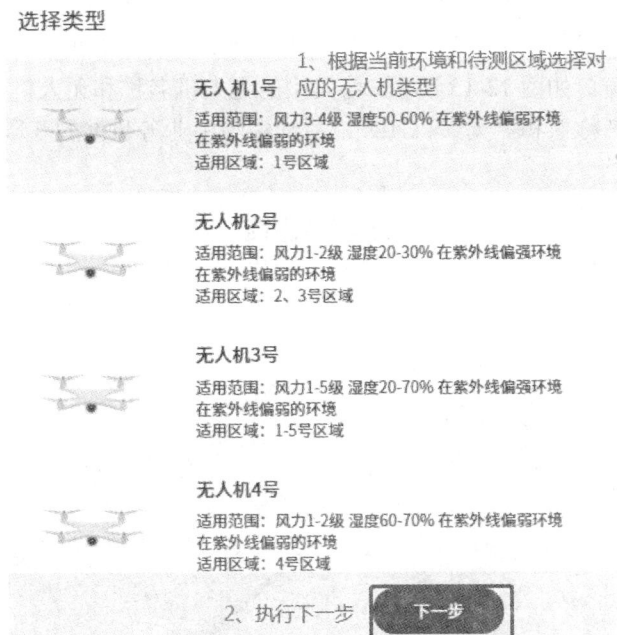

选择类型

1、根据当前环境和待测区域选择对应的无人机类型

无人机1号
适用范围：风力3-4级 湿度50-60% 在紫外线偏弱环境
在紫外线偏弱的环境
适用区域：1号区域

无人机2号
适用范围：风力1-2级 湿度20-30% 在紫外线偏强环境
在紫外线偏弱的环境
适用区域：2、3号区域

无人机3号
适用范围：风力1-5级 湿度20-70% 在紫外线偏强环境
在紫外线偏弱的环境
适用区域：1-5号区域

无人机4号
适用范围：风力1-2级 湿度60-70% 在紫外线偏弱环境
在紫外线偏弱的环境
适用区域：4号区域

2、执行下一步　　下一步

图 12-10　选择无人机类型

对无人机进行命名，例如"my UAV"，点击"确定"按钮，如图 12-11 所示，进入"区块链中文编辑器"界面。

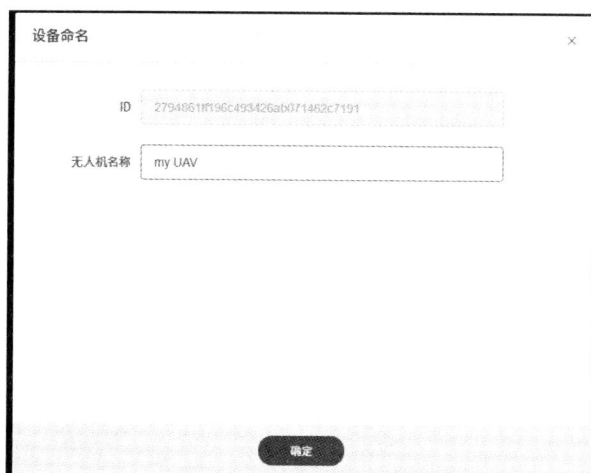

图 12-11　无人机命名

(2) 在"区块链中文编辑器"界面写入代码,并点击执行按钮,为无人机注册区块链账号,生成"我的无人机"。代码如下所示。需要注意的是,代码中的"无人机名称"和"无人机 ID"要以业务数据中的为准。

> 显示信息(上链服务器设置("广东辰宜","81.71.126.133","7007"))
>
> 显示信息(合约服务器设置("广东辰宜","81.71.126.133","7006"))
>
> 显示信息(注册用户("无人机名称","123456","13826421563","无人机 ID","产地:广东佛山","光伏板探测"))

业务数据获取方式如图 12-12 所示,从代码编辑页面的右下角点击"业务数据"按钮,弹出业务数据详情窗口如图 12-13 所示,将其中的无人机名称和无人机 ID 复制下来,替换代码中的"无人机名称"和"无人机 ID"。后续实验中业务数据的获取方式与此相同,不再赘述。

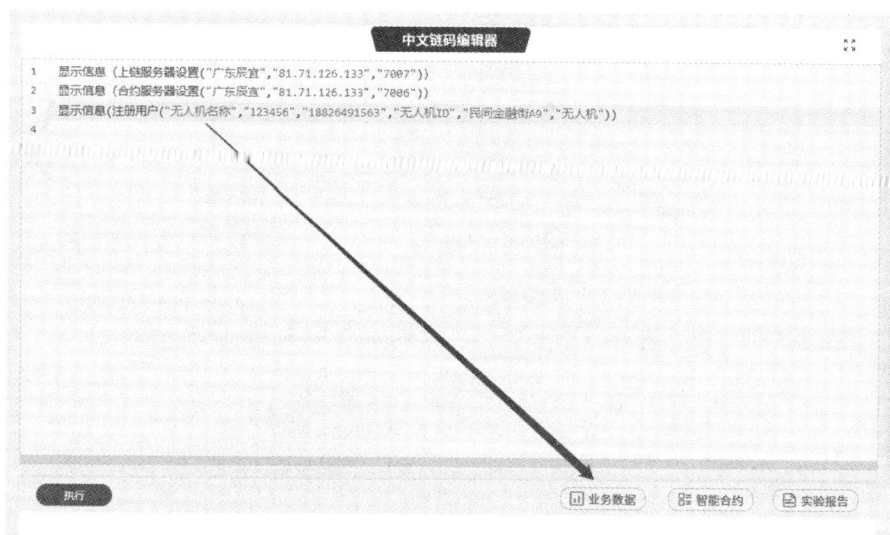

图 12-12　业务数据获取

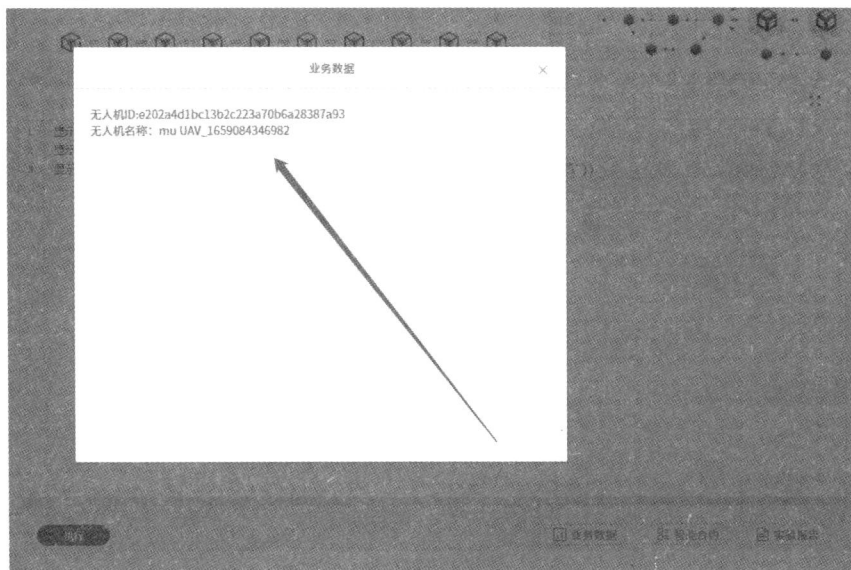

无人机ID:e202a4d1bc13b2c223a70b6a28387a93
无人机名称：mu UAV_1659084346982

图 12-13　业务数据详情

为将重心集中在业务逻辑和区块链的应用上，这里对操作进行了简化，限制每位读者只能注册一个型号的无人机用户。每个无人机用户都拥有名称、密码、手机号、ID、产地和备注等字段信息。其中，名称和 ID 号必须是唯一的，ID 号要求是 18 位；产地表示无人机的生产产地；备注信息可以填写无人机的适用条件或适用场景。若已经创建过无人机，则直接进入下面的巡查区域选择步骤。

上述代码执行成功后生成"我的无人机"，可通过"我的无人机"对应的账号和密码登录系统。上述注册步骤适用不同类型的无人机注册。

3）巡查区域选择

查看地图上每个区域的温度、湿度、紫外线和风力等详细信息，根据无人机的适用区域，在电站地图上选择一个巡查区域。若选择的区域与无人机巡查条件不匹配，系统将提示重新选择，否则就可以点击"开始"按钮开启巡查任务。

4）采集光伏板图片并上传图片进行分析

(1) 在巡查区域地图上点击"采集数据"按钮，如图 12-14 所示。

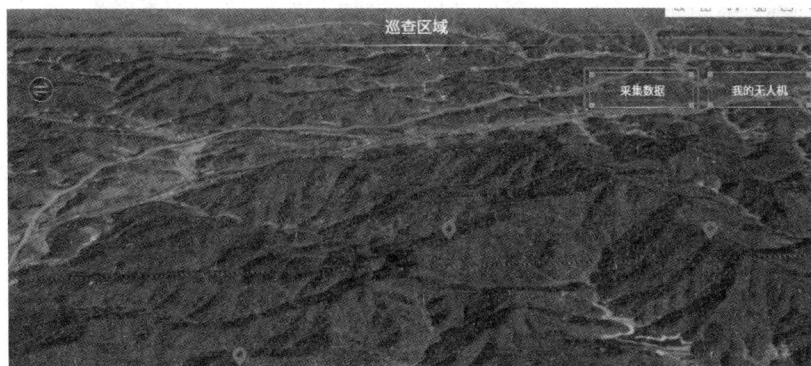

图 12-14　采集数据

在"采集数据"界面上点击"上传图片"按钮，如图 12-15 所示。

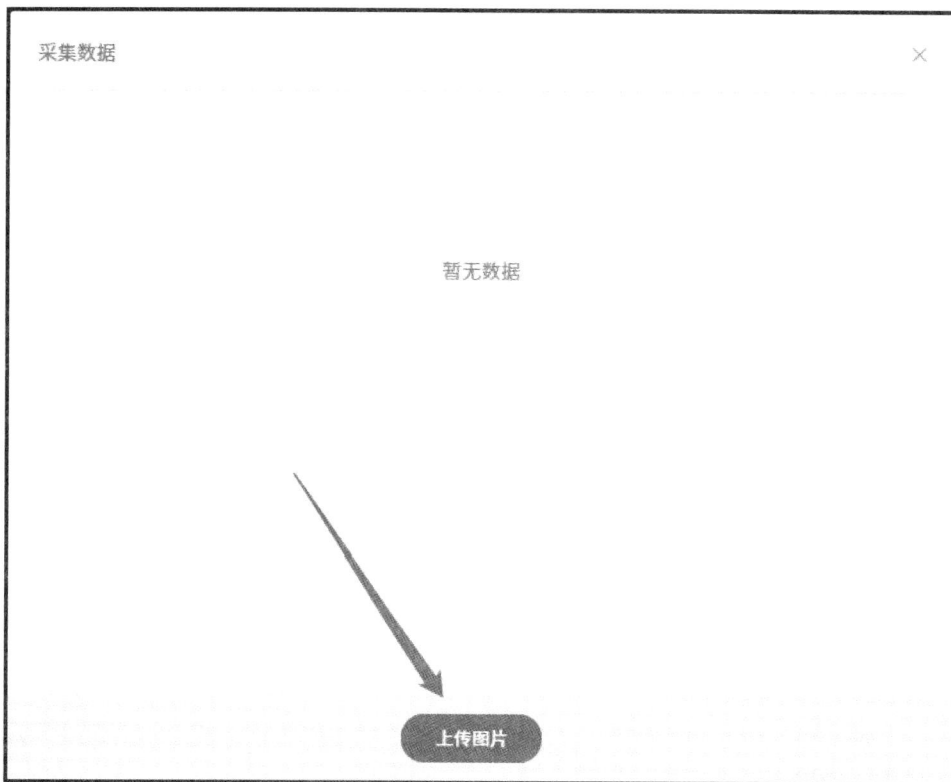

图 12-15　上传图片

可选定并上传多张存储在电脑磁盘中的光伏板图片或者如下面的步骤"9)通过小程序采集光伏板图片并对数据进行上链"所示，通过小程序采集并上传光伏板图片。已上传光伏板图片会显示在采集数据列表中，如图 12-16 所示。

图 12-16　采集数据列表

(2) 点击采集数据列表中的任意一张图片，进入"图片分析详情"界面。在此界面中可选取中对应的图片类型，如可见光、红外或紫外图片，通过对选中的光伏板图片进行智能分析，得到故障分析结果。如图 12-17 所示，点击"故障分析"按钮，进入"故障分析详情"界面。

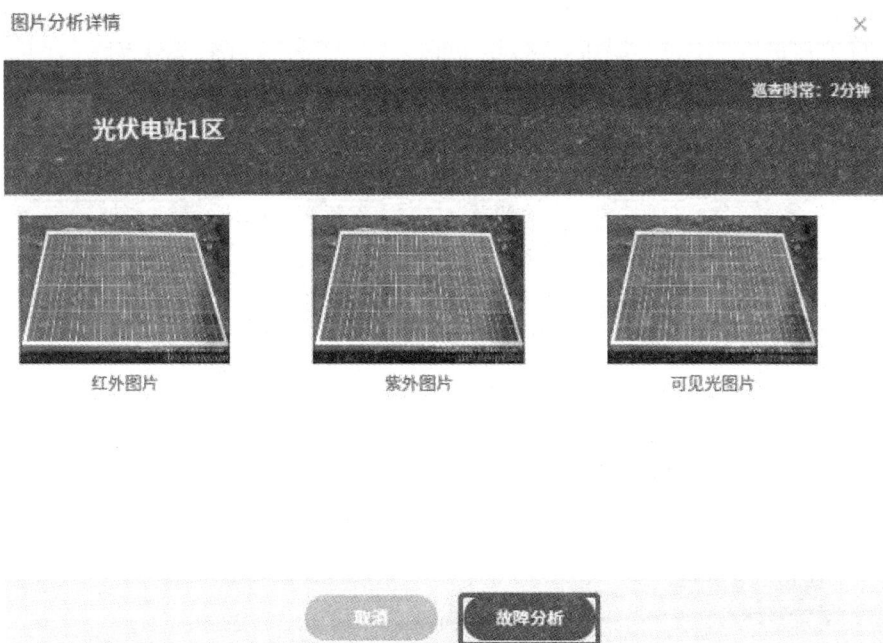

图 12-17　故障分析

在"故障分析详情"界面中显示图片对应的故障分析结果。例如，通过对上述选中的图片进行分析，可得出光伏板发生破裂的结果，如图 12-18 所示。

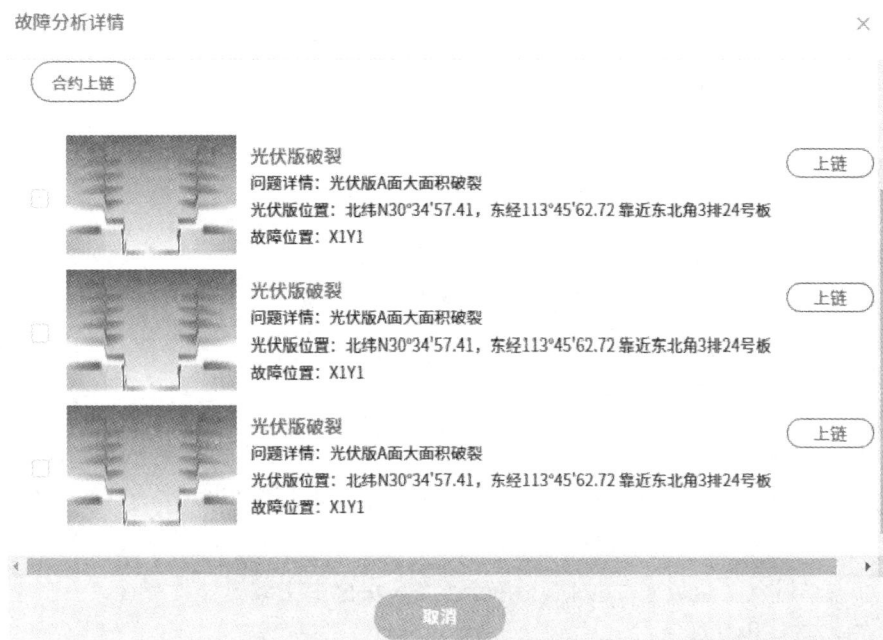

图 12-18　故障分析结果

扩展：请读者上传多张光伏板图片以检验智能分析的结果的准确性。

5) 单项数据普通上链

(1) 通过观察故障分析数据列表的每一项数据的详细信息，判断其是否符合上链的要求，如果符合则点击"上链"按钮。例如，点击第一项故障分析数据对应的"上链"按钮，如图 12-19 所示，自动跳转到"区块链中文编辑器"界面。

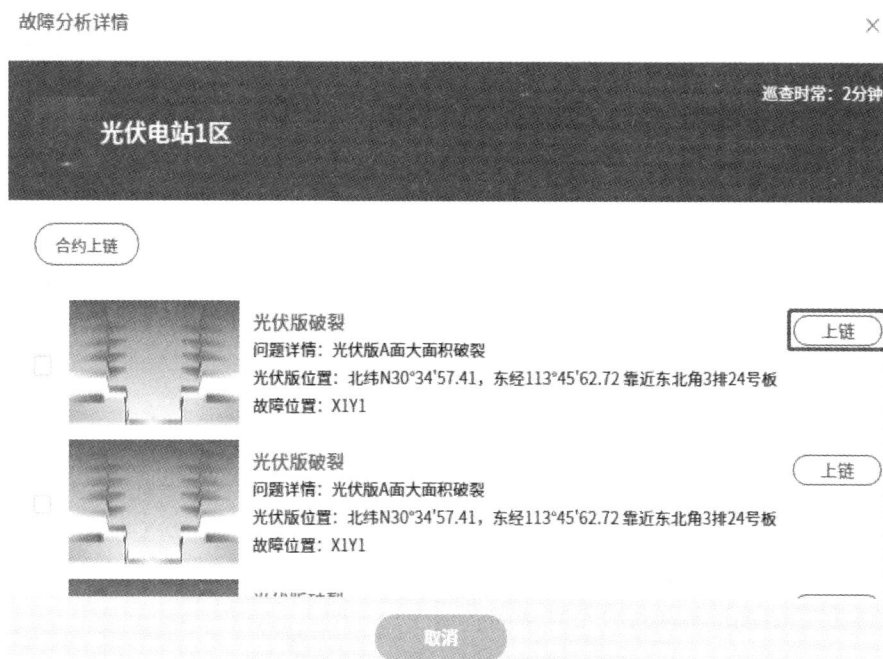

图 12-19　单项数据普通上链

在"区块链中文编辑器"界面写入代码，并点击执行按钮，把当前数据上链到无人机巡查链，代码如下所示：

```
显示信息(上链服务器设置("广东辰宜","81.71.126.133","7007"))
显示信息(合约服务器设置("广东辰宜","81.71.126.133","7006"))
显示信息(登录系统("my UAC","123456"))
准备数据("{'id':8771,...,'北纬N30,东经113 靠近东北角3排24号板',...,'detail':'光伏板A面大面积破裂',...}")
业务名称("无人机巡查")
显示信息(数据上链())
```

在编写上链代码时，必须设置业务名称，例如设业务名称为"无人机巡查"。请读者参照上述上链步骤对无人机的第一个故障进行上链故障分析数据。

6) 编写智能合约、定义数据上链规则

(1) 点击"进入实验场景"按钮，跳转到"区块链中文编辑器"界面，在此界面上编写智能合约，具体步骤如下：

① 选择合约类型。点击"区块链中文编辑器"界面上的"智能合约"按钮，打开"智能合约列表"，在出现的"下拉列表"中选择合约类型为"光伏板故障数据(无人机)"，点击"创建"按钮，如图 12-20 所示，跳转到"区块链中文编辑器"界面。

图 12-20 选择合约类型

② 智能合约上链。在"区块链中文编辑器"界面上编写智能合约并将其上链,代码如下所示。无人机名称要以业务数据中的为准。

```
显示信息(上链服务器设置("广东辰宜","81.71.126.133","7007"))
显示信息(合约服务器设置("广东辰宜","81.71.126.133","7006"))
显示信息(登录系统("无人机名称","123456"))
业务名称("无人机巡查")
智能合约名称("无人机数据上链合约")
合约执行次数(0)
用户授权("甲方","文字变量  业务数据")
合约内容
```

```
履约方("甲方")
准备数据(业务数据)
业务名称("无人机巡查")
显示信息(数据上链())
合约结束
显示信息(合约上链())
```

　　该智能合约应符合以下要求：执行次数无限制，授权人为当前设备，权参数根据需要上链的数据来定义，合约的内容需要判断授权进来的设备采集数据是否超过了阈值(阈值可自定义)，如果超过了就把该数据上链到无人机巡查链，最后把智能合约上链到无人机巡查链。需要注意的是，必须编写业务名称相关代码，且业务名称为"无人机巡查"。

　　③ 查看智能合约哈希值。在"区块链中文编辑器"界面中点击"智能合约"按钮，打开"智能合约列表"按钮，可查看到名称为"无人机数据上链合约(无人机名称)"的智能合约在列表中。智能合约上链成功后，会返回一个合约哈希，并保存到业务系统的智能合约列表中，便于后续授权时查看和使用，如图 12-21 所示。

图 12-21　智能合约哈希值

　　7) 使用智能合约对数据进行上链

　　(1) 点击"进入实验场景"按钮，跳转到巡查区域地图页面，按照上述步骤 4)的操作流程，进入"故障分析详情"界面。例如，同时选中第二项故障分析数据和第三项故障分析数据，点击"智能合约上链"按钮，如图 12-22 所示，进入"区块链中文编辑器"界面。

图 12-22 故障合约上链

(2) 结合合约哈希和授权数据编写智能合约授权的代码，代码如下所示。无人机名称和上链数据要以业务数据为准，合约哈希要以上一步中提前保存的哈希值为准。

```
显示信息(上链服务器设置("广东辰宜","81.71.126.133","7007"))
显示信息(合约服务器设置("广东辰宜","81.71.126.133","7006"))
显示信息(登录系统("无人机名称","123456"))
显示信息(合约授权("202203162159340000000000001445034625
65364304662222350665644426436555326622244445045265620",
"业务数据 = '{"id":"8772",'detail':'光伏板被鸟粪、灰尘等不明物遮挡',... }' "))
```

此时，第二项故障分析数据和第三项故障分析数据通过合约上链的方式被上链到区块中。请读者以合约上链的方式上链其他故障分析数据到区块中。

8) 无人机数据区块查询

点击"进入实验场景"按钮，跳转到"区块链中文编辑器"界面，编写区块查询代码对无人机上链的数据区块进行查询，代码如下所示。无人机名称要以业务数据为准。

```
显示信息(上链服务器设置("广东辰宜","81.71.126.133","7007"))
显示信息(合约服务器设置("广东辰宜","81.71.126.133","7006"))
显示信息(登录系统("无人机名称","123456"))
显示信息(解析函数返回记录(查询区块("无人机巡查 1,返回记录数 1-2,降序,区块哈希,区块高度,
上链时间,业务名称,数据 ID,数据,上链用户","上链时间>'2020-07-22' 且 上链用户='无人机名称' ")))
显示信息(获取区块数据(返回_区块哈希[0]))
```

代码执行成功后返回结果如图 12-23 所示。

[{"上链服务器设置":"上链服务器设置成功","上链服务器类型":"主链服务器"},{"合约服务器设置":"合约服务器设置成功"},{"登录系统":"区块链系统登录成功"},{"解析函数返回记录":"解析成功","字段0":"区块哈希[1]","字段1":"区块高度[1]","字段2":"上链时间[1]","字段3":"业务名称[1]","字段4":"数据ID[1]","字段5":"数据[1]","字段6":"上链用户[1]","查询结点":"2835"},{"获取区块数据":"[{'id':10459,'createDate':'2022-07-29 17:55:54','updateDate':'2022-07-29 17:55:54','deleted':false,'rowNum':0,'patrolId':1793,'studentId':2013,'areaId':2,'droneId':155,'hash':'','status':4,'location':'北纬N3034'57.41,东经11334'57.41 靠近东北角3排24号板','issueZone':'X1Y2','detail':'光伏板被鸟类、灰尘等不明物遮挡','originalImage':'http://test.gdchenyi.com.cn:8083/uploads/images/2022/07/2957a465f56f9946a69f70118d9a26923e.jpg','infraredImage':null,'ultravioletImage':null,'visibleLightImage':null,'type':'3','filter':null,'originalImage':null,'areaName':'光伏2区','analyzedStatus':null,'uploadType':'2','checked':true},{'id':10460,'createDate':'2022-07-29 17:55:54','updateDate':'2022-07-29 17:55:54','deleted':false,'rowNum':0,'patrolId':1793,'studentId':2013,'areaId':2,'droneId':155,'hash':'','status':3,'location':'北纬N3034'57.41,东经11334'57.41 靠近东北角3排24号板','issueZone':'X1Y1','detail':'光伏板A面大面积破裂','originalImage':'http://test.gdchenyi.com.cn:8083/uploads/images/2022/07/2957a465f56f9946a69f70118d9a26923e.jpg','infraredImage':null,'ultravioletImage':null,'visibleLightImage':null,'type':'3','filter':null,'originalImage'

图 12-23　获取区块的明文数据

9) 通过小程序采集光伏板图片并对数据进行上链

(1) 使用微信扫一扫扫描"我的无人机的启动二维码"进入"辰宜区块链场景实验"小程序,小程序鉴权成功后即可开启摄像头。读者打开"辰宜区块链 AI 实验室专用器材箱",找到光伏板,可通过微信小程序对光伏板进行扫描拍照。

(2) 在小程序扫描光伏板过程中会把采集到的图片上传给后端,在教育平台 PC 端的原始采集数据列表中可以查看上述采集图片。

(3) 小程序采集图片结束,回到教育平台 PC 端可以从电站区域地图里看到巡查结果,点击该区域可以进入原始数据采集列表。

(4) 执行步骤 4)、步骤 5)、步骤 6)、步骤 7)和步骤 8)相应的操作。

任务小结:基于新一代区块链的无人机光伏板智能检测能够分布式地存储无人机巡航中收集的数据和光伏板智能检测结果等海量数据,工作人员基于特定的区块链密钥,经过认证和访问后可拉取光伏板的检测数据,从而制定光伏板的维修策略,确保了维修的及时性。

二、基于新一代区块链系统的可信数据采集

1. 任务情景

能源更加高效地生产、传输和被消费是大势所趋。在光伏产业中,因为行业的特殊性,电量存储及设备维护不同于传统电站,因此对能源的供需数据掌控变得尤为重要,对数据的可信性也提出了更高的要求。能源网络数据中涉及大量终端电器,巨量数据的安全性和真实性是行业发展的基础保障。

以家庭用电为例,电表一般由电力公司配备和安装,所有家电的耗电数据都通过该电表收集并传送到供电局。这种集中式的数据采集方式容易受到设备故障、运行不稳定等外界因素的影响,导致数据丢失和数据失真,甚至出现能源网络被第三方攻击、能源数据被恶意篡改、责任难以追溯等问题。

因此为了提高采集信息的真实性、安全性,减少采集设备不稳定、易受攻击等问题,满足用户溯源的实际应用需求,需要建立绿电溯源业务链,使得数据安全、透明、可追溯。

2. 任务分析

家庭用电的可信数据采集系统包括智能电表、家庭分布式能源设备和智能家电,其中能源设备用于给智能家电供电,能源设备的发电数据和智能家电的用电数据被智能电表采

家庭用电

集并上传到绿色电网管理系统。通过为每一个家电设备注册区块链账号，采用加密的方式进行数据传输，来保证设备之间数据传输的安全性；通过搭建主链节点和本地物理节点，构建设备耗电业务链和家庭耗电业务链，来实现数据的查询、验证和可追溯；定义上链逻辑，通过授权得到耗电总量并将其上链，数据运输中超过阈值则产生报警信息，满足用户实际需求。

3. 整体流程

可信数据采集整体框架如图 12-24 所示，包括智能家电挑选与注册、模拟家庭的发电数据、家电耗电数据上链、定义智能合约规则、耗电总数据的上链、耗电链溯源查验等步骤。

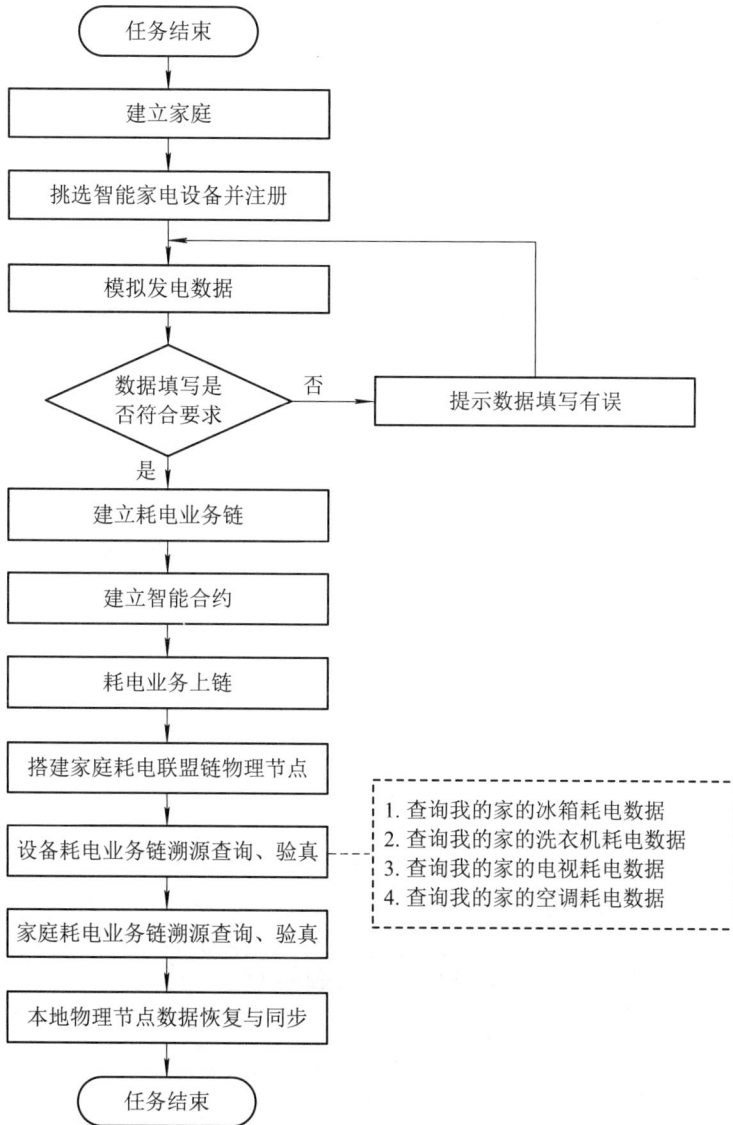

图 12-24　可信数据采集整体框架流程

4. 软件开发

1) 开始实验

登录教育平台的 PC 端，找到当前任务对应的课程。进入"课程详情"页面，点击"开始实验"按钮开始实验，如图 12-25 所示。

图 12-25　课程详情页面

2) 建立家庭

(1) 选择家庭基本配置。点击"进入实验场景"按钮，跳转到"户型选择"界面，例如：选择楼层为 2，家庭序号为 0201，点击"下一步"按钮，如图 12-26(a)所示；选择户型为三室两厅，点击"下一步"按钮，如图 12-26(b)所示。此时，跳转到设置耗电阈值的界面。

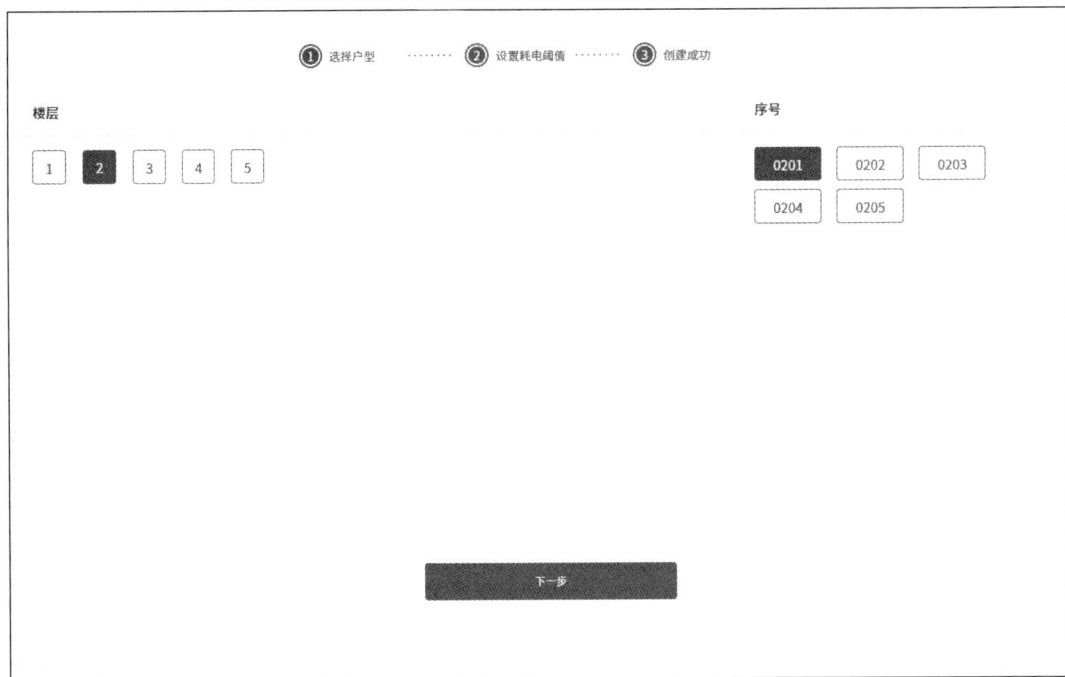

(a)

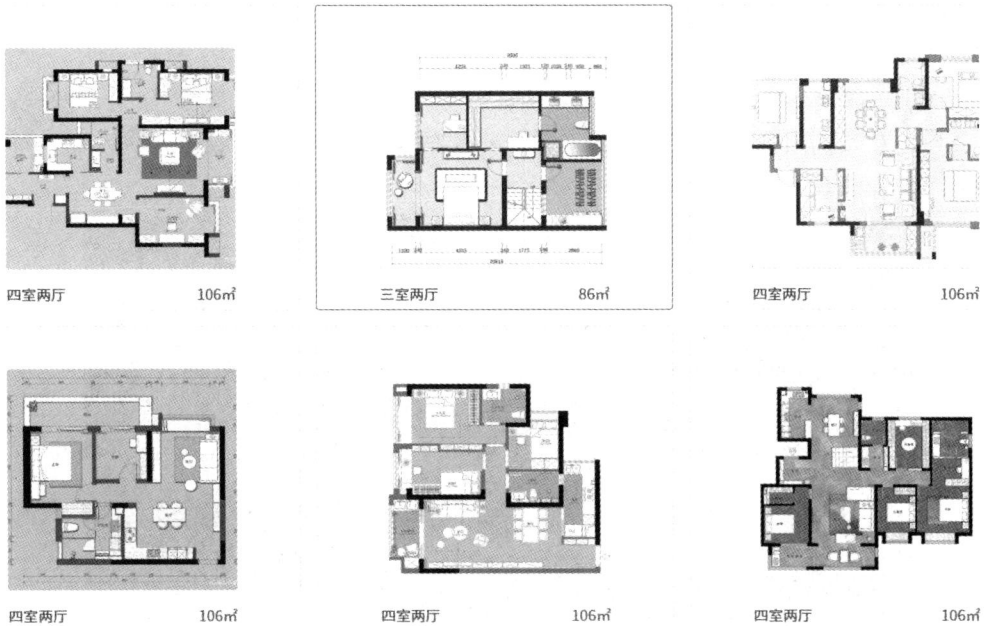

四室两厅　　106㎡	三室两厅　　86㎡
四室两厅　　106㎡	
四室两厅　　106㎡	四室两厅　　106㎡
四室两厅　　106㎡	

(b)

图 12-26　户型选择

(2) 在"耗电阈值"的界面中，设置家庭名称、家庭能够承受的日用耗电阈值和月用耗电阈值。例如，家庭名称为 my family，耗电日用阈值为 15 度，月用阈值为 450 度，点击"创建"按钮，完成家庭的创建，如图 12-27 所示。

图 12-27　设置耗电阈值

请读者参照上述步骤，建立家庭。

3) 智能家电挑选与注册

(1) 智能家电挑选。点击"进入实验场景"按钮，跳转到"我的家"主页，然后点击"家电列表"，如图 12-28 所示，进入"家电列表"界面，此时，只有电表在"家电列表"界面中。

图 12-28　"我的家"主页

本次任务可供挑选的家电设备类型有智能电表、冰箱、电视、空调、洗衣机，且每个设备均应具备品牌名称、出品公司、耗电功率和价格等，可根据实际情况挑选智能家电。例如 my family 只有一台美的电视，则需要挑选品牌为"美的"的电视，并将其添加到"家电列表"界面中，添加的具体步骤如下。

在"家电列表"界面中点击"添加"按钮，如图 12-29 所示，进入"添加家电"界面。

图 12-29　家电列表

在"添加家电"界面中，挑选并勾选对应的家电，例如勾选美的电视，然后点击"确定"按钮，如图 12-30(a)所示。跳转到"家电列表"界面中，此时选中的家电已被添加到家电列表中，如图 12-30(b)所示。

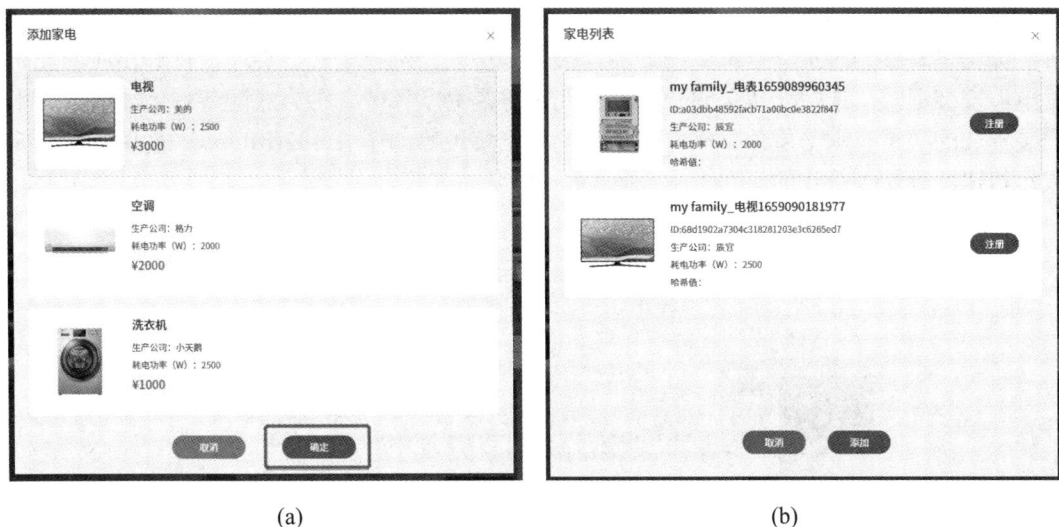

(a)　　　　　　　　　　　　　　(b)

图 12-30　添加家电

(2) 智能家电的注册。以注册电表为例，具体步骤如下。

① 点击"进入实验场景"按钮，跳转到"我的家"主页，如图 12-28 所示，点击"家电列表"，在家电列表中找到需要注册的智能家电。例如需要注册 my family_电表，则在 my family_电表对应位置点击"注册"按钮，如图 12-31 所示，此时进入"区块链中文编辑器"界面。

图 12-31　家电列表

② 在"区块链中文编辑器"界面写入代码，并点击"执行"按钮，为 my family 注册区块链账号"my family_电表"，代码如下所示。用户名和 ID 要以业务数据中的为准。

```
显示信息(上链服务器设置("广东辰宜","81.71.126.133","7007"))
显示信息(合约服务器设置("广东辰宜","81.71.126.133","7006"))
显示信息(注册用户("当前的家电名称","123456","18826491563","当前的家电 ID","民间金融街A9","电表"))
```

需要注意的是，my family_电表负责计算所有家电的耗电量，且为智能电表，具备数据上链的能力。其他智能家电的注册可参照智能电表的注册步骤，需要读者自行完成，在此不再一一列举。

4) 安装家用太阳能光伏发电系统

　　点击"进入实验场景"按钮,跳转到"我的家"主页,然后点击"发电系统"进入"光伏发电中"界面。在此界面选中所有硬件。设置此步骤的目的是了解发电设计的硬件类型和作用,其中硬件组件包括光伏电池组件、线缆、蓄电池、并网逆变器和并网开关箱等,如图 12-32(a)所示。点击"下一步"按钮,进入"选择模式"界面,挑选相应的光伏发电的安装形式。选中光伏采集顶,设置此步骤是为了体验各种方式配备的优缺点,其中安装模式的类型有水平屋顶、倾斜屋顶和光伏采集顶等如图 12-32(b)所示。最后点击"完成"按钮,跳转到"我的家"主页。

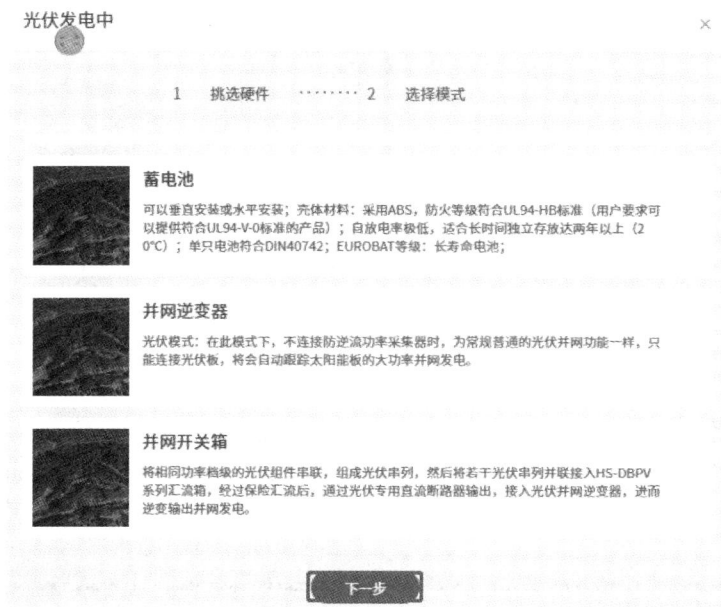

(a)

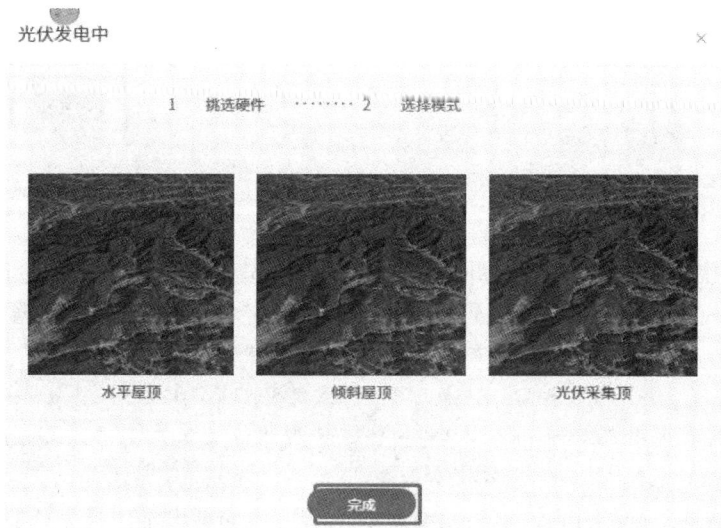

(b)

图 12-32　挑选光伏发电的安装形式

5) 模拟家庭的发电数据和耗电数据

(1) 打开"辰宜区块链 AI 实验室(专用器材箱)",找到光伏板并把其 USB 连接线连接到读者的手机上进行充电。

(2) 当看到手机正在充电的状态时,回到教育平台 PC 端并选择某一天以开始模拟家庭的发电数据和耗电数据,其中模拟发电数据和耗电数据的具体步骤如下:

① 如图 12-33(a)所示,在"我的家"主页中点击"一键模拟"按钮,模拟发电过程,如图 12-33(b)所示,完成家庭的发电数据和耗电数据的模拟。

(a)

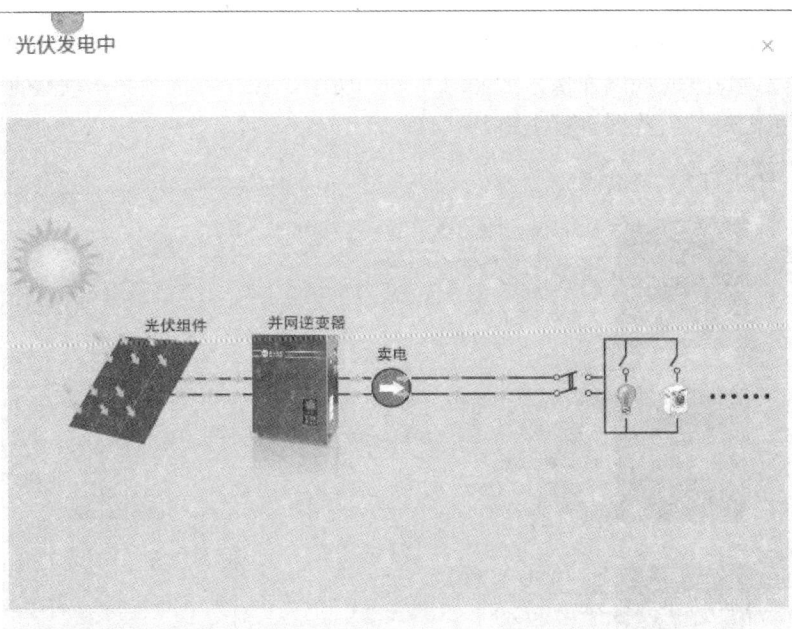

(b)

图 12-33　模拟发电

② 模拟数据生成后,在"我的家"主页中点击"智能电表"按钮,然后选择"发电数据",可以查看光伏发电系统的发电数据,如图 12-34 所示。

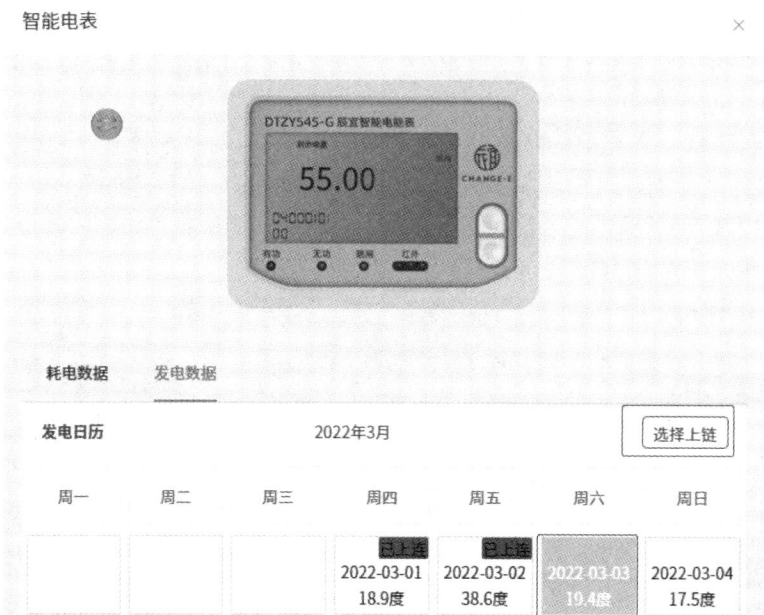

图 12-34　发电数据列表

6) 家电耗电数据上链

在"我的家"主页中点击"家电列表"按钮，进入"家电列表"界面。在此界面中可以查看任一已注册的家电的耗电数据。例如，点击"my family_空调"旁边的耗电数据查看按钮，如图 12-35(a)所示，此时，进入"my family_空调"的耗电数据列表的界面。在此界面可查看空调每日的耗电详情，如图 12-35(b)所示，在此可选中某一项数据，点击"选择上链"按钮，对单项数据进行上链。

(a)

智能电表　　　　　　　　　　　　　　　　　　　　　　　　　×

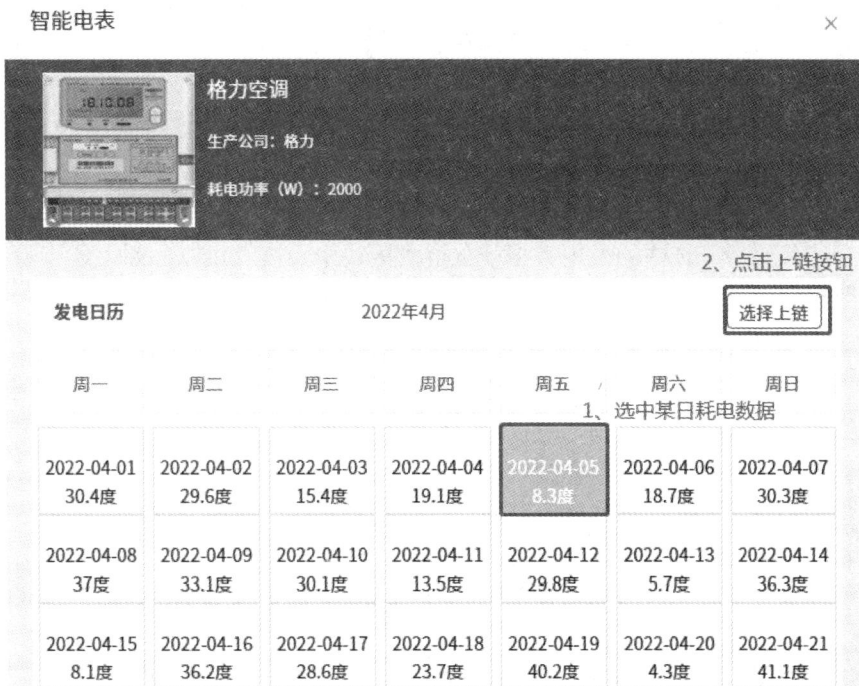

格力空调
生产公司：格力
耗电功率（W）：2000

2、点击上链按钮

| 发电日历 | | 2022年4月 | | | | 选择上链 |

1、选中某日耗电数据

周一	周二	周三	周四	周五	周六	周日
2022-04-01 30.4度	2022-04-02 29.6度	2022-04-03 15.4度	2022-04-04 19.1度	2022-04-05 8.3度	2022-04-06 18.7度	2022-04-07 30.3度
2022-04-08 37度	2022-04-09 33.1度	2022-04-10 30.1度	2022-04-11 13.5度	2022-04-12 29.8度	2022-04-13 5.7度	2022-04-14 36.3度
2022-04-15 8.1度	2022-04-16 36.2度	2022-04-17 28.6度	2022-04-18 23.7度	2022-04-19 40.2度	2022-04-20 4.3度	2022-04-21 41.1度

(b)

图 12-35　家电耗电数据上链

进入指定家电的耗电数据列表后，可选中某一项数据，对单项数据进行上链。具体步骤为：选中需要上链的数据右边的"选择上链"按钮，进入"区块链中文编辑器"界面，编写发电数据上链代码，代码如下所示。家电名称和上链数据要以业务数据中的为准。

```
显示信息(上链服务器设置("广东辰宜","81.71.126.133","7007"))
显示信息(合约服务器设置("广东辰宜","81.71.126.133","7006"))
显示信息(登录系统("我的家_冰箱","123456"))
准备数据("{"id":"45","name":"我的家_冰箱","location":"x1yi","content":"发电故障" }")
业务名称("家庭耗电")
数据 ID("当前家庭名称")
显示信息(数据上链())
```

执行上述代码后，选中的耗电数据被上链到区块中。读者可以参照上述步骤将不同日期的耗电数据分别上链到区块中。

7) 家庭光伏发电数据上链

通过发电数据列表可获取光伏发电系统的发电数据，步骤为：选中某日的发电数据，如图 12-35 所示，点击"选择上链"按钮，即进入"区块链中文编辑器"界面，编写发电数据上链代码，具体代码如下所示。

```
显示信息(上链服务器设置("广东辰宜","81.71.126.133","7007"))
显示信息(合约服务器设置("广东辰宜","81.71.126.133","7006"))
显示信息(登录系统("电表名称"))
```

```
准备数据("业务数据中的上链数据")
业务名称("家庭发电")
数据 ID("当前家庭名称")
显示信息(数据上链())
```

使用智能电表账号登录区块链系统，业务名称为"家庭发电"，数据 ID 为当前家庭的名称，建立当前家庭的发电链。

执行上述代码后，选中的发电数据被上链到区块中，读者可以参照上述步骤将不同日期的发电数据分别上链到区块中。

8) 定义智能电表对家电总耗电数据上链的智能合约规则

进入当前家庭的耗电数据列表后，也可通过智能合约，对多项耗电数据进行合约上链。该智能合约的执行次数为无限制，授权者应该为当前家庭的电表账号，授权参数应该有耗电总量值、耗电值对应的时间，合约内容需要定义好上链逻辑。通过授权得到智能电表统计的耗电总量并将其上链到家庭耗电链，然后判断当天耗电总量是否超过该家庭每天的耗电阈值，若超过则把数据上链到用电警报业务链。合约编写成功后，进行合约上链。注意上链前必须设置业务名称为当前家庭耗电，ID 为家庭名称，业务属性设置为"家庭用电警报"。具体步骤如下：

(1) 在"我的家"主页上点击左上角的"切换"按钮进入中文编程界面。

(2) 点击"区块链中文编辑器"界面中的"智能合约列表"，在此列表中点击"创建"按钮，如图 12-36 所示。

图 12-36　创建智能合约

点击"下拉列表"，选择合约类型为"家庭耗电和警报(电表)"，如图 12-37 所示。

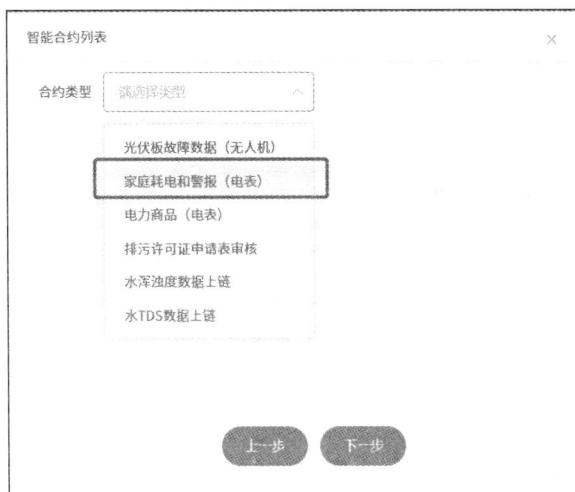

图 12-37　选择合约类型

(3) 点击"下一步"按钮回到"区块链中文编辑器"界面，然后点击"业务数据"按钮，获取当前家庭名称的信息，如图 12-38 所示。

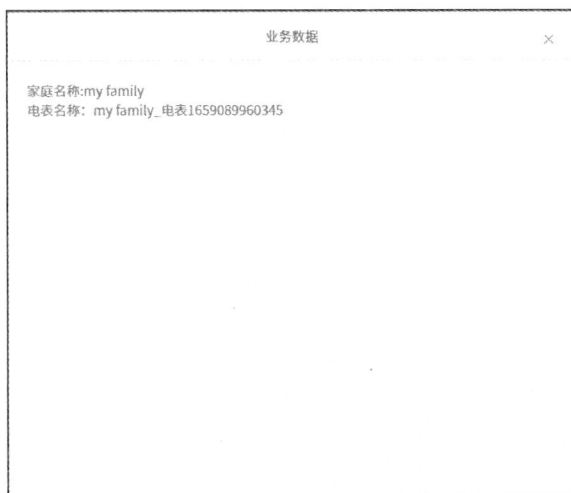

图 12-38　业务数据

(4) 编写智能合约代码。确定合约条件需要用到的数据 ID、登录区块链系统需要使用的智能电表账号，可通过点击"区块链中文编辑器"界面中的"业务数据"查询得到智能电表账号和数据 ID，如图 12-38 所示。此外，需要修改智能合约的名称，避免智能合约上链失败。例如，修改智能合约的名称为"总耗电数据上链合约 1"，具体代码如下所示。

```
显示信息(上链服务器设置("广东辰宜","81.71.126.133","7007"))
显示信息(合约服务器设置("广东辰宜","81.71.126.133","7006"))
显示信息(登录系统("当前家电名称","123456"))
业务名称("家庭耗电")
智能合约名称("总耗电数据上链合约")
合约执行次数(0)
用户授权("甲方","文字变量　业务数据")
```

合约内容

履约方("甲方")

准备数据(业务数据)

业务名称("家庭耗电")

数据 ID("当前家庭名称")

显示信息(数据上链())

准备数据(业务数据)

业务名称("家庭用电警报")

数据 ID("当前家庭名称")

显示信息(数据上链())

合约结束

显示信息(合约上链())

业务名称("家庭用电警报")

数据 ID("当前家庭名称")

显示信息(数据上链())

合约结束

显示信息(合约上链())

9) 授权智能合约对耗电总数据进行上链

(1) 在"我的家"主页上点击"智能电表"，通过耗电数据列表获取耗电数据，默认选中当月所有的发电数据，如图 12-39 所示，点击"合约上链"按钮，此时进入"区块链中文编辑器"界面。

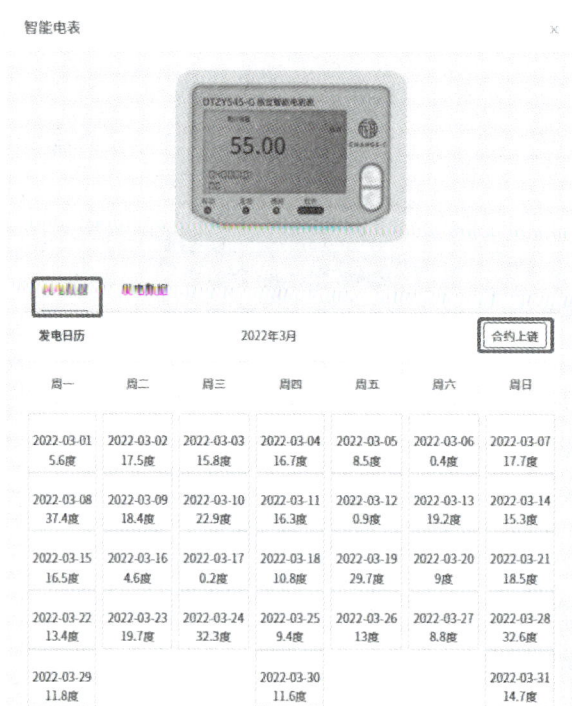

图 12-39　耗电数据的合约上链

(2) 查询智能合约的哈希值。在"区块链中文编辑器"界面的合约列表上可以查看所有上链成功的智能合约，根据合约内容及合约条件可以查找到符合条件的智能合约以及智能合约的哈希值。

(3) 家电耗电总量授权上链。在"区块链中文编辑器"界面编写合约授权代码，点击"执行"按钮执行合约，代码如下。家电名称、智能合约哈希、上链数据以业务数据中的为准。

> 显示信息(上链服务器设置("广东辰宜","81.71.126.133","7007"))
>
> 显示信息(合约服务器设置("广东辰宜","81.71.126.133","7006"))
>
> 显示信息(登录系统("当前家电名称","123456"))
>
> 显示信息(合约授权("2021122416481700000000000044253335656256542446423644446324462235225646652646322342463062045","业务数据 = '123' "))

合约授权的哈希值为上述合约列表中对应智能合约的哈希值。此外，确定合约条件需要用到的授权数据格式、登录区块链系统需要使用的智能电表账号，可通过点击"区块链中文编辑器"界面中的"业务数据"查看。智能电表账号和系统生成的授权数据代码，如图 12-40 所示。

图 12-40　业务数据

10) 搭建家庭本地的家庭耗电联盟链物理节点

以当前教室搭建好的主链节点作为主节点，在读者 PC 端本地部署一个账本服务器作为物理节点。

11) 通过设备 ID、设备类型和耗电等数据进行家电耗电链溯源查询、验真

(1) 通过主节点查询"我的家"的冰箱耗电数据；

(2) 通过主节点查询"我的家"的洗衣机耗电数据；

(3) 通过主节点查询"我的家"的电视耗电数据；

(4) 通过主节点查询"我的家"的空调耗电数据；

(5) 通过本地节点查询"我的家"的冰箱耗电数据；

(6) 通过本地点查询"我的家"的洗衣机耗电数据；

(7) 通过本地点查询"我的家"的电视耗电数据；

(8) 通过本地点查询"我的家"的空调耗电数据。

12) 通过家庭名称查询耗电等数据进行家庭耗电链溯源查询、验真

(1) 通过主节点查询"我的家庭"耗电数据；

(2) 通过本地节点查询"我的家庭"耗电数据；

(3) 通过主节点查询"我的家庭"用电警报的业务数据；

(4) 通过本地节点查询"我的家庭"用电警报的业务数据；

(5) 对设备耗电上链数据与智能电表汇总的设备总耗电上链数据进行对比和分析；

(6) 对当前家庭光伏系统一天的发电量和家电的总耗电量进行分析。

13) 本地物理节点数据恢复与数据同步

关闭本地启动的账本服务器，并且删除其根文件夹下的所有".DAT"数据库文件，然后重启账本服务器，观察其数据的同步状况，并且重复步骤 11)和步骤 12)对数据进行查询，判断数据同步的准确性。

任务小结：基于新一代区块链系统的可信数据采集，每个家庭的能源设备的发电数据和智能家电的用电数据被智能电表采集并上传到绿色电网管理系统。对于单个家庭来说，可设置用电阈值，使得家庭超过一定用电阈值则自动报警；可拉取定位到具体家电的可信用电数据，使得用电数据明细化。对于国家电网管理来说，可整合分布式的家庭可信的发电、用电数据，以对电力资源进行合理配置。

三、基于新一代区块链系统的去中心化交易管理机制

1. 任务情景

普通的家庭用电量并不大，光伏板所产生的电力在满足家用之外，每月还有不少余量，利用好这些剩余电量既能给家庭增加收入，也能为国家电力事业减轻压力、减少碳排放。传统的管理办法是将这些电力放到传统中心化能源交易系统中进行出售，但是在新能源并网运行技术条件下，中心化新能源交易系统不是电力平衡主体，由此带来了保障性消纳政策与市场机制之间的有效衔接问题，从而导致新能源在市场中的责任和权利没有清楚界定，公平参与市场具有一定难度。比如，新能源保障性电量以全年利用小时数测算确定，到月、到日的保障性电量计划安排规则如何确定等都是中心化交易带来的不信任问题。

用电交易

2. 任务分析

针对以上问题，采用去中心化的区块链交易系统是有效的解决方案。区块链交易系统既能进行数字资产交换、流通，也能够以"让数字资产交易更安全、更快捷"为导向，打造一个安全、稳定、快捷、透明的交易系统。相比中心化电力交易，去中心化的区块链交

易系统具备以下优势：

(1) 安全性高，尤其在资金和信息安全方面；

(2) 平台流动性好；

(3) 交易费用低；

(4) 交易速度快，用户体验好；

(5) 没有提币资金限制；

(6) 支持多种衍生品。

区块链交易系统为用户提供了安全可靠的交易空间。与证券交易所等传统的金融交易系统不同，区块链交易系统基于区块链分布式账本技术，天生就具有去中心化、防篡改、防丢失、公开透明的特性。

3. 整体框架和流程

本次任务包括卖家发布电力商品、买家购买电力商品、智能合约判定等步骤，实现家庭电量交易。整体框架流程如图 12-41 所示。

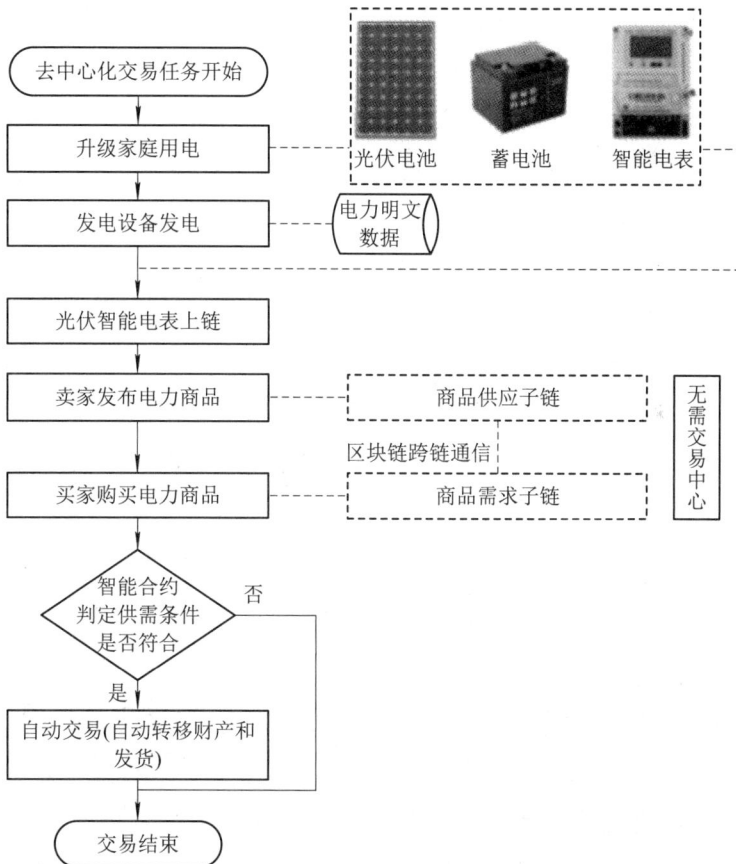

图 12-41　整体框架流程

4. 软件开发

1) 开始实验

本实验有买家和卖家两种角色，读者可以以不同的角色体验去中心化的交易管理机制。

以卖家的角色登录教育平台的 PC 端，找到当前任务对应的课程。进入"课程详情"页面，如图 12-42 所示，点击"开始实验"按钮开始实验。其中，卖家的家庭名称为"my family"，电表名称为"my family_电表 1647574737095"。

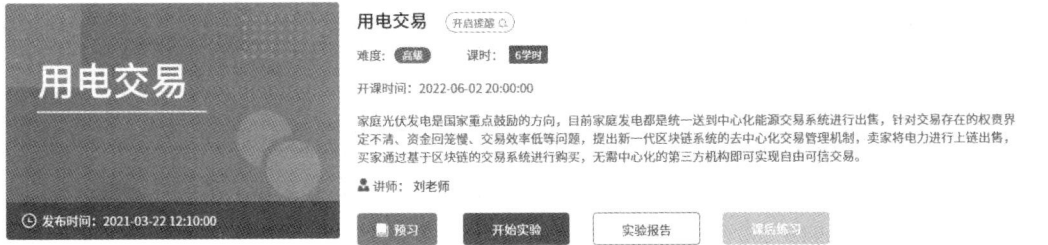

图 12-42　课程详情

2）卖家发布电力商品

（1）卖家编写电力交易的智能合约，具体步骤如下：

① 点击"进入实验场景"按钮，跳转到"商品管理的界面"，然后点击"选择智能合约"按钮，进入"智能合约列表"界面，如图 12-43 所示。在此界面上点击"创建"按钮，进入"区块链中文编辑器"界面。

图 12-43　智能合约列表

② 编写电力交易的智能合约。定义合约执行次数为 1 次，定义合约的参与人即买家

和卖家，编写电力数据交易规则，根据耗电量、光伏发电总量判断是否可以触发电力交易，其中，可交易电量等于光伏发电总量减耗电量，并自定义此合约交易的价格、电量等，最后把智能合约进行上链，并使用卖家身份根据卖家授权规则授权合约，具体代码如下：

```
显示信息(上链服务器设置("广东辰宜","81.71.126.133","7007"))
显示信息(合约服务器设置("广东辰宜","81.71.126.133","7006"))
显示信息(登录系统("我的家_电表","123456"))
业务名称("电力商品交易合同")
智能合约名称("商品交易合约_my family")
合约执行次数(1)
用户授权("甲方","数值变量    转入金额")
用户授权("乙方","数值变量    转出金额,文字变量    业务数据")
合约内容
 履约方("乙方")
 正确则执行 转入金额=转出金额
   显示信息(交易金额("乙方","甲方",数值转文字(转入金额),"商品交易款"))
   准备数据(业务数据)
   业务名称("订单已完成")
   显示信息(数据上链())
 条件结束
合约结束
显示信息(合约上链())
显示信息(解析函数返回变量(取出合约哈希()))
文字变量 合约哈希 = 返回_合约哈希
显示信息("合约哈希  ="+合约哈希)
显示信息(合约授权(合约哈希,"转入金额 = 100"))
```

（2）选择一份合适的智能合约，并根据合约内容填写相对应的商品信息，例如交易电量等，确认信息无误后生成一个新的商品，并在我的商品列表中可以查看。具体步骤如下。

点击"进入实验场景"按钮，跳转到"商品管理的界面"，然后点击"选择智能合约"按钮，进入"智能合约列表"界面，如图 12-43 所示。在此界面上找到商品交易合约，例如名称为"商品交易合约_my family"的智能合约，并在智能合约的对应位置点击"选择"按钮，如图 12-44 所示，进入"选择智能合约"界面。

图 12-44　选择智能合约

(3) 编辑电力商品的属性信息，并上架该商品。将发布的商品上链到电力商品链，上链成功后在交易商品列表中可以查看此商品，具体步骤如下。

① 发布商品。在"选择智能合约"界面编辑电力商品的属性信息，假设 my family 账户有 100 度的电力富余，欲将 100 度光伏电进行交易，电力商品的属性信息为"名称：光伏电 1 号，规格：以 1 度为单位，数量：100，单价为：1 元"，点击"发布"按钮，如图 12-45 所示，此时跳转到"商品管理"界面。请读者参照上述步骤发布不同属性的电力商品。

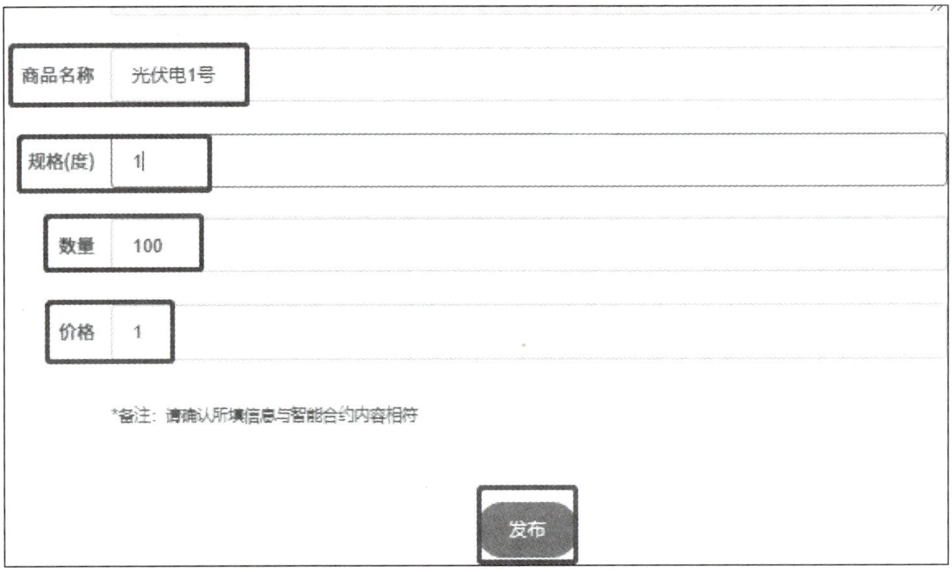

图 12-45　发布商品

② 上架商品。在"商品管理"界面可以看到名称为"光伏电 1 号"的电力商品在商品管理列表中，找到对应的电力商品，如图 12-46 所示，点击"上架"按钮，进入"区块链中文编辑器"界面。

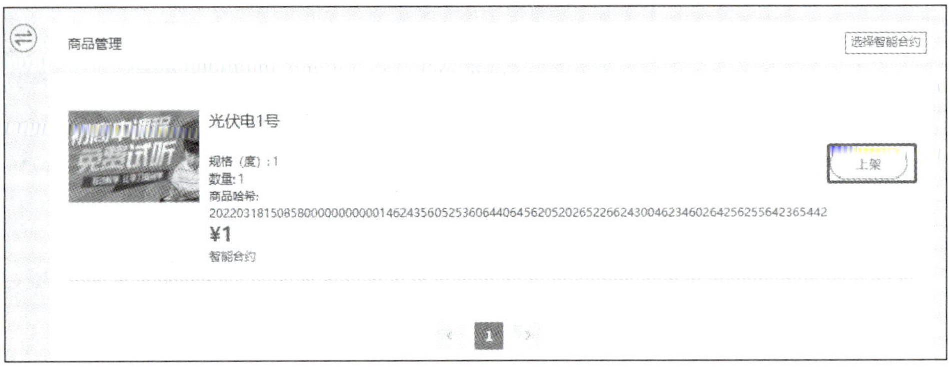

图 12-46　上架商品

参照如下代码，在"区块链中文编辑器"界面编辑电力商品上架代码，并点击"执行"按钮。家电名称和上链数据要以业务数据为准。

```
显示信息(上链服务器设置("广东辰宜","81.71.126.133","7007"))
显示信息(合约服务器设置("广东辰宜","81.71.126.133","7006"))
```

显示信息(登录系统("我的家_电表","123456"))

准备数据("{"id":"45","name":"我的家_电表","money":"20","data":"16" }")

业务名称("电力商品")

数据 ID("当前家庭名称")

点击"业务数据"按钮，可在"业务数据"界面中查找上架代码涉及的相关信息，例如电表名称、需要上链的数据等，如图 12-47 所示。

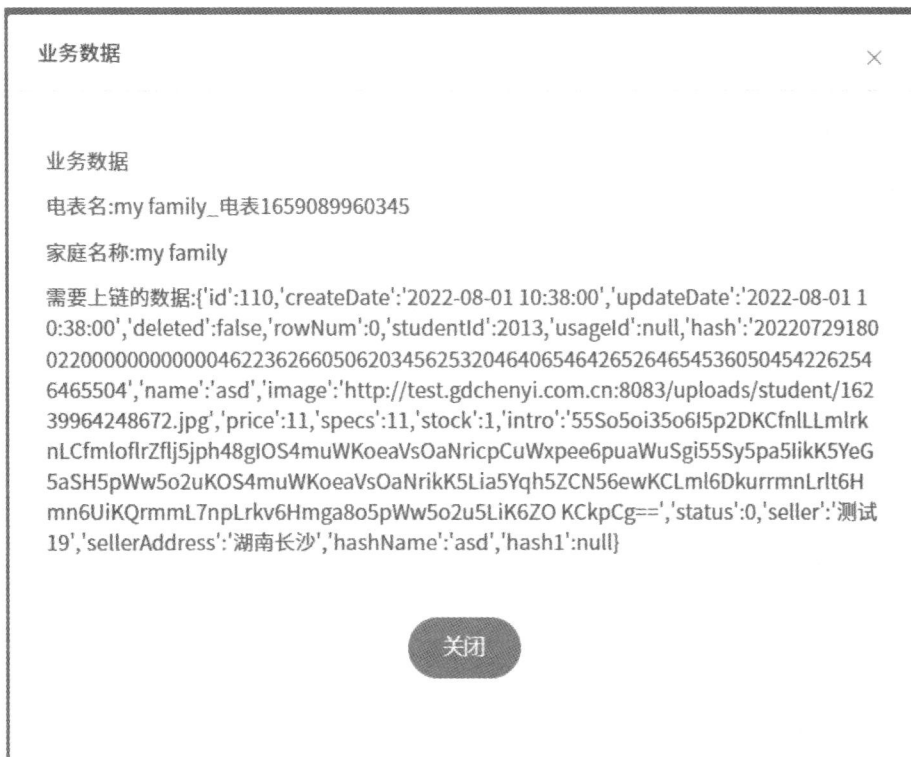

图 12-47　上架商品的业务数据

编辑电力商品上架代码包括：根据业务数据，将登入系统中的名称"我的家_电表"替换成本次任务中的电表名称"my family_电表 1647574737095"；将数据 ID"当前家庭名称"替换成本次任务中的家庭名称"my family"；将准备数据替换成本次任务中需要上链的数据。

上述电力商品上架代码执行后，所述电力商品在区块中的状态为"上架"，买家在区块上可浏览已上架的电力商品，以进行后续的购买。请读者参照上述步骤，上架相应的电力商品。

3) 买家购买电力商品

以买家的角色登录教育平台的 PC 端，找到当前任务对应的课程，需要注意的是以买家的角色登录系统所使用的账号与以卖家的角色登录系统所使用的账号不能相同。进入"课程详情"页面，如图 12-48 所示，点击"开始实验"按钮开始实验。买家的家庭名称为 my home，电表名称为 my home_电表 1647694603356。

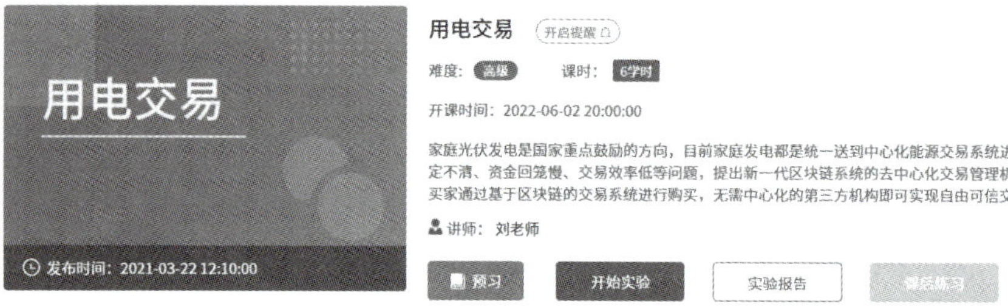

图 12-48　课程详情页面

买家进入交易商品列表，可查看包括商品基础信息和合约内容在内的详细信息。购买合适的商品后生成订单，并将订单上链到订单生成链中，生成订单列表，其中上链代码需要编程实现。

(1) 查看商品的详细信息。点击"进入实验场景"按钮，跳转到"为你推荐"界面，如图 12-49(a)所示。当存在多个电力商品时，可通过点击"<"或">"查看其他电力商品的详细信息。点击商品的图片，进入"商品详情"界面，如图 12-49(b)所示，可看到卖家的地址、卖家名称以及剩余电量等信息。

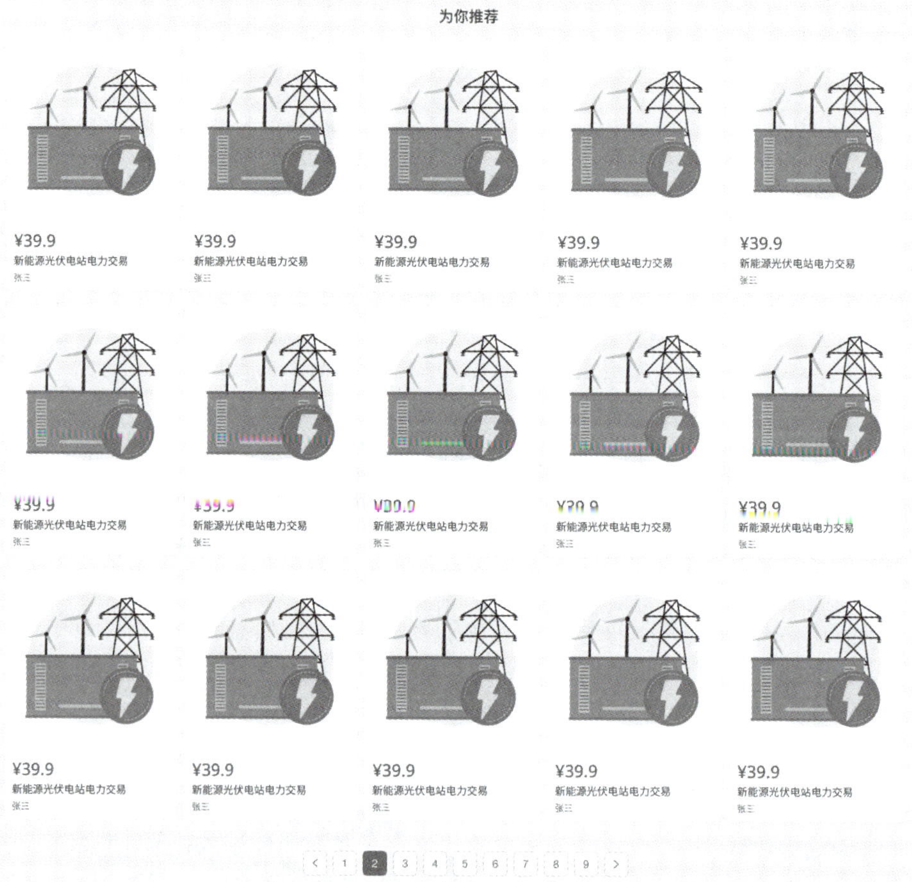

(a)

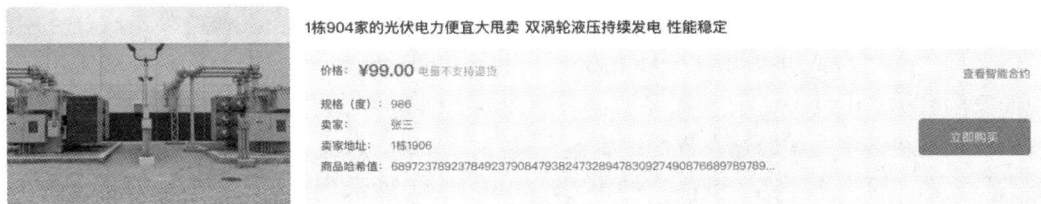

1栋904家的光伏电力便宜大甩卖 双涡轮液压持续发电 性能稳定

价格：¥99.00 电器不支持退货　　　　　　　　　　　　　查看智能合约

规格（度）：986

卖家：张三

卖家地址：1栋1906　　　　　　　　　　　　　　　　　　　　　立即购买

商品哈希值：6897237892378492379084793824732894783092749087668978978 9...

(b)

图 12-49　查看商品的详细信息

(2) 购买商品。在"商品详情"界面，根据当前商品的详细信息，在待购商品的对应位置点击"立即购买"按钮，进入"区块链中文编辑器"界面。参照如下代码，在"区块链中文编辑器"界面编辑购买商品代码。家电名称和上链数据要以业务数据为准。

```
显示信息(上链服务器设置("广东辰宜","81.71.126.133","7007"))
显示信息(合约服务器设置("广东辰宜","81.71.126.133","7006"))
显示信息(登录系统("我的家_电表","123456"))
准备数据("{"id":"45","name":"我的家_电表","money":"20","data":"16" }")
业务名称("订单已生成")
数据 ID("当前家庭名称")
显示信息(数据上链())
```

点击"业务数据"按钮，可在"业务数据"界面中查找购买商品代码涉及的相关信息，例如电表名称、需要上链的数据等，如图 12-50 所示。

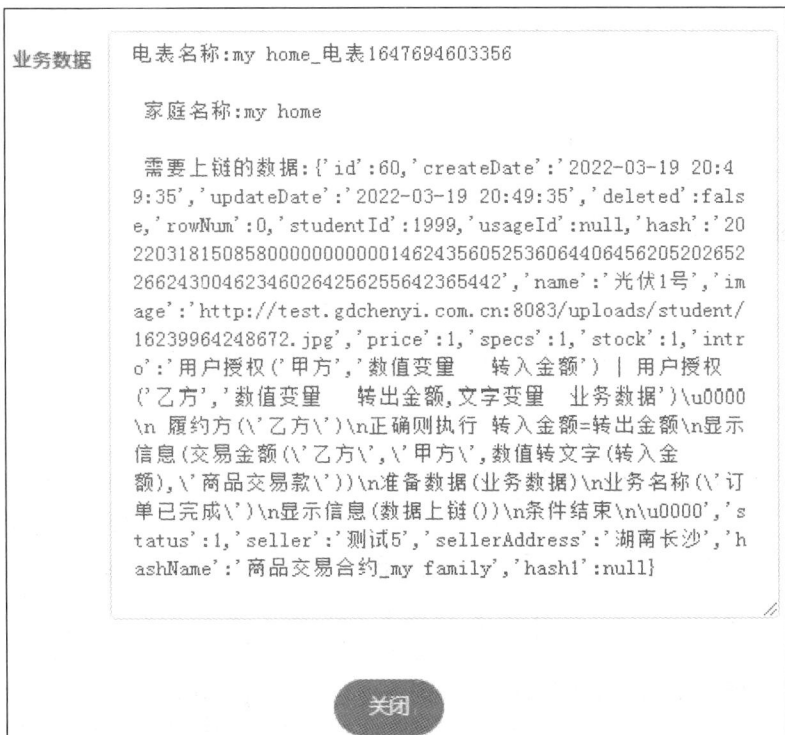

业务数据　　电表名称:my home_电表1647694603356

家庭名称:my home

需要上链的数据:{'id':60,'createDate':'2022-03-19 20:49:35','updateDate':'2022-03-19 20:49:35','deleted':false,'rowNum':0,'studentId':1999,'usageId':null,'hash':'20220318150858000000000014624356052536064406456205202652266243004623460264256255642365442','name':'光伏1号','image':'http://test.gdchenyi.com.cn:8083/uploads/student/16239964248672.jpg','price':1,'specs':1,'stock':1,'intro':'用户授权（'甲方'，'数值变量　转入金额'）| 用户授权（'乙方'，'数值变量　转出金额,文字变量　业务数据'）\u0000\n 履约方(\'乙方\')\n正确则执行 转入金额=转出金额\n显示信息(交易金额(\'乙方\',\'甲方\',数值转文字(转入金额),\' 商品交易款\'))\n准备数据(业务数据)\n业务名称(\'订单已完成\')\n显示信息(数据上链())\n条件结束\n\u0000','status':1,'seller':'测试5','sellerAddress':'湖南长沙','hashName':'商品交易合约_my family','hash1':null}

关闭

图 12-50　购买商品的业务数据

编辑购买商品代码包括：将登入系统中的名称"我的家_电表"替换成本次任务中的电表名称"my home_电表1647694603356"；将数据 ID"当前家庭名称"替换成本次任务中的家庭名称"my home"；将准备数据替换成本次任务中需要上链的数据。

在"区块链中文编辑器"界面编辑购买商品代码后，点击"执行"按钮，进入"买入商品"界面，可查看"买入商品"的状态，如图12-51所示。当买入多个电力商品时，可通过点击"<"或">"查看其他电力商品的状态，此时"光伏1号"的电力商品为"待发货"状态。

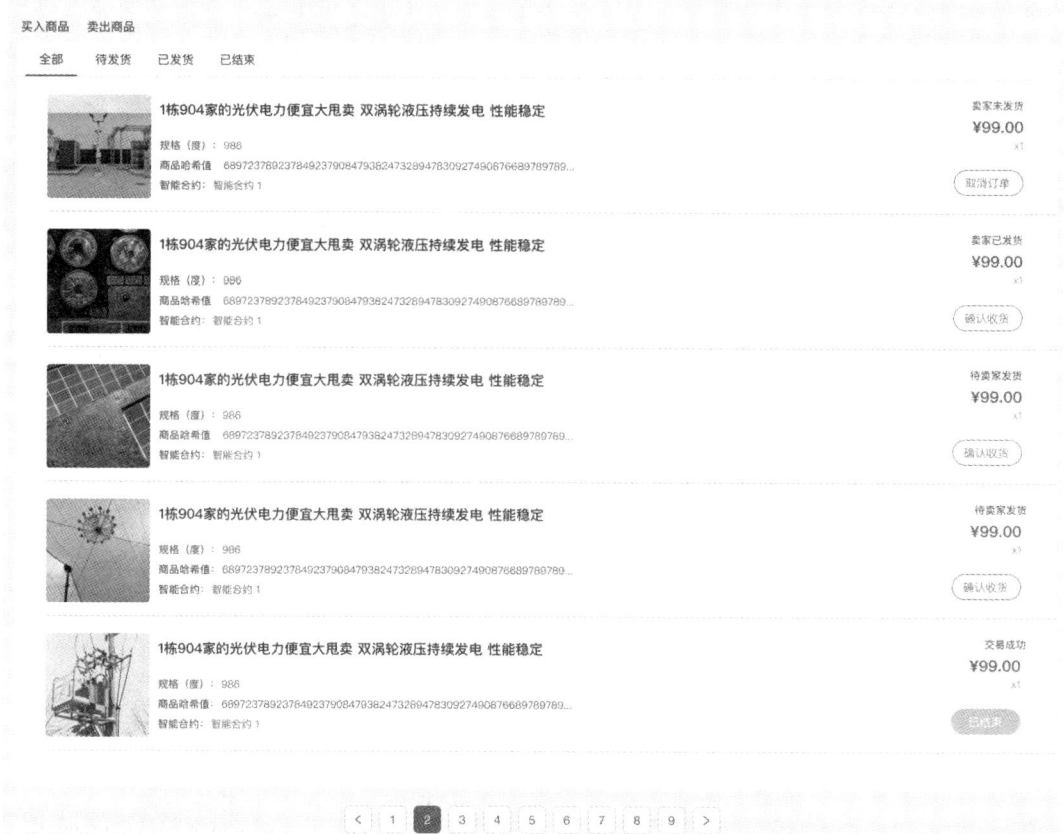

图12-51　买入商品列表

4) 卖家发货

(1) 卖家打开订单列表进行发货。在电力交易系统中发货指的是将买入的电力发送给买家设备。发货前需要查看订单的详细信息，确认信息后把发货记录上链到已发货业务链，其中上链代码由读者自主编程实现。发货记录上链后买入的电力商品变更为"已发货"状态。

① 查看订单列表，点击"进入实验场景"按钮，进入"卖出商品"界面，然后点击"全部"，可查看卖出电力商品的订单列表，列表显示了每种电力商品的哈希值、所属合约以及是否已发货等状态。当卖出多个电力商品时，可通过点击"<"或">"查看其他已卖出的电力商品的状态。点击"待发货"按钮，可查看到所有待发货商品，如

图 12-52 所示，在每个电力商品的对应位置点击"发货"按钮，进入"区块链中文编辑器"界面。

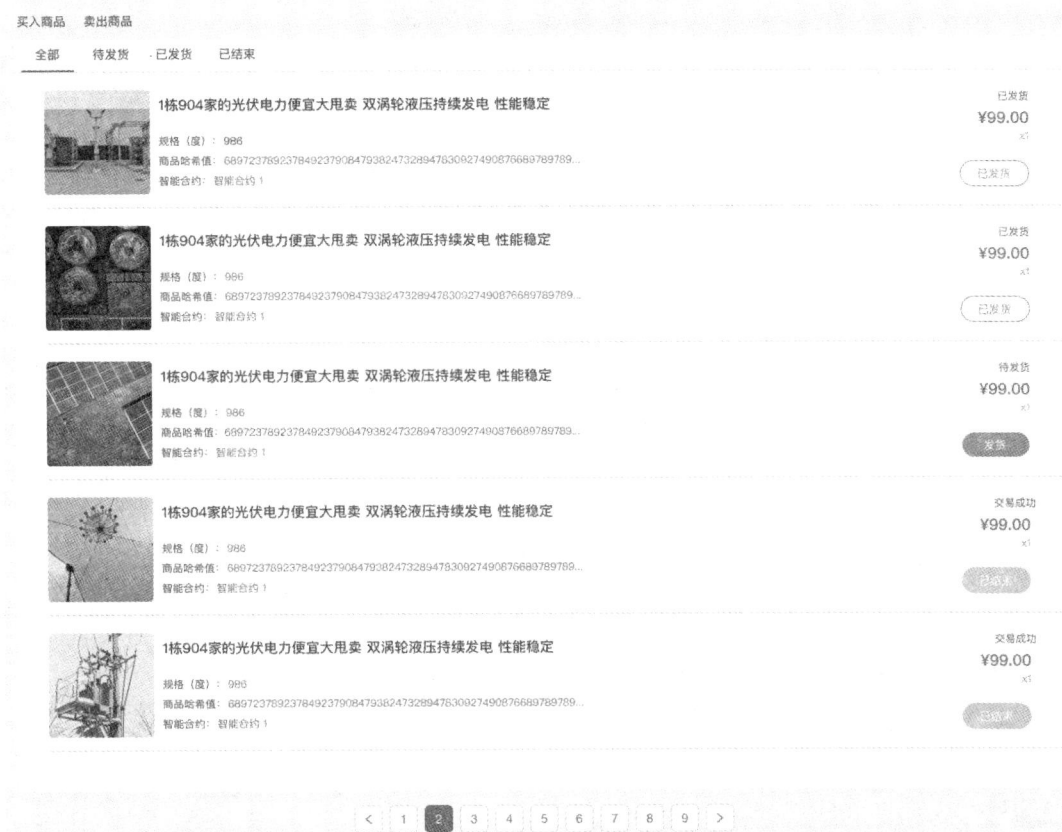

图 12-52　卖出电力商品列表

② 商品发货。在"区块链中文编辑器"界面编辑如下商品发货代码。家电名称和上链数据要以业务数据为准。

```
显示信息(上链服务器设置("广东辰宜","81.71.126.133","7007"))
显示信息(合约服务器设置("广东辰宜","81.71.126.133","7006"))
显示信息(登录系统("我的家_电表","123456"))
准备数据("{"id":"45","name":"我的家_电表","money":"20","data":"16" }")
业务名称("订单已发货")
数据 ID("当前家庭名称")
显示信息(数据上链())
```

点击"业务数据"按钮，可在"业务数据"界面中查找商品发货代码涉及的相关信息，例如电表名称、需要上链的数据等，如图 12-53 所示。

编辑商品发货代码包括：将登入系统中的名称"我的家_电表"替换成本次任务中的电表名称"my family_电表 1647574737095"；将数据 ID"当前家庭名称"替换成本次任务中的家庭名称"my family"；将准备数据替换成本次任务中需要上链的数据。

图 12-53　商品发货的业务数据

在"区块链中文编辑器"界面编辑商品发货代码后，点击"执行"按钮，进入"卖出商品"界面，可查看到卖出商品的状态，如图 12-54 所示。此时，"光伏 1 号"的商品变更为"已发货"状态。

图 12-54　卖家已发货

(2) 电量发送通过接口形式模拟。

(3) 发货中的把相等的电量值发送给买方电表由后端完成。

5) 买家确认收货

买家打开订单列表，查看订单状态为已发货的订单，并确认是否已收到与订单符合的电量，确认后编写智能合约授权代码，通过授权智能合约触发智能合约自动执行，自动把电力商品等价的数字货币发送到卖家的账户当中。

(1) 查看订单列表。点击"进入实验场景"按钮，进入"买入商品"界面，然后点击"全部"，可查看到买入商品的订单列表，列表显示了每种商品的哈希值、所属合约以及是否已发货等状态。当买入多个电力商品时，可通过点击"<"或">"查看其他已买入的电力商品的状态。点击"已发货"按钮，可查看到所有已发货商品。在每个商品的对应位置点击"确认发货"按钮，如图 12-55 所示，进入"区块链中文编辑器"界面。

图 12-55　买家确认收货

(2) 确认收货。在"区块链中文编辑器"界面编辑如下确认收货代码。家电名称和上链数据要以业务数据为准。

显示信息(上链服务器设置("广东辰宜","81.71.126.133","7007"))

显示信息(合约服务器设置("广东辰宜","81.71.126.133","7006"))

显示信息(登录系统("你的家_电表","123456"))

显示信息(合约授权("2021122417213500000000000044243505562464454456220444365660460436205640626646302023463356 26","转出金额 = 100,业务数据='123' "))

点击"业务数据"按钮，可在"业务数据"界面中查找确认收货代码涉及的相关信息，例如电表名称、需要上链的数据等，如图 12-56 所示。

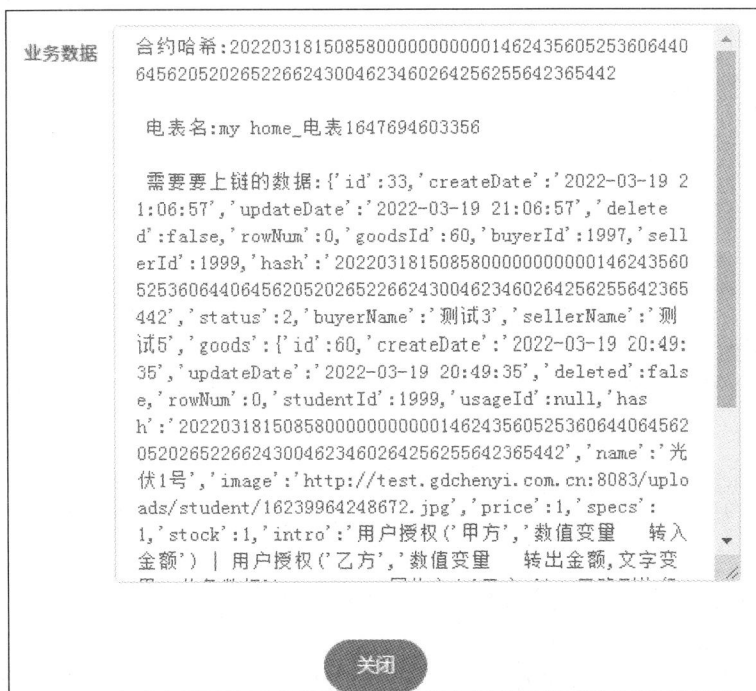

图 12-56　商品发货的业务数据

编辑确认收货代码包括：将登入系统中的名称"我的家_电表"替换成本次任务中的电表名称"my home_电表 1647694603356"；将合约授权的哈希值替换成本次任务中的哈希值；将业务数据中的"123"替换成本次任务中需要上链的数据。

在"区块链中文编辑器"界面编辑商品发货代码后，点击"执行"按钮，进入"买入商品"界面。

6）交易结束

订单状态变为已结束。在"买入商品"界面可查看到买入商品的状态。如图 12-57 所示，"光伏 1 号"的电力商品变更为"已结束"状态。

图 12-57　交易结束

请读者按照上述步骤，完成多笔电力商品交易。

任务小结：基于新一代区块链系统的去中心化交易管理机制，可以以家庭为单位进行电力商品的交易。去中心化新能源交易系统能够使保障性消纳政策与市场机制之间有效衔接，使得光伏等新能源在市场中的责任和权利有清楚界定，公平参与市场。

四、基于新一代区块链系统的大数据分析决策模型

新能源数据分析

1. 任务情景

通过前三个任务的实施，使得平台每天都收集到包括电器数据、家庭电力数据、电力交易数据在内的海量数据。国家大力推行新能源改革的过程中，针对部署在全国各地的分布式新能源网络，鼓励分布式电源"自发自用、余量上网、电网调节"的运营模式，积极发展融合先进储能技术、信息技术的微电网以及智能电网技术。如果能够通过人工智能、机器学习、模式识别、统计学、数据可视化等数据分析手段，有效利用和充分挖掘上链数据，则能够进一步提高能源的有效利用。

2. 任务分析

大数据实时数据采集和在线监测，可帮助管理人员实时监控终端运行状态，大大提高管理数据的效率，为新一代区块链系统提供精准的解决方案。

新一代区块链系统大数据有几个显著优势：

（1）更加结构化：区块链是结构定义严谨的块，通过指针组成的链，是典型的结构化数据，而大数据需要处理的更多的是非结构化数据；

（2）更加独立：区块链系统为保证安全性，信息是相对独立的，而大数据着重的是信息的整合分析；

（3）更加直接：区块链系统本身就是一个数据库，而大数据指的是对数据的深度分析和挖掘，是一种间接的数据；

（4）基于数学，更加可信：区块链试图用数学说话，主张"代码即法律"，而大数据试图用数据说话；

（5）匿名 vs 个性：区块链是匿名的(公开账本、匿名拥有者对应传统金融机构的公开账号、账本保密)，而大数据是个性化的；

（6）通过把大数据与区块链相结合，能让区块链中的数据更有价值，也能让大数据的预测分析落实为行动，它们都将是数字经济时代的基石。

3．整体流程

本任务包括联盟链的统计分析、整个物理联盟链的数据统计分析、无人机巡查可信数据分析、家庭用电可信数据分析、电力交易可信数据分析等步骤，整体框架流程如图 12-58 所示。

图 12-58　整体框架和流程

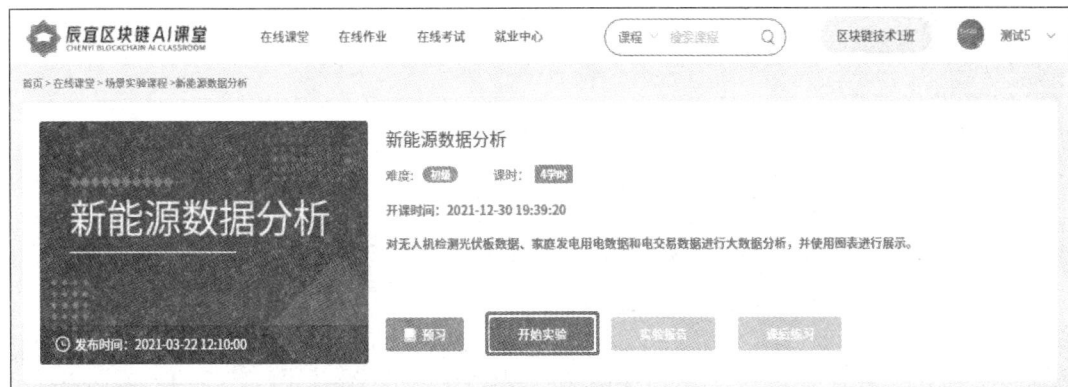

4．软件开发

1）开始实验

大数据分析全程由中文编程代码实现，平台提供包括柱状图、折线图、饼图等各种图形的数据载入格式的展示图表。读者通过中文编程编写数据查询和数据整理的代码，最终输出与统计图表数据格式一致的统计数据，点击生成图表即可展示数据图表。每一步骤所编辑的统计代码均可保存在平台，每次点击对应统计项图表，可以在历史的统计代码的基础上进行修改，然后重新生成统计数据展示到图表。

登录教育平台的 PC 端，找到当前任务对应的课程。进入"课程详情"页面，点击"开始实验"按钮开始实验，如图 12-59 所示。

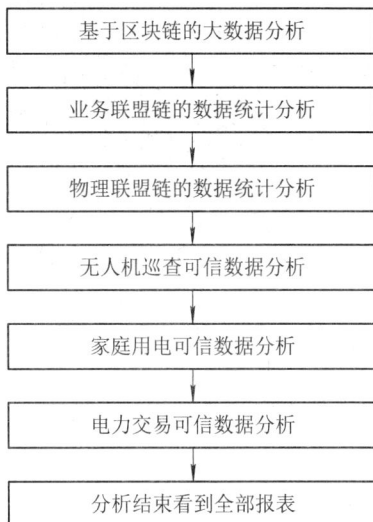

图 12-59　联盟链的统计分析柱状图

2）整个联盟链的统计分析

统计整个联盟链的业务节点总数、物理节点总数、合约总数、区块链总数，并通过柱状图的形式展示数据。例如，在现有的联盟链中，节点数为 100，物理节点数为 140，合约总数为 230，区块链总数为 50，如图 12-60 所示。

代码如下：

```
    显示格式("合并","标准")
    //显示格式("实时","标准")
    显示信息(上链服务器设置("广东辰宜","127.0.0.1","7007"))
    显示信息(合约服务器设置("广东辰宜","127.0.0.1","7006"))
    显示信息(登录系统("系统管理员","123456"))


    显示信息(解析函数返回变量(获取合约总数()))
    文字变量 合约总数=返回_获取合约总数
    显示信息("合约总数="+合约总数)


    显示信息(解析函数返回变量(获取最新区块高度()))
    文字变量 区块总数 = 返回_获取最新区块高度
    显示信息("区块总数="+区块总数)


    显示信息(解析函数返回变量(节点统计()))
    文字变量 业务节点总数 = 返回_业务节点总数
    显示信息("业务节点总数="+业务节点总数)



    显示信息(解析函数返回变量(节点统计()))
    文字变量 物理节点总数 = 返回_账本节点总数
    显示信息("物理节点总数="+物理节点总数)


    //json 对象和 json 数组的组装函数
    //添加节点数对象
    文字变量 节点数对象 = "{'name':'','num':0}"
    文字变量 数组
    节点数对象 = 修改对象(节点数对象, "name ='节点数' ")
    节点数对象 = 修改对象(节点数对象, "num ="+业务节点总数)
    数组 = 增加对象记录(数组,节点数对象)


    //物理节点数对象
    文字变量 物理节点数对象 = "{'name':'','num':0}"
    物理节点数对象 = 修改对象(物理节点数对象, "name ='物理节点数' ")
    物理节点数对象 = 修改对象(物理节点数对象, "num ="+物理节点总数)
    数组 = 增加对象记录(数组,物理节点数对象)
```

```
//合约总数对象
文字变量 合约总数对象 = "{'name':'','num':0}"
合约总数对象 = 修改对象(合约总数对象, "name = '合约总数' ")
合约总数对象 = 修改对象(合约总数对象, "num = "+合约总数)
数组 = 增加对象记录(数组,合约总数对象)
//区块总数对象
文字变量 区块总数对象 = "{'name':'','num':0}"
区块总数对象 = 修改对象(区块总数对象, "name = '区块总数' ")
区块总数对象 = 修改对象(区块总数对象, "num = "+区块总数)
数组 = 增加对象记录(数组,区块总数对象)
显示信息("图表数据="+数组)
```

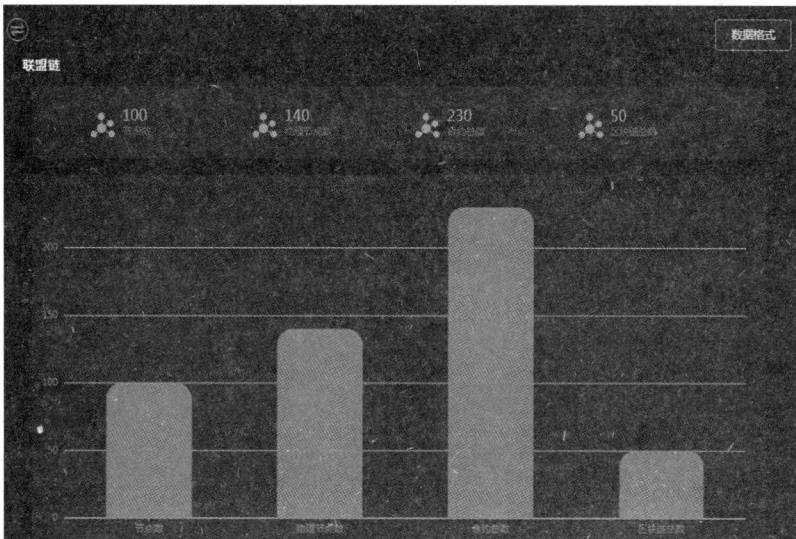

图 12-60　联盟链的统计分析柱状图

3) 整个业务联盟链的数据统计分析

通过中文编程统计整个业务联盟链的每个任务中业务节点的区块数，并通过柱状图的形式展示数据。例如，统计到任务一中业务节点的区块数为 140，统计到任务二中业务节点的区块数为 230，统计到任务三的业务节点的区块数为 150，如图 12-61 所示。

代码如下：

```
显示格式("合并","标准")
显示信息(上链服务器设置("广东辰宜","81.71.126.133","7007"))
显示信息(合约服务器设置("广东辰宜","81.71.126.133","7006"))
显示信息(登录系统("系统管理员","123456"))
显示信息(解析函数返回变量(业务区块总数("无人机巡查")))
文字变量 无人机区块数=返回_业务区块总数
显示信息("无人机区块数="+无人机区块数)
```

显示信息("任务 1 的区块总数="+无人机区块数)

显示信息(解析函数返回变量(业务区块总数("家庭发电")))

文字变量 家庭发电区块数=返回_业务区块总数

显示信息("家庭发电区块数="+家庭发电区块数)

显示信息(解析函数返回变量(业务区块总数("家庭耗电")))

文字变量 家庭耗电区块数=返回_业务区块总数

显示信息("家庭耗电区块数="+家庭耗电区块数)

显示信息(解析函数返回变量(业务区块总数("家庭用电警报")))

文字变量 家庭用电警报区块数=返回_业务区块总数

显示信息("家庭用电警报区块数="+家庭用电警报区块数)

数值变量 任务 2 的区块总数 = 文字转数值(家庭发电区块数)+文字转数值(家庭耗电区块数)+文字转数值(家庭用电警报区块数)

显示信息("任务 2 的区块总数="+数值转文字(任务 2 的区块总数))

显示信息(解析函数返回变量(业务区块总数("电力商品交易合同")))

文字变量 电力商品交易合同区块数=返回_业务区块总数

显示信息("电力商品交易合同区块数="+电力商品交易合同区块数)

显示信息(解析函数返回变量(业务区块总数("电力商品")))

文字变量 电力商品区块数=返回_业务区块总数

显示信息("电力商品="+电力商品)

显示信息(解析函数返回变量(业务区块总数("订单已生成")))

文字变量 订单已生成区块数=返回_业务区块总数

显示信息("订单已生成区块数="+订单已生成区块数)

显示信息(解析函数返回变量(业务区块总数("订单已发货")))

文字变量 订单已发货区块数=返回_业务区块总数

显示信息("订单已发货区块数="+订单已发货区块数)

显示信息(解析函数返回变量(业务区块总数("订单已完成")))

文字变量 订单已完成区块数=返回_业务区块总数

显示信息("订单已完成区块数="+订单已完成区块数)

数值变量 任务 3 的区块总数 = 文字转数值(电力商品交易合同区块数)+文字转数值(电力商品区块数)+文字转数值(订单已生成区块数)+文字转数值(订单已发货区块数)+文字转数值(订单已完成区块数)

显示信息("任务 3 的区块总数="+数值转文字(任务 3 的区块总数))

//json 对象和 json 数组的组装函数

//添加无人机巡查对象

文字变量 无人机巡查对象 = "{'name':'','num':0}"

文字变量 数组

无人机巡查对象 = 修改对象(无人机巡查对象, "name = '无人机巡查' ")

无人机巡查对象 = 修改对象(无人机巡查对象, "num = "+无人机区块数)

数组 = 增加对象记录(数组,无人机巡查对象)

```
//添加家庭用电对象
文字变量 家庭用电对象 = "{'name':'','num':0}"
家庭用电对象 = 修改对象(家庭用电对象, "name = '家庭用电'")
家庭用电对象 = 修改对象(家庭用电对象, "num = "+任务 2 的区块总数)
数组 = 增加对象记录(数组,家庭用电对象)
//添加家庭用电对象
文字变量 用电交易对象 = "{'name':'','num':0}"
用电交易对象 = 修改对象(用电交易对象, "name = '用电交易'")
用电交易对象 = 修改对象(用电交易对象, "num = "+任务 3 的区块总数)
数组 = 增加对象记录(数组,用电交易对象)
显示信息("图表数据="+数组)
```

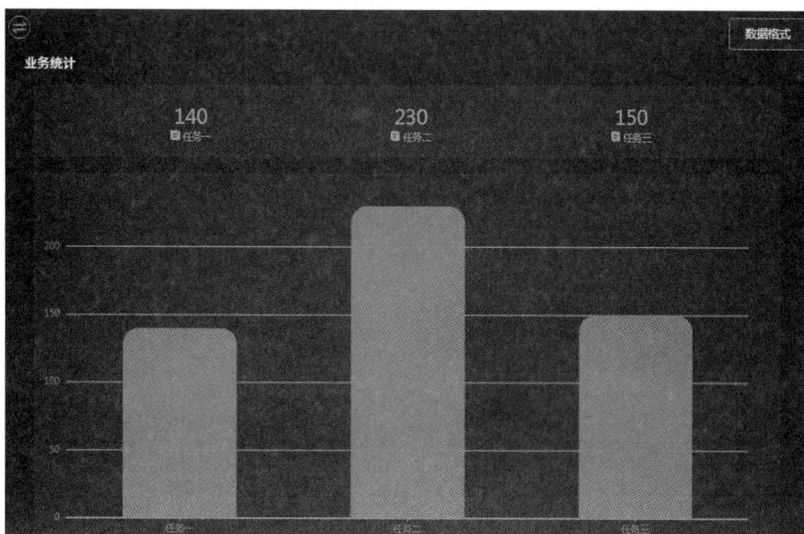

图 12-61　业务联盟链的统计分析柱状图

4) 整个物理联盟链的数据统计分析

通过中文编程统计整个物理联盟链的每个任务中物理节点的区块总数,并通过柱状图的形式展示数据。例如,当前整个物理联盟链中,任务一物理节点的区块总数为 100,任务二物理节点的区块总数为 140,任务三物理节点的区块总数为 230,如图 12-62 所示。

代码如下:

```
显示格式("合并","标准")
显示信息(上链服务器设置("广东辰宜","81.71.126.133","7007"))
显示信息(合约服务器设置("广东辰宜","81.71.126.133","7006"))
显示信息(登录系统("系统管理员","123456"))
显示信息(上链服务器设置("广东辰宜","127.0.0.1","7002"))
显示信息(解析函数返回变量(业务区块总数("无人机巡查")))
文字变量 无人机区块数=返回_业务区块总数
显示信息("无人机区块数="+无人机区块数)
```

显示信息("任务1的区块总数="+无人机区块数)

显示信息(解析函数返回变量(业务区块总数("家庭发电")))

文字变量 家庭发电区块数=返回_业务区块总数

显示信息("家庭发电区块数="+家庭发电区块数)

显示信息(解析函数返回变量(业务区块总数("家庭耗电")))

文字变量 家庭耗电区块数=返回_业务区块总数

显示信息("家庭耗电区块数="+家庭耗电区块数)

显示信息(解析函数返回变量(业务区块总数("家庭用电警报")))

文字变量 家庭用电警报区块数=返回_业务区块总数

显示信息("家庭用电警报区块数="+家庭用电警报区块数)

数值变量 任务2的区块总数 = 文字转数值(家庭发电区块数)+文字转数值(家庭耗电区块数)+文字转数值(家庭用电警报区块数)

显示信息("任务2的区块总数="+数值转文字(任务2的区块总数))

显示信息(解析函数返回变量(业务区块总数("电力商品交易合同")))

文字变量 电力商品交易合同区块数=返回_业务区块总数

显示信息("电力商品交易合同区块数="+电力商品交易合同区块数)

显示信息(解析函数返回变量(业务区块总数("电力商品")))

文字变量 电力商品区块数=返回_业务区块总数

显示信息("电力商品="+电力商品)

显示信息(解析函数返回变量(业务区块总数("订单已生成")))

文字变量 订单已生成区块数=返回_业务区块总数

显示信息("订单已生成区块数="+订单已生成区块数)

显示信息(解析函数返回变量(业务区块总数("订单已发货")))

文字变量 订单已发货区块数=返回_业务区块总数

显示信息("订单已发货区块数="+订单已发货区块数)

显示信息(解析函数返回变量(业务区块总数("订单已完成")))

文字变量 订单已完成区块数=返回_业务区块总数

显示信息("订单已完成区块数="+订单已完成区块数)

数值变量 任务3的区块总数 = 文字转数值(电力商品交易合同区块数)+文字转数值(电力商品区块数)+文字转数值(订单已生成区块数)+文字转数值(订单已发货区块数)+文字转数值(订单已完成区块数)

显示信息("任务3的区块总数="+数值转文字(任务3的区块总数))

//json对象和json数组的组装函数

//添加无人机巡查对象

文字变量 无人机巡查对象 = "{'name':'','num':0}"

文字变量 数组

无人机巡查对象 = 修改对象(无人机巡查对象,"name = '无人机巡查' ")

无人机巡查对象 = 修改对象(无人机巡查对象,"num = "+无人机区块数)

数组 = 增加对象记录(数组,无人机巡查对象)

//添加家庭用电对象

文字变量　家庭用电对象 = "{'name':'','num':0}"

家庭用电对象 = 修改对象(家庭用电对象, "name = '家庭用电' ")

家庭用电对象 = 修改对象(家庭用电对象, "num = "+任务 2 的区块总数)

数组 = 增加对象记录(数组,家庭用电对象)

//添加家庭用电对象

文字变量　用电交易对象 = "{'name':'','num':0}"

用电交易对象 = 修改对象(用电交易对象, "name = '用电交易' ")

用电交易对象 = 修改对象(用电交易对象, "num = "+任务 3 的区块总数)

数组 = 增加对象记录(数组,用电交易对象)

显示信息("图表数据="+数组)

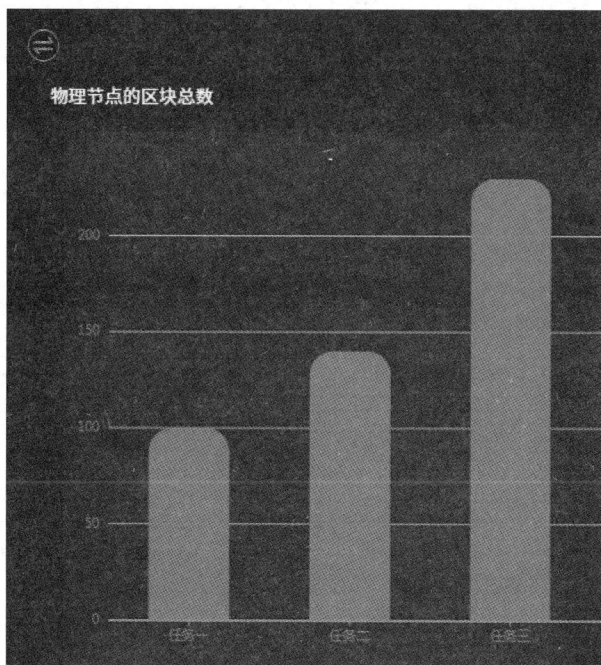

图 12-62　物理联盟链的统计分析柱状图

5) 无人机巡查可信数据分析

(1) 通过中文编程统计无人机巡查链中参与巡查的无人机设备对应的上链区块数，通过柱状图展示数据。例如，当前无人机巡查链中，参与巡查的无人机设备对应的上链区块数分别为：第一无人机设备上链区块数为 100，第二无人机设备上链区块数为 140，第三无人机设备上链区块数为 230，第四无人机设备上链区块数为 175，如图 12-63 所示。

代码如下：

显示格式("实时","标准")

显示信息(上链服务器设置("广东辰宜","127.0.0.1","7007"))

显示信息(合约服务器设置("广东辰宜","127.0.0.1","7006"))

显示信息(登录系统("系统管理员","123456"))

解析函数返回变量(查询区块("无人机巡查 1,统计记录,升序,区块哈希,区块高度,上链时间,业务名称,数据 ID,数据,上链用户","上链时间>'2020-07-22'　"))

数值变量 统计数 =文字转数值(返回_统计记录)

显示信息(统计数)

解析函数返回记录(查询区块("无人机巡查 1,降序,区块哈希,区块高度,上链时间,业务名称,数据 ID,数据,上链用户","上链时间>'2020-07-22'　"))

文字变量 数组

//数组 = 增加对象记录(数组,"{'name':'系统管理员','num':1}")

数值变量 i = 统计数

循环开始 i>0

　　文字变量 上链用户 = 返回_上链用户[i]

　　显示信息("上链用户 ="+上链用户)

　　文字变量 查找结果 = 查找对象记录(数组,"","name =' "+上链用户+"'")

　　显示信息("查找结果="+查找结果)

　　数值变量 记录数 = 对象记录数(查找结果)

　　显示信息("记录数->"+记录数)

　　正确则执行 记录数>0

　　　　显示信息("有数据")

　　　　文字变量 对象 1 = 获取对象数据(查找结果,"",0)

　　　　　　//显示信息("对象 1="+对象 1)

　　　　　　数值变量 num = 文字转数值(获取对象数据(对象 1,"num",-1))+1

　　　　　　//显示信息("num="+num)

　　　　　　数组 = 修改对象记录(数组, "num = "+num,"name ='"+上链用户+"'")

　　　　　　显示信息("修改后的数组 1="+数组)

　　　　错误则执行

　　　　　　显示信息("没有数据")

　　　　　　文字变量 无人机巡查对象 = "{'name':'','num':1}"

　　　　　　无人机巡查对象 = 修改对象(无人机巡查对象, "name ='"+上链用户+"'")

　　　　　　无人机巡查对象 = 修改对象(无人机巡查对象, "num = 1")

　　　　　　数组 = 增加对象记录(数组,无人机巡查对象)

```
    显示信息("修改后的数组 2="+数组)


    条件结束
  i=i-1
循环结束
    显示信息("数组="+数组)
```

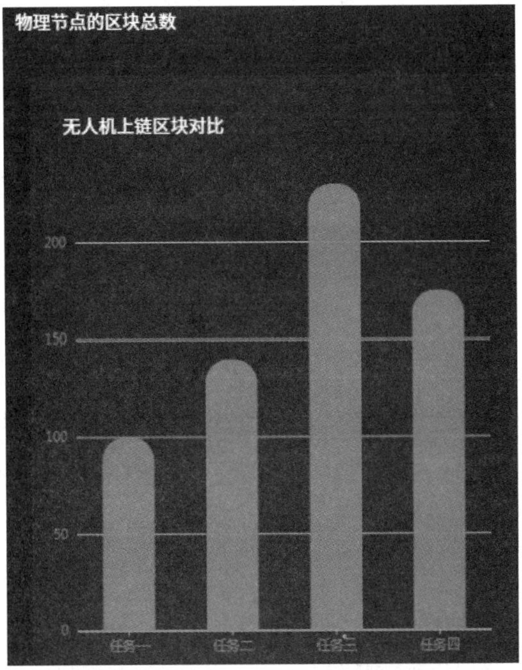

图 12-63　无人机设备上链区块数柱状图

(2) 通过中文编程统计无人机巡查链的故障类型分布，并通过饼图的形式展示数据。例如，当前无人机巡查链中，第一类无人机巡查链的故障出现次数为 100，占故障总次数的 40%，第二类无人机巡查链的故障出现次数为 150，占故障总次数的 60%，如图 12-64 所示。

代码如下：

```
    显示格式("实时","标准")
    显示信息(上链服务器设置("广东辰宜","127.0.0.1","7007"))
    显示信息(合约服务器设置("广东辰宜","127.0.0.1","7006"))
    显示信息(登录系统("系统管理员","123456"))
    解析函数返回变量(查询区块("无人机巡查 1,统计记录,升序,区块哈希,区块高度,上链时间,业务
名称,数据 ID,数据,上链用户","上链时间>'2020-07-22'   "))
    数值变量 统计数 =文字转数值(返回_统计记录)
    显示信息(统计数)


    解析函数返回记录(查询区块("无人机巡查 1,降序,区块哈希,区块高度,上链时间,业务名称,数据
ID,数据,上链用户","上链时间>'2020-07-22'   "))
```

文字变量　数组

数值变量　统计总数

数值变量　i = 统计数

循环开始　i>0

//文字变量　数据 =返回_数据[i]

//文字变量　数据 = "[{"id": 10262,"deleted": false,"rowNum": 0,"patrolId": 1758,"studentId": 2017,"areaId": 4,"droneId": 139,"hash": "","status": 3 },{"id": 10262,"deleted": false,"rowNum": 0,"patrolId": 1758,"studentId": 2017,"areaId": 4,"droneId": 139,"hash": "","status": 3}]"

//文字变量　数据 = "[{'id':10262,'createDate':'2022-07-08 15:18:30','updateDate':'2022-07-08 15:18:30','deleted':false,'rowNum':0,'patrolId':1758,'studentId':2017,'areaId':4,'droneId':139,'hash':'','status':3,'issueZone':'X1Y1','detail':'光伏板 A 面大面积破裂','originalImage':'http://test.gdchenyi.com.cn:8083/uploads//images/2022/07/0862bbe80db811438187c61c5eed334593.jpg','infraredImage':null,'ultravioletImage':null,'visibleLightImage':null,'type':'3','filter':null,'originalImageId':10258,'disabled':true,'hashStatus':null,'faultType':'光伏板破裂','areaName':'光伏 4 区','analyzedStatus':null,'uploadType':'2','checked':true},{'id':10263,'createDate':'2022-07-08 15:18:30','updateDate':'2022-07-08 15:18:30','deleted':false,'rowNum':0,'patrolId':1758,'studentId':2017,'areaId':4,'droneId':139,'hash':'','status':4,'issueZone':'X1Y2','detail':'光伏板被鸟粪、灰尘等不明物遮挡','originalImage':'http://test.gdchenyi.com.cn:8083/uploads//images/2022/07/0862bbe80db811438187c61c5eed334593.jpg','infraredImage':null,'ultravioletImage':null,'visibleLightImage':null,'type':'3','filter':null,'originalImageId':10258,'disabled':true,'hashStatus':null,'faultType':'鸟粪灰尘遮挡','areaName':'光伏 4 区','analyzedStatus':null,'uploadType':'2','checked':true}]"

//显示信息("数据 ="+数据)

数值变量　记录数 = 对象记录数(数据)

显示信息("记录数 ="+记录数)

正确则执行　记录数>0

数值变量　j=记录数-1

循环开始　j>=0

文字变量　对象 1 = 获取对象数据(数据,"",j)

//显示信息("对象 1 ="+对象 1)

文字变量　故障类型 = 获取对象数据(对象 1,"faultType",-1)

显示信息("故障类型="+故障类型)

//[{'item':'数据 1','count':100,'percent':1}]

//[{'name':'数据 1','num':100}]

文字变量　查找结果 = 查找对象记录(数组,"","name=' "+故障类型+"'")

显示信息("查找结果="+查找结果)

数值变量　记录数 2 = 对象记录数(查找结果)

显示信息("记录数 2->"+记录数 2)

正确则执行　记录数 2>0

显示信息("有数据")

文字变量　对象 1 = 获取对象数据(查找结果,"",0)

//显示信息("对象 1="+对象 1)

数值变量 num = 文字转数值(获取对象数据(对象 1,"num",-1))+1

//显示信息("num="+num)

数组 = 修改对象记录(数组, "num = "+num,"name=' "+故障类型+"'")

显示信息("修改后的数组 1="+数组)

错误则执行

显示信息("没有数据")

文字变量 无人机巡查对象 = "{'name':'','num':1}"

无人机巡查对象 = 修改对象(无人机巡查对象, "name=' "+故障类型+"'")

无人机巡查对象 = 修改对象(无人机巡查对象, "num = 1")

数组 = 增加对象记录(数组,无人机巡查对象)

显示信息("修改后的数组 2="+数组)

条件结束

j=j-1

循环结束

错误则执行

条件结束

i=i-1

循环结束

显示信息("数组="+数组)

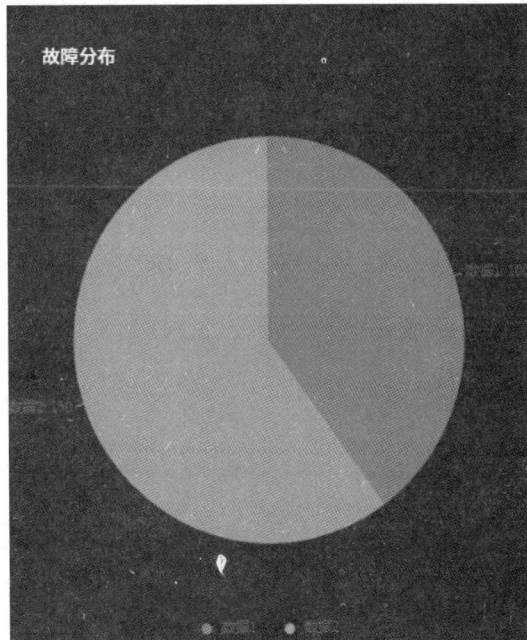

图 12-64　无人机巡查链的故障类型分布图

6) 家庭用电可信数据分析

(1) 统计"我的家"本月的光伏发电趋势变化，使用折线图展示数据。如图 12-65 所示，10 月一共统计了 5 天的发电数据，其中 10 月 1 号发电 100 度，10 月 2 号发电 140 度，10 月 3 号发电 230 度，10 月 4 号发电 100 度，10 月 5 号发电 160 度。

代码如下：

```
显示格式("实时","标准")
显示信息(上链服务器设置("广东辰宜","127.0.0.1","7007"))
显示信息(合约服务器设置("广东辰宜","127.0.0.1","7006"))
显示信息(登录系统("系统管理员","123456"))
解析函数返回变量(查询区块("家庭发电 1,统计记录,升序,区块哈希,区块高度,上链时间,业务名称,数据ID,数据,上链用户","上链时间>'2020-07-22' 且 数据ID='幸福之家' "))
数值变量 统计数 =文字转数值(返回_统计记录)
显示信息(统计数)
解析函数返回记录(查询区块("家庭发电 1,降序,区块哈希,区块高度,上链时间,业务名称,数据 ID,数据,上链用户","上链时间>'2020-07-22' 且 数据ID='幸福之家' "))
文字变量 数组
数值变量 i= 统计数-1
循环开始 i>=0
  文字变量 数据 = 返回_数据[i]
  显示信息("数据 ="+数据)
  数值变量 记录数 = 对象记录数(数据)
  显示信息("记录数 ="+记录数)
   正确则执行 记录数>0
          数值变量 j=记录数-1
    循环开始 j>=0
    文字变量 对象 1 = 获取对象数据(数据,"",j)
    //显示信息("对象 1 ="+对象 1)
    文字变量 date = 获取对象数据(对象 1,"date",-1)
    显示信息("date="+date)
    数值变量 energy = 文字转数值(获取对象数据(对象 1,"energy",-1))
    显示信息("energy="+energy)
    文字变量 发电数据对象 = "{'year':'','value':0}"
    发电数据对象 = 修改对象(发电数据对象, "year = ' "+date+"'")
     发电数据对象 = 修改对象(发电数据对象, "value = "+energy)
      数组 = 增加对象记录(数组,发电数据对象)
j=j-1
循环结束
错误则执行
```

```
    条件结束
  i=i-1
  循环结束
        显示信息("图表数据="+数组)
```

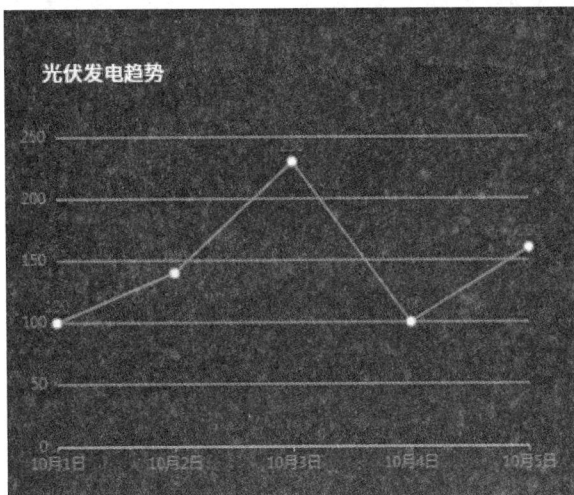

图 12-65　光伏发电趋势变化折线图

(2) 统计"我的家"本月各种家电的耗电变化,并使用折线图展示数据。如图 12-66 所示,"我的家"有电视、空调、冰箱、洗衣机等家电设备,其中,电视每天的耗电量最高,可能家里老人小孩较多,特别是 10 月 3 号这日电视的耗电量达到了 30 度,可推测该日可能是周末或节假日。洗衣机和空调每天的耗电量低于 10 度。冰箱每天的耗电量幅度较大,最低时仅为几度,最高时达到了 20 度。

代码如下:

```
        显示格式("实时","标准")
        显示信息(上链服务器设置("广东辰宜","81.71.126.133","7007"))
        显示信息(合约服务器设置("广东辰宜","81.71.126.133","7006"))
        显示信息(登录系统("系统管理员","123456"))
        解析函数返回变量(查询区块("家庭耗电 1,统计记录,升序,区块哈希,区块高度,上链时间,业务名称,数据ID,数据,上链用户","上链时间>'2020-07-22' 且 上链用户='tt_电视 1658374634936 '"))
        数值变量 统计数 =文字转数值(返回_统计记录)
        显示信息(统计数)
        解析函数返回记录(查询区块("家庭耗电 1,降序,区块哈希,区块高度,上链时间,业务名称,数据 ID,数据,上链用户","上链时间>'2020-07-22' 且 上链用户='tt_电视 1658374634936 '"))
        //显示信息(查询区块("家庭耗电 1,降序,区块哈希,区块高度,上链时间,业务名称,数据 ID,数据,上链用户","上链时间>'2020-07-22' 且 上链用户='tt_电视 1658374634936 '"))
        文字变量 数组
        数值变量 i= 统计数-1
        循环开始 i>=0
```

```
文字变量 数据 = 返回_数据[i]
显示信息("数据 ="+数据)
数值变量 记录数 = 对象记录数(数据)
显示信息("记录数 ="+记录数)
    正确则执行 记录数>0
            数值变量 j=记录数-1
    循环开始 j>=0
        文字变量 对象 1 = 获取对象数据(数据,"",j)
        //显示信息("对象 1 ="+对象 1)
        文字变量 date = 获取对象数据(对象 1,"date",-1)
        显示信息("date="+date)
        数值变量 energy = 文字转数值(获取对象数据(对象 1,"energy",-1))
        显示信息("energy="+energy)
        文字变量 耗电数据对象 = "{'year':'','value':0}"
        耗电数据对象 = 修改对象(耗电数据对象, "year = ' "+date+"'")
            耗电数据对象 = 修改对象(耗电数据对象, "value = "+energy)
            数组 = 增加对象记录(数组,耗电数据对象)
    j=j-1
    循环结束
    错误则执行
    条件结束
i=i-1
循环结束
    显示信息("图表数据="+数组)
```

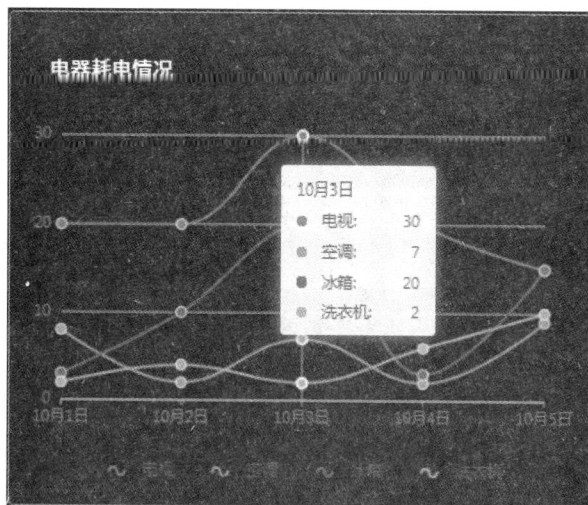

图 12-66 各种家电的耗电变化折线图

(3) 统计"我的家"的普通区块个数和合约区块个数，使用饼图展示数据。如图 12-67

所示，"我的家"的普通区块个数和合约区块个数均为100。

代码如下：

```
显示格式("合并","标准")
//显示格式("实时","标准")
显示信息(上链服务器设置("广东辰宜","127.0.0.1","7007"))
显示信息(合约服务器设置("广东辰宜","127.0.0.1","7006"))
显示信息(登录系统("系统管理员","123456"))


解析函数返回变量(查询区块("家庭发电 1,统计记录,升序,区块哈希,区块高度,上链时间,业务名
称,数据 ID,数据,上链用户","上链时间>'2020-07-22' 且 数据 ID='我的家' 且 区块类型='0' "))
数值变量 普通区块数 =文字转数值(返回_统计记录)
解析函数返回变量(查询区块("家庭耗电 1,统计记录,升序,区块哈希,区块高度,上链时间,业务名
称,数据 ID,数据,上链用户","上链时间>'2020-07-22' 且 数据 ID='我的家' 且 区块类型='0' "))
普通区块数 =普通区块数+文字转数值(返回_统计记录)
解析函数返回变量(查询区块("家庭用电警报 1,统计记录,升序,区块哈希,区块高度,上链时间,业
务名称,数据 ID,数据,上链用户","上链时间>'2020-07-22' 且 数据 ID='我的家' 且 区块类型='0' "))
普通区块数 =普通区块数+文字转数值(返回_统计记录)
显示信息("普通区块数="+普通区块数)
//添加普通区块
文字变量 普通区块对象 = "{'name':'','num':0}"
文字变量 数组
普通区块对象 = 修改对象(普通区块对象, "name ='普通区块' ")
普通区块对象 = 修改对象(普通区块对象, "num ="+普通区块数)
数组 = 增加对象记录(数组,普通区块对象)
解析函数返回变量(查询区块("家庭发电 1,统计记录,升序,区块哈希,区块高度,上链时间,业务名
称,数据 ID,数据,上链用户","上链时间>'2020-07-22' 且 数据 ID='我的家' 且 区块类型='8' "))
数值变量 合约区块数 =文字转数值(返回_统计记录)
解析函数返回变量(查询区块("家庭耗电 1,统计记录,升序,区块哈希,区块高度,上链时间,业务名
称,数据 ID,数据,上链用户","上链时间>'2020-07-22' 且 数据 ID='我的家' 且 区块类型='8' "))
合约区块数 =合约区块数+文字转数值(返回_统计记录)
解析函数返回变量(查询区块("家庭用电警报 1,统计记录,升序,区块哈希,区块高度,上链时间,业
务名称,数据 ID,数据,上链用户","上链时间>'2020-07-22' 且 数据 ID='我的家' 且 区块类型='8' "))
合约区块数 =合约区块数+文字转数值(返回_统计记录)
//添加合约区块
文字变量 合约区块对象 = "{'name':'','num':0}"
合约区块对象 = 修改对象(合约区块对象, "name ='合约区块' ")
合约区块对象 = 修改对象(合约区块对象, "num ="+合约区块数)
数组 = 增加对象记录(数组,合约区块对象)
显示信息("数组="+数组)
```

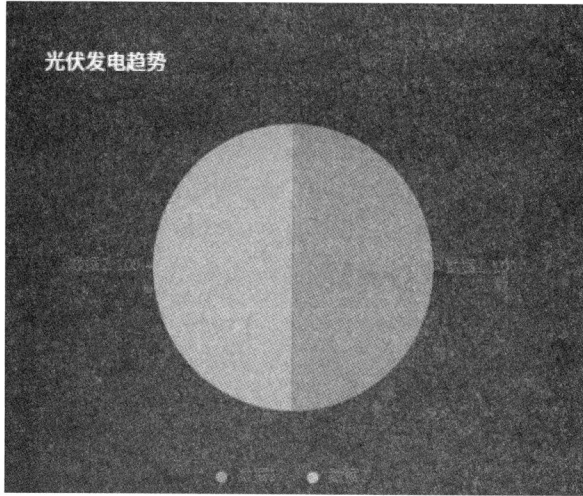

图 12-67　普通区块和合约区块个数分布图

(4) 统计当前家庭家电耗电最少的五个家庭，使用列表展示数据。如图 12-68 所示，列表上所列的家庭为当前所有家庭中耗电量最少的 5 个家庭。其中，辰宜家庭的用电量最少，为 100 度。

代码如下：

```
显示格式("实时","标准")
显示信息(上链服务器设置("广东辰宜","127.0.0.1","7007"))
显示信息(合约服务器设置("广东辰宜","127.0.0.1","7006"))
显示信息(登录系统("系统管理员","123456"))
解析函数返回变量(查询区块("家庭耗电 1,统计记录,升序,区块哈希,区块高度,上链时间,业务名称,数据 ID,数据,上链用户","上链时间>'2020-07-22' 且 数据 ID='tt' "))
数值变量 统计数 =文字转数值(返回_统计记录)
显示信息(统计数)
解析函数返回记录(查询区块("家庭耗电 1,降序,区块哈希,区块高度,上链时间,业务名称,数据 ID,数据,上链用户","上链时间>'2020-07-22' 且 数据 ID='tt' "))
文字变量 数组
数值变量 i = 统计数
循环开始 i>0
文字变量 数据 =返回_数据[i]
文字变量 当前家电 =返回_上链用户[i]
  显示信息("当前家电 ="+当前家电)
  //显示信息("数据 ="+数据)
  数值变量 记录数 = 对象记录数(数据)
  显示信息("记录数 ="+记录数)
  文字变量 查找结果 = 查找对象记录(数组,"","name=' "+当前家电+"'")
  显示信息("查找结果="+查找结果 )
  数值变量 记录数 2 = 对象记录数(查找结果)
```

　　　　显示信息("记录数 2->"+记录数 2)

　　　　文字变量 临时对象 = 获取对象数据(查找结果,"",0)

　　//显示信息("对象 1="+对象 1)

　　正确则执行 记录数>0

　　　　数值变量 j=记录数-1

　　　循环开始 j>=0

　　　　　文字变量 对象 1 = 获取对象数据(数据,"",j)

　　　　//显示信息("对象 1 ="+对象 1)

　　　　　数值变量 耗电量 = 文字转数值(获取对象数据(对象 1,"energy",-1))

　　　　　显示信息("耗电量="+耗电量)

　　　　//[{'name':'','num':0}, {'name':'','num':0}]

　　　　　正确则执行 记录数 2>0

　　　　　　显示信息("有数据")

　　　　　　//文字变量 临时对象 = 获取对象数据(查找结果,"",0)

　　　　　　//显示信息("临时对象="+临时对象)

　　　　　　数值变量 num = 文字转数值(获取对象数据(临时对象,"num",-1))+耗电量

　　　　　　显示信息("num!!!!!!!!!!="+num)

　　　　　　数组 = 修改对象记录(数组, "num = "+num,"name=' "+当前家电+"'")

　　　　　　显示信息("修改后的数组 1="+数组)

　　　　　　临时对象 = 修改对象(临时对象, "num= "+num)

　　　　错误则执行

　　　　　　显示信息("没有数据")

　　　　　　文字变量 家电对象 = "{'name':'','num':0}"

　　　　　　家电对象 = 修改对象(家电对象, "name=' "+当前家电+"'")

　　　　　　家电对象 = 修改对象(家电对象, "num = "+耗电量)

　　　　　　数组 = 增加对象记录(数组,家电对象)

　　　　　　临时对象 = 家电对象

　　　　　　显示信息("临时对象--------="+临时对象)

　　　　　　显示信息("修改后的数组 2="+数组)

　　　　　记录数 2 = 1

　　　　条件结束

　　　j=j-1

　　　循环结束

　　错误则执行

　　条件结束

i=i-1

循环结束

　　　显示信息("数组="+数组)

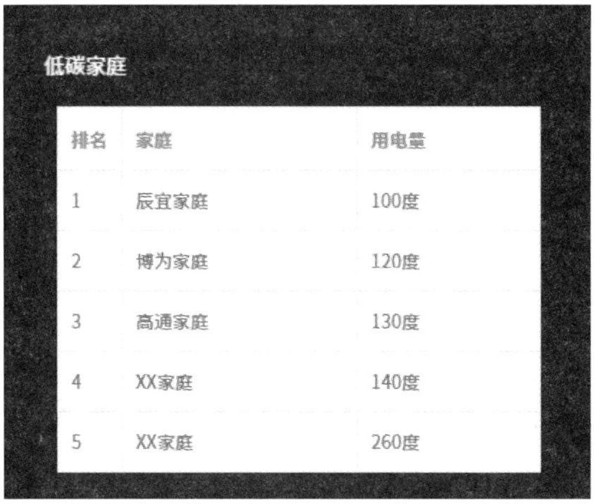

低碳家庭

排名	家庭	用电量
1	辰宜家庭	100度
2	博为家庭	120度
3	高通家庭	130度
4	XX家庭	140度
5	XX家庭	260度

图 12-68　耗电最少的五个家庭

7) 电力交易可信数据分析

(1) 统计电力商城的总商品量、总订单量、总发货量和总订单完成量，使用柱状图展示出来。如图 12-69 所示，电力商城的总商品量为 100，电力商城的总订单量为 140 左右，电力商城的总发货量为 220 左右，电力商城的总订单完成量为 175 左右。

代码如下：

```
显示格式("合并","标准")
//显示格式("实时","标准")
显示信息(上链服务器设置("广东辰宜","127.0.0.1","7007"))
显示信息(合约服务器设置("广东辰宜","127.0.0.1","7006"))
显示信息(登录系统("系统管理员","123456"))
显示信息(解析函数返回变量(业务区块总数("电力商品")))
文字变量 电力商品区块数=返回_业务区块总数
显示信息("电力商品="+电力商品区块数)
显示信息(解析函数返回变量(业务区块总数("订单已生成")))
文字变量 订单已生成区块数=返回_业务区块总数
显示信息("订单已生成区块数="+订单已生成区块数)
显示信息(解析函数返回变量(业务区块总数("订单已发货")))
文字变量 订单已发货区块数=返回_业务区块总数
显示信息("订单已发货区块数="+订单已发货区块数)
显示信息(解析函数返回变量(业务区块总数("订单已完成")))
文字变量 订单已完成区块数=返回_业务区块总数
显示信息("订单已完成区块数="+订单已完成区块数)
//json 对象和 json 数组的组装函数
//添加总商品量对象
文字变量 总商品量对象 ="{'name':'','num':0}"
文字变量 数组
```

总商品量对象 = 修改对象(总商品量对象, "name = '总商品量'")

总商品量对象 = 修改对象(总商品量对象, "num = "+电力商品区块数)

数组 = 增加对象记录(数组,总商品量对象)

//添加总订单量对象

文字变量 总订单量对象 = "{'name':'','num':0}"

总订单量对象 = 修改对象(总订单量对象, "name = '总订单量'")

总订单量对象 = 修改对象(总订单量对象, "num = "+订单已生成区块数)

数组 = 增加对象记录(数组,总订单量对象)

//添加总发货量对象

文字变量 总发货量对象 = "{'name':'','num':0}"

总发货量对象 = 修改对象(总发货量对象, "name = '总发货量'")

总发货量对象 = 修改对象(总发货量对象, "num = "+订单已发货区块数)

数组 = 增加对象记录(数组,总发货量对象)

//添加总订单完成量对象

文字变量 总订单完成量对象 = "{'name':'','num':0}"

总订单完成量对象 = 修改对象(总订单完成量对象, "name = '总订单完成量'")

总订单完成量对象 = 修改对象(总订单完成量对象, "num = "+订单已完成区块数)

数组 = 增加对象记录(数组,总订单完成量对象)

显示信息("图表数据="+数组)

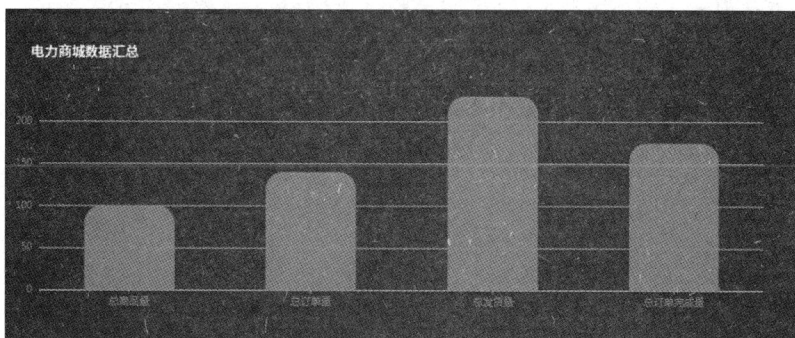

图 12-69　电力商城统计柱状图

(2) 统计电力商品发布量前五位家庭，使用饼图展示出来，如图 12-70 所示。
代码如下：

显示格式("实时","标准")

显示信息(上链服务器设置("广东辰宜","127.0.0.1","7007"))

显示信息(合约服务器设置("广东辰宜","127.0.0.1","7006"))

显示信息(登录系统("系统管理员","123456"))

//[{'item':'数据 1','count':100,'percent':1}, {'item':'数据 2','count':150,'percent':1.5}]

解析函数返回变量(查询区块("电力商品 1,统计记录,升序,区块哈希,区块高度,上链时间,业务名称,数据 ID,数据,上链用户","上链时
间>'2020-07-22'"))

数值变量 统计数 =文字转数值(返回_统计记录)

显示信息(统计数)

解析函数返回记录(查询区块("电力商品 1,降序,区块哈希,区块高度,上链时间,业务名称,数据 ID,数据,上链用户","上链时间>'2020-07-22'"))

文字变量 数组

数值变量 i = 统计数

循环开始 i>0

    文字变量 上链用户 = 返回_上链用户[i]

    显示信息("上链用户 ="+上链用户)

    文字变量 查找结果 = 查找对象记录(数组,"","item =' "+上链用户+"'")

    显示信息("查找结果="+查找结果)

    数值变量 记录数 = 对象记录数(查找结果)

    显示信息("记录数->"+记录数)

    正确则执行 记录数>0

    显示信息("有数据")

    文字变量 对象 1 = 获取对象数据(查找结果,"",0)

      //显示信息("对象 1="+对象 1)

    数值变量 count = 文字转数值(获取对象数据(对象 1,"count",-1))+1

      //显示信息("count="+count)

    数值变量 占比率 = count/100

    数组 = 修改对象记录(数组, "count = "+count,"item =' "+上链用户+"'")

    数组 = 修改对象记录(数组, "percent = "+占比率,"item =' "+上链用户+"'")

    显示信息("修改后的数组 1="+数组)

  错误则执行

    显示信息("没有数据")

    文字变量 家庭商品数对象 = "{'item':'','count':1,'percent':1}"

    家庭商品数对象 = 修改对象(家庭商品数对象, "item = ' "+上链用户+"'")

    家庭商品数对象 = 修改对象(家庭商品数对象, "count = 1")

    数值变量 占比率 =1/100

    家庭商品数对象 = 修改对象(家庭商品数对象, "percent="+占比率)

    数组 = 增加对象记录(数组,家庭商品数对象)

    显示信息("修改后的数组 2="+数组)

  条件结束

i=i-1

循环结束

    显示信息("数组="+数组)

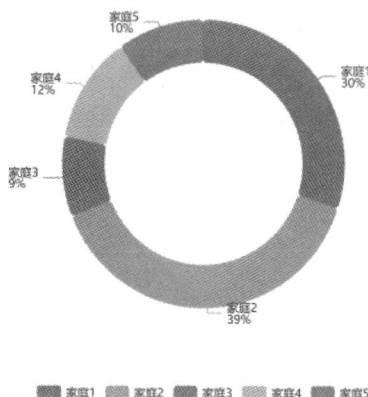

图 12-70　电力商品发布量最多的五个家庭

(3) 统计各个家庭的商品成交率，使用柱状图展示出来，如图 12-71 所示。

代码如下：

```
显示格式("实时","标准")
显示信息(上链服务器设置("广东辰宜","127.0.0.1","7007"))
显示信息(合约服务器设置("广东辰宜","127.0.0.1","7006"))
显示信息(登录系统("系统管理员","123456"))
解析函数返回变量(查询区块("电力商品 1,统计记录,升序,区块哈希,区块高度,上链时间,业务名
称,数据 ID,数据,上链用户","上链时间>'2020-07-22'"))
数值变量 统计数 =文字转数值(返回_统计记录)
显示信息(统计数)
解析函数返回记录(查询区块("电力商品 1,降序,区块哈希,区块高度,上链时间,业务名称,数据 ID,
数据,上链用户","上链时间>'2020-07-22'"))
文字变量 成交率数组
文字变量 家庭数组
数值变量 i = 统计数
循环开始 i>0
    文字变量 当前家庭 = 返回_数据 ID[i]
    显示信息("当前家庭 ="+当前家庭)
    文字变量 查找结果 = 查找对象记录(家庭数组,"","name =' "+当前家庭+"'")
    显示信息("查找结果="+查找结果 )
    数值变量 记录数 = 对象记录数(查找结果)
    显示信息("记录数->"+记录数)
    //当前家庭已经有了
    正确则执行 记录数>0
        显示信息("当前家庭已经有了")
    //当前家庭还没有
    错误则执行
```

显示信息("当前家庭还没有")

文字变量 家庭商品数对象 = "{'name':'','num':1}"

家庭商品数对象 = 修改对象(家庭商品数对象, "name = ' "+当前家庭+"'")

家庭商品数对象 = 修改对象(家庭商品数对象, "num = 1")

家庭数组 = 增加对象记录(家庭数组,家庭商品数对象)

显示信息("修改后家庭数组="+家庭数组)

//统计商品成交率

解析函数返回变量(查询区块("电力商品 1,统计记录,升序,区块哈希,区块高度,上链时间,业务名称,数据 ID,数据,上链用户"," 上链时间>'2020-07-22' 且 数据 ID=' "+当前家庭+" ' "))

数值变量 商品发布数 =文字转数值(返回_统计记录)

显示信息("商品数="+商品数)

解析函数返回变量(查询区块("订单已完成 1,统计记录,升序,区块哈希,区块高度,上链时间,业务名称,数据 ID,数据,上链用户"," 上链时间>'2020-07-22' 且 数据 ID=' "+当前家庭+" ' "))

数值变量 商品成交数 =文字转数值(返回_统计记录)

显示信息("商品成交数="+商品成交数)

数值变量 商品成交率 = 商品成交数/商品发布数

文字变量 成交率对象 = "{'name':'','num':1}"

成交率对象 = 修改对象(成交率对象, "name = ' "+当前家庭+"'")

成交率对象 = 修改对象(成交率对象, "num = "+商品成交率)

成交率数组 = 增加对象记录(成交率数组,成交率数组)

显示信息("修改后成交率数组="+成交率数组)

条件结束

i=i-1

循环结束

显示信息("成交率数组="+成交率数组)

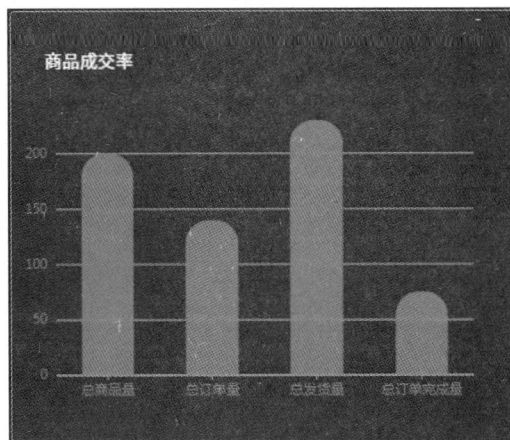

图 12-71　各家庭的商品成交率柱状图

任务小结：包括电器数据、家庭电力数据、电力交易数据在内的海量数据上链到区块，通过基于新一代区块链系统大数据分析决策模型，可充分挖掘上述上链数据，进一步提高能源的有效利用，大大提高管理数据的效率，为新一代区块链系统提供精准的解决方案。

思考：基于新一代的区块链系统数据分析较传统的数据分析具有哪些明显的优势，又存在哪些不足？

小　　结

本项目以某大型光伏电站为依托，介绍光伏产业目前的发展状况，分析限制产业发展的 4 个痛点，并针对痛点提出具体的解决方案。通过以上 4 个任务的实践，读者能够掌握新一代区块链系统在光伏产业中是如何应用的以及如何解决产业发展面临的诸多问题。

项目 13　新一代区块链技术在政务上的应用

学习目标

　　本项目深度还原了新一代区块链技术在政务场景上的具体应用过程，通过涵盖数据联通、数据采集、可信溯源和数据挖掘等环节，具体对应一体化政务、政务数据可信溯源与链上数据的加工处理等实践任务。通过本行业案例的实践，要求读者对政府治理与服务的现状和发展动态有一定的了解，并熟练运用智能合约和大数据技术，对相关材料进行上链以及分析处理等操作；运用智能合约与物联网技术对相关政务数据进行监管，从而建立起"区块链+政务"的产业思维，积累更多的产业经验。

知识导图

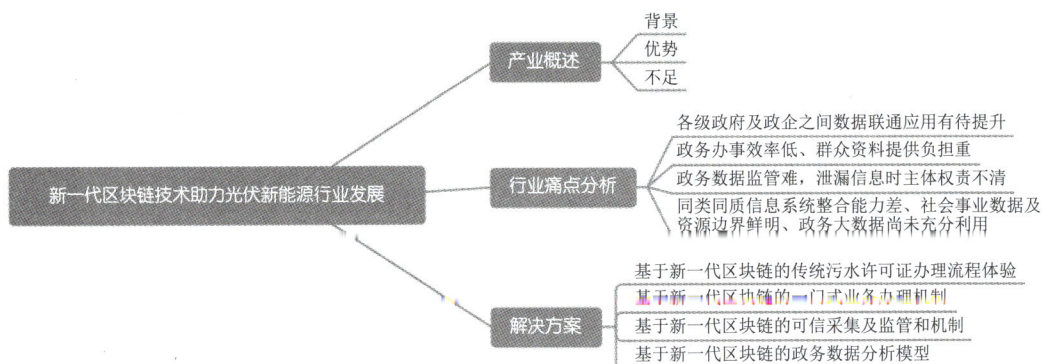

13.1　产业概述

数字政府旨在以新一代信息技术为支撑，通过构建大数据驱动的政务新机制、新平台、新渠道，重塑政务信息化管理架构、业务和技术架构，优化政府内部的组织架构、运作程序和管理服务，全面提升政府在经济调节、市场监管、社会治理、公共服务、环境保护等领域的履职能力，形成用数据对话、用数据决策、用数据服务、用数据创新的现代化治理模式。2022 年国务院政府工作报告提出加强数字政府建设，提出三个关于数字政府建设的关键词——共享、互通和便利。

在大力建设数字政府的背景下，政府主导并研发上线的政务服务网、APP、微信公众平台甚至小程序等"互联网＋政务"手段效果突出，得到群众的一致认可。但在"AI＋政务"数据管理和共享上，仍有较大的提升空间。"互联网+政务"本身是对权力的重新分配与权力运行流程的重塑，是借助来自互联网的外部力量执行的对政府治理与服务的创新改革。而"AI＋政务"带来的将是政府机构和人员的职能分工与服务供给关系的改变。政务服务数据的流通与共享，能够有效促进政务服务的业务重组与流程再造，打造政务服务业务链条，提升政府治理能力。然而，政府"数字化"建设摸索期无规划、缺管理、少标准等共性问题造成的数据孤岛、数据烟囱等现象仍长期存在，导致数据利用不充分、数据共享不全面，政务服务数据共享现状难以满足"AI＋政务"改革实践需求。

因此，要实现政务服务数据的共享，满足"AI＋政务"改革实践需求，就需要推动政府角色和职能的转变、实现政府职能部门去中心化、优化行政流程。因此，世界各国政府在数字化转型的过程中，不断深化区块链技术在政务服务的应用与发展，区块链政务服务正逐渐成为"AI＋政务"背景下我国政府改革的前沿领域之一。世界各国在政务区块链方面的举措如表 13-1 所示。

表 13-1　世界各国在政务区块链方面的举措

国家	应用领域	效果/目标
美国	食品药物、土地交易	基于区块链安全共享患者数据、减少财产注册费，保证土地所有权安全地交易
迪拜	政务	旨在加速政务效率、创造新产业，预计每年可节省 1 亿页文书工作、2510 万小时工作时间和 4.11 亿公里的公民出行里程
爱莎尼亚	政务	99%的公共服务可以通过互联网完成，政府每年可节省相当于国内生产总值 2%的支出
韩国	警察局、农村发展管理局、卫生福利	基于区块链技术实现业务数据上链与流程管理
中国	政务	着力实现政府职能深刻转变，把该管的事务管好、管到位；全面推行审批服务"马上办、网上办、就近办、一次办、自助办"；完善首问负责、一次告知、一窗受理、自助办理等制度

13.2　行业痛点分析

一、痛点 1：各级政府及政企之间数据联通应用有待提升

经过近 20 年的高速发展各政府部门已经实现了数据的电子化，但是这些电子数据依然还是以部门职能来采集和集中存储的，仅仅只是在纵向上进行拓展业务，没有在横向上形成合力，数据依然是以"孤岛"的形式存在，这主要体现在以下两个方面。

(1) 政府各部门及各市区之间的信息整合难度高。政府各部门及各市区之间的信息化系统各司其职，相对封闭，由于职责调整、业务细分及条块分割，且部分敏感信息资源不与其他部门共享，也不对外开放，没有提供相关接口，使得信息整合难度变得很高。

(2) 政府与企业的数据彼此隔阂，数据利用率底下。大数据时代背景下，数据就是资源。目前政府和企业手中都掌握着很多数据，但他们所掌握的数据性质是各不相同的。政府部门掌握的数据主要来自以政府力量进行的监测统计数据，例如工业普查数据、工商税务信息、实时气象信息等数据，这些信息企业或个人都很难获得。而企业手中掌握的则是像企业销售的品类、交易流水、消费者特征等相对来说更为微观的数据。这些数据都很细碎，但是政府要及时获得也是十分困难的。在这种情况下，如果企业和政府之间彼此隔阂，仅利用自己的数据，那么所能达到的效率也会相对低下。

然而，区块链技术可以有效实现数据的分布式存储，将数据分布在各个节点，多点同时存储，具有去中心化、不可篡改的特性，组织部门从传统各自独立作为单一中心转变为多中心结构，从而实现某种程度的"去中心"化。而在新一代区块链系统中，上链数据存在于全网所有节点，数据活动对全部节点公开，区块联盟链可通过将排序节点部署在政务服务部门，赋予其记账、沉淀、调阅与使用数据的管理权限，为跨级别、跨部门的数据互联互通提供了安全可信任的环境。

二、痛点 2：政务办事效率低，群众资料提供负担重

在现有政务系统中，电子送达、证照授权、审批结果互认等制度更新明显滞后于技术创新，客观上阻碍了数字政府向纵深发展。例如，企业在办理污水处理许可证时，需经多个部门上传十多个各种类型的文件，这些部门之间有着大量的文书往来，而分属不同系统的实体之间往往有着各种沟通和协作问题，主要体现在以下几个方面。

(1) 办事材料不互通，部分事项还没实现电子证照的接入与共享；

(2) 办事结果不互认，A 局的办事结果不能与 B 局线上共享，需要群众办事线下跑，相同证明反复报，无法高效支撑一体化的智慧治理模式；

(3) 政务数据与社会数据两权分立，没有融合互通，共享机制与数据权属尚未完善。例如，部分民生医疗、社会治理、城市交通、绿色生活等领域数据，没有与市场经济相融合。

要想打破政府部门之间数据的壁垒，就必须解决好数据共享的安全问题，这正是区块链技术的最佳切入点，也是区块链最擅长的领域。新一代区块链系统通过去中心化让数据

安全上链、用户身份信息跨平台认证、部门之间以业务线的方式成链，政务数据跨部门、一次审批全网通用，保证采集到的信息数据安全的情况下，实现跨平台数据共享。

三、痛点 3：政务数据监管难，泄露信息时主体权责不清

政务数据资源监管是指对政务数据资源全生命周期的管理，是推动实现政务数据资源共享与开放的重要一环。国内外高度重视政务资源的共享与开放，中国先后发布《促进大数据发展行动纲要》《政务信息资源共享管理暂行办法》《政务信息系统整合共享实施方案》等一系列文件进行总体部署。随着数据共享在跨部门的业务协同办理中的持续深入应用，数据共享安全可信也越来越被重视和关注。近年来，国内外多起信息泄露事件暴露出中心化数据存储的数据安全性缺陷，由于数据的可复制性，信息所有权认定一直是个难题。

区块链技术提供了有效的解决方案，它基于区块链系统的共享账本以及信息可溯源性，明确了数据所有权。在新一代区块链系统中，去中心化技术结合物联网技术实现空间、时间全方位对政务数据进行监管，政务数据全程可溯源，有效解决主体责任确认问题。

四、痛点 4：同类同质信息系统整合能力差，社会事业数据及资源边界鲜明，

　　政务大数据尚未充分利用

数字政府是综合运用互联网、物联网、大数据、人工智能、区块链等现代信息技术，为促进经济社会运行全面数字化而建立的一种新型政府形态。借助大数据、人工智能、云计算等现代信息技术，发达国家数字政府建设的主要目标旨在推动政府决策、权力运行、公共服务、绩效评估与流程再造朝着更加智能化、透明化、精准化、科学化与高效化的方向发展。通过数字政府建设实现政府决策模式智能化、政府权力运行透明化、公共服务供给精准化、政府绩效评估科学化及政务流程再造高效化。

当前，传统政务系统同类同质信息系统整合能力差，社会事业数据及资源边界鲜明，政务大数据尚未得到充分利用。因此，亟需建立以区块链为主的政务数据交易模式，促进政务信息资源共享，打破大集中协议模式，提高各部门数据共享的意愿，真正实现政府数据共享交换的自组织模式，更高效率地挖掘数据的价值。

13.3　解决方案

A 企业位于某工业区，在生产过程中不可避免会产生工业污水，为了减少污水对环境的污染，实现生产的可持续，A 企业建立了一套污水处理设施，如图 13-1 所示，污水经过处理后再排出。根据国家规定实行排污许可管理的企业事业单位和其他生产经营者应当按照排污许可证的要求排放污染物。因此，A 企业需要向环保局申请排污许可证，以进行正常的生产。下面将针对上述提出的各个痛点，给出对应的解决方案。

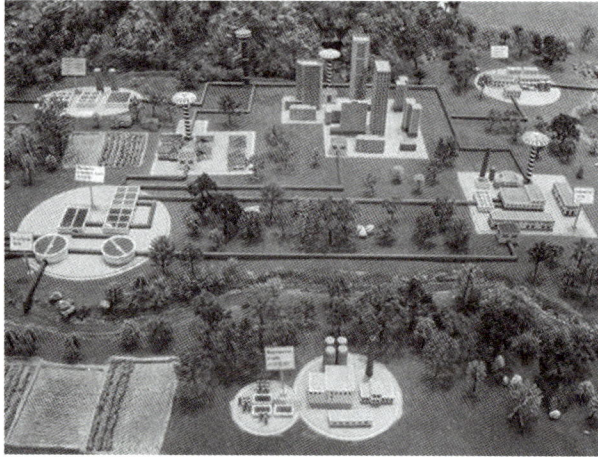

图 13-1　A 企业工厂环境示意图

一、基于新一代区块链的传统污水许可证办理流程体验

1. 任务情景

信息技术的飞速发展引发了生产和生活方式的深刻变革，推动着经济和社会的高速发展，我国电子政务工程自 20 世纪 80 年代起步至今，取得了长足的发展，已初步建成了功能完善、安全可靠的政府信息平台与业务系统，但我国政府信息化的整体进程仍受到割裂化建设、信息交互阻隔等问题的严重制约。

传统事项办理

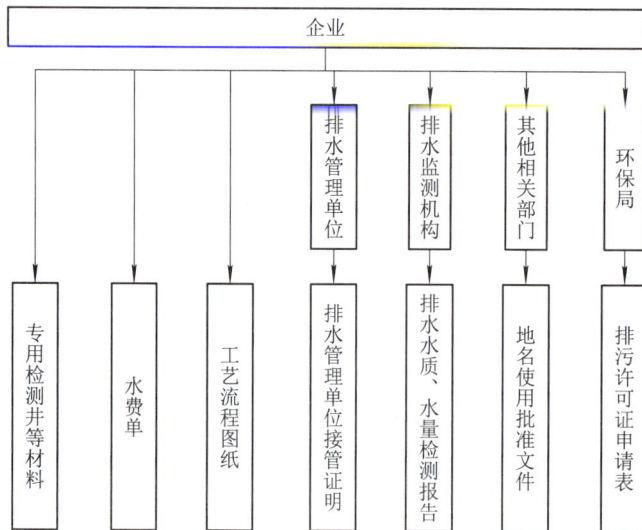

传统政务服务办理模式下，办事人须提交相关证明文件，业务流程烦琐。由于缺少统一协调的数据开放平台，办事人在办理业务时遇到了入口过多、登记审批流程烦琐、业务平台不同步不完善、政务信息不准确不公开等问题。申请者需要准备身份证明材料、事项申请表等多项复杂的手续材料，并在多个部门间来回办理、反复提交、层层审批，时间成本与路程成本高昂。

A 企业需要向环保局申请办理污水处理许可证，企业需要准备的资料和需要访问的政府部门，如图 13-2 所示，办理污水处理许可证所涉及的步骤，如图 13-3 所示。

图 13-2　企业需要准备的资料

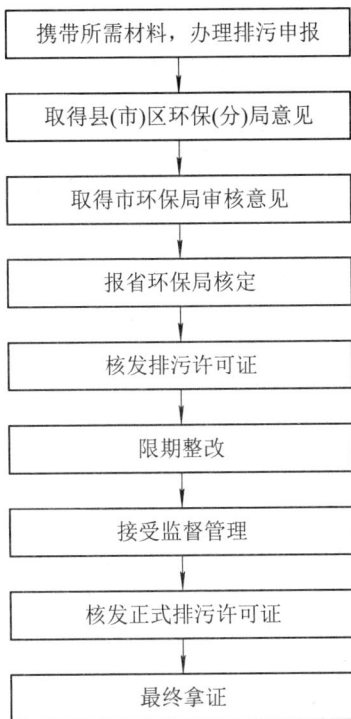

图 13-3　办理许可证的流程

2. 任务分析

目前办理流程中存在几个难点，一方面需要办理人提供的证件材料较多，并需要办理人跨多个部门申请开具所述材料；另一方面政府办事人员相应的审核工作量也非常大。上述难点往往导致污水证办理的时间耗费几个月之长，极为烦琐耗时。

污水证办理所需的证件基本都在政府手里，企业需要在政府各部门之间辗转，待审核涉及的资料多，人工审核资料效率较低、过程复杂且容易出错；各部门内部系统多，网络环境复杂，数据难以集中；各部门之间数据烟囱多，技术多种多样，缺乏规划；数据难以集中证照标准不统一，数据质量差，数据模型少，应用创新难。

本任务以传统污水许可证业务办理为例，体验传统政务业务办理的流程和步骤。

3. 传统政务系统体验流程

政务系统中主要有环保局工作人员和企业两种角色，读者可以分别扮演上述角色进行实验。

(1) 读者以环保局工作人员角色登录系统，该角色的登录账号和密码在教育套件内中。

(2) 读者以企业角色领取排污许可证申请表，具体包括打开硬件套装箱，拿出一张标准排污许可证申请表和一张企业营业执照。

(3) 读者以企业角色打开东湖区环保局官网，输入对应角色账号和密码进行登录，进入首页后，首先点击"申请排污许可证"按钮，填写企业办公地址等相关信息进行许可证的申请，拍照上传填写好的排污许可证申请表；其次打开水电局网站，使用企业名称和企业营业执照号登录网站，进入下载页面下载本企业 3 个月水费单；然后打开排水监测机构网站，使用企业名称和企业营业执照号登录网站，进入下载页面下载本企业水质报告；最后上传排污图纸、上传近 3 个月水费单并拍照并上传企业营业执照。

(4) 读者以政务人员的角色打开东湖区环保局官网，输入对应角色账号和密码进行登录，进入首页后能在首页看到各自部门的企业申请列表，逐个对企业申请进行审批。

(5) 审批通过的企业，则可拿到排污许可证。

4. 软件开发

读者登录教育平台的 PC 端，找到当前任务对应的课程。进入"课程详情"页面，点击"开始实验"按钮开始实验，如图 13-4 所示。

图 13-4　课程详情页面

1) 线下资料准备

打开"辰宜区块链 AI 实验室专用器材"，拿出并打开文件袋，找到里面的排污许可证申请表和企业营业执照。

2) 企业登录系统

(1) 进入"个人中心"界面，点击"个人信息"，在"账号绑定"界面中绑定上述辰宜区块链 AI 实验室专用器材对应的账号，并点击"保存"按钮，如图 13-5 所示。

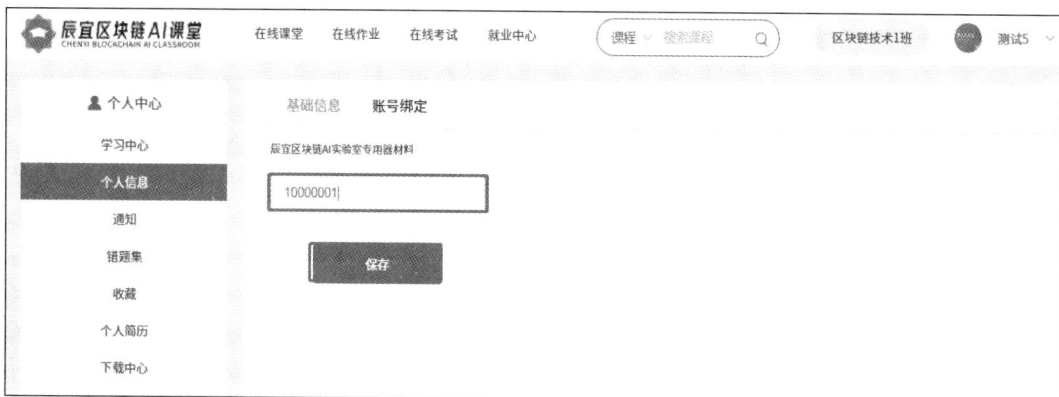

图 13-5　专用材料账号绑定

(2) 在对应步骤点击"进入场景实验"，读者以企业角色进入环保局的网页。点击"事项办理"进入登录页面，输入企业相应的账号和密码后，如图 13-6(a)所示，点击"登录"按钮进入主页面，进入到"服务中心"界面，如图 13-6(b)所示。

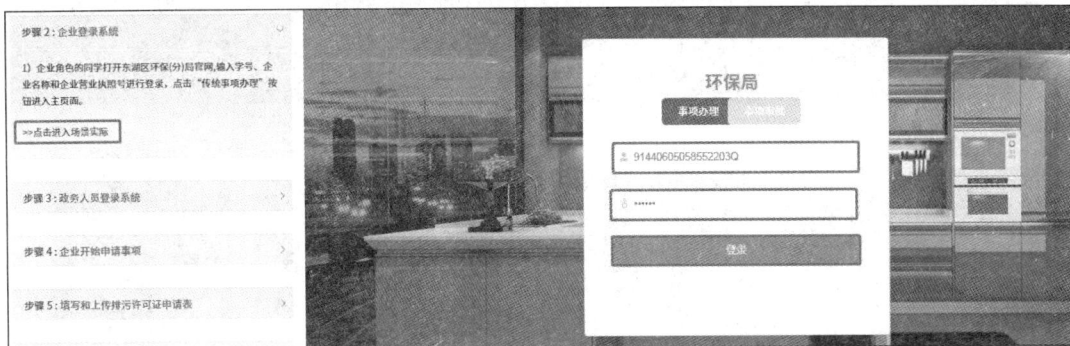

(a)

(b)

图 13-6　读者登录系统

3) 企业开始申请事项

读者以企业角色进入首页后，点击"排污许可证申请"按钮，如图 13-7 所示，进入"申请表填写"界面，进行排污许可证的申请。

图 13-7　申请排污许可证

4) 填写排污许可证申请表

在"申请表填写"界面，填写排污许可证申请表，如图 13-8 所示，填写申请表时需要注意的是：带*号的文本框为必填项，排水户性质以及排水量需要按照实际情况勾选，完善相关信息后点击"下一步"按钮，进入"资料上传"界面。

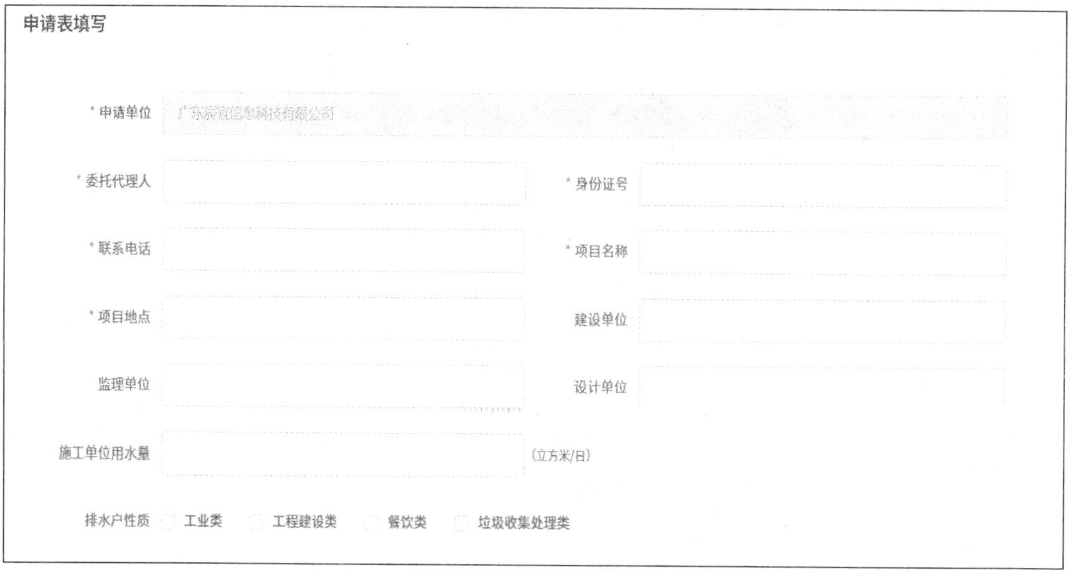

图 13-8　申请排污许可证

5) 上传营业执照

(1) 使用手机对企业营业执照进行拍照，并将拍摄好的图片上传到电脑磁盘中。

(2) 在如图 13-9 所示的"资料上传"界面找到"企业营业执照"，在相应位置点击"+"进入"电脑文件列表"界面，从文件列表中找到"企业营业执照"的图片并上传。

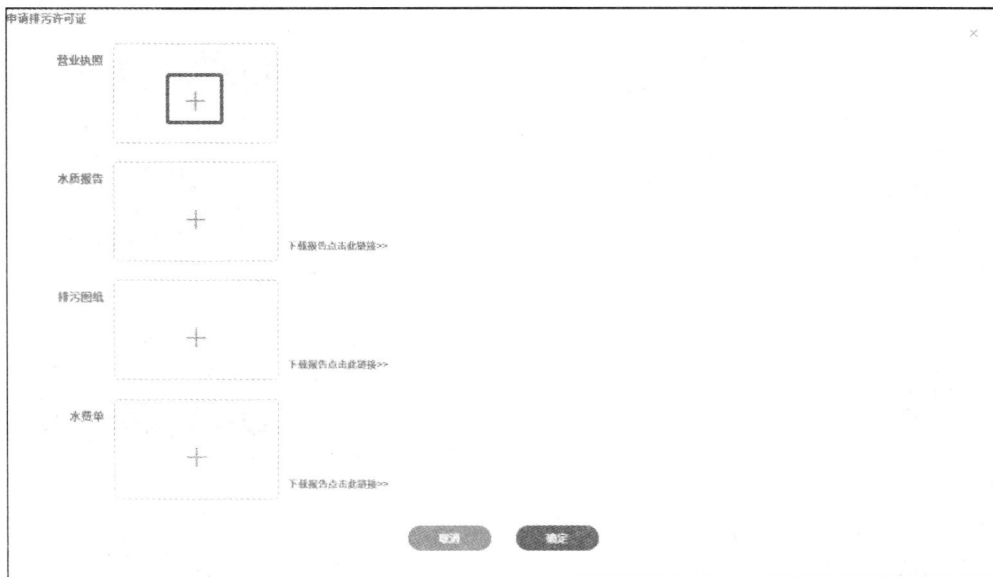

图 13-9　上传企业营业执照

6) 下载企业水费单

(1) 在"资料上传"界面找到"水费单",在相应位置点击"下载报告点击此链接"的链接,如图 13-10(a)所示,此时,跳转到水务公司网站的"登录"界面。

(2) 在水务公司网站的"登录"界面,输入企业的账号和密码后,如图 13-10(b)所示,点击"登录"按钮进入"下载"页面。

(3) 在"下载"界面中罗列了可供下载的材料,在列表中找到"水费单"并点击,显示出水费单详细信息,点击"下载"按钮,水费单被下载到本地,如图 13-10(c)所示。

(a)

(b)

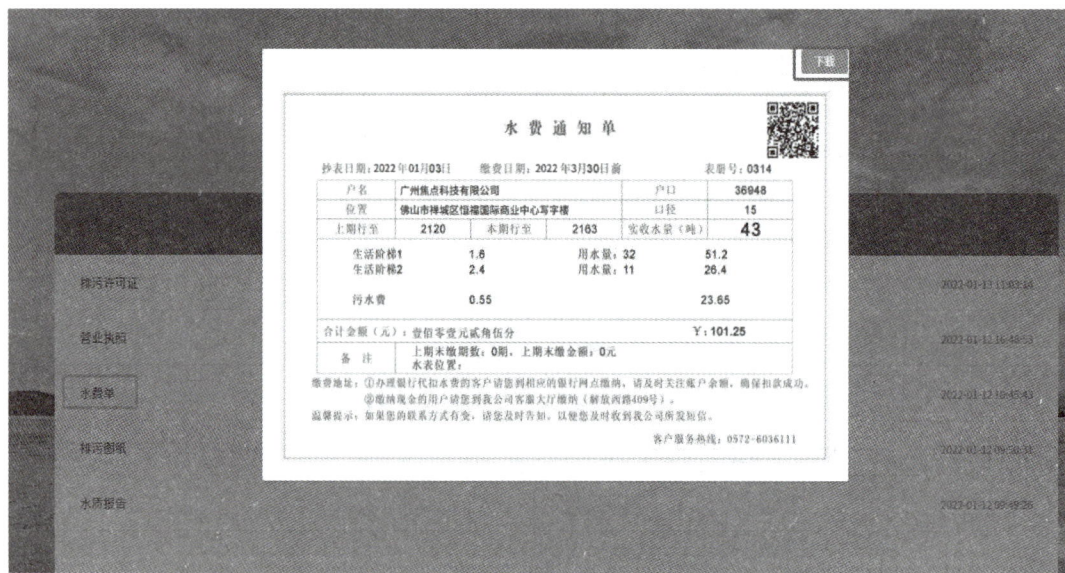

(c)

图 13-10　下载企业水费单

7) 下载水质报告和排污图纸

(1) 在"资料上传"界面找到"水质报告",在相应位置点击"下载报告点击此链接"的链接,如图 13-11(a)所示,此时,跳转到排水监测机构网站的"登录"界面。

(2) 在排水监测机构网站的"登录"界面,输入企业的账号和密码,如图 13-11(b)所示,点击"登录"按钮进入"下载"页面。

(3) "下载"界面中罗列了可供下载的材料,在列表中找到"水质报告"并点击,此时显示出水质报告的详细信息,点击"下载"按钮,水质报告被下载到本地,如图 13-11(c)所示。

(4) 在列表中找到"排污图纸"并点击,此时显示出排污图纸的具体信息,点击"下载"按钮,排污图纸被下载到本地,如图 13-11(d)所示。

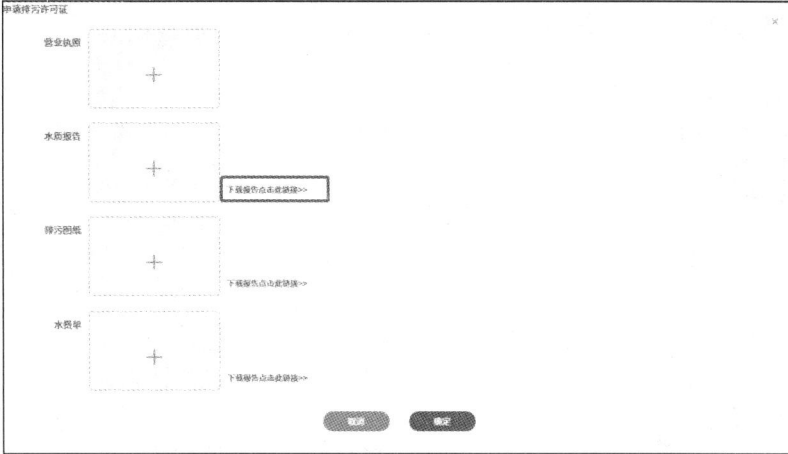

(a)

(b)

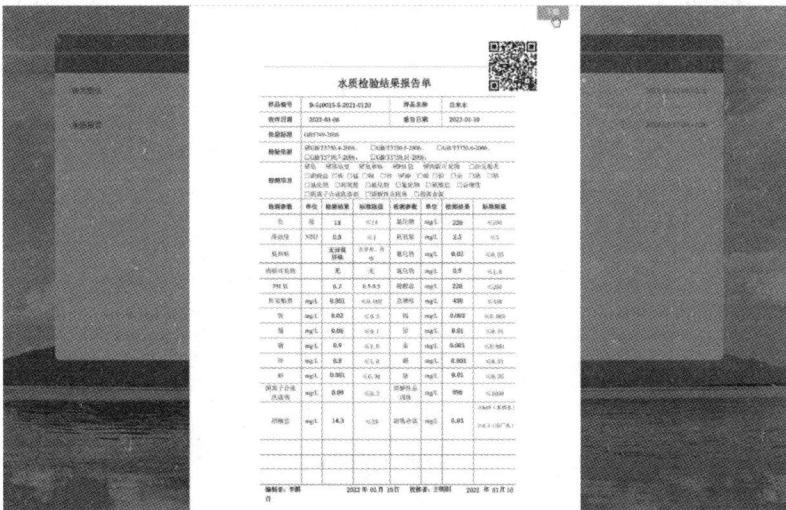

(c)

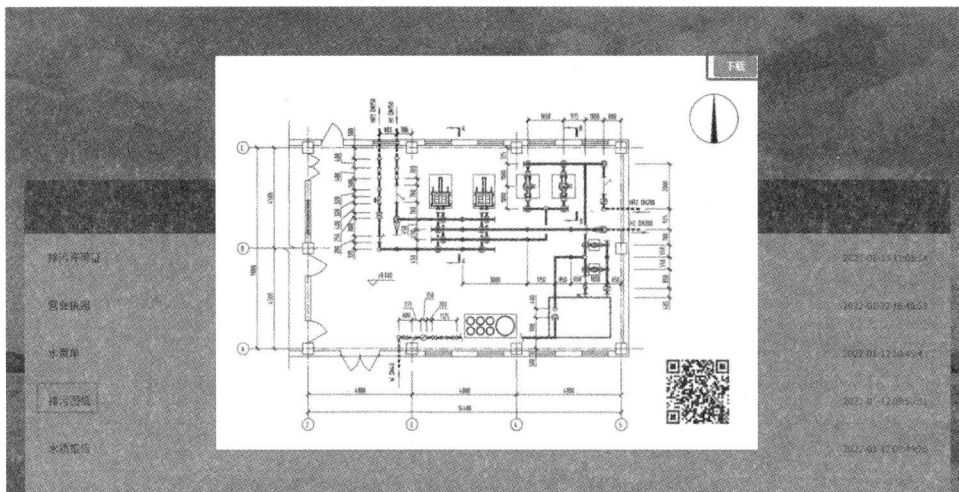

(d)

图 13-11　下载水质报告和排污图纸

8) 上传材料

(1) 在"资料上传"界面找到"水质报告"，在相应位置点击"+"进入"电脑文件列表"界面，从文件列表中找到"水质报告"的图片并上传；

(2) 在"资料上传"界面找到"排污图纸"，在相应位置点击"+"进入"电脑文件列表"界面，从文件列表中找到"排污图纸"的图片并上传；

(3) 在"资料上传"界面找到"水费单"，在相应位置点击"+"进入"电脑文件列表"界面，从文件列表中找到"水费单"的图片并上传；

上传完所有材料后，点击"确定"按钮，如图 13-12 所示，提示"申请排污许可证"申请成功。

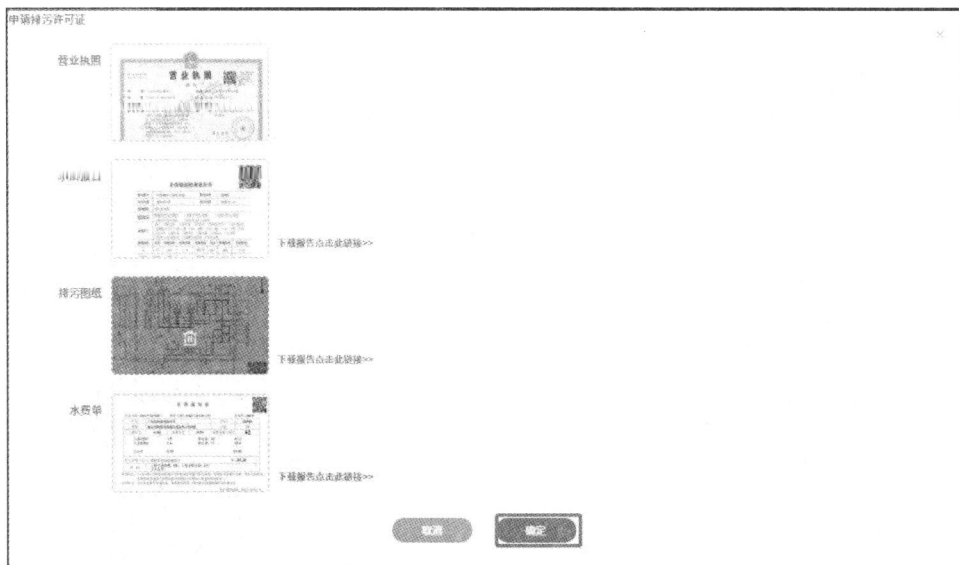

图 13-12　上传材料

9) 政务人员审批事项

读者既可以扮演企业角色也可以扮演政务人员的角色，只需要在"事项办理"和"事项审批"之间切换，即可实现角色的转变。

(1) 政务人员登录系统。在对应步骤点击"进入场景实验"，读者以政务人员的角色进入环保局的网页。点击"事项审批"进入登录页面，输入政务人员的角色对应的账号和密码后，如图 13-13(a)所示，点击"登录"按钮进入主页面，此时进入"事项列表"界面，如图 13-13(b)所示。

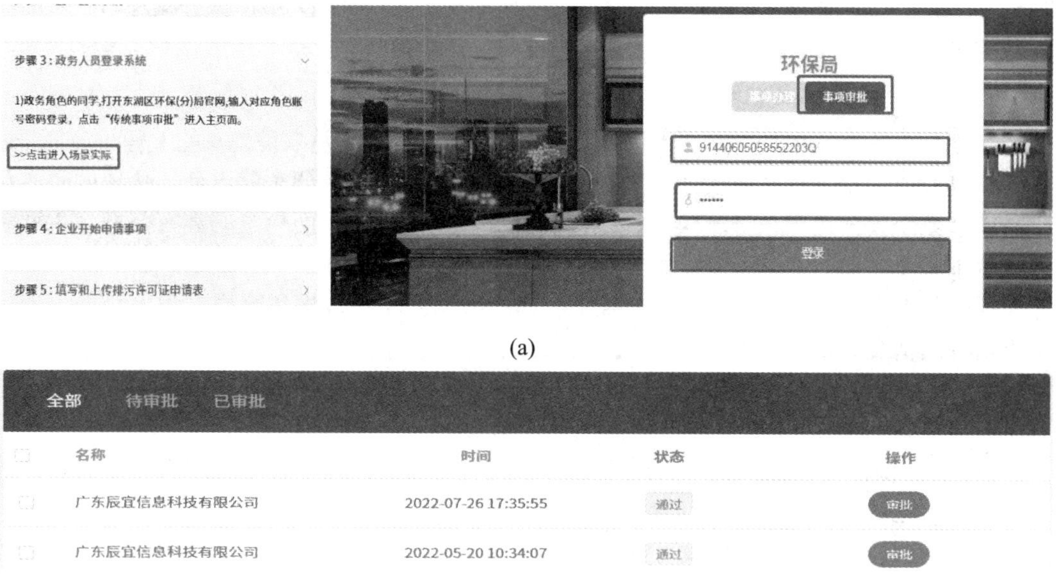

(a)

(b)

图 13-13　读者以政务人员的角色登录系统

(2) 进入"事项列表"界面后，能在首页看到企业的申请列表。在待审批界面中，逐个对企业申请进行审核，审核完成之后点击"审批"按钮完成审批，审批状态自动显示为"通过"，如图 13-14 所示。

图 13-14　政务人员审批

(3) 审批通过的企业，则可拿到排污许可证。

任务小结：基于上述体验流程可知，在传统的政务系统下，申请者需要准备多项复杂的手续材料，并在多个部门间来回办理、反复提交、层层审批，时间成本与路程成本高昂。

思考：通过体验传统的污水许可证办理机制，读者发现了哪些不足，这些不足能否通过下述的基于新一代区块链的一门式业务办理机制弥补。

二、基于新一代区块链的一门式业务办理机制

1. 任务情景

"中国式办证难"已不再新鲜，曾经有人将"办证难"比喻为西天取经，需历经九九八十一难。为了积极推进全国一体化政务服务平台，围绕"全程网办、全网通办、链上秒办"的大场景，针对办证"磨破嘴、跑断腿"的现状，本书中采用新一代区块链基础平台对政务系统进行全面优化，利用国产区块链技术推动线上政务服务全程电子化，最大限度地减材料、减跑动、减时限、减环节，从而实现数据多跑路、群众少跑路甚至不跑路的目标。

一门式事项办理

2. 任务分析

在传统政务业务办理过程中，企业办理污水处理许可证涉及多种资料的上传与验证，过程复杂且容易出错，耗费巨大的人力、物力。除上文中提出的四个痛点外，传统的中心化信息管理系统模式还存在区域限制、信任、服务稳定性以及全面信息归集等问题，主要表现在以下几个方面。

(1) 信息流通环节多，政务数据需要多部门数据协作，数据在流通过程中总是出现信息不对称的情况。

(2) 信息安全要求高，政务数据涉及人民的真实数据，一旦发生数据泄露，就给不法分子有机可乘。

(3) 数据泄露责任难断定，目前数据供需的大多数都是以数据中心作为数据聚合，数据单点风险造成了数据泄露责任难断定。

而本文所述的区块链技术就可以针对在政务场景下的以上几点突出问题，提供相应的解决方案，包括数据信任、信息安全、监管审计支持、易用性等，从基础层面确保数据的完整性和可信度，帮助政府更好地提升管理与服务质量，积极促进电子政务的建设与发展。图13-15 为传统的中心化信息管理系统模式与区块链技术在政务场景下应用的对比图。

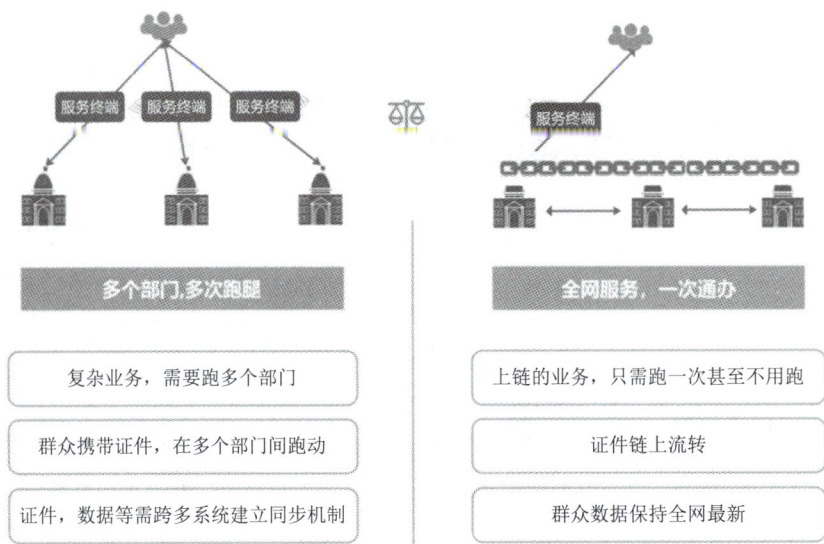

图 13-15　传统的中心化信息管理系统模式与区块链管理模式的对比

环保局现决定基于新一代区块链基础平台赋能现有政务，在保证采集到的信息数据安全的情况下，实现跨平台数据共享。本文根据以上要求，设计了一个政务区块链采集共享平台，其特点如下：

(1) 实现信息上链、材料上链及电子证照上链，通过区块链的去中心化让数据安全上链，保证了数据的唯一性和不可篡改性，为证照可信提供保障。

(2) 区块链技术的加密传输和数据共享机制为实现用户身份信息跨平台认证、验证提供了有效的解决方法，在减少企业使用政务服务平台阻碍的同时，也减轻政府部门进行政务服务过程中的身份核验难度，为企业可信提供保障。

(3) 材料上链共享，一次审批，处处可信，从而实现政务数据跨部门共享，为"一次审批全网通用"提供了可靠支撑。

3. 整体流程

基于政务区块链的采集共享平台中，各区块链系统自动上链相关材料，企业从申请到领证的整个环节均只需登入环保局官网即可。但为了深入了解区块链技术，本次实验增加了数据准备阶段的步骤，整体流程如图 13-16 所示。所有相关材料由读者进行人工上链，具体步骤如下。

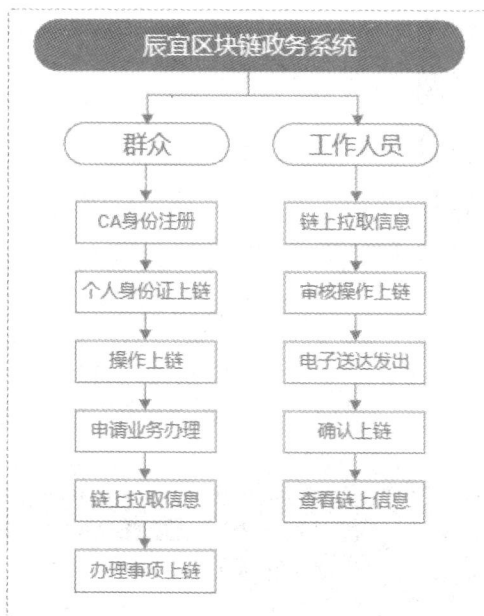

图 13-16　整体流程

(1) 数据准备阶段，主要是对各种数据进行上链。具体步骤是：首先在区块链实验室中创建身份认证链，用以存储个人身份信息；其次打开硬件箱子，取出指纹传感器，将指纹进行上链，传到指纹链中；然后创建证照链，对营业执照进行上链；再创建水电局业务链，并把本企业 3 个月水费单进行上链；最后创建排水监测链，并把企业水质报告和排污图纸进行上链。

(2) 业务操作阶段，具体步骤是：打开东湖区环保(分)局官网，使用指纹进行登录，点击申请办理排污许可证按钮之后，弹出所需证件及信息列表，点击从链上拉取营业执照。

然后点击从链上拉取企业 3 个月水费单、从链上拉取企业水质报告、从链上拉取企业排污图纸和从链上拉取企业。最后编写营业排污执照审查智能合约，智能合约设定为自动执行，每当有企业上传资料申请办理排污执照时，智能合约自动审查此企业条件，若满足执行智能合约的执行条件，则自动执行并给企业发证。

4. 软件开发

本次任务所需的硬件设备包括探头、转接板、程序烧入板及其他，其中探头为浊度传感器探头、防水 TDS 探头和电容指纹传感器；转接板为浊度传感器转接板、TDS 信号转接板和指纹传感器转接板；程序烧入板为 DFRduino UNO R3；其它硬件设备包括水容器、水样采集袋。

1) 登录系统

(1) 读者登录教育平台的 PC 端，找到当前任务对应的课程。进入"课程详情"页面，点击"开始实验"按钮开始实验，如图 13-17 所示。

图 13-17　课程详情页面

(2) 在对应步骤点击进入场景实验后，读者以企业角色进入环保局的网页，点击"事项办理"，输入企业账号和密码，如图 13-18 所示，点击"登录"按钮进入主页面。

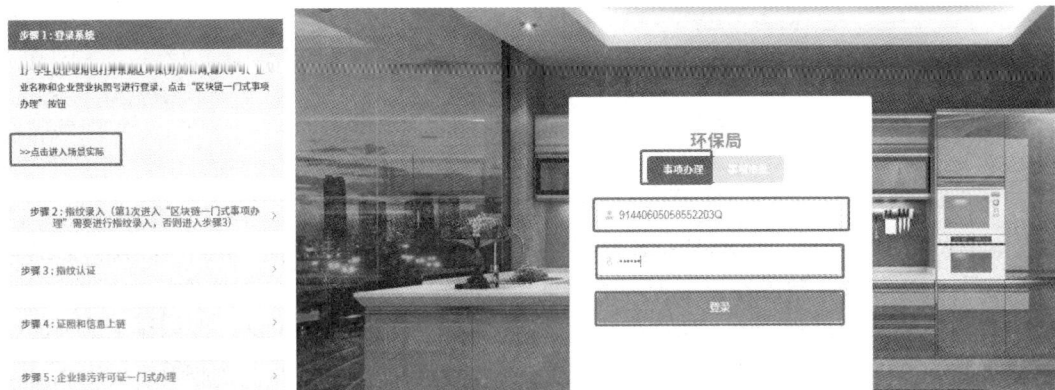

图 13-18　登录系统

进入主页面后，提示"当前学号未注册区块链账号"，如图 13-19 所示，点击"注册"按钮，跳转到"区块链中文编辑器"界面。

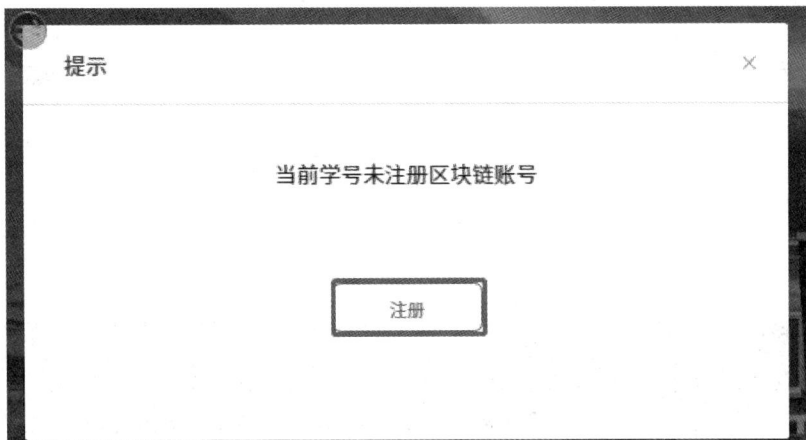

图 13-19　提示注册区块链账号

(3) 在"区块链中文编辑器"界面编辑注册区块链账号代码，并点击执行按钮，具体代码如下。

显示信息(上链服务器设置("广东辰宜","81.71.126.133","7007"))

显示信息(合约服务器设置("广东辰宜","81.71.126.133","7006"))

显示信息(注册用户("我的学号","123456","18826491563","440683199206033333","民间金融街A9","学号账号"))

点击"业务数据"按钮，可在业务数据界面中查找注册区块链账号涉及的相关信息，例如注册区块链的账号，如图 13-20 所示。编辑注册区块链账号代码，包括将注册用户中"我的学号"替换成本次任务中的账号名称"123217"；重新编辑 ID 号，避免出现注册不成功的问题。

图 13-20　业务数据

2) 指纹录入

(1) 打开"辰宜区块链 AI 实验室专用器材箱"，依次拿出电容指纹传感器、指纹传感器转接板和"DFRduino UNO R3"程序烧入板，并对三者进行组合连接。

(2) 指纹检测设备通过 USB 口连接到电脑主机。

(3) 启动 java com 口数据获取和数据传输程序。

(4) 长按指纹感应区，显示灯为黄色则表示录入指纹成功。

(5) 指纹录入后会自动上链并在政务大数据中心形成认证链，企业登录各个局的网站办理业务时，无需重新录入指纹，直接验证登录即可。

3) 指纹认证

保证指纹检测设备连接正常、串口程序运行正常，长按指纹感应区，显示灯为蓝色则表示指纹认证成功。认证成功后进入"区块链一门式事项办理"主页，如图 13-21 所示。

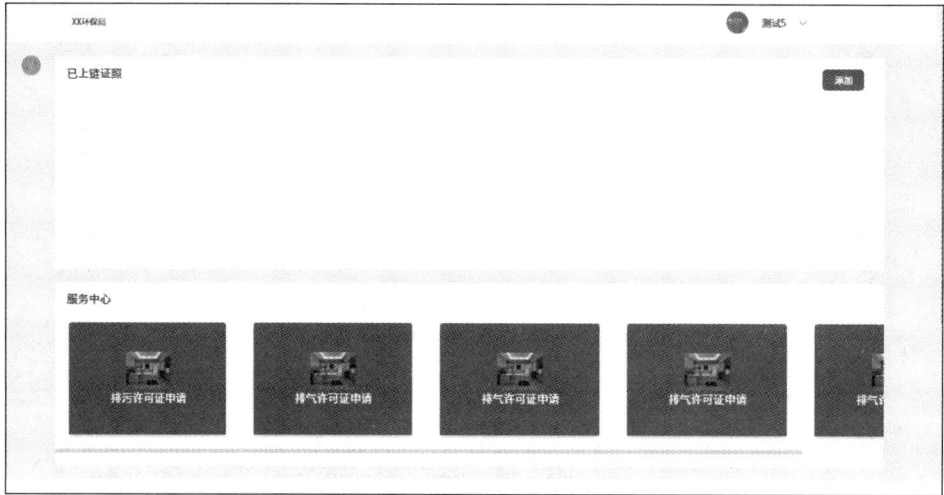

图 13-21 "区块链一门式事项办理"主页

4) 证照和信息上链

在"区块链一门式事项办理"主页，需要对不同类型的证件进行上链且上链过程需要读者编程实现。

(1) 对营业执照进行上传和上链。

在"区块链一门式事项办理"主页，查看已上链证照中是否有企业 A 的营业执照，如果没有，则需要对营业执照进行上传和上链，具体步骤如下。

① 图片上传。点击"添加"按钮，如图 13-22(a)所示，进入"请选择需要添加的证照"界面。在该界面中，点击"营业执照"，如图 13-22(b)所示，此时进入图片上传界面。如图 13-22(c)所示，点击"+"，从本地选择企业 A 营业执照的图片，然后点击"确定"按钮，将企业 A 营业执照上传到系统，此时跳转到"区块链中文编辑器"界面。

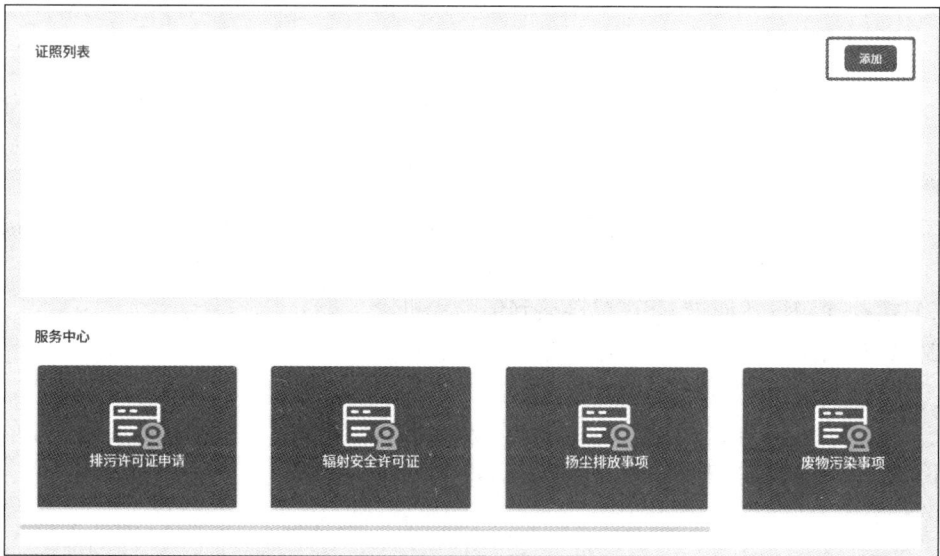

(a)

(b)

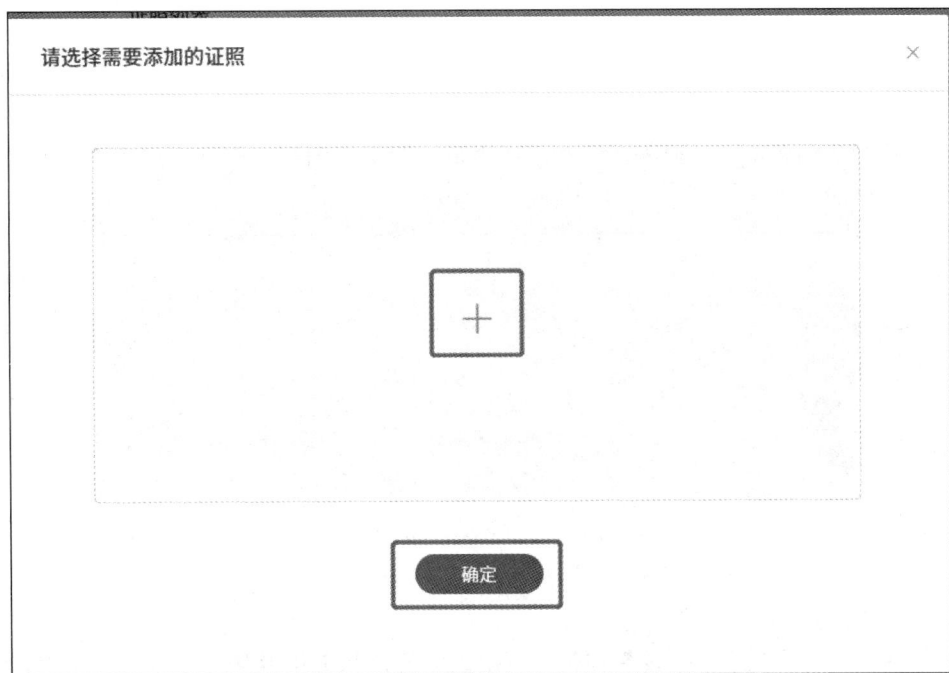

(c)

图 13-22　上传营业执照

② 对营业执照进行上链。在"区块链中文编辑器"界面编辑营业执照上链的代码，并点击执行按钮，具体代码如下，我的学号和准备数据要以业务数据为准。

```
显示信息(上链服务器设置("广东辰宜","81.71.126.133","7007"))
显示信息(合约服务器设置("广东辰宜","81.71.126.133","7006"))
显示信息(登录系统("我的学号","123456"))
准备数据("{"id":"45","name":"我的学号","imageUrl":"www.baidu.com" }")
业务名称("营业执照")
数据 ID("我的公司")
显示信息(数据上链())
```

点击"业务数据"按钮，可在业务数据界面中查找营业执照上链涉及的相关信息，如图 13-23 所示，例如营业执照上链的账号、公司名称等。编辑营业执照上链的代码包括将登入系统中"我的学号"替换成本次任务中的账号名称"123217"；将准备数据中"imageUrl"中的路径替换成本次任务中需要上链的数据；将数据 ID 替换成营业执照对应的公司名称"广东辰宜信息科技有限公司"。

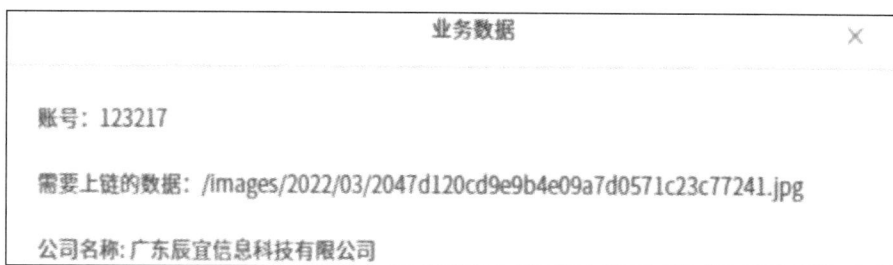

图 13-23　业务数据

营业执照上链成功后，自动跳转到"已上链证照"界面中，此时，营业执照链已被添加到已上链证照列表中，如图 13-24 所示。

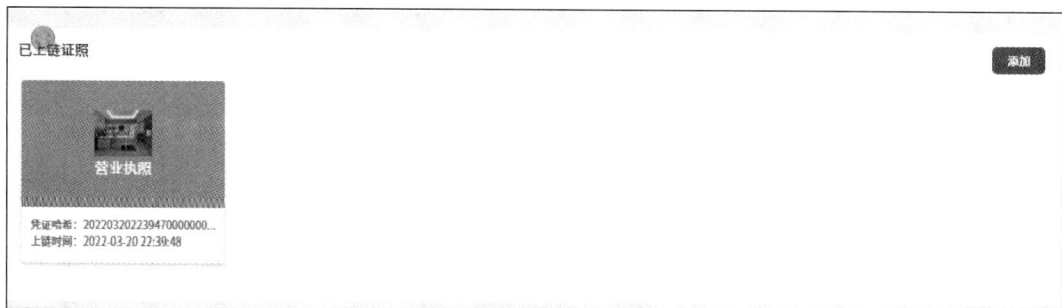

图 13-24　营业执照链

(2) 对水费单进行上传和上链。

在"区块链一门式事项办理"主页，查看已上链证照中是否有企业 A 的水费单，如果没有，则需要对水费单进行上传并上链生成水费单链，具体步骤如下。

① 图片上传。点击"添加"按钮，如图 13-25(a)所示，进入"请选择需要添加的证照"界面。在该界面，点击"水费单"，如图 13-25(b)所示，此时进入图片上传界面。如图 13-25(c)所示，点击"+"，从本地选择企业 A 水费单的图片，并点击"确定"按钮，将企业 A 水费单上传到系统，此时跳转到"区块链中文编辑器"界面。

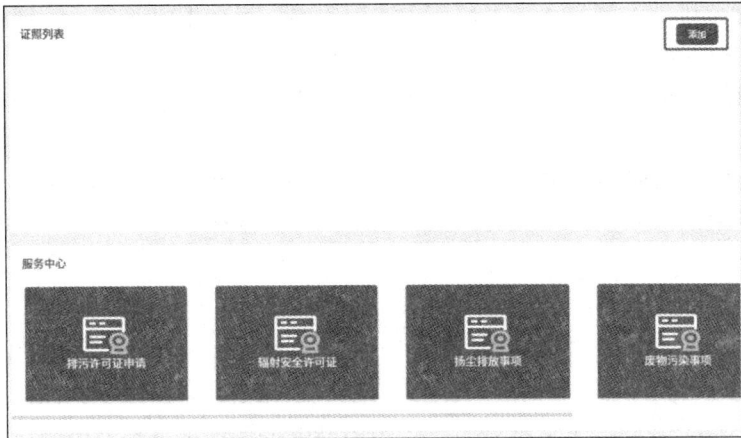

(a)

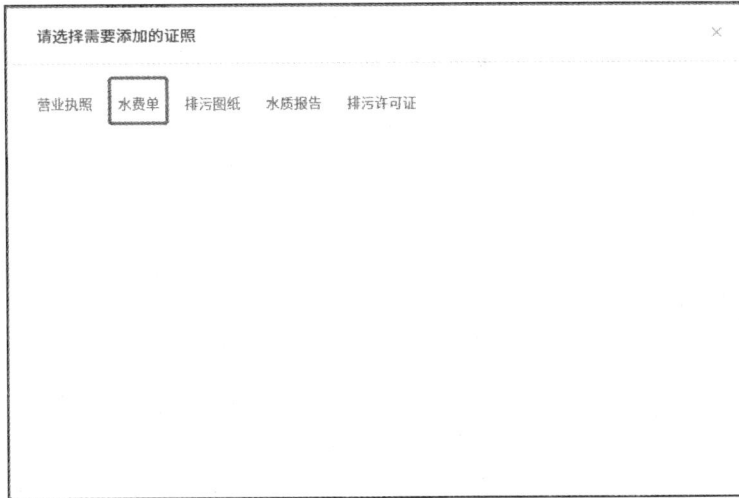

(b)

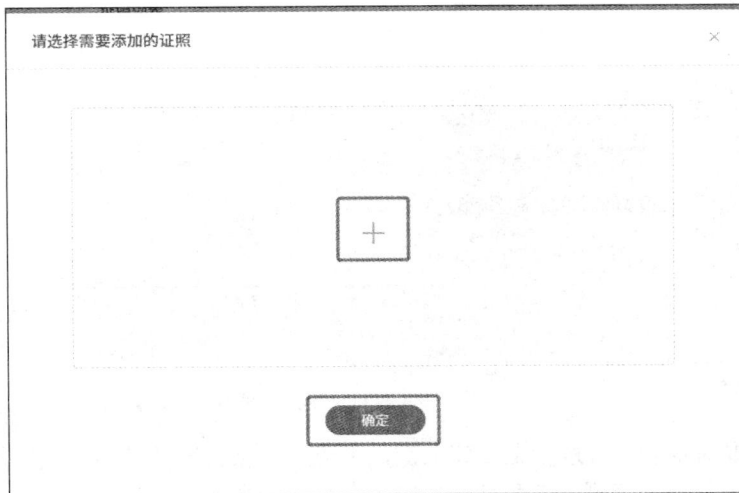

(c)

图 13-25　上传水费单照片

② 对水费单进行上链。在"区块链中文编辑器"界面编辑水费单上链的代码，并点击执行按钮，具体代码如下。

```
显示信息(上链服务器设置("广东辰宜","81.71.126.133","7007"))
显示信息(合约服务器设置("广东辰宜","81.71.126.133","7006"))
显示信息(登录系统("我的学号","123456"))
准备数据("{"id":"45","name":"我的学号","imageUrl":"www.baidu.com" }")
业务名称("水费单")
数据 ID("我的公司")
显示信息(数据上链())
```

点击"业务数据"按钮，可在业务数据界面中查找水费单上链涉及的相关信息，如图13-26 所示，例如营业执照上链的账号、公司名称等。编辑水费单上链的代码包括将登入系统和准备数据中"我的学号"替换成本次任务中的账号名称"123217"，将准备数据中"imageUrl"中的路径替换成本次任务中需要上链的数据，将数据 ID 替换成水费单对应的公司名称"广东辰宜信息科技有限公司"。

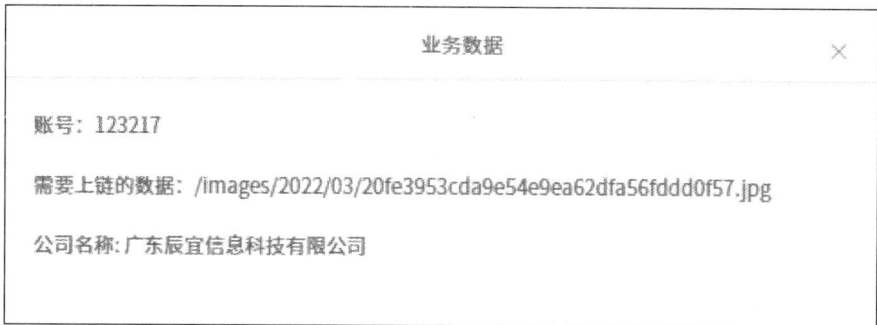

图 13-26　业务数据

水费单上链成功后，自动跳转到"已上链证照"界面中，此时，水费单链已被添加到已上链证照列表中，如图 13-27 所示。

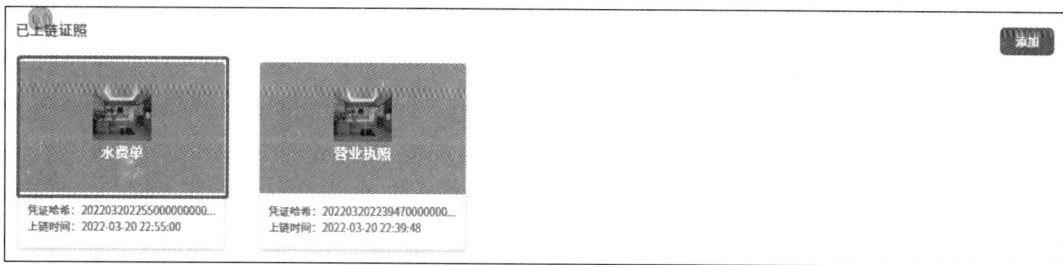

图 13-27　水费单链

(3) 对水质报告进行上传和上链。

在"区块链一门式事项办理"主页，查看已上链证照中是否有企业 A 的水质报告，如果没有，则需要对水质报告进行上传和上链，生成水质报告链，具体步骤如下。

① 图片上传。点击"添加"按钮，如图 13-28(a)所示，进入"请选择需要添加的证照"界面。在该界面中，点击"水质报告"，如图 13-28(b)所示，此时进入图片上传界面。如图

13-28(c)所示，点击"+"，从本地选择企业 A 水质报告的图片，然后点击"确定"按钮，将企业 A 的水质报告上传到系统，此时跳转到"区块链中文编辑器"界面。

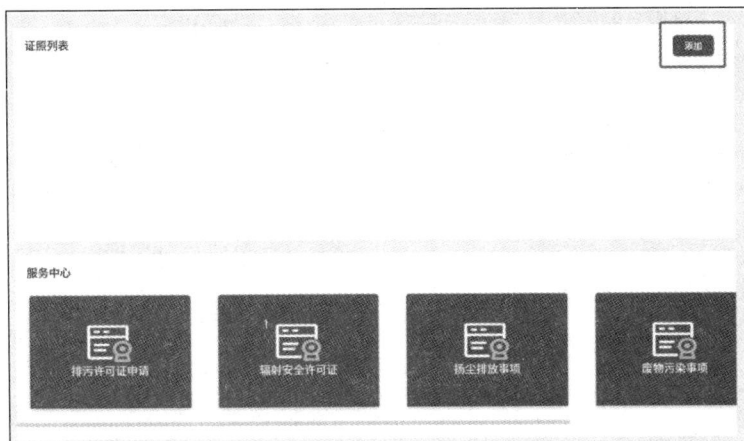

(a)

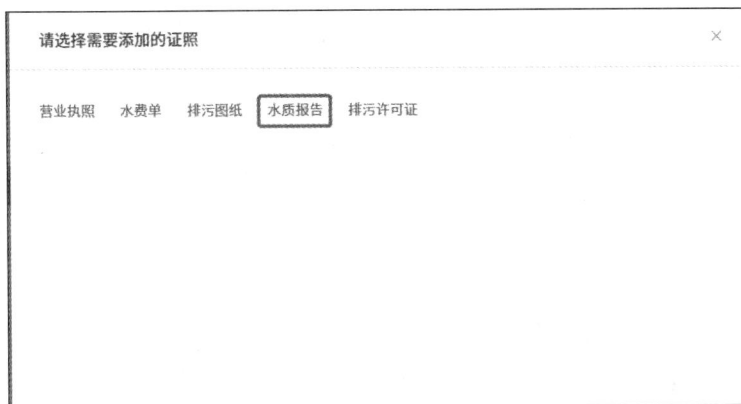

(b)

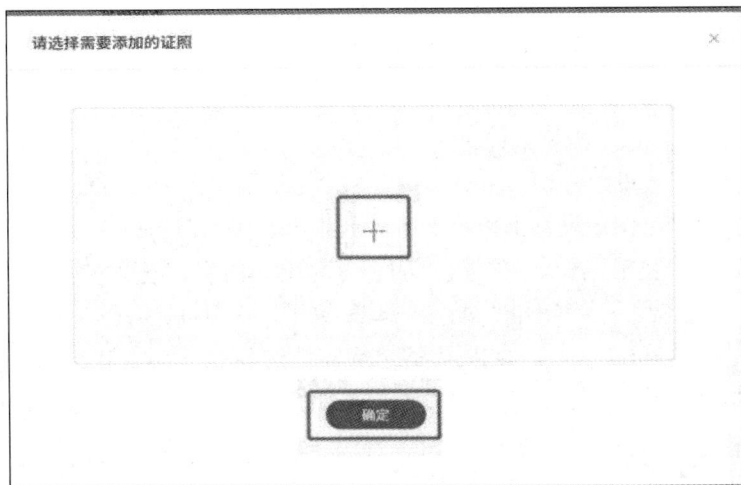

(c)

图 13-28　上传水质报告

② 对水质报告进行上链。在"区块链中文编辑器"界面编辑水质报告上链的代码，并点击执行按钮，具体代码如下。

```
显示信息(上链服务器设置("广东辰宜","81.71.126.133","7007"))
显示信息(合约服务器设置("广东辰宜","81.71.126.133","7006"))
显示信息(登录系统("我的学号","123456"))
准备数据("{"id":"45","name":"我的学号","imageUrl":"www.baidu.com" }")
业务名称("水质报告")
数据 ID("我的公司")
显示信息(数据上链())
```

点击"业务数据"按钮，可在业务数据界面中查找水质报告上链涉及的相关信息，如图 13-29 所示，例如营业执照上链的账号、公司名称等。编辑水质报告上链的代码包括：根据业务数据，将登入系统和准备数据中"我的学号"替换成本次任务中的账号名称"123217"，将准备数据中"imageUrl"中的路径替换成本次任务中需要上链的数据，将数据 ID 替换成水质报告对应的公司名称"广东辰宜信息科技有限公司"。

业务数据　　　　×

账号：123217

需要上链的数据：/images/2022/03/20ddaa6a06f7dc46b19edd9e17268234ff.jpg

公司名称:广东辰宜信息科技有限公司

图 13-29　业务数据

水质报告上链成功后，自动跳转到"已上链证照"界面中，此时，水质报告链已被添加到已上链证照列表中。

(4) 对排污图纸进行上传和上链。

在"区块链一门式事项办理"主页，查看已上链证照中是否有企业 A 的排污图纸，如果没有，则需要对排污图纸进行上传和上链，具体步骤如下。

① 图片上传。点击"添加"按钮，如图 13-30(a)所示，进入"请选择需要添加的证照"界面。在该界面中，点击"排污图纸"，如图 13-30(b)所示，此时进入"图片上传"界面。如图 13-30(c)所示，点击"+"，从本地选择企业 A 排污图纸的图片，然后点击"确定"按钮，将企业 A 排污图纸上传到系统，此时跳转到"区块链中文编辑器"界面。

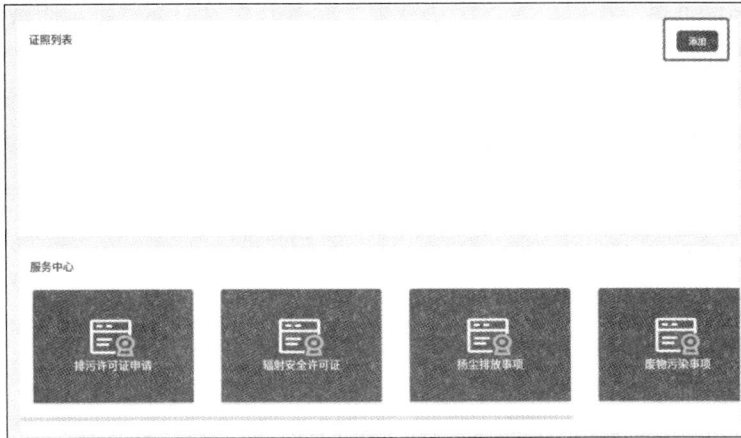

(a)

(b)

(c)

图 13-30　上传排污图纸

② 对排污图纸进行上链。在"区块链中文编辑器"界面编辑排污图纸上链的代码，并点击执行按钮，具体代码如下。

```
显示信息(上链服务器设置("广东辰宜","81.71.126.133","7007"))
显示信息(合约服务器设置("广东辰宜","81.71.126.133","7006"))
显示信息(登录系统("我的学号","123456"))
准备数据("{"id":"45","name":"我的学号","imageUrl":"www.baidu.com" }")
业务名称("排污图纸")
数据 ID("我的公司")
显示信息(数据上链())
```

点击"业务数据"按钮，可在业务数据界面中查找排污图纸上链涉及的相关信息，如图 13-31 所示，包括排污图纸上链的账号、公司名称等。编辑排污图纸上链的代码，根据业务数据，将登入系统中"我的学号"替换成本次任务中的账号名称"123217"，将准备数据中"imageUrl"中的路径替换成本次任务中需要上链的数据，将数据 ID 替换成排污图纸对应的公司名称"广东辰宜信息科技有限公司"。

图 13-31 　业务数据

排污图纸上链成功后，自动跳转到"已上链证照"界面中，此时，排污图纸链已被添加到已上链证照列表中，如图 13-32 所示。

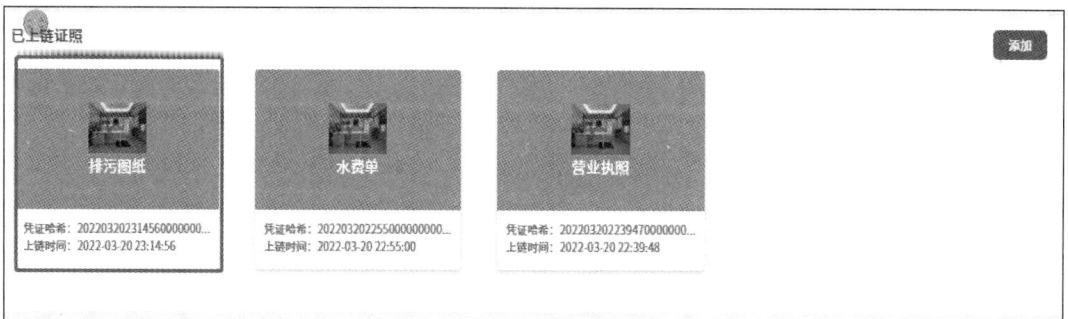

图 13-32 　排污图纸链

证件上链后会保存在政务区块链的大数据中心，企业在事项办理过程中，如果需要用到同样的证件，不需要跨部门下载材料，也不需要重新上传，可直接从政务区块链的大数据中心中拉取，实现了事项的一门式办理。

5) 企业排污许可证一门式办理

(1) 在对应步骤点击"进入场景实验",进入"服务中心"界面。如图 13-33 所示,点击"排污许可证申请",进入"申请表填写"界面。

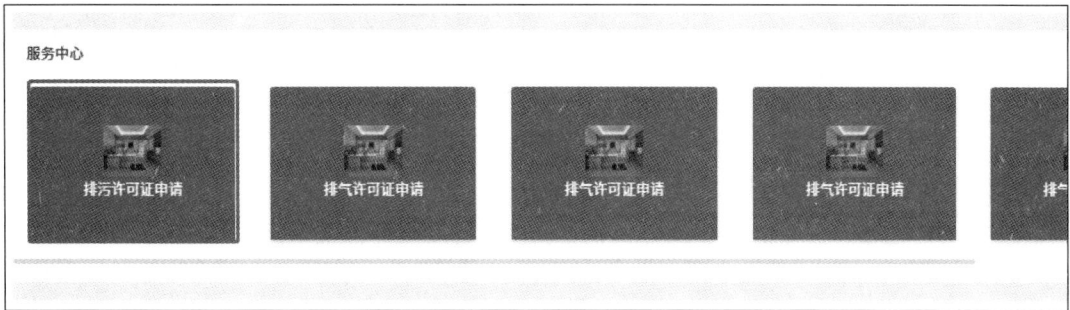

图 13-33　排污许可证一门式办理页面

需要在"申请表填写"界面获取证件链和完善企业相关信息,如图 13-34 所示。

图 13-34　事项申请表

(2) 在"所需材料"列表中,点击"拉取"按钮,材料拉取成功后会在文本框中自动填入返回哈希值。

① 编程实现链上拉取营业执照。

在"申请表填写"界面中找到营业执照,在对应位置点击"获取"按钮,如图 13-35 所示。

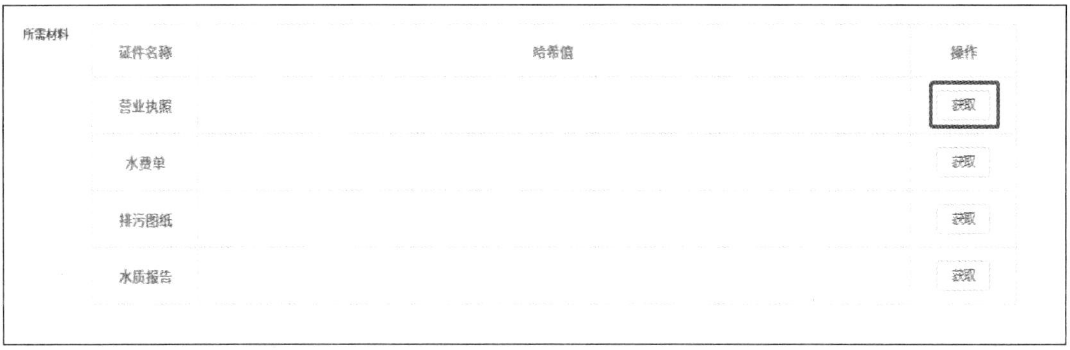

所需材料	证件名称	哈希值	操作
	营业执照		获取
	水费单		获取
	排污图纸		获取
	水质报告		获取

图 13-35　获取营业执照

在"区块链中文编辑器"界面编辑营业执照共享上链的代码，并点击"执行"按钮，具体代码如下。

```
显示信息(上链服务器设置("广东辰宜","81.71.126.133","7007"))
显示信息(合约服务器设置("广东辰宜","81.71.126.133","7006"))
显示信息(登录系统("我的学号","123456"))
显示信息(查询区块("营业执照 1,返回记录数 1-1,降序,区块哈希,区块高度,上链时间,业务名称,数据 ID,数据"," 数据 ID='我的公司' "))
准备数据("{'id':'45','name':'排污公司 1 号','imageUrl':'www.baidu.com'}")
业务名称("营业执照共享")
数据 ID("我的公司")
显示信息(数据上链())
```

点击"业务数据"按钮，可在"业务数据"界面中查找营业执照共享上链涉及的相关信息，如图 13-36 所示，包括营业执照共享上链的账号、公司名称等。编辑营业执照共享上链的代码，根据业务数据，将登入系统中"我的学号"替换成本次任务中的账号名称"123217"，将准备数据替换成本次任务中需要上链的数据，将数据 ID 替换成营业执对应的公司名称"广东辰宜信息科技有限公司"。

业务数据

账号：123217

需要上链的数据：{'id':'0011','name':'营业执照','select':false,'type':'4','chred':true,'hash':''}
公司名称:广东辰宜信息科技有限公司

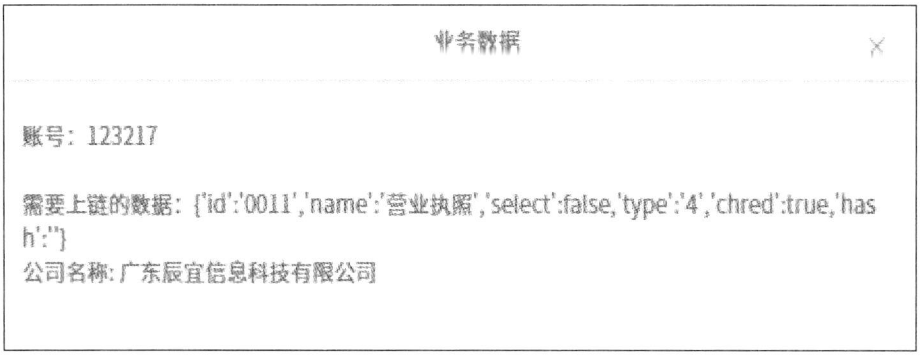

图 13-36　业务数据

营业执照共享上链成功后，自动跳转到"申请表填写"界面中，此时营业执照区块哈希已被拉取到文本框中，如图 13-37 所示。

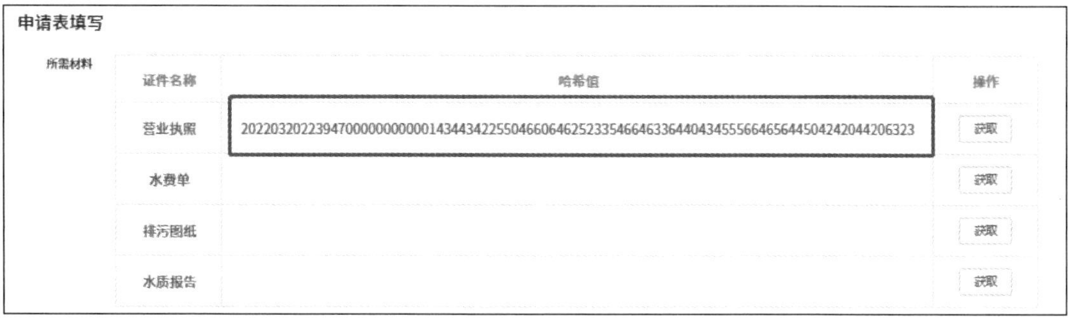

图 13-37 拉取营业执照区块哈希

② 编程实现链上拉取水费单。

在"申请表填写"界面中，找到水费单，并在对应位置点击"获取"按钮，如图 13-38 所示。

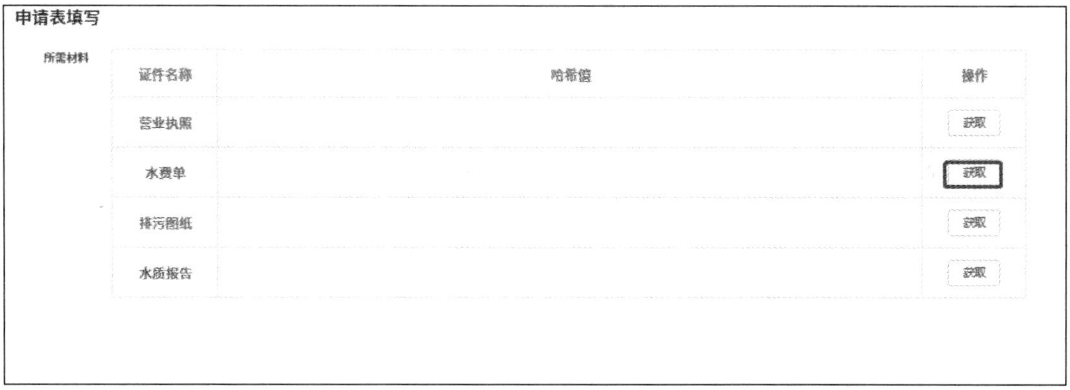

图 13-38 获取水费单

在"区块链中文编辑器"界面编辑水费单共享上链的代码，并点击"执行"按钮，具体代码如下。

```
显示信息(上链服务器设置("广东辰宜","81.71.126.133","7007"))
显示信息(合约服务器设置("广东辰宜","81.71.126.133","7006"))
显示信息(登录系统("我的学号","123456"))
显示信息(查询区块("营业执照  1,返回记录数  1-1,降序,区块哈希,区块高度,上链时间,业务名称,数据 ID,数据"," 数据 ID='我的公司' "))
准备数据("{'id':'45','name':'排污公司 1 号','imageUrl':'www.baidu.com'}")
业务名称("水费单共享")
数据 ID("我的的公司")
显示信息(数据上链())
```

点击"业务数据"按钮，可在业务数据界面中查找水费单共享上链涉及的相关信息，如图 13-39 所示，包括水费单共享上链的账号、公司名称等。编辑水费单共享上链的代码，根据业务数据，将登入系统中"我的学号"替换成本次任务中的账号名称"123217"，将准备数据替换成本次任务中需要上链的数据，将数据 ID 替换成水费单对应的公司名称"广东辰宜信息科技有限公司"。

图 13-39　业务数据

账号：123217

需要上链的数据：{'id':'0012','name':'水费单','select':false,'type':'3','chred':true,'hash':'2022032022394700000000001434434225504660646252335466463364404345556646564450424204206323'}
公司名称：广东辰宜信息科技有限公司

水费单共享上链成功后，自动跳转到"申请表填写"界面中，此时水费单区块哈希已被拉取到文本框中，如图 13-40 所示。

图 13-40　拉取水费单区块哈希

③ 编程实现链上拉取水质报告。

在"申请表填写"界面中，找到水质报告，并在对应位置点击"获取"按钮，如图 13-41所示。

图 13-41　获取水质报告

在"区块链中文编辑器"界面编辑水质报告共享上链的代码，并点击"执行"按钮，具体代码如下。

```
显示信息(上链服务器设置("广东辰宜","81.71.126.133","7007"))
显示信息(合约服务器设置("广东辰宜","81.71.126.133","7006"))
显示信息(登录系统("我的学号","123456"))
显示信息(查询区块("营业执照 1,返回记录数 1-1,降序,区块哈希,区块高度,上链时间,业务名称,
```

数据 ID,数据"," 数据 ID='我的公司' "))

　　　准备数据("{'id':'45','name':'排污公司 1 号','imageUrl':'www.baidu.com'}")

　　　业务名称("水质报告共享")

　　　数据 ID("我的公司")

　　　显示信息(数据上链())

　　　点击"业务数据"按钮，可在业务数据界面中查找水质报告共享上链涉及的相关信息，如图 13-42 所示，包括水质报告共享上链的账号、公司名称等。编辑水质报告共享上链的代码，根据业务数据，将登入系统中"我的学号"替换成本次任务中的账号名称"123217"，将准备数据替换成本次任务中需要上链的数据，将数据 ID 替换成水质报告对应的公司名称"广东辰宜信息科技有限公司"。

账号: 123217

需要上链的数据: {'id':'0014','name':'水质报告','select':false,'type':'1','chred':true,'hash':''}

公司名称:广东辰宜信息科技有限公司

图 13-42　业务数据

　　　水质报告共享上链成功后，自动跳转到"申请表填写"界面中，此时，水质报告区块哈希已被拉取到文本框中，如图 13-43 所示。

图 13-43　拉取水质报告区块哈希

④ 编程实现链上拉取排污图纸。

　　　在"申请表填写"界面中，找到排污图纸，并在对应位置点击"获取"按钮，如图 13-44 所示。

图 13-44　链上拉取水费单

在"区块链中文编辑器"界面编辑排污图纸共享上链的代码，并点击"执行"按钮，具体代码如下。

```
显示信息(上链服务器设置("广东辰宜","81.71.126.133","7007"))
显示信息(合约服务器设置("广东辰宜","81.71.126.133","7006"))
显示信息(登录系统("我的学号","123456"))
显示信息(查询区块("营业执照 1,返回记录数 1-1,降序,区块哈希,区块高度,上链时间,业务名称,数据 ID,数据","  数据 ID='我的公司' "))
准备数据("{'id':'45','name':'排污公司 1 号','imageUrl':'www.baidu.com'}")
业务名称("排污图纸共享")
数据 ID("我的公司")
显示信息(数据上链())
```

点击"业务数据"按钮，可在业务数据界面中查找排污图纸共享上链涉及的相关信息，如图 13-45 所示，包括排污图纸共享上链的账号、公司名称等。编辑排污图纸共享上链的代码，根据业务数据，将登入系统中"我的学号"替换成本次任务中的账号名称"123217"，将准备数据替换成本次任务中需要上链的数据，将数据 ID 替换成排污图纸对应的公司名称"广东辰宜信息科技有限公司"。

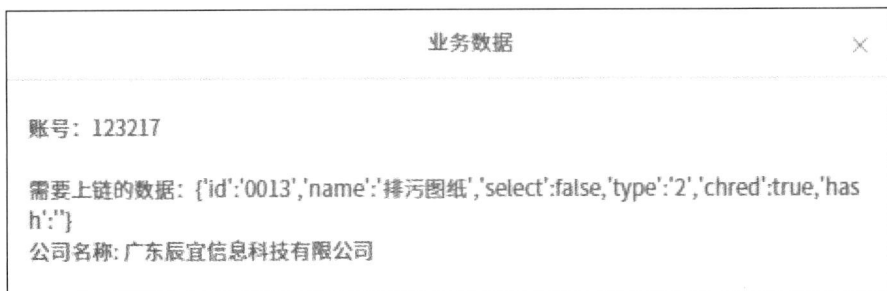

图 13-45　业务数据

排污图纸共享上链成功后，自动跳转到"申请表填写"界面中，此时排污图纸区块哈希已被拉取到文本框中，如图 13-46 所示。

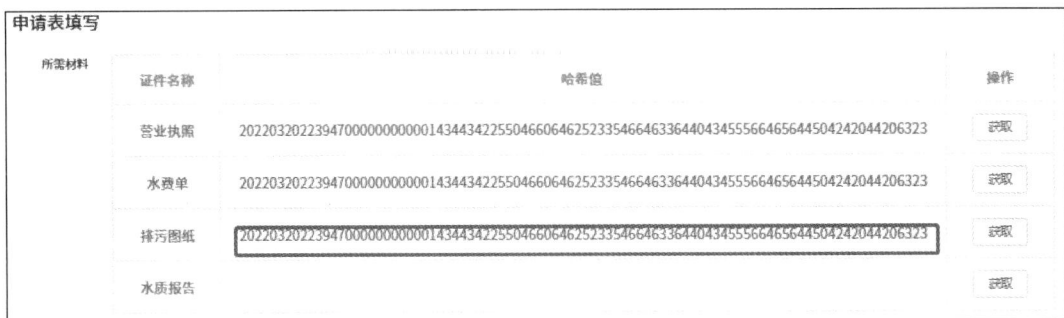

图 13-46　拉取排污图纸区块哈希

(3) 提交所有信息和资料，完成事项申请，并通过编程把事项申请的操作进行上链。

① 提交所有信息和资料。在"申请表填写"界面中填写相关信息，点击"确认"按钮，如图 13-47 所示，并跳转到"区块链中文编辑器"界面。

图 13-47　提交"事项申请"的信息和资料

② 事项申请上链。在"区块链中文编辑器"界面编辑事项申请上链的代码，并点击 "执行"按钮，具体代码如下。

```
显示信息(上链服务器设置("广东辰宜","81.71.126.133","7007"))
显示信息(合约服务器设置("广东辰宜","81.71.126.133","7006"))
显示信息(登录系统("我的学号","123456"))
准备数据("{"id":"45","name":"我的公司","data":"申请事项数据" }")
业务名称("事项申请")
数据 ID("我的公司")
显示信息(数据上链())
```

点击"业务数据"按钮，可在业务数据界面中查找事项申请上链涉及的相关信息，如 图 13-48 所示，包括事项申请上链的账号、公司名称等。编辑事项申请上链的代码，根据 业务数据，将登入系统中"我的学号"替换成本次任务中的账号名称"123217"，将准备数 据替换成本次任务中需要上链的数据，将数据 ID 替换成事项申请对应的公司名称"广东 辰宜信息科技有限公司"。

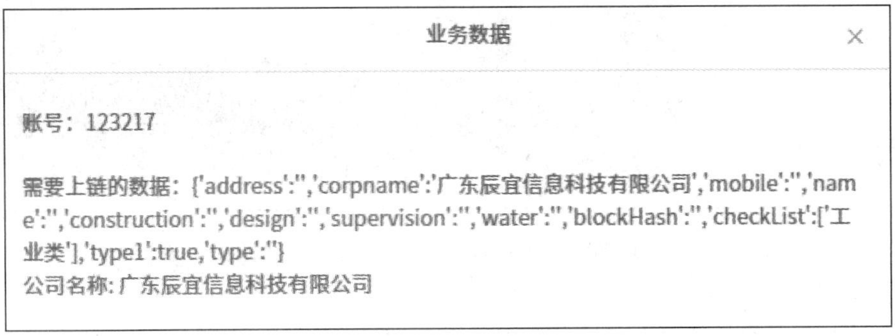

图 13-48　业务数据

③ 事项申请上链成功后，自动跳转到"已上链证照"界面中，此时，事项申请链已被添加到已上链证照列表中，如图 13-49 所示。

图 13-49　事项申请链

6) 政务事项审批

(1) 读者以政务人员的角色登录主页面，编写排污许可证的事项审批智能合约，并对其进行上链。读者既可以扮演企业角色也可以扮演政务人员的角色，只需要在"事项办理"和"事项审批"之间切换，即可实现角色的转变。

① 在对应步骤点击"进入场景实验"后，读者以政务人员的角色进入环保局网页。点击"事项审批"，输入政务人员的角色对应的账号和密码，点击"登录"按钮进入主页面，如图 13-50 所示。

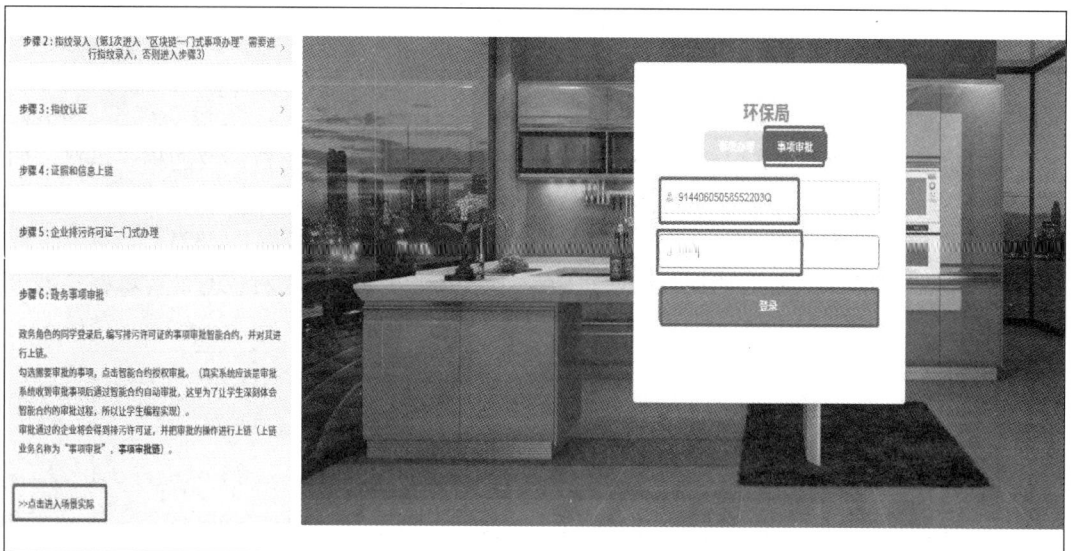

图 13-50　读者以政务人员的角色登录系统

② 事项审批智能合约的编写和上链。

点击左上角"切换按钮"，如图 13-51 所示，跳转到"区块链中文编辑器"界面。

图 13-51　切换按钮

在"区块链中文编辑器"界面点击"智能合约列表"，在智能合约列表中，点击"创建"按钮，如图 13-52(a)所示。在"合约类型"下拉列表中选择"排污许可证申请表审核"，如图 13-52(b)所示，点击"下一步"按钮回到"区块链中文编辑器"界面。

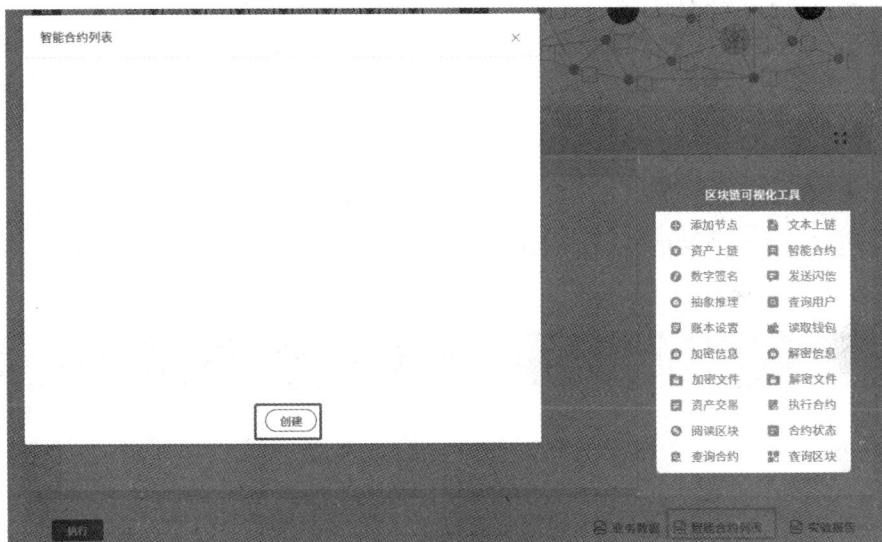

(a)

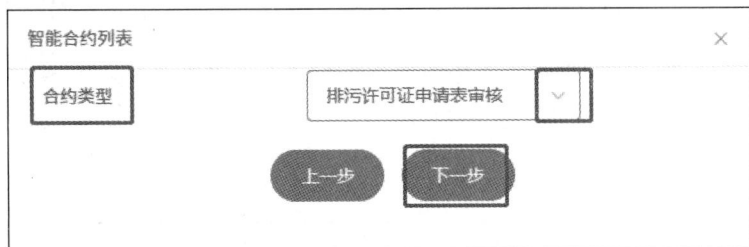

(b)

图 13-52　创建智能合约

在"区块链中文编辑器"界面编辑排污许可证申请表审核智能合约代码，并点击"执行"按钮，具体代码如下。

```
显示信息(上链服务器设置("广东辰宜","81.71.126.133","7007"))
显示信息(合约服务器设置("广东辰宜","81.71.126.133","7006"))
显示信息(登录系统("我的学号","123456"))
智能合约名称("排污许可证事项审批上链合约")
合约执行次数(0)
用户授权("甲方","文字变量　业务数据")
合约内容
　履约方("甲方")
　准备数据(业务数据)
　业务名称("事项审批")
　数据 ID("我的公司")
　显示信息(数据上链())
　业务名称("事项审批")
合约结束
显示信息(合约上链())
```

编辑排污许可证申请表审核智能合约代码，将登录系统中"我的学号"替换成本次任务中的账号名称"123215"，将数据 ID 中"我的公司"替换成"环保局"，重新编辑智能合约名称。

(2) 勾选需要审批的事项，点击智能合约授权审批。

进入事项审批主页面，在"全部"或"待审批"列表中勾选需要审批的事项，例如勾选"事项申请"，点击"智能合约授权审批"按钮，如图 13-53 所示，此时，跳转到"区块链中文编辑器"界面。

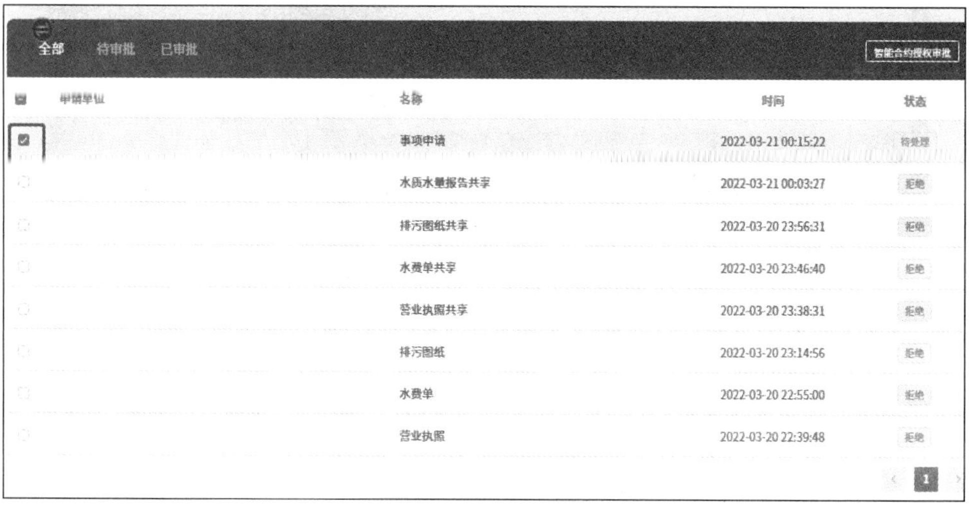

图 13-53　智能合约授权审批

在"区块链中文编辑器"界面点击"业务数据"按钮，可在业务数据界面中查找智能合约涉及的相关信息，包括智能合约需要上链的数据等，如图 13-54 所示。

账号：123215

需要上链的数据：{'id':122,'createDate':'2022-03-21 00:15:22','updateDate':'2022-03-21 00:15:22','deleted':false,'rowNum':0,'chainName':'事项申请','blockIndex':'34','blockHash':'202203210015210000000000145623645456546335456320644604620042633455555262634445223650426044','dataId':'10000001','chainUser':'123217','content':'','isVertify':2}

公司名称：

图 13-54　业务数据

在"区块链中文编辑器"界面编辑排污许可证申请表智能合约授权审批代码，并点击"执行"按钮，具体代码如下。

```
显示信息(上链服务器设置("广东辰宜","81.71.126.133","7007"))
显示信息(合约服务器设置("广东辰宜","81.71.126.133","7006"))
显示信息(合约授权("20220110151401000000000000446236455633634550032052504660604244343653246265442422464536056","业务数据 = '{"id":"45","name":"箱子 ID","value":"30","content":"排污许可证事项申请" }' "))
```

编辑排污许可证申请表智能合约授权审批代码，根据业务数据，将合约授权中哈希值替换成本次任务中的哈希值，将合约授权中业务数据的内容替换成本次任务中需要上链的数据。

(3) 审批通过的企业将会得到排污许可证。

7) 排污许可证上链

参照步骤 4 的内容，企业将获得的排污许可证进行上链。

读者以企业角色进入"区块链一门式事项办理"主页，打开申请记录列表，查看并点击下载排污许可证，如图 13-55 所示。

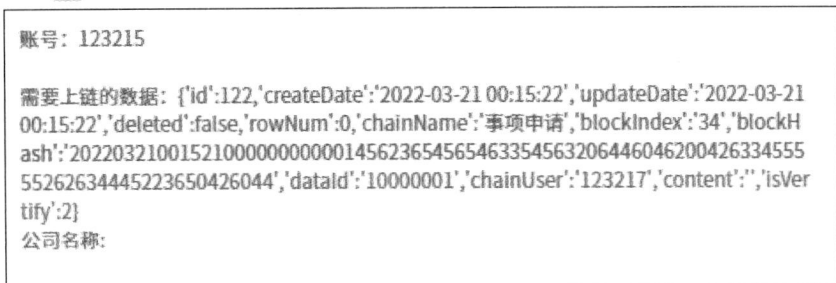

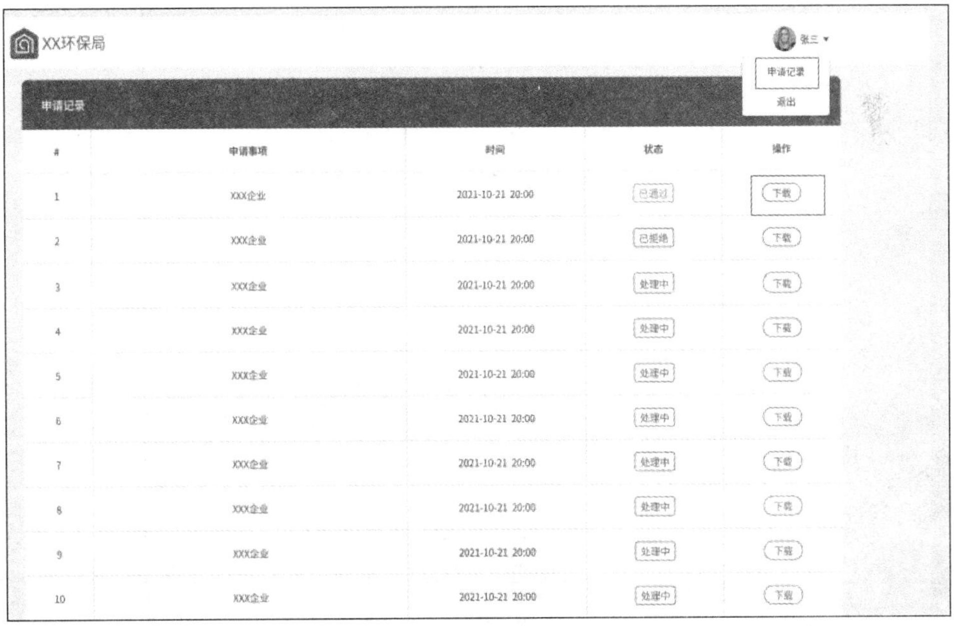

图 13-55　申请记录列表

在"区块链一门式事项办理"主页，查看已上链证照中是否有企业 A 的排污许可证，如果没有，则需要对排污许可证进行上传和上链，具体步骤如下。

（1）图片上传。点击"添加"按钮，如图 13-56(a)所示，进入"请选择需要添加的证照"界面。在该界面中，点击"排污许可证"，如图 13-56(b)所示，此时进入图片上传界面。如图 13-56(c)所示，点击"+"，从本地选中企业 A 的排污许可证，然后点击"确定"按钮，将企业 A 的排污许可证上传到系统，此时跳转到"区块链中文编辑器"界面。

(a)

(b)

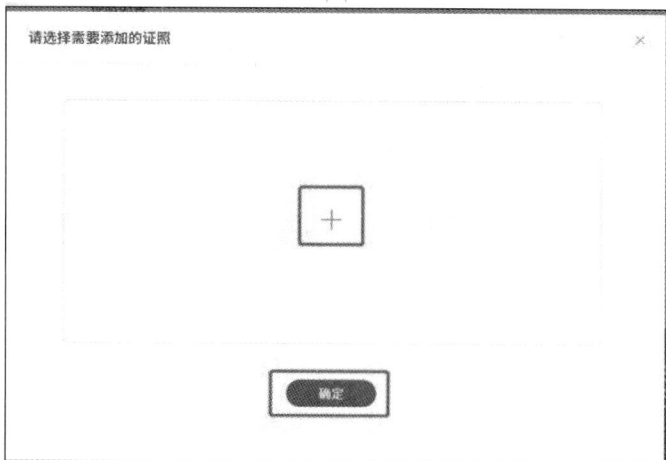

(c)

图 13-56　上传排污许可证

（2）在"区块链中文编辑器"界面编辑排污许可证上链的代码，并点击执行按钮，具体代码如下。

```
显示信息(上链服务器设置("广东辰宜","81.71.126.133","7007"))
显示信息(合约服务器设置("广东辰宜","81.71.126.133","7006"))
显示信息(登录系统("我的学号","123456"))
准备数据("{"id":"45","name":"我的学号","imageUrl":"www.baidu.com" }")
业务名称("排污许可证")
数据 ID("我的公司")
显示信息(数据上链())
```

（3）点击"业务数据"按钮，可在业务数据界面中查找排污许可证上链涉及的相关信息，如图 13-57 所示，包括排污许可证上链的账号、公司名称等。编辑排污许可证上链的代码包括：根据业务数据，将登入系统中"我的学号"替换成本次任务中的账号名称"123215"；将准备数据中"imageUrl"中的路径替换成本次任务中需要上链的数据；将数据 ID 替换成排污图纸对应的公司名称"广东辰宜信息科技有限公司"。

图 13-57　业务数据

排污许可证上链成功后，自动跳转到"已上链证照"界面中，此时，排污许可证链已被添加到已上链证照列表中，如图 13-58 所示。

图 13-58　排污许可证链(需要补图)

任务小结：基于新一代区块链的一门式业务办理机制，在保证采集到的信息数据安全的情况下，实现跨平台数据共享，企业从申请到领证的整个环节均只需登入环保局官网即可，实现一门式业务办理。

思考：基于新一代区块链的一门式业务办理机制，简化了政务办理的流程，现实生活中哪些场景可以采用类似的机制进行进一步优化？

可信水数据采集

三、基于新一代区块链的可信采集及监管机制

1. 任务情景

在区块链对原有政务系统的赋能背景下，A 企业在准备好所需材料之后，通过一门式业务办理很快就拿到了排污许可证，并开展正常经营。东湖区环保(分)局也能够通过链上的信息，轻松便捷地查询到 A 企业的经营阶段。政府部门的后续管理及监管阶段中，为了督促企业能长期符合排污规范，保护当地河涌生态环境，东湖区环保(分)局在对 A 企业开展下一阶段工作中，通过在 A 企业的排污范围内安装水污染检测设备，获取最新水质污染数据，防止企业拿到排污许可证后，为了减少成本而出现偷排、超排污水等违规现象。

2. 任务分析

从国家长远可持续发展及保护水环境生态平衡的内在要求出发，政府部门对企业污水排放的监管应是长期进行的。但由于污水处理厂和管理部门、接管的企业及相关园区等单位责任边界不清，监管存在软肋和漏洞，导致很多企业拿到许可证后，便逐步放松自身管理，出现偷排污水违规现象。由于污水排放具有随时性、隐蔽性等特点，倘若只通过人力很难实现 24 小时无死角监管，因此落实排污者的主体责任成了首要解决的问题。

为能够实时监管污水排放情况，落实排污者的主体责任，需要在现有区块链的基础上，借助物联网万物互联的优势，将区块链和物联网技术紧密有机结合构建应用系统。使用国产区块链辰宜区块链操作系统，借助其先进的完全去中心化技术，并结合各类物联网及传感器等硬件，实现水环境数据全时间段、全河段无死角的监管，使得可信监管成为可能，此外，水环境数据全程可信溯源，能够有效解决污染主体责任归属问题。

3. 整体流程

本任务将以政府办事人员角色进行相关学习，主要涉及流程如图 13-59 所示。首先政府办事人员采购水质检测的硬件设备，并将设备入库。其次查看已办理污水处理许可证，以及待安装水环境硬件的企业信息。然后把设备数据进行上链并将其与企业绑定。随之在企业相关排污位置，安装合适的设备，使用设备抓取并实时上链水环境数据。通过编写水质预警合约，一旦发现污染马上发出警报信息，同时为了保证数据的可信，编写硬件状态预警智能合约，一旦发现硬件被损毁马上发出警报信息。最后通过区块链的可溯源能力，定位到相关企业，并出具详细的区块链溯源存证，使其无法抵赖。

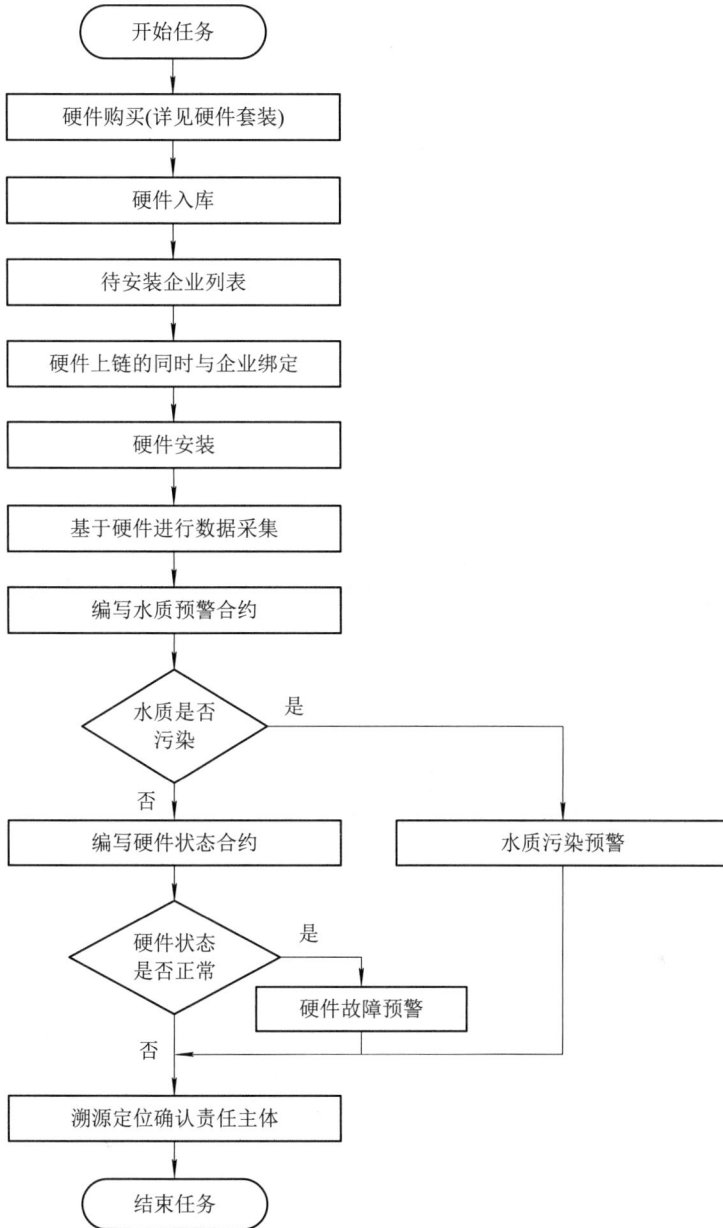

图 13-59　整体流程

4. 软件开发

本次任务中水质检测的硬件设备包括探头、转接板、程序烧入板以及其他硬件设备。其中，探头包括浊度传感器探头、防水 TDS 探头、电容指纹传感器；转接板包括：浊度传感器转接板、TDS 信号转接板、指纹传感器转接板；程序烧入板 DFRduino UNO R3；其它硬件设备分别为：水容器、水样采集袋，包含自来水、纯净水和污水采集袋。

1) 开始实验

读者输入账号和密码，登录教育平台的 PC 端，找到当前任务对应的课程。进入课程详情页面，点击"开始实验"按钮开始实验。

2）排污许可证验真

读者既可以扮演企业角色也可以扮演政务人员的角色，只需要在"事项办理"和"事项审批"之间切换，即可实现角色的转变。

（1）在对应步骤点击进入场景实验后，读者以企业角色进入环保局的网页。点击"事项办理"，输入企业的账号和密码，点击"登录"按钮进入"区块链一门式事项审批"页面。

（2）对企业的排污许可证进行验真，验真成功企业获得安装水检测设备的资格。

① 排污许可证验真。在"区块链一门式事项审批"页面上点击"证照验真"按钮，然后选择"待验证"或"全部"证照列表，可逐个对状态为"待验证"的企业的证照进行验真，如图 13-60(a)所示。例如点击排污许可证对应的"验真"按钮，以验该证照的真假，如图 13-60(b)所示，此时，跳转到"区块链中文编辑器"界面。

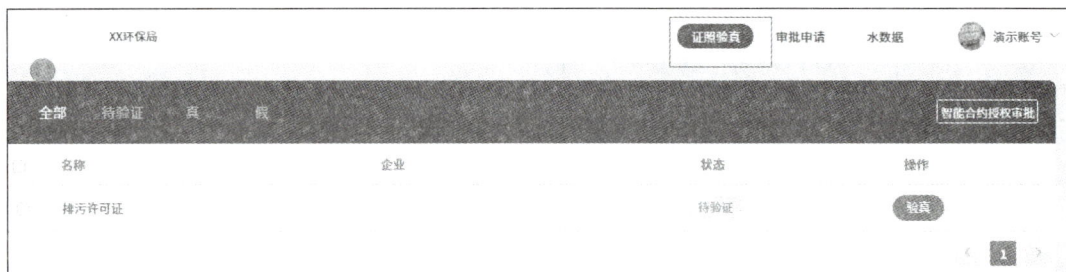

(a)

(b)

图 13-60　排污许可证验真

② 编程查询上述上链区块是否在排污许可证链中。在"区块链中文编辑器"界面编辑查询上述上链区块是否在排污许可证链中的代码，并点击"执行"按钮，具体代码如下。

```
显示信息(清空预言机())
显示信息(上链服务器设置("广东辰宜","81.71.126.133","7007"))
显示信息(合约服务器设置("广东辰宜","81.71.126.133","7006"))
显示信息(登录系统("我的学号","123456"))
显示信息(查询区块("排污许可证 1,返回记录数 1-1,降序,区块哈希,区块高度,上链时间,业务名称,
数据 ID,数据"," 数据 ID='我的公司' 且 区块哈希='2022011316592900000000000043523326550666364623
2305466662504406344556646455422230644046226' "))
```

　　点击"业务数据"按钮，可在业务数据界面中查询到排污许可证验真代码涉及的相关信息，如图 13-61 所示，包括登入系统的账号信息、排污许可证、区块哈希值、公司名称等。

业务数据	×
账号：123217	
需要上链的数据：/images/2022/03/201b229ed33fc24a33b62c9260bea56854.jpg	
公司名称：广东辰宜信息科技有限公司	

业务数据	×
账号：123217	
需要上链的数据：/images/2022/03/201b229ed33fc24a33b62c9260bea56854.jpg	
公司名称：广东辰宜信息科技有限公司	

图 13-61　业务数据(需要补图)

3) 企业自行安装水监测设备

　　打开"辰宜区块链 AI 实验室专用器材箱"，依次拿出浊度传感器探头、浊度传感器转接板和"DFRduino UNO R3"程序烧入版，并对三者进行组合连接。

4) 水浊度数据获取，并上传数据到环保管理部门的监控平台联网

(1) 水浊度检测设备通过 USB 口连接到电脑主机。

(2) 启动 java Com 口数据获取和数据传输程序。

(3) 把浊度传感器探头放到水容器的水当中，水容器的水为自来水、纯净水和污水任意一种，并按一定时间间隔切换以模拟企业污水数据。

5) 水浊度数据上链

(1) 政务人员根据政府公示的企业污水检测标准编写企业污水检测智能合约，将多组数据上链到水浑浊度数据链、将筛选警报数据上链到水质警报链。

　　在事项审批主页面上点击左上角"切换按钮"，如图 13-62 所示，跳转到中文编程界面，编写水检测智能合约，并对其进行上链，以实现水检测智能合约编写和上链，具体步骤如下。

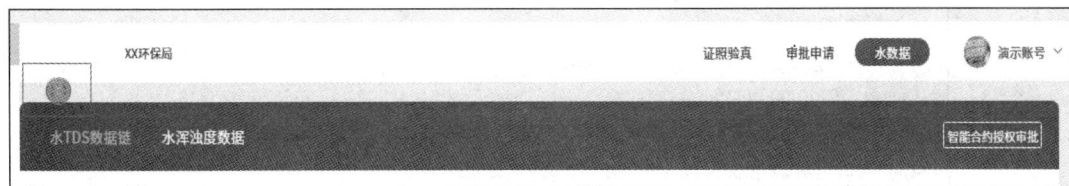

图 13-62　切换按钮

　　① 在"区块链中文编辑器"界面点击"智能合约列表"，在智能合约列表中，点击"创建"按钮，如图 13-63(a)所示。在"合约类型"下拉列表中选择"水浑浊度数据上链"，如

图 13-63(b)所示，点击"下一步"按钮回到"区块链中文编辑器"界面。

(a)

(b)

图 13-63 创建智能合约

② 在"区块链中文编辑器"界面编辑水浑浊度数据上链智能合约代码，并点击执行按钮，具体代码如下。

```
显示信息(上链服务器设置("广东辰宜","81.71.126.133","7007"))
显示信息(合约服务器设置("广东辰宜","81.71.126.133","7006"))
显示信息(登录系统("我的学号","123456"))
智能合约名称("水浑浊度数据上链合约")
合约执行次数(0)
用户授权("甲方","文字变量　业务数据")
合约内容
    履约方("甲方")
    准备数据(业务数据)
    业务名称("水浑浊度")
    数据 ID("我的公司")
    显示信息(数据上链())
    准备数据(业务数据)
    业务名称("水质警报")
    数据 ID("我的公司")
    显示信息(数据上链())
    业务名称("水浑浊度")
合约结束
显示信息(合约上链())
```

编辑水浑浊度数据上链智能合约代码，将登录系统中"我的学号"替换成对应读者的学号，例如，本次任务中读者的学号为"123215"；将数据 ID 中"我的公司"替换成"环保局"，重新编辑智能合约名称，例如"水浑浊度数据上链合约(1)"。

(2) 授权智能合约，对水浑浊度数据进行上链。

① 进入事项审批主页面，点击"水数据"按钮，如图 13-64(a)所示，此时，跳转到"水数据"界面。点击"水浑浊度数据"按钮，可查看到多组水浑浊度数据，例如，选中其中一组数据，点击"智能合约授权审批"按钮，如图 13-64(b)所示。通过授权智能合约，对水浑浊度数据进行上链，此时，跳转到"区块链中文编辑器"界面。

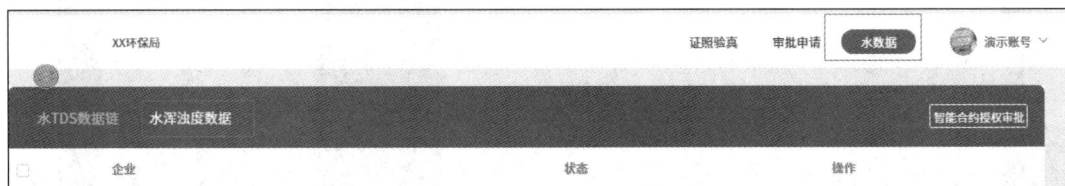

(a)

(b)

图 13-64　水浑浊度数据−智能合约授权审批

② 水浑浊度数据合约授权上链。在"区块链中文编辑器"界面编辑水浑浊度数据合约授权上链代码，并点击"执行"按钮，具体代码如下。

显示信息(上链服务器设置("广东辰宜","81.71.126.133","7007"))
显示信息(合约服务器设置("广东辰宜","81.71.126.133","7006"))
显示信息(合约授权("2022011015515200000000000006652344066036560402423266025636053423465
64226534634623626566326","业务数据 = '{"id":"45","name":"箱子 ID","value":"30","content":"水浑浊度数据" }'"))

编辑水浑浊度数据合约授权上链代码，在"区块链中文编辑器"界面上点击"业务数据"按钮，查询业务数据；根据业务数据，将合约授权中哈希值替换成本次任务中的哈希值；将合约授权中业务数据的内容替换成本次任务中需要上链的数据。

6) 水 TDS 数据获取，并上传数据到环保管理部门的监控平台联网

(1) 水 TDS 检测设备通过 USB 口连接到电脑主机。

(2) 启动 java com 口数据获取和数据传输程序。

(3) 把防水 TDS 探头放到水容器的水当中，可以在自来水、纯净水和污水中按一定时间间隔切换，模拟企业污水数据。

7) 水 TDS 数据上链

(1) 政务人员将多组数据上链到水 TDS 数据链，将筛选警报数据上链到水质警报链。

在事项审批主页面上点击左上角"切换按钮"，如图 13-62 所示，跳转到中文编程界面，编写水检测智能合约，并对其进行上链，以实现水检测智能合约编写和上链，具体步骤如下。

① 在"区块链中文编辑器"界面点击"智能合约列表"，在智能合约列表中，点击"创建"按钮，如图 13-65(a)所示。在"合约类型"下拉列表中选择"水 TDS 数据上链"，如图 13-65(b)所示，点击"下一步"按钮回到"区块链中文编辑器"界面。

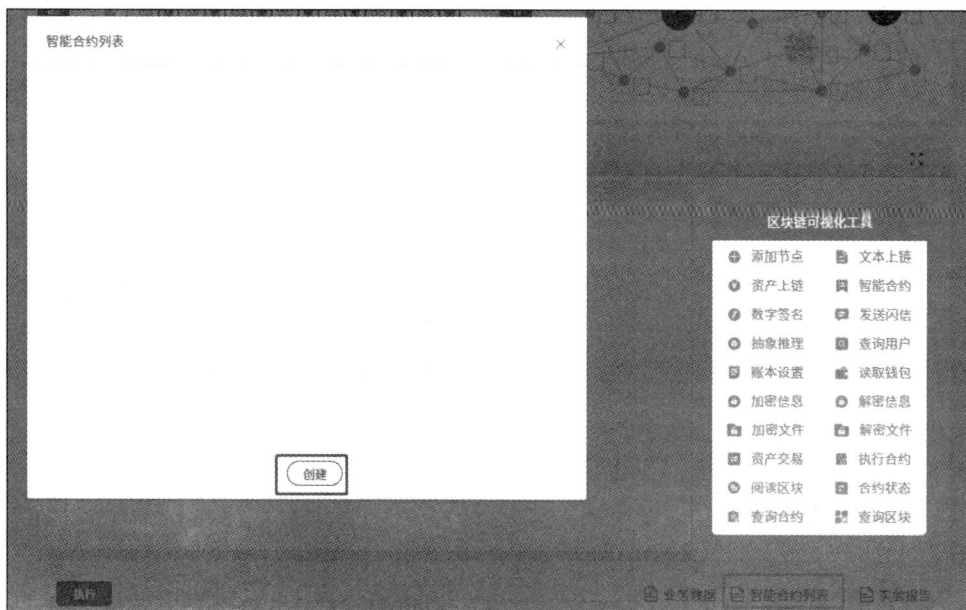

(a)

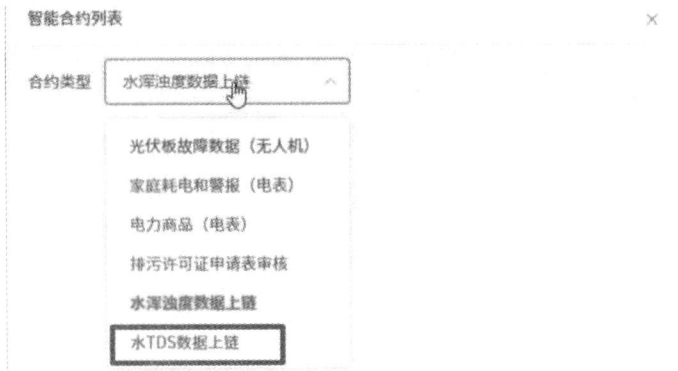

(b)

图 13-65　创建智能合约

② 在"区块链中文编辑器"界面编辑水 TDS 数据上链智能合约代码，并点击"执行"按钮，具体代码如下。

```
显示信息(上链服务器设置("广东辰宜","81.71.126.133","7007"))
显示信息(合约服务器设置("广东辰宜","81.71.126.133","7006"))
显示信息(登录系统("我的学号","123456"))
智能合约名称("水 TDS 数据上链合约(1)")
合约执行次数(0)
用户授权("甲方","文字变量　业务数据")
合约内容
    履约方("甲方")
    准备数据(业务数据)
    业务名称("水 TDS")
    数据 ID("我的公司")
    显示信息(数据上链())
    准备数据(业务数据)
    业务名称("水质警报")
    显示信息(数据上链())
    数据 ID("我的公司")
    业务名称("水 TDS")
合约结束
显示信息(合约上链())
```

编辑水 TDS 数据上链智能合约代码，将登录系统中"我的学号"替换成企业角色的读者的学号，例如，本次任务中读者的学号为"123215"；将数据 ID 中"我的公司"替换成"环保局"，重新编辑智能合约名称。

(2) 授权智能合约，对水 TDS 数据进行上链。

① 进入事项审批主页面，点击"水数据"按钮，如图 13-64(a)所示，此时，跳转到水数据界面。点击"水 TDS 数据链"按钮，可查看到多组水 TDS 数据，选中其中一组数据，点击"智能合约授权审批"按钮，如图 13-66 所示。通过授权智能合约，对水 TDS 数据进

行上链，此时，跳转到"区块链中文编辑器"界面。

图 13-66　水 TDS 数据-智能合约授权审批

② 水 TDS 数据合约授权上链。在"区块链中文编辑器"界面编辑水 TDS 数据合约授权上链代码，并点击"执行"按钮，具体代码如下。

```
显信息(上链服务器设置("广东辰宜","81.71.126.133","7007"))
显示信息(合约服务器设置("广东辰宜","81.71.126.133","7006"))
显示信息(合约授权("20220110155152000000000000006652344066036560402423266025636053423465642265346346236265666326","业务数据 = '{"id":"45","name":"箱子 ID","value":"30","content":"水 TDS 数据" }' "))
```

编辑水 TDS 数据合约授权上链代码，在"区块链中文编辑器"界面上点击"业务数据"按钮，查询业务数据，根据业务数据将合约授权中哈希值替换成本次任务中的哈希值，将合约授权中业务数据的内容替换成本次任务中需要上链的数据。

8) 本地搭建区块链物理节点

(1) 读者以企业身份在电脑本地搭建企业污水数据本地区块链物理账本，以教室部署好的主链为主节点。

(2) 启动本地账本，自动拉取已上链的水数据。

9) 溯源查询

(1) 企业人员登录东湖区环保局官网，并点击"区块链一门式事项办理"按钮进入页面，在主页可以看到所有企业的上链水数据。

(2) 企业人员对水数据和水检测智能合约进行查询溯源，确保政务人员编写的水质检测智能合约的内容符合公示要求，监督政务人员造假行为。

(3) 政务人员登录东湖区环保局官网，并点击"区块链一门式事项审批"按钮进入页面，在主页可以看到所有企业的上链水数据，对水数据和检测智能合约进行查询溯源，通过比对业务水数据和区块链不可篡改数据的一致性确保水数据从源头到业务系统再到区块链系统的整个传送链条的数据一致性。

任务小结：基于新一代区块链的可信采集及监管机制，通过水质预警合约，一旦发现污染马上发出警报信息，能够有效落实排污者的主体责任，大大降低了政府的监管难度，有效促进了生态的可持续发展、保护水环境生态平衡。

思考：现实生活中是否还存在一些难以监管的场景呢，请尝试根据本实验的思路，制定一个解决方案。

政务数据分析

四、基于新一代区块链的政务数据分析模型

1. 任务情景

政务大数据从狭义的角度理解就是政府所拥有和管理的数据，如典型的公安、交通、医疗、卫生、就业、社保、地理、文化、教育、科技、环境、金融、统计、气象等数据。政务大数据的主体主要为行政裁决、行政审批、行政给付、行政处罚、行政奖励、行政确认、行政检查、行政强制、行政征收以及其他权力，如图 13-67 所示。如果将政府数据与政务大数据的主体结合起来，不难发现政务数据在数据的性质、量级、生产方面的关系存在特点。从拥有的独特数据类型来看，政务大致拥有五类独特数据，分别为以下几种。

(1) 政府资源才有权利采集的数据，如资源类、税收类、财政类等；

(2) 政府资源才有可能汇总或获取的数据，如建设、农业总、工业总类等；

(3) 因政府发起才产生的数据，如城市基建、交通基建、医院、教育师资等；

(4) 政府的监管职责所拥有的大量数据，如人口普查、食品药品管理等；

(5) 政府提供的服务的客户级消费和档案数据，如社保、水电、教育信息、医疗信息、交通路况、公安等。

从数据属性来看，政府数据可以分为以下几种数据。

(1) 自然信息类，包括地理、资源、气象、环境、水利等数据；

(2) 城市建设类，包括交通设施、旅游景点、住宅建设等数据；

(3) 城市健康管理统计监察类，包括工商、税收、人口、机构、企业和商品等数据；

(4) 服务与民生消费类，包括水、电、燃气、通信、医疗、出行等数据。

从广义角度讲，政务大数据是政府工作开展产生以及因管理服务需求而采集的外部大数据，如互联网舆论数据，是政府自有和面向政府的大数据。

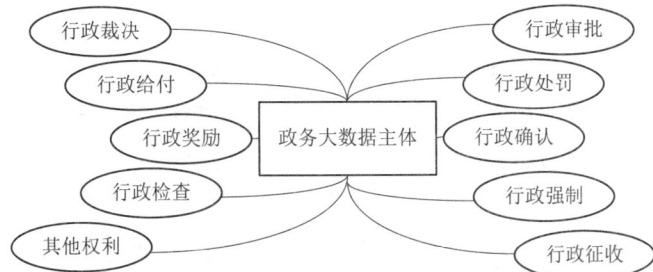

图 13-67　政务大数据结构图

以广东省某区级政务大数据平台为例，涉及环保局、卫生局和工商局等十多个局级部门，

各类流程事项中涉企类 253 个事项和个人类 65 个事项。王明是区政府中的工作人员，负责全区各类事项的办理跟踪，以王明每月统计各个部门事项申请、事项审批的数据为例，因为各系统之间的差异及流程的不同，需要和十多个局级部门沟通，几百个事项所涉及的上万甚至数十万的处理数据搜集上来进行整理汇报，这些数据非常杂乱，整理及汇报难度高，且经常需要十几天的时间，难以及时、准确地将微观数据转化为可供决策的宏观数据。

2. 任务分析

王明每月进行各项工作统计时，由于全区各局均有自己的业务平台，导致传统数据共享交换模式存在数据管控性差、权责不清晰、共享率低等问题。

区块链技术具有去中心化、不可篡改、共享账本等特点，可建立共享交换目录链确立数据家底，对政府数据盘底造册来确定数据采集权。基于目录链确立同一套数据来源，清理未使用信息系统和未进行系统整合的同类同质信息。通过汇聚各部门数据，继而融入互联网的文本数据、图片数据及音视频数据等非结构化数据，将多源、多种类的各部门数据加工成标准、清洁的数据资产供业务使用，从而构建以区块链为主的政务数据交易模式。该交易模式可促进政务信息资源共享，打破大集中协议模式，提高各部门数据共享的意愿，真正实现政府数据共享交换的自组织模式。

为解决数据共享交换模式存在的数据管控性差、权责不清晰、共享率低等问题，广东省某区级部门基于数字身份认证、电子证照、电子票据等政务业务构建区块链为主的政务数据交易模式，具体包括以下几个方面。

1) 区块链 + 数字身份认证

采用基于区块链的数字身份确保用户对个人身份数据享有绝对的自主权，保障用户能够对个人数据进行选择、授权、删除和恢复。通过在各大平台之间搭建联盟链体系，依靠相应的智能合约、共识机制以及激励制度可以有效驱动不同部门共享数据，促进行业信息流通和整合。

2) 区块链 + 电子证照

区块链可以将电子证照从开出到每一次信息变更的全量信息及流程进行安全地记录，包括办照前主体信息、登记、变更信息、审批信息、财税信息和信用监管信息等，增加数据的可信度和完整性。每个证照可以实现单独加密，并拥有独立的解密私钥，解决电子证照安全管控弱的问题。去中心化的证照目录体系和认证机制，可实现跨区域、跨部门的证照数据逐级集中，解决电子证照汇聚共享难的问题。

3) 区块链 + 电子票据

区块链技术记录电子票据的信息可以大幅提升交易效率，降低交易成本。基于区块链去中心化、不可篡改等特性，受票方可随时在本地节点查询区块链上真实无法篡改的发票信息，用以校验票据真伪及状态，准确无误地进行自动对账操作，同时有效的保障票据信息的隐私性和安全性。

构建区块链为主的政务数据交易模式能够有效简化政务业务的操作，探链屏蔽复杂的底层区块链技术，让操作人员只需要关心自己的业务，最大限度地降低区块链使用门槛。只需要运营部门即可管理所有数据，运营管理将业务统计结果、运行状态展示给相关部门，作为部门的业务支撑。

3. 整体框架图和流程

构建以区块链为主的政务数据交易模式整体框架如图 13-68 所示，包括技术平台层、采集汇聚层、治理管控层、数据服务层和应用层。其中，应用层包括政府服务类应用、民生服务类应用、政府治理类应用、数据开放类应用等。

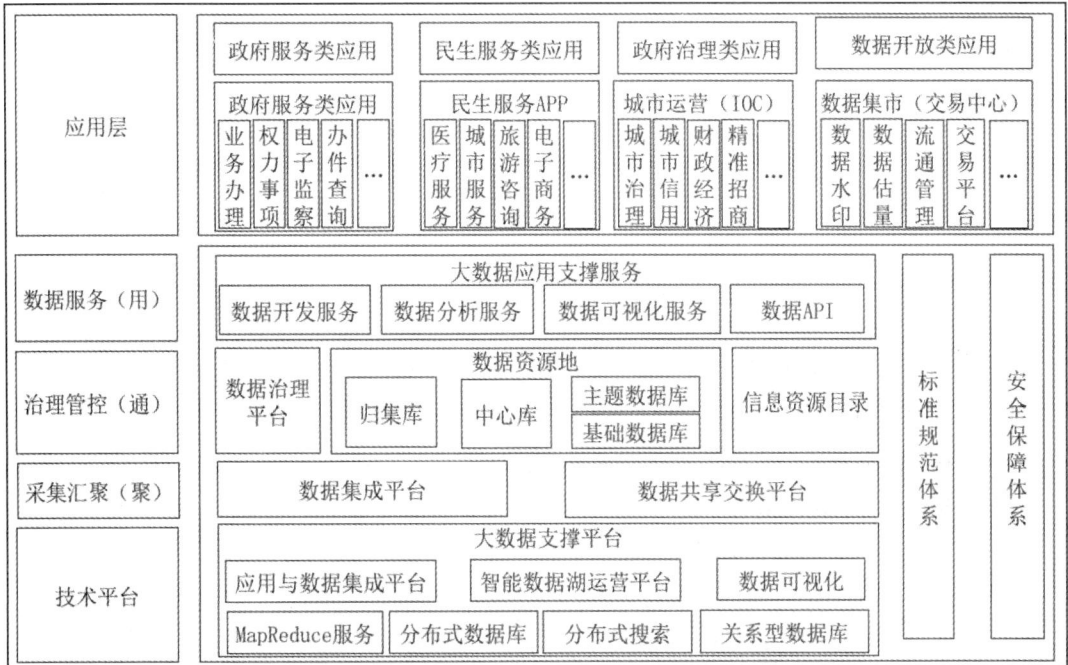

图 13-68　以区块链为主的政务数据交易模式整体框架

在王明对环保局进行各项政务数据统计时，基于构建区块链为主的政务数据交易模式，只需要统计统计存证相关的业务链数据；统计认证链、营业执照链、水费单链、水质报告链、排污图纸链的各自的区块总数；统计数据共享的业务链数据；统计事项相关的业务链数据；水浑浊度数据链、水 TDS 数据链、水质警报链，流程如图 13-69 所示。

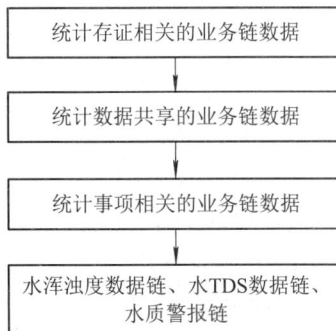

图 13-69　环保局政务数据统计整体流程

4. 软件开发

大数据分析全程由中文编程代码实现，平台提供各个步骤统计数据的展示图表(包括柱状图、折线图、饼图和各图形的数据载入格式)。通过中文编程编写数据查询和数据整理的代码,最终输出与统计图表数据格式一致的统计数据,并点击生成图表即可展示数据图表。每一个步骤编写的统计代码都可以保存在平台,每次点击对应统计项图表,都可以基于之前写的统计代码进行修改,然后重新生成统计数据展示到图表。

1) 统计存证相关的业务链数据

统计认证链、营业执照链、水费单链、水质报告链、排污图纸链的各自的区块总数,并使用柱状图展示出来。

登录教育平台的 PC 端,找到当前任务对应的课程。进入"课程详情"页面,点击"开始实验"按钮开始实验。用中文编程的方式把业务链以柱状图的形式展现出来。例如,在现有的证相关的业务链数据中,统计认证链 100 个,营业执照链 140 个,水费单链 230 个,水质报告链 100 个,排污图纸链 50 个,如图 13-70 所示。

代码如下:

```
显示格式("合并","标准")
显示信息(上链服务器设置("广东辰宜","127.0.0.1","7007"))
显示信息(合约服务器设置("广东辰宜","127.0.0.1","7006"))
显示信息(登录系统("系统管理员","123456"))
显示信息(解析函数返回变量(业务区块总数("营业执照")))
文字变量 营业执照数=返回_业务区块总数
显示信息("营业执照数 ="+营业执照数)
显示信息(解析函数返回变量(业务区块总数("水费单")))
文字变量 水费单数=返回_业务区块总数
显示信息("水费单数 ="+水费单数)
显示信息(解析函数返回变量(业务区块总数("水质报告")))
文字变量 水质报告数=返回_业务区块总数
显示信息("水质报告数 ="+水质报告数)
显示信息(解析函数返回变量(业务区块总数("排污图纸")))
文字变量 排污图纸数=返回_业务区块总数
显示信息("排污图纸数 ="+排污图纸数)
显示信息(解析函数返回变量(业务区块总数("排污许可证")))
文字变量 排污许可证数=返回_业务区块总数
显示信息("排污许可证数 ="+排污许可证数)
//json 对象和 json 数组的组装函数
//添加营业执照对象
文字变量 营业执照对象 = "{'name':'','num':0}"
文字变量 数组
营业执照对象 = 修改对象(营业执照对象, "name = '营业执照' ")
营业执照对象 = 修改对象(营业执照对象, "num ="+营业执照数)
数组 = 增加对象记录(数组,营业执照对象)
```

//添加水费单对象

文字变量 水费单对象 = "{'name':'','num':0}"

水费单对象 = 修改对象(水费单对象, "name = '水费单' ")

水费单对象 = 修改对象(水费单对象, "num = "+水费单数)

数组 = 增加对象记录(数组,水费单对象)

//添加水质报告对象

文字变量 水质报告对象 = "{'name':'','num':0}"

水质报告对象 = 修改对象(水质报告对象, "name = '水质报告' ")

水质报告对象 = 修改对象(水质报告对象, "num = "+水质报告数)

数组 = 增加对象记录(数组,水质报告对象)

//添加排污图纸对象

文字变量 排污图纸对象 = "{'name':'','num':0}"

排污图纸对象 = 修改对象(排污图纸对象, "name = '排污图纸' ")

排污图纸对象 = 修改对象(排污图纸对象, "num = "+排污图纸数)

数组 = 增加对象记录(数组,排污图纸对象)

//添加排污许可证对象

文字变量 排污许可证对象 = "{'name':'','num':0}"

排污许可证对象 = 修改对象(排污许可证对象, "name = '排污许可证' ")

排污许可证对象 = 修改对象(排污许可证对象, "num = "+排污许可证数)

数组 = 增加对象记录(数组,排污许可证对象)

显示信息("图表数据="+数组)

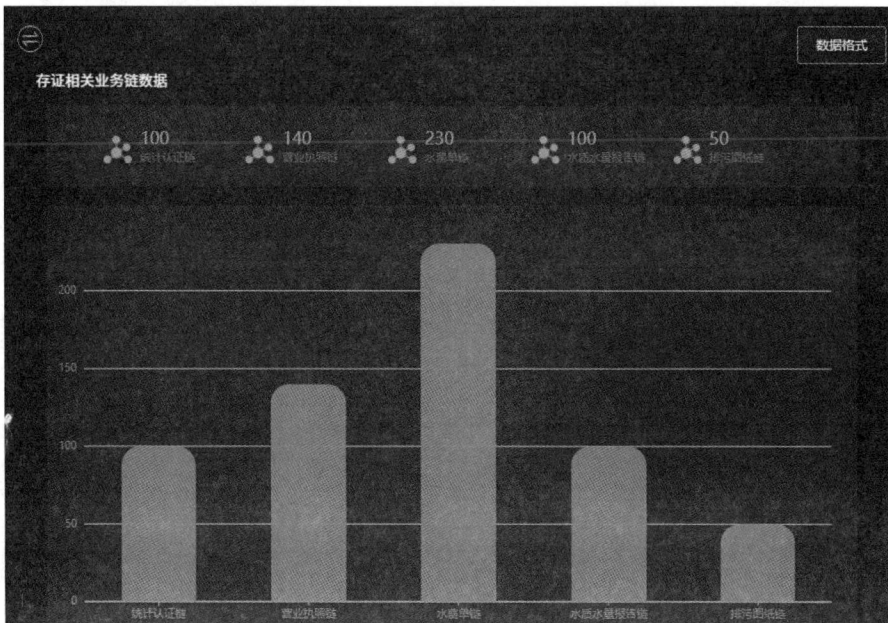

图 13-70　存证相关的业务链柱状图

2) 统计数据共享的业务链数据

(1) 统计营业执照共享链、水费单共享链、水质报告共享链、排污图纸共享链各自的区块总数，并使用柱状图展示出来。例如，在现有的数据共享的业务链数据中，统计营业执照共享链 100 个，水费单共享链 140 个，水质报告共享链 230 个，排污图纸共享链 150 个，如图 13-71 所示。

代码如下：

```
显示格式("合并"，"标准")
显示信息(上链服务器设置("广东辰宜","127.0.0.1","7007"))
显示信息(合约服务器设置("广东辰宜","127.0.0.1","7006"))
显示信息(登录系统("系统管理员"，"123456"))
显示信息(解析函数返回变量(业务区块总数("营业执照共享")))
文字变量  营业执照共享数=返回_业务区块总数
显示信息("营业执照共享数  ="+营业执照共享数)
显示信息(解析函数返回变量(业务区块总数("水费单共享")))
文字变量  水费单共享数=返回_业务区块总数
显示信息("水费单共享数  ="+水费单共享数)
显示信息(解析函数返回变量(业务区块总数("水质报告共享")))
文字变量  水质报告共享数=返回_业务区块总数
显示信息("水质报告共享数  ="+水质报告共享数)
显示信息(解析函数返回变量(业务区块总数("排污图纸共享")))
文字变量  排污图纸共享数=返回_业务区块总数
显示信息("排污图纸共享数  ="+排污图纸共享数)
//json 对象和 json 数组的组装函数
//添加营业执照对象
文字变量  营业执照共享对象  ="{'name':'','num':0}"
文字变量  数组
营业执照共享对象  =  修改对象(营业执照共享对象，  "name  =  '营业执照共享'")
营业执照共享对象  =  修改对象(营业执照共享对象，  "num  =  "+营业执照共享数)
数组  =  增加对象记录(数组,营业执照共享对象)
//添加水费单共享对象
文字变量  水费单共享对象  ="{'name':'','num':0}"
水费单共享对象  =  修改对象(水费单共享对象，  "name  =  '水费单共享'")
水费单共享对象  =  修改对象(水费单共享对象，  "num  =  "+水费单共享数)
数组  =  增加对象记录(数组,水费单共享对象)
//添加水质报告共享对象
文字变量  水质报告共享对象  ="{'name':'','num':0}"
水质报告共享对象  =  修改对象(水质报告共享对象，  "name  =  '水质报告共享'")
水质报告共享对象  =  修改对象(水质报告共享对象，  "num  =  "+水质报告共享数)
```

```
数组 = 增加对象记录(数组,水质报告共享对象)
//添加排污图纸对象
文字变量 排污图纸共享对象 = "{'name':'','num':0}"
排污图纸共享对象 = 修改对象(排污图纸共享对象,　"name = '排污图纸共享'")
排污图纸共享对象 = 修改对象(排污图纸共享对象,　"num = "+排污图纸共享数)
数组 = 增加对象记录(数组,排污图纸共享对象)
显示信息("图表数据="+数组)
```

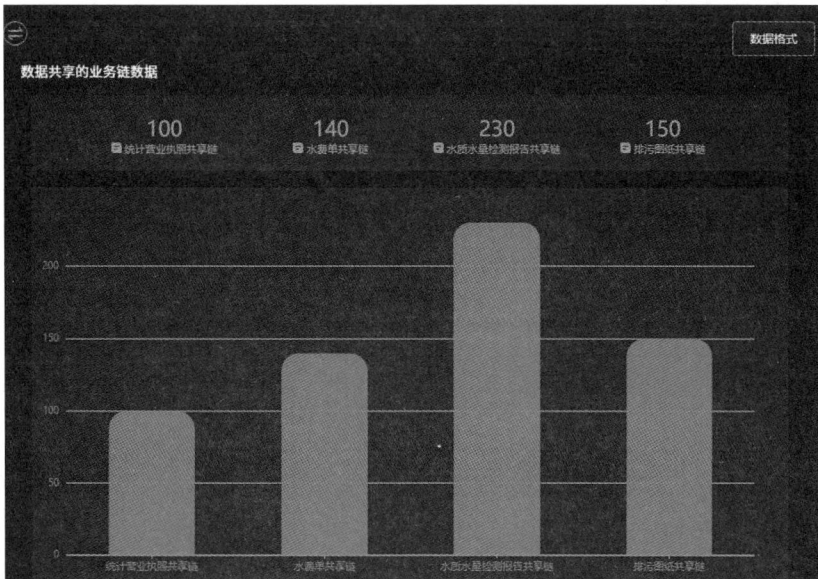

图 13-71　数据共享的业务链柱状图

(2) 统计当天共享数量最多的三种材料或者证件，使用列表形式展示出来。

3) 统计事项相关的业务链数据

(1) 统计事项申请链、事项审批链的各自的区块总数，并使用柱状图展示出来。例如，在现有的事项相关的业务链数据中，统计事项申请链 100 个，事项审批链约 250 个，如图 13-72 所示。

代码如下：

```
显示格式("合并","标准")
显示信息(上链服务器设置("广东辰宜","127.0.0.1","7007"))
显示信息(合约服务器设置("广东辰宜","127.0.0.1","7006"))
显示信息(登录系统("系统管理员","123456"))
显示信息(解析函数返回变量(业务区块总数("事项申请")))
文字变量 事项申请数=返回_业务区块总数
显示信息("事项申请数 ="+事项申请数)
显示信息(解析函数返回变量(业务区块总数("事项审批")))
文字变量 事项审批数=返回_业务区块总数
```

显示信息("事项审批数 ="+事项审批数)

数值变量 事项不通过数 = 文字转数值(事项申请数)-文字转数值(事项审批数)

数值变量 事项通过率 = 文字转数值(事项审批数)/100

显示信息("事项通过率 ="+事项通过率)

数值变量 事项不通过率 = 事项不通过数/100

显示信息("事项不通过率 ="+事项不通过率)

//json 对象和 json 数组的组装函数

//添加事项申请对象

文字变量 事项申请对象 = "{'name':'','num':0}"

文字变量 数组

事项申请对象 = 修改对象(事项申请对象, "name = '事项申请'")

事项申请对象 = 修改对象(事项申请对象, "num = "+事项申请数)

数组 = 增加对象记录(数组,事项申请对象)

//添加事项审批对象

文字变量 事项审批对象 = "{'name':'','num':0}"

事项审批对象 = 修改对象(事项审批对象, "name = '事项审批'")

事项审批对象 = 修改对象(事项审批对象, "num = "+事项审批数)

数组 = 增加对象记录(数组,事项审批对象)

显示信息("图表数据="+数组)

//添加事项通过率对象

文字变量 事项通过率对象 = "{'item':'','count':0,'percent':0}"

文字变量 数组 2

事项通过率对象 = 修改对象(事项通过率对象, "item = '事项通过'")

事项通过率对象 = 修改对象(事项通过率对象, "count = "+事项审批数)

事项通过率对象 = 修改对象(事项通过率对象, "percent = "+事项通过率)

数组 2 = 增加对象记录(数组 2,事项通过率对象)

//添加事项不通过率对象

文字变量 事项不通过率对象 = "{'item':'','count':0,'percent':0}"

事项不通过率对象 = 修改对象(事项不通过率对象, "item = '事项不通过'")

事项不通过率对象 = 修改对象(事项不通过率对象, "count = "+事项不通过数)

事项不通过率对象 = 修改对象(事项不通过率对象, "percent = "+事项不通过率)

数组 2 = 增加对象记录(数组 2,事项不通过率对象)

显示信息("图表数据 2="+数组 2)

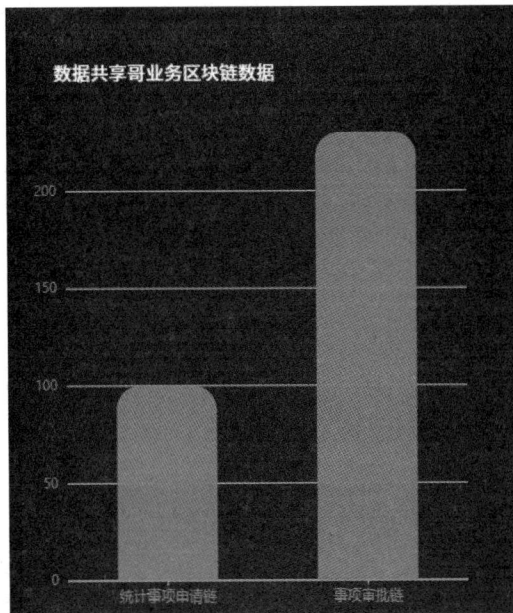

图 13-72 事项相关的业务链柱状图

(2) 统计事项申请的通过率，并使用饼图展示出来。例如，在现有的事项申请审批中，事项申请审批通过率为 60%，事项申请审批未通过率为 40%，如图 13-73 所示。

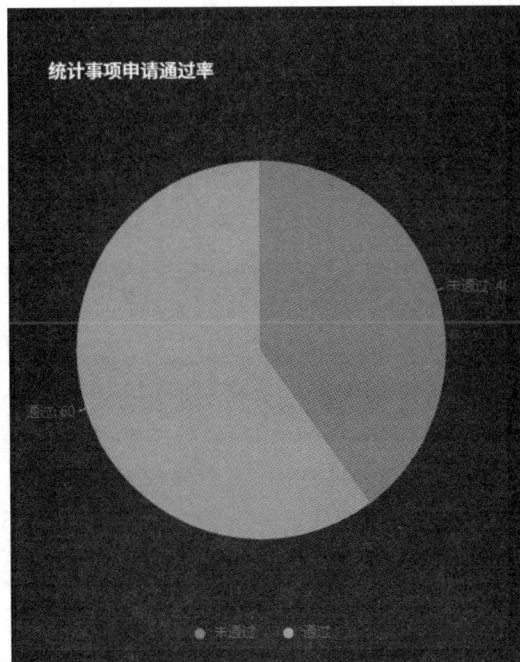

图 13-73 事项申请的通过率饼状图

4) 水浑浊度数据链、水 TDS 数据链、水质警报链

(1) 统计本企业水浑浊度的变化趋势，使折线图展示出来。例如，如图 13-74 所示，统计企业 A 在 10 分钟内的水浑浊度的变化趋势，通过企业 A 水浑浊度的变化趋势折线图可

知：在第 3 分钟和的 8 分钟的时刻，企业 A 水浑浊度达到最大值 230；在第 1 分钟、第 4 分钟、第 6 分钟和的 9 分钟的时刻，企业 A 水浑浊度达到最小值 100；其他的时刻，企业 A 水浑浊度在 100～230 的范围内。

代码如下：

```
显示格式("实时", "标准")
显示信息(上链服务器设置("广东辰宜","127.0.0.1","7007"))
显示信息(合约服务器设置("广东辰宜","127.0.0.1","7006"))
显示信息(登录系统("系统管理员", "123456"))
//[ {'year':'2022-10-20 14:30','value':100}, {'year':'2022-10-20 15:30','value':140}, {'year':'2022-10-20 16:30','value':230}, {'year':'2022-10-20 17:30','value':100}, {'year':'2022-10-20 18:30','value':130} ]
解析函数返回变量(查询区块("水浑浊度 1,统计记录,升序,区块哈希,区块高度,上链时间,业务名称,数据 ID,数据,上链用户","上链时间>'2020-07-22' "))
数值变量 统计数 =文字转数值(返回_统计记录)
显示信息(统计数)
解析函数返回记录(查询区块("水浑浊度 1,降序,区块哈希,区块高度,上链时间,业务名称,数据 ID,数据,上链用户","上链时间>'2020-07-22' "))
文字变量 数组
数值变量 i= 统计数-1
循环开始 i>=0
  文字变量 数据 = 返回_数据[i]
  显示信息("数据 ="+数据)
  数值变量 记录数 = 对象记录数(数据)
  显示信息("记录数 ="+记录数)
  正确则执行 记录数>0
      数值变量 j=记录数-1
    循环开始 j>=0
      文字变量 对象 1 = 获取对象数据(数据,"",j)
      //显示信息("对象 1 ="+对象 1)
      文字变量 createDate = 获取对象数据(对象 1,"createDate",-1)
      显示信息("createDate="+createDate)
      数值变量 waterData = 文字转数值(获取对象数据(对象 1,"waterData",-1))
      显示信息("waterData="+waterData)
      文字变量 水浑浊度对象 = "{'year':','value':0}"
      水浑浊度对象 = 修改对象(水浑浊度对象, "year = '"+createDate+"'")
      水浑浊度对象 = 修改对象(水浑浊度对象, "value = "+waterData)
      数组 = 增加对象记录(数组,水浑浊度对象)
    j=j-1
    循环结束
  错误则执行
```

```
    条件结束
    i=i-1
    循环结束
        显示信息("数组="+数组)
```

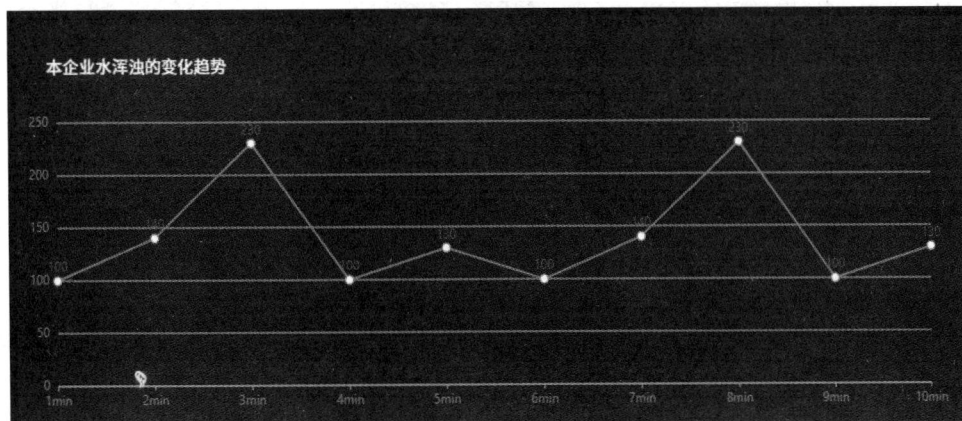

图 13-74　本企业水浑浊度的变化折线图

(2) 统计本企业水 TDS 的变化趋势，使折线图展示出来。如图 13-75 所示，统计企业 A 在 10 分钟内的水 TDS 的变化趋势，通过企业 A 水 TDS 的变化趋势折线图可知：在第 3 分钟和的 8 分钟的时刻，企业 A 水浑浊度达到最大值 230；在第 1 分钟、第 4 分钟、第 6 分钟和的 9 分钟的时刻，企业 A 水浑浊度达到最小值 100；其他的时刻，企业 A 水浑浊度在 100~230 的范围内，此外，还可发现企业 A 在 10 分钟内的水 TDS 的变化趋势与企业 A 在 10 分钟内的水浑浊度的变化趋势是一致的，可推测统计水 TDS 和或水浑浊度其中一个指标值即可获取企业的排污情况。

代码如下：

```
        显示格式("实时"，"标准")
        显示信息(上链服务器设置("广东辰宜","127.0.0.1","7007"))
        显示信息(合约服务器设置("广东辰宜","127.0.0.1","7006"))
        显示信息(登录系统("系统管理员", "123456"))
        解析函数返回变量(查询区块("水 TDS 1，统计记录，升序，区块哈希，区块高度，上链时间，业
务名称，数据 ID，数据，上链用户"，"上链时间>'2020-07-22' "))
        数值变量 统计数 =文字转数值(返回_统计记录)
        显示信息(统计数)
        解析函数返回记录(查询区块("水 TDS 1，降序，区块哈希，区块高度，上链时间，业务名称，数
据 ID，数据，上链用户"，"上链时间>'2020-07-22' "))
        数值变量 统计数 =文字转数值(返回_统计记录)
        显示信息(统计数)
        解析函数返回记录(查询区块("水 TDS 1，降序，区块哈希，区块高度，上链时间，业务名称，数
据 ID，数据，上链用户"，"上链时间>'2020-07-22' "))
        文字变量 数组
```

```
数值变量 i = 统计数-1
循环开始 i>=0
    文字变量 数据 = 返回_数据[i]
    显示信息("数据 ="+数据)
    数值变量 记录数 = 对象记录数(数据)
    显示信息("记录数 ="+记录数)
    正确则执行 记录数>0
         数值变量 j=记录数-1
    循环开始 j>=0
        文字变量 对象1 = 获取对象数据(数据,"",j)
        //显示信息("对象1 ="+对象1)
        文字变量 createDate = 获取对象数据(对象1, "createDate",-1)
        显示信息("createDate="+createDate)
        数值变量 waterData = 文字转数值(获取对象数据(对象1, "waterData",-1))
        显示信息("waterData="+waterData)
        文字变量 水浑浊度对象 = "{'year':'','value':0}"
        水浑浊度对象 = 修改对象(水浑浊度对象, "year = '"+createDate+"'")
            水浑浊度对象 = 修改对象(水浑浊度对象, "value = "+waterData)
            数组 = 增加对象记录(数组,水浑浊度对象)
    j=j-1
    循环结束
错误则执行
条件结束
    i=i-1
循环结束
    显示信息("数组="+数组)
```

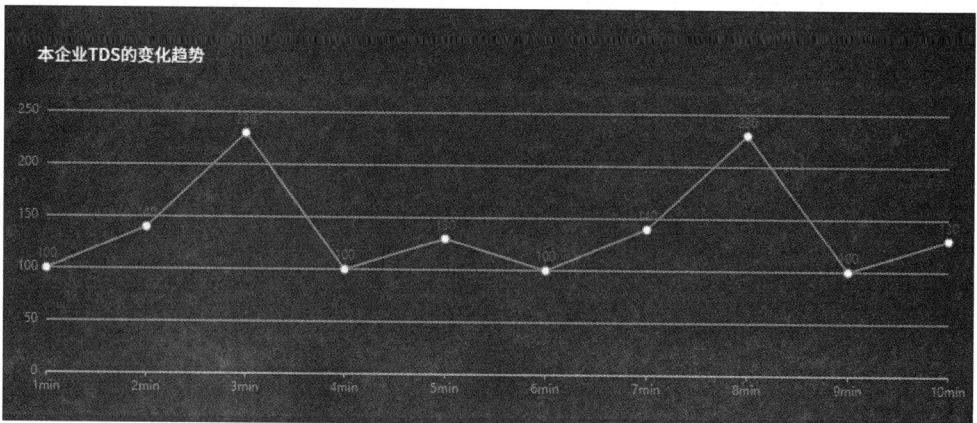

图 13-75 本企业水 TDS 的变化折线图

(3) 统计各企业的警报总次数，以柱状图的形式展示出来。例如统计 10 分钟内，某市中各个企业在各个时刻的警报总次数,通过各企业的警报总次数柱状图可知:在第 3 分钟和的 8 分钟的时刻,各企业的警报总次数达到最大值约 250 次;在第 1 分钟、第 4 分钟、第 6 分钟和的 9 分钟的时刻,各企业的警报总次数达到值最小值 100 次;其他的时刻,各企业的警报总次数在 100~150 次的范围内。代码如下,结果如图 13-76 所示。

```
显示格式("实时","标准")
显示信息(上链服务器设置("广东辰宜","127.0.0.1","7007"))
显示信息(合约服务器设置("广东辰宜","127.0.0.1","7006"))
显示信息(登录系统("系统管理员","123456"))
解析函数返回变量(查询区块("水质警报 1,统计记录,升序,区块哈希,区块高度,上链时间,业务名称,数据 ID,数据,上链用户","上链时间>'2020-07-22'  "))
数值变量 统计数 =文字转数值(返回_统计记录)
显示信息(统计数)
解析函数返回记录(查询区块("水质警报 1,降序,区块哈希,区块高度,上链时间,业务名称,数据 ID,数据,上链用户","上链时间>'2020-07-22'  "))
文字变量 数组
数值变量 i = 统计数-1
循环开始 i>=0
  文字变量 数据 = 返回_数据[i]
  显示信息("数据 ="+数据)
  文字变量 上链用户 = 返回_上链用户[i]
  显示信息("上链用户 ="+上链用户)
  数值变量 记录数 = 对象记录数(数据)
  显示信息("记录数 ="+记录数)
   正确则执行 记录数>0
    文字变量 查找结果 = 查找对象记录(数组, "","name='"+上链用户+"'")
   显示信息("查找结果="+查找结果 )
   数值变量 记录数 2= 对象记录数(查找结果)
   显示信息("记录数 2->"+记录数 2)
   正确则执行 记录数 2>0
     显示信息("有数据")
     文字变量 对象 1= 获取对象数据(查找结果, "", 0)
      //显示信息("对象 1="+对象 1)
     数值变量 num= 文字转数值(获取对象数据(对象 1,"num",-1))+1
    //显示信息("num="+num)
     数组 = 修改对象记录(数组, "num = "+num,"name='"+上链用户+"'")
     显示信息("修改后的数组 1="+数组)
   错误则执行
     显示信息("没有数据")
     文字变量 水质警报对象 = "{'name':',num':1}"
```

```
            水质警报对象 = 修改对象(水质警报对象, "name=""+上链用户+""")
            水质警报对象 = 修改对象(水质警报对象, "num = 1")
             数组 = 增加对象记录(数组,水质警报对象)
            显示信息("修改后的数组 2="+数组)
          条件结束
        错误则执行
        条件结束
      i=i-1
      循环结束
        显示信息("数组="+数组)
```

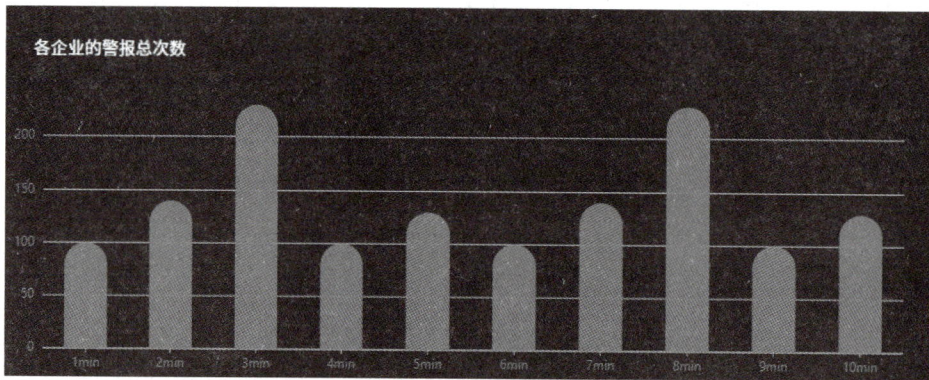

图 13-76　各企业的警报总次数柱状图

任务小结：基于新一代区块链的政务数据分析模型，汇聚各部门数据，将多源、多种类的各部门数据加工成标准、清洁的数据资产供业务使用，充分挖掘海量上链数据，大大提高管理数据的效率，为新一代区块链系统提供精准的解决方案。

思考：将所述基于新一代区块链的政务数据分析模型复用到不同的场景时，可能会碰到什么问题，针对这些问题，能否描述大致的解决策略。

小　结

本项目以 A 企业申请排污许可为依托，介绍政务产业目前的发展状况，分析限制政务发展的 4 个痛点，并针对痛点提出具体的解决方案，通过 4 个任务的实践，掌握新一代区块链在政务产业中是如何应用的以及如何解决产业发展面临的诸多问题。

参 考 文 献

[1] 华为区块链技术开发团队. 区块链技术及应用[M]. 2 版. 北京：清华大学出版社，2021.

[2] 范凌杰. 区块链原理、技术及应用[M]. 北京：机械工业出版社，2022.

[3] https://blog.csdn.net/weixin_43141428/article/details/109505803.

[4] https://hyperledger-fabric.readthedocs.io/zh_CN/release-1.4/build_network.html.

[5] 陈树宝. Hyperledger Fabric 核心技术[M]. 北京：电子工业出版社，2019.

[6] 嘉文，管健，李万胜. 以太坊 Solidity 智能合约开发[M]. 北京：机械工业出版社，2020.

[7] 李钧，长铗，等. 比特币：一个虚幻而真实的金融世界[M]. 北京：中信出版社，2014.